世界权威教材精要译丛

Marketing Research Essentials, 8th Edition
市场调研精要

（第8版）

卡尔·迈克丹尼尔
(Carl McDaniel)
得克萨斯大学

（美）　　　　　　　　　著

罗杰·盖兹
(Roger Gates)
DSS调研公司

范秀成
（复旦大学管理学院）　　译

杜建刚
（南开大学商学院）

電子工業出版社
Publishing House of Electronics Industry
北京·BEIJING

Carl McDaniel and Roger Gates: Marketing Research Essentials, 8th Edition
ISBN: 978-1-118-24932-1
Copyright © 2013, 2009, 2007, 2005 John Wiley & Sons, Inc.
All rights reserved.
Authorized translation of the edition published by John Wiley & Sons, Inc., New York, Chichester, Weinheim, Singapore, Brisbane, Toronto. No part of this book may be reproduced in any form without the written permission of John Wiley & Sons, Inc.
Simplified Chinese translation edition copyrights © 2015 by Century Wave Culture Development Co-PHEI.
Copies of this book sold without a Wiley sticker on the cover are unauthorized and illegal.

本书中文简体字版专有翻译出版权由John Wiley & Sons, Inc. 授予电子工业出版社，中文版权属于John Wiley & Sons, Inc. 和电子工业出版社共有。未经许可，不得以任何手段和形式复制或抄袭本书内容。

版权贸易合同登记号　图字：01-2013-1261

图书在版编目（CIP）数据

市场调研精要：第8版 /（美）迈克丹尼尔（McDaniel,C.），（美）盖兹（Gates,R.）著；范秀成，杜建刚译. —北京：电子工业出版社，2015.5（2025.8重印）
（世界权威教材精要译丛）
书名原文：Marketing research essentials,8th Edition
ISBN 978-7-121-25811-4

Ⅰ. ①市… Ⅱ. ①迈… ②盖… ③范… ④杜… Ⅲ.①市场调研 Ⅳ. ①F713.52

中国版本图书馆CIP数据核字(2015)第069034号

责任编辑：刘淑敏
印　　刷：涿州市般润文化传播有限公司
装　　订：涿州市般润文化传播有限公司
出版发行：电子工业出版社
　　　　　北京市海淀区万寿路173信箱　邮编100036
开　　本：787×980　1/16　印张：24.25　字数：589千字
版　　次：2002年8月第1版（原著第3版）
　　　　　2015年5月第3版（原著第8版）
印　　次：2025年8月第12次印刷
定　　价：59.00元

凡所购买电子工业出版社图书有缺损问题，请向购买书店调换。若书店售缺，请与本社发行部联系，联系及邮购电话：(010) 88254888，88258888。
质量投诉请发邮件至 zlts@phei.com.cn，盗版侵权举报请发邮件至 dbqq@phei.com.cn。
本书咨询联系方式：(010) 88254199，sjb@phei.com.cn。

译者序

市场调研是企业了解市场和把握顾客需求的重要手段，是辅助企业决策的基本工具。对于现代管理者来说，熟悉和掌握市场调研的方法和技能是非常必要的。

本书是国外最为流行的市场调研教科书之一。两位作者均为国际知名的市场调研专家，既有很高的理论水平，又有丰富的实际调研经验。卡尔·迈克丹尼尔博士是得克萨斯大学阿灵顿分校市场营销系教授，出版有《营销学原理》（第8版）、《当代市场调研》等11部著作，担任《企业研究学报》（*Journal of Business Research*）的编委、日内瓦国际贸易中心高级顾问，1992年被美国西南市场营销学会命名为杰出研究员。罗杰·盖兹博士任DSS调研公司总裁，并担任《应用市场调研》（*Applied Marketing Research*）和《数据收集学报》（*Journal of Data Collection*）等刊物的编委。

本书的读者对象主要为MBA学生、营销学专业本科生和企业营销管理人员。在国外同类教科书中，本书有着鲜明的特色，颇受读者欢迎。本版的主要特点有4个。① 语言生动，内容丰富。本书中穿插了大量的实际案例，与理论阐述和方法介绍有机结合，增强了可读性和趣味性。② 利用因特网辅助教学。本书作者建立了专门的网站，存储有大量的教学辅导资料，教师可结合课程教学随时调用。③ 突出了国际化特色。本书中特别介绍了进行国际营销研究时经常遇到的问题。④ 从管理者的角度介绍市场调研方法，通俗易懂。

1999年我曾主持翻译了这两位作者的《当代市场调研》（第4版），后又于2002年主持翻译了《市场调研精要》（第3版），2009年联合杜建刚教授翻译了《市场调研精要》（第6版）。这几个版本的教材都受到了广大读者的青睐，我对此深表感谢。随着互联网应用的普及，市场调研实践日新月异，这一版的教材新增加了网络调研章节，补充了网上追踪和数据抓取技术等方面的内容，更新了社交媒体和用户生成内容方面的信息。本着"精要"的宗旨，在保证不影响阅读和内容完整性的前提下，我们对部分内容做了适量删节。这一版翻译工作由范秀成和杜建刚完成。

由于时间紧，加之译者水平所限，不妥之处请读者批评指正。

范秀成

前　言

1. 欢迎来到营销调研世界

营销调研是我们的世界。每天我们不光在观察，也在参与。罗杰·盖兹是我们的联合作者之一，他是美国最大的保健服务营销调研公司 DSS 的董事长。卡尔·迈克丹尼尔是现在一家非常活跃的市场调研公司的联合创始人，也是得克萨斯大学阿灵顿分校营销调研领域理学硕士的联合创始人。卡尔·迈克丹尼尔等人共同创立了 MSME 顾问委员会。该顾问委员会由营销调研行业的领先者组成。本书是目前唯一一本由全职市场调研人员合著的市场调研著作。

2. 我们实践所主张的理论

营销调研是用来更好地了解消费者、潜在消费者和市场的工具。为了保持先进性，我们所写的东西必须满足不断改变的需求。最近，John &Wiley Sons 公司委托一个虚拟焦点小组协助我们编写了第 8 版。我们感谢该小组进行了调研，也感谢小组成员后期给予我们的反馈。他们的意见为本书的编写提供了巨大的帮助。

3. 本书全新之处

根据调研，原版中的有些章节是不必要的，我们已经在这一版本中将其删除。我们也了解到读者认为我们的营销实践板块非常实用，也非常有趣，因此我们更新了每章营销实践的内容。

本书的新内容

第 1 章 "市场调研在管理决策中的作用" 增加了社交媒体和用户生成内容两个新板块，重新讨论了基本的调研方法，增加了新例子。

第 2 章 "识别问题、探索性调研和调研过程" 增加了 "建议申请书将寄往何处" 板块，使用了新例子。

第 3 章 "二手数据和数据库" 新增的内容主要是关于行为锁定和个人隐私之间的争议。

第 4 章 "定性调研" 增加了对委托人在焦点小组访谈中的角色的讨论，新增了焦点小组访谈趋势板块。关于焦点小组成员也新增了材料。

第 5 章 "传统问卷调查" 对预测拨号进行了讨论，电话访谈使用了新材料。

第 6 章 "网络营销调研" 更新了网上数据，更新并增加了二手数据来源。调研者对博客的使用板块使用了新材料，个人深度访谈也使用了新材料。

第 7 章 "原始数据收集方法——观察调研法" 增加了大量人类学调研方面的材料。对比了人类学研究和焦点小组访谈。神秘购物者、眼球追踪都增加了新材料，探讨了使用 MIR 进行观察调研。增加了性别年龄识别系统、IRI 消费者网络等内容板块。新增了对网上追踪、网上抓取技术的讨论。增加了康姆斯科公司的信息。

第 8 章 "原始数据收集方法——实验法",新增了 "Top-box 及它对测试产品线份额的影响" 和 "一些受青睐的测试市场" 两个营销实践。

第 9 章 "测量与态度量表" 全部使用了新实例,增加了测量过程部分。

第 10 章 "问卷设计" 新增了营销实践 "全部都关于目标",添加了阶梯和 Facebook 两个部分,在追问和访谈指导部分增加了新资料。

第 11 章 "基本抽样问题" 全部使用了新实例,在基于地址的抽样方式部分增加了新资料。

第 12 章 "样本容量的确定" 在样本容量和样本容量表格上增加了新材料,重新讨论了定性研究的样本容量问题。

第 13 章 "数据处理、基本数据分析和差异统计检验" 在访谈有效性检验部分新增了材料,重新讨论了数据分析软件。

第 14 章 "更加强大的统计方法" 新增了解释校正结果的材料。

第 15 章 "沟通调研结果和管理市场调研" 新增了 "迷失在解释中:调研者在与客户沟通调研结论时面对的挑战" 和 "做高质量工作——准时" 两个营销实践。在调研人员与客户沟通调研结果的过程中面临的挑战部分和利用因特网进行结果陈述部分新增了材料。

4. 满足教学需求的资源

1) 教师随堂测试手册

为了便于市场营销调研的教学,每章包含了以下内容:

- 可选的教学方案。根据课程的安排,给予如何使用每章材料的建议。
- 章节快速扫描。快速简介突出了每章的新材料。
- 学习目标。列出了测试中涉及的几个主要学习目标。
- 大标题。大标题让我们快速了解本章主要内容。
- 关键词列表。列出了要向学生介绍的关键内容。
- 章节大纲。具体章节大纲将大标题细化。它也能表明适合在什么地方引入辅助材料进行探讨。章节大纲还包含了营销实践。
- 小结。进一步解释了学习目标。
- 解答。对一些关键问题,给予了建议答案和方法。每章结尾还给出了一些互动活动。

教师可以在 Instructor Company Site 访问电子文档。

2) 幻灯片

在本版中,我们制作了 400 张容易理解并且高度互动的 Powerpoint 演示文本,你能通过 PPT 演示文本讲解所有内容,同时很好地组织学生讨论。文本内容可以从以下网址下载: www.wiley.com/college/mcdaniel。

3) 全面的测试题库

我们的测试题库内容全面且适合课堂测试,测试面覆盖了关键概念的基本定义、问题的解决乃至创造性思考。每章的测试题大约包括60个问题，题型包括选择题、判断题、简答题。无论你想对学生进行何种类型和难度的测试，我们都为你准备好了题目。最新版电子题库可在www.wiley.com/college/mcdaniel 下载。

5．致谢

如果没有许多人的专业支持，本书就无法完成并且出版。非常感谢 Pam Rimer 录入了卡尔·迈克丹尼尔的手稿，也很感谢许奈德为罗杰·盖兹提供的帮助。

我们也向 John & Wiley Sons 出版社的工作团队表示深深的谢意。

目 录

第1章 市场调研在管理决策中的作用 1
  1.1 营销的本质 1
  1.2 市场调研与营销决策 3
  小结 9
  关键术语及其定义 10
  复习思考题 10
  附件 1-A 12
  附件 1-B 15

第2章 识别问题、探索性调研和调研过程 25
  2.1 正确识别问题 25
  2.2 市场调研过程 31
  2.3 管理调研过程 36
  2.4 调研建议书 37
  2.5 激励决策者使用调研信息的因素 39
  小结 40
  关键术语及其定义 40
  复习思考题 41
  网络在线 42
  附件 2-A 43

第3章 二手数据和数据库 46
  3.1 二手数据的性质 46
  3.2 内部数据库 50
  3.3 信息管理 56
  小结 57
  关键术语及其定义 58

  复习思考题 58
  网络在线 59

第4章 定性调研 61
  4.1 定性调研的概念 61
  4.2 焦点小组访谈法 64
  4.3 其他定性调研方法 73
  小结 82
  关键术语及其定义 82
  复习思考题 83
  网络在线 84

第5章 传统问卷调查 86
  5.1 问卷调查的盛行 86
  5.2 问卷调查中的误差类型 87
  5.3 问卷调查的类型 91
  5.4 选择恰当的问卷调查方式 98
  小结 101
  关键术语及其定义 102
  复习思考题 103

第6章 网络营销调研 106
  6.1 网络世界 106
  6.2 使用互联网收集二手数据 107
  6.3 互联网调研策略 110
  6.4 网络定性调研 113
  6.5 网络调研 118
  6.6 商业网络专家小组 122

小结	126
关键术语及其定义	127
复习思考题	128
网络在线	128

第 7 章 原始数据收集方法——观察调研法 130

7.1 观察调研法的本质	130
7.2 人员观察法	134
7.3 机器观察法	141
7.4 互联网上的观察调研法	147
7.5 观察调研法和虚拟购物	149
小结	150
关键术语及其定义	150
复习思考题	151
网络在线	152

第 8 章 原始数据收集方法——实验法 154

8.1 实验法	154
8.2 证明因果关系	155
8.3 实验环境：实验室或现场	156
8.4 实验有效性	158
8.5 实验符号	158
8.6 外生变量	159
8.7 实验设计、处理与影响	162
8.8 实验法的局限性	163
8.9 可供选择的实验设计	164
8.10 市场测试	168
小结	175
关键术语及其定义	176
复习思考题	177
网络在线	178

第 9 章 测量与态度量表 180

9.1 测量过程	180
9.2 确定兴趣概念	181
9.3 发展构念	181
9.4 定义本质概念	181
9.5 定义操作概念	182
9.6 创建测量量表	184
9.7 评估测量的信度与效度	187
9.8 应用量表	195
9.9 态度量表	195
9.10 选择量表中必须考虑的内容	207
小结	208
关键术语及其定义	210
复习思考题	211

第 10 章 问卷设计 214

10.1 问卷的作用	214
10.2 问卷设计过程	216
10.3 互联网对问卷发展的影响	237
10.4 问卷开发辅助软件	237
10.5 成本、收益和问卷	240
小结	242
关键术语及其定义	243
复习思考题	244
网络在线	244

第 11 章 基本抽样问题 247

11.1 抽样的概念	247
11.2 开发抽样计划的步骤	248
11.3 抽样误差和非抽样误差	255
11.4 概率抽样方法	256
11.5 非概率抽样方法	260
11.6 互联网抽样	261
小结	263
关键术语及其定义	263
复习思考题	264
网络在线	265

第 12 章 样本容量的确定 267

12.1 确定概率样本的样本容量 267
12.2 正态分布 269
12.3 总体分布和样本分布 270
12.4 平均值的抽样分布 271
12.5 样本容量的确定 276
12.6 统计功效 280
小结 281
关键术语及其定义 282
复习思考题 283
SPSS 练习 285

第 13 章 数据处理、基本数据分析和差异统计检验 288

13.1 数据分析的整体过程 288
13.2 确认有效性与编辑整理 288
13.3 编码 294
13.4 数据录入 296
13.5 数据自动清理 297
13.6 制表和统计分析 298
13.7 数据的图形化 302
13.8 描述性统计 305
13.9 估计差异和变化 308
13.10 统计显著性 309
13.11 假设检验 310
13.12 P 值及显著性检验 314
小结 315
关键术语及其定义 316
复习思考题 317
网络在线 317
SPSS 练习 318

第 14 章 更加强大的统计方法 325

14.1 统计软件 326
14.2 相关分析 327
14.3 回归分析 329
14.4 聚类分析 334

14.5 因子分析 335
14.6 联合分析 338
小结 344
关键术语及其定义 344
复习思考题 345
网络在线 347
SPSS 练习 348

第 15 章 沟通调研结果和管理市场调研 351

15.1 调研报告 352
15.2 口头汇报 360
15.3 市场调研企业的管理 361
15.4 管理市场调研部门 368
小结 372
关键术语及其定义 373
复习思考题 373
网络在线 373

第 1 章

市场调研在管理决策中的作用

> **学习目标**
> - 回顾营销观念和营销组合。
> - 了解管理者制定决策时所处的营销环境。
> - 定义市场调研的概念。
> - 理解市场调研对管理的重要性。
> - 掌握开展市场调研的恰当时机。
> - 学习因特网对市场调研带来的改变。
> - 审视市场调研伦理。

欢迎来到市场调研的世界！市场调研如何帮助管理人员完成他们的目标？市场调研是如何发展起来的？我们将在本章探讨这些问题。

1.1 营销的本质

营销是组织的一个功能，包括创造、沟通、向顾客传递价值及管理顾客关系等一系列过程，从而为组织和投资者带来收益。良好的顾客关系就会带来交换，即用产品和服务可以换来金钱。只有双方都存在并且互相对对方存在潜在价值时，交换的潜在可能性才存在。当双方能够沟通并传递所期望的产品或服务时，交换才能发生。那么，营销经理应该如何促进交换呢？他们遵守"恰当"原理，即在恰当的地点和恰当的时间，以恰当的价格，使用恰当的促销方式，把恰当的商品或服务卖给恰当的人。这个原理表明，营销经理要对许多最终影响营销成功的因素进行控制。为了做出恰当的决策，管理者需要及时获取制定决策所需的信息。市场调研就是提供这种信息的主要渠道之一。

1.1.1 营销观念

为了有效地实现组织目标，今天的公司已经接受了具有消费者导向、目标导向和系统导向的营销观念（Marketing Concept）。营销观念的第一个要素是消费者导向（Consumer Orientation）。它是指企业尽力识别最有可能购买其产品的个人或企业（目标市场），同时生产或提供在激烈的竞争中能够最有效地满足目标顾客需求的产品或服务。营销观念的第二个要素是目标导向（Goal Orientation），即企业消费者导向的程度应能够保证实现企业的目标。对于以赢利为目的的企业，这些目标通常以财务标准为中心，如 15%的投资回报率。营销观念的第三个要素是系统导向（Systems Orientation）。系统是指一个能够协调运作的有组织的整体或者能够构成一个整体的分散单位。对于企业来说，表面上的消费者导向与事实上的消费者导向是两回事。要实现真正的消费者导向，必须做好两个方面的工作。首先，必须建立能够发现消费者需求并识别市场机会的系统。正如后面要谈到的，识别目标市场需求和市场机会是市场调研的任务。其次，信息必须反馈给企业。没有来自市场的反馈，企业也就谈不上实现真正的消费者导向。

1.1.2 市场调研的机会主义本质

市场调研是发现市场机会的好工具。以化妆品市场为例，有些品牌的化妆品是纯天然的，使用方便，顾客就会购买并且使用这个牌子的化妆品。顾客也青睐那些他们信任的品牌的产品。一些使用化妆品的被调研人员声称他们最喜欢 Cover Girl 这个品牌的产品。据调查，在 60 个化妆品品牌中，Cover Girl 的使用者为被调研人员的 14%，位居第一；Clinique 的使用者为 10%，位居第二；Maybelline 和 Mary Kay 以 8%的使用者位居第三。

消费者称，他们最喜欢某一个品牌，是因为他们信任那个品牌，化妆品实际的产品特性对他们选择化妆品品牌影响要小得多。2/3 的消费者因信任品牌而选择该品牌的产品；1/3 的消费者称他们喜欢一款化妆品，是因为"感觉它很棒！"

有一些特性，消费者尤为关注，如价值、品牌信任、脱妆、易上妆性等。在这些方面，Cover Girl 的得分都要超过其他品牌。

对仍在购买新产品的消费者的调查显示，8～12 岁的年轻女孩的化妆品使用量增加了，而 13～17 岁和 18～24 岁的女孩的美容产品的使用量有所下降。

父母和兄弟姐妹使用什么产品，对年轻女孩选择产品的影响最大，而不是电视和女孩们的朋友。

因此，市场调研决定了谁是市场领袖，决定了一个品牌为何如此流行，帮助管理者了解到化妆品使用者想达到的效果，确定了哪一个细分市场正在增长、哪一个正在下降，以及对于正在增长的细分市场，谁会影响消费者的购买决策。这些将帮助化妆品营销经理制定一个更为有效的营销组合。

1.1.3 外部营销环境

随着时间的推移，以及消费者和企业所处的生存、工作、竞争和制定购买决策的环境的变化，企业必须对营销组合进行调整。这往往意味着一些新的消费者和企业将成为目标市场的一部分，而另一些将退出市场；那些仍旧属于目标市场的顾客也可能会有与以往不同的爱好、需求、收入、生活方式和购买习惯。

尽管管理者能够控制营销组合，但他们却无法控制那些不断影响和重新塑造目标市场的外部环境。除非管理者了解所处的外部环境，否则企业就不可能科学地规划未来。

市场调研是了解外部营销环境的一种关键手段。了解外部环境不仅有助于企业改变目前的营销组合，还有助于识别新的市场机会。例如，密歇根达美乐比萨进入日本市场时，日本消费者的习惯就需要产生变化。如果达美乐比萨只是尝试进入能够适应该项服务的其他国家，它将永远不能进入日本。日本消费者不吃以西红柿为原料的食物；亚洲人反感牛奶制品；外卖食品不能被大家所接受，因为家庭主妇还不愿放弃自己烹制佳肴的乐趣。看来，在狭窄的东京街道找到消费者并不是一件容易的事，可以说比萨市场还不存在，也没有任何信号表明它能够出现。

进入日本市场时，达美乐公司并没有直接销售已有的产品和服务，而是通过市场调研为日本市场重新设计了一款产品，即覆盖了生鱼和寿司的比萨。为了保证30分钟的送货时间，达美乐公司完善了复杂的家庭地址数据库，并使用单脚滑行车穿梭于东京狭窄的街道。通过本次调查，不被看好的比萨送货服务已经成为日本的一个大爱。

1.2 市场调研与营销决策

市场调研在营销系统中扮演着两种重要角色。首先，它是市场信息反馈过程的一部分，向决策者提供关于当前营销组合有效性的信息和进行必要变革的线索。其次，它是探索新的市场机会的基本工具。市场细分调研和产品调研都有助于营销经理识别最有利可图的市场机会。

1.2.1 市场调研的定义

了解市场调研在整个营销系统中所处的位置后，我们再看一下美国市场营销协会（American Marketing Association）对市场调研所下的正式定义：市场调研是针对某个特殊人口统计变量的群体顾客进行系统的数据收集、记录和分析的过程。

换句话说，市场调研是指对与营销决策相关的数据进行计划、收集和分析，并把分析结果与管理者进行沟通的过程。

1.2.2 市场调研对管理的重要性

市场调研具有3种功能：描述、诊断和预测。第一种功能是描述功能（Descriptive Function）。它是指收集并陈述事实。例如，某个行业的历史销售趋势是什么样的，消费者对某产品的态度如何，这些就是市场调研的描述功能。以前，打开一包培根是一件苦恼的事。培根喜爱者打开包装后，如果仅仅吃掉一部分，那么想要把剩下的储存起来就不是很容易了。奥斯卡-麦尔市场调研人员听到许多消费者抱怨不喜欢原来的培根包装。如何革新培根的包装呢？营销者认为最好的方法是不再将打开的培根放入可再封的塑料袋里或包裹在塑料袋或油里，这样即使最后一片培根也能新鲜如初。

奥斯卡-麦尔推出可保鲜并重复使用的培根新包装。将培根码放于平整的托盘上，然后置于保鲜盒内。保鲜盒顶部有上翻盖，这样易于人们拿取里面的培根，上翻盖能咬合密封，反复使用。平整的托盘，易于放在冰箱内保存。

调研的第二种功能是诊断功能（Diagnostic Function）。它是指解释信息或活动。例如，改变包装对销售会产生什么影响就属于诊断功能，换句话说，为了更好地服务于顾客和潜在顾客，应该如何对产品或服务进行调整。美国儿童每年吃掉50亿盎司（1盎司=28.349 5克）的番茄酱，汉斯认为儿童作为主要消费者，他们对于番茄酱包装的看法将具有重要参考意义。汉斯通过倾听和观察了解儿童意见，生产出一种最新瓶型和包装颜色的产品，并根据儿童意见对其命名。这也促成了汉斯绿色番茄酱公司的成立。

调研的第三种功能是预测功能（Predictive Function）。例如，企业如何更好地利用持续变化的市场中出现的机会就体现了预测功能。卡夫食品公司在2003年时注意到，消费者热衷于低碳食品，公司通过市场调研力图了解这是消费者一时的爱好还是长期消费倾向。结果显示，低碳食品远不止是消费者一时的爱好。于是，公司加入了南部海滩饮食旗下的亚瑟·埃格斯顿联盟。2004年，卡夫食品均标有"南部海滩饮食推荐"字样。公司通过进一步的市场调研开发了产品线，2005年获得了南部海滩饮食的品牌授权，产品包括谷类食品、压缩食品、小包装冷冻三明治、冷冻菜和冷冻比萨等。

1. 对质量和顾客满意的不懈追求

自20世纪30年代美国经济大萧条以来，质量和顾客满意已经成为企业关键的竞争武器。美国汽车制造商的口号就是品质和顾客服务。正如一位汽车公司老总所说：

> 哪怕时光倒退一丁点儿，我们关于一个顾客的全部想法就是我们将把汽车批发给经销商，经销商再把汽车卖给消费者，我们期望永远听不到消费者的声音——因为如果我们听到消费者的声音，那就意味着出现问题了。现在，我们则希望在消费者的购买过程中和他们交流。我们希望成为汽车行业里的个人消费品和服务公司。

市场调研到底在哪里发挥作用？JD Power Award 根据顾客满意度对汽车进行了评级。这一举动拉动了一些特定公司和特定型号的汽车的销售。Lexus 在质量和顾客满意方面的调研上一直表现得很出色。它们的调研给 IS、LS 和 RX 型号汽车的销售带来了增长。在 Lexus 的一些经销商那里，当消费者给汽车换油时，他们可以享受修甲和按摩服务。汽车制造商通过市场调研来完善产品设计，为特定型号的汽车加入新的元素，以了解它们的汽车如何通过这些特征来应对竞争。

不能达到顾客要求的产品和服务质量不仅意味着损失销售额、利润和市场份额，还意味着损失付出的努力和花费的费用。如今，最新的理念是谋求质量回报（Return on Quality），这意味着：① 企业所提供的高质量应是目标市场所需要的；② 质量改进必须对获利能力产生积极影响。例如，银行巨头国家银行公司会根据收益的变化衡量每一个服务质量改进之处，如增加一名出纳员或增加新的金融产品等。

降低成本的热情会破坏效率和服务之间的微妙的平衡。据美国密歇根州一所大学每年进行的市场调研，美国消费者满意指数显示家得宝在美国主要的零售商中排名跌至最后。因为为了消减成本，家得宝用兼职人员代替全职工作者，减少全体职员的利润分享基金，最终造成消费者对服务的极大不满。结果，家得宝的同店销售额远远落后于更受消费者喜爱的劳氏。现在，家得宝新的管理层将重点放在了顾客服务上，因此销售额也出现增长。

2. 留住现有顾客的重要性

顾客满意与顾客忠诚之间存在一种必然的联系。长期的关系不是自然产生的，它根植于企业所传递的服务和价值之中。留住顾客可以给企业带来丰厚的回报。重复购买和顾客的推荐可以提高企业的收入和市场份额。由于企业可以不必花更多的资金和精力去争夺新顾客，所以成本下降。稳定的顾客也使得服务变得更加容易，因为他们已经熟悉公司的习惯，相应地要求员工投入的时间也较少。不断提高的顾客保留率给员工带来了工作上的满足感和成就感，从而可以导致更高的员工保留率。员工在企业工作时间越长，获得的知识越多，这样又可以导致生产效率的提高。

贝恩公司（Bain & Company）的一项研究估计，顾客流失率下降5%可以使利润提高25%~95%。

留住顾客的能力建立在企业对顾客需求详细了解的基础之上。这种了解主要来自市场调研。例如，在经过详细的市场调研后，英国航空公司改变了它在横跨大西洋航线上头等舱的服务。对于跨大西洋航线的头等舱，大多数航空公司强调的都是高档服务，而英国航空公司通过调研发现大多数头等舱的乘客希望的仅仅是能够安稳睡觉。现在，该公司头等舱的顾客可以在飞机起飞前，在头等舱休息室就餐。一旦登机，他们就可以穿上由英国航空公司提供的睡衣，靠在枕头上，盖上毯子，享受一次免受打扰的旅行。到达目的地后，头等舱旅客可以吃早餐，进行梳妆和洗浴，并且可以在离开前穿上熨烫平整的衣服。这些变化都是在严格的市场调研推动下产生的。

1.2.3　管理人员必须了解持续变化的市场

市场调研有助于管理者了解市场状况、利用市场机会。市场调研实践的历史与营销一样久远。早期的腓尼基人在地中海沿岸各港口之间进行交易时就进行过市场需求研究。马可·波罗在日记中也记载了在中国旅行时，他曾从事过市场调研。甚至有证据表明，西班牙人在探索新大陆时曾系统地进行过市场调研。另外，还有一些在文艺复兴时期从事市场调研的例子。

1.2.4　社会化媒体和用户生成内容

在过去几年里，促销活动完全发生了改变。从前，营销者创建一个促销信息，之后通过一个或一系列媒体（如电视、出版物、广播、公告牌）向他们的目标市场传达信息。而如今，人们使用博客、论坛、在线社区、产品/服务评论、社会网站等创建内容。在这些地方发表的观点是消费者主动提供的，是诚实的、公正的、感情强烈的，是值得进行充分深思的。像Twitter、

Facebook、LinkedIn 等社交媒体每天会产生数百万关于产品和服务的评价。20%的推文都是关于品牌的。

市场调研对海量的数据进行分析，从而了解消费者对于自己及竞争对手的产品和服务的看法。调研人员正在建立消费者的个人在线档案，并且围绕消费者的这些信息展开促销努力。有的调研人员还通过网上社区来建立新产品和新服务。

用户创造信息量和社会化媒体用户量有继续增长的迹象。比如，56%的社交媒体使用者每天至少登录一次 Facebook，12%的 Facebook 使用者甚至每 2 小时就要登录一次。48%的社交媒体使用者称他们在睡觉前、晚上甚至早上刚睡醒，就要登录他们的 Facebook 或者 Twitter。25 岁以下的年轻人，尤其喜欢晚上躺在床上查看社会化媒体。

用户创建信息和社会化媒体的飞速发展为市场和市场调研带来了巨大的改变。这些改变贯穿全书，包括备受争议的网络隐私权。

1.2.5 市场调研的主动性

了解营销系统的性质对于成功地实现营销导向是十分必要的。如果对影响目标市场和营销组合的因素有一个彻底的了解，那么管理将是主动的而不是被动的。主动的管理意味着通过调整营销组合来适应新的经济、社会和竞争环境，被动的管理则是等到对公司有重大影响的变化出现时才决定采取什么行动。将剧烈变化的营销环境看作一种威胁（被动态度）还是一种机会（主动态度）差别很大。例如，苹果公司致力于为市场提供尖端高科技产品并因此获得高额利润。

一位主动的管理者不仅要发现即将出现的市场，还要通过战略计划的制订尽力为企业提供长期的营销战略。基于现有的和将来的内部能力，以及预计的外部环境的变化，战略计划可以用来指导企业资源的长期使用。一个好的战略计划是在出色的市场调研基础上得出的，它有助于企业实现长期利润和市场占有率目标。

1.2.6 应用性市场调研与基础性市场调研

实际上，从事任何市场调研活动都是为了更好地了解市场，搞清楚战略失败的原因或减少决策中的不确定性。为这些目的进行的市场调研称为应用性市场调研（Applied Research）。例如，DiGiorno 冷冻比萨的价格应该提高 40 美分吗？丰田汽车公司应该为其新轿车选择什么样的名字？哪个商业广告更容易让受众记住，A 还是 B？对这些问题所做的调研就属于应用性市场调研。基础性或纯粹性市场调研（Basic or Pure Research）则是为了拓展新的知识领域，它并不以某个具体的实际问题为目标。基础性市场调研的目的是为现有的理论提供进一步的证明或者对某一概念或现象获得更多的了解。例如，基础性市场调研可以检验一个关于高度复杂的决策问题的假设，或者检验一个关于消费者信息处理问题的假设。从长期来看，基础性市场调研有助于更多地了解我们所生活的世界。通常，基础性市场调研的结果在短期内不能直接应用于实践。目前，大多数基础性市场调研都是在大学中进行的，调研结果被刊登在一些期刊上，如《营销研究学报》(The Journal of Marketing Research)和《市场营销学报》(The Journal of Marketing)。

企业所做的大多数调研都是应用性的，因为它们必须在成本上划算并对决策人员有明显的价值。

尽管基础性调研在一些公司尤其是高科技公司仍然非常重要，但公司对于产品上市时间的观念已经发生变化。现在，人们认为基础性调研仍然可以持续很长时间，但是基础性调研关注的焦点应该是最终是否能够解决实际问题。像微软、IBM、施乐和惠普都会进行基础性市场调研。惠普公司的基础性调研涉及的领域包括纳米技术和计算机程序法，这些技术能使惠普更有效率地对互联网海量的信息进行筛选，从而预测未来的商业趋势。

惠普的研究室主管称惠普研究室 2/3 的研究项目都是计划在 5 年内产生结果的短期计划，其余 1/3 的项目则是在 10 年内不会产生结果的基础性研究。

1.2.7 应用性研究的本质

市场调研大体被分为 3 个类别：规划性调研、选择性调研和估计性调研。规划性调研指通过市场细分、市场机会分析或消费者态度进行市场选择；选择性调研用来探测决策选择，如新产品开发、广告选择和新市场选择；估计性研究用来估计预期绩效，包括追踪广告效果、做组织形象研究及了解消费者对企业服务质量的态度等。

规划性调研主要在管理者力图了解整体市场状况时采用。例如，针对某一产品，管理者可能关注现有的市场信息对于现有决策来说是否足够全和足够新，或者长远市场规划是否需要新产品的开发、广告竞争及新的包装。不管在哪种情况下，都需要现有信息支持动态的市场选择。规划性调研主要包括以下主题：
- 目标市场改变了吗？如何改变的？
- 是否出现了新的细分市场机会？
- 针对公司的努力，是否一些细分市场比现有市场更适合？
- 针对不同的细分市场，是否有新的产品和服务机会？

选择性调研通常用于在规划调研识别出一些关键变量后实施。如果没有更优的选择，产品管理者希望找到几种备选方案。选择性调研能被应用在营销过程中的任何一个环节，如开发广告文案、评价产品设计或估计整体市场规划。

估计性调研被用来估计市场规划的显著性和有效性。当调整规划或基于目前业务的需要（如猛犸象山的案例）必须进行新的市场选择时，估计性调研也可能被整合为规划调研。

1.2.8 决定是否开展市场调研

面临几种解决问题的方案时，管理者不应凭直觉草率开展应用性营销调研。事实上，管理者首先需要做的决策是是否需要开展调研。在以下几种情况下，管理者最好不要做调研。

1. 缺乏资源

由于缺乏资源而排除营销调研可能性的情况有两种。首先，一个组织可能缺少正常开展调研所需的必要资金。如果一个项目要求样本达到 800 名被调研人员，但预算只允许调查 50 人，那么就很难保证信息的质量。其次，一个组织或许能够提供调研的资金，但是没有足够的资金去实施由调研所产生的任何决策。有时，小企业尤其缺乏创造有效营销组合所必需的资源。例如，一个表演艺术团的经理可能完全同意市场调研项目提出的方案，但在项目完成2年后，该组织却由于资金缺乏而只能将方案束之高阁。

2．调研结果毫无用处

有些市场调研测量的是顾客及潜在顾客的生活方式和个性特征因素。假设某项调研发现，一个自卑、内向但是渴求成功的男人最可能光顾票据贴现经纪行，但是这个信息对于查尔斯·施万伯（Charles Schwab）票据贴现行的管理者来说并没有什么价值。

3．错过市场时机

如果已经错过成功进入某一市场的时机，那么就不应该开展市场调研。例如，若一种产品已经处在生命周期的衰退期或成熟期的末期（如电唱机或落地式黑白电视机），此时还去做新产品进入调研将是十分愚蠢的。对于很快就能达到饱和的市场，情况也是如此，如哈根达斯、Ben and Jerry's、Schraffts和Blue Bell等高价位冰激凌。但是，对于已经上市的产品，如果需要调整产品来适应消费者口味、竞争和其他因素的变化，调研还是必要的。

4．已经做出决策

在现实的管理决策和企业政治中，市场调研有时会被不恰当地使用。几年前，一家存款额超过8亿美元的银行进行了一项大型的市场调研，目的是帮助高层管理者规划银行在以后5年中的战略方向。银行总裁听完调研汇报后说："我完全同意你们的建议，因为我正想那么做呢！明天向董事会提交战略计划时，我将会使用你们的调研成果。"调研人员接着问道："如果我的建议与你的决定恰恰相反呢？"银行总裁笑着答道："他们永远都不会知道我进行过市场调研！"这个项目不仅仅浪费了金钱，而且让调研人员怀疑这种行为的道德性。

5．管理者还未对制定决策所需信息达成一致

尽管先明确目标再进行调研似乎是显而易见的道理，但有时情况并非如此。虽然开展初步的或探索性的研究有助于更好地认识问题的本质，但是大型的调研项目却不能这样做。如果有人说"噢，让我们先进行调研，然后就会更好地理解问题并知道下一步该做什么"，那么这是一种错误的逻辑，而且制定管理决策所必需的主要因素被忽略了。

6．制定决策所需的信息业已存在

有些企业对某个市场已经研究了很多年，充分了解目标顾客的特征，以及目标顾客对现有产品的好恶，这种情况下再做进一步的调研就是多余的。例如，宝洁公司对咖啡市场已经有了详细的了解，在进行初始的品尝实验后，便迅速将Folger牌速溶咖啡推向全国市场。萨拉·李（Sara Lee）公司在推出冷冻羊角面包时也采取了这种做法，老人牌麦片公司的Chewy Granola Bars也是一样的。不过，这种策略并不总是有效的。宝洁公司认为它已经彻底地了解了镇痛剂市场，于是没有进行调研就推出了Encaprin牌阿司匹林胶囊。结果，该产品由于缺乏明显的竞争优势而失败，宝洁公司最终只好退出市场。

7. 调研成本超过收益

如果与待定决策相关的进一步信息可以随时免费得到，相信每位管理者都会接受信息。不过这种情况几乎不存在。事实上，管理者可能不愿意为得到信息而付太多的钱或者等太长的时间。获取额外信息的意愿取决于管理者对信息的质量、价格及时效的认知。管理者愿意为充分的信息（可以让人们准确无误做出决策的数据）支付更多的钱。总之，只有当信息的预期价值大于获取这些信息的成本时，调研才应当进行。

总的来说，假设两种产品有同样的销售潜力，那么边际利润大的新产品将获得更大的潜在收益。另外，如果两个市场的竞争强度相同，那么新产品在大市场上将比在小市场上提供的潜在收益更多。是否进行市场调研取决于预期成本是否大于收益。决定潜在收益的两个重要变量是边际利润和市场规模（见表1-1）。

表 1-1 边际利润和市场规模对市场调研的影响

市场规模	低边际利润	高边际利润
小	成本可能大于收益。例如，修理眼镜的螺丝刀、轮胎气门嘴延伸装置等，不要做市场调研	收益可能大于成本。例如，十分昂贵的运动服、大型专业化工业设备（如制造机械和计算机辅助金属冲压机）等，可以开展市场调研。在决定实施调研之前，应该从已有信息中了解所有你能了解的东西
大	收益可能大于成本。例如，Stouffers冷冻食品、佳洁士美白牙贴等，可以实施市场营销调研。在决定实施调研之前，应该从已有信息中了解所有你能了解的东西	收益极可能大于成本。例如，医疗设备（如CAT扫描仪）、东芝高清电视等，可以实施市场调研

小结

营销是计划并实施某种想法、商品或服务的观念、定价、促销和渠道策略以促成交换并满足个人和组织目标的过程。营销经理试图在恰当的地点和恰当的时间，以恰当的价格，使用恰当的促销方式，把恰当的商品或服务卖给恰当的人。这只有遵循市场营销观念才能得以实现。市场营销观念是基于消费者导向、目标导向和系统导向的。

营销经理必须在组织内部环境中工作，同时必须了解几乎不能控制的外部环境。营销经理可以控制的主要变量包括渠道、定价、促销和产品/服务决策。这4个变量的独特组合称为营销组合。

市场调研在向管理者提供制定营销组合所需信息方面发挥非常重要的作用。由于管理者越来越关注顾客满意度和留住顾客，市场调研的重要性不断提高。同时，市场调研也是进行主动管理的重要工具。只有当预期收益大于成本时，才应该进行市场调研。

市场调研大体分为3个类别，即规划性调研、选择性调研和估计性调研。规划性调研指通过市场细分、市场机会分析或消费者态度进行市场选择；选择性调研用来探测决策选择；估计性调研用来估计预期绩效。

关键术语及其定义

营销（Marketing） 计划并实施某种想法、商品或服务的观念、定价、促销和渠道策略，以促成交换并满足组织和个人目标的过程。

市场营销观念（Marketing Concept） 一种基于消费者导向、目标导向和系统导向的经营哲学或理念。

消费者导向（Consumer Orientation） 识别并集中于最有可能购买产品的个人或企业，生产更能有效满足他们需求的产品或服务。

目标导向（Goal Orientation） 强调企业目标的实现，是对消费者导向的一种限制。

系统导向（Systems Orientation） 创造能够监控外部环境并将营销组合作用于目标市场的系统。

营销组合（Marketing Mix） 用来满足具体顾客群需求的产品或服务、定价、促销和渠道的独特组合。

市场调研（Marketing Research） 计划、收集和分析与营销决策相关的数据，并与管理者沟通分析结果。

描述功能（Descriptive Function） 对事实的收集和陈述。

诊断功能（Diagnostic Function） 对信息或活动的解释。

预测功能（Predictive Function） 对如何使用描述功能和诊断功能做出规定，以便预测、计划营销决策的结果。

质量回报（Return on Quality） 基于下述原则的管理目标：传递的质量应该是目标市场所需要的；质量必须对获利能力产生积极影响。

营销战略（Marketing Strategy） 基于现有的和未来的内部能力，以及预计的外部环境变化，指导企业资源的长期使用。

应用性市场调研（Applied Research） 以解决具体的实际问题为目标的调研，有助于更好地了解市场、搞清战略或战术失败的原因并降低管理决策中的不确定性。

基础性市场调研（Basic Research） 以拓展新的知识领域为目的的调研，不为解决具体的实际问题。

规划性调研（Programmatic Research） 通过市场细分、市场机会分析或消费者态度调查进行市场选择的调研。

选择性调研（Selective Research） 用来探测决策选择的调研。

估计性调研（Evaluative Research） 用来估计项目预期绩效的调研。

复习思考题

1. 营销的作用是促进交换。那么，市场调研在促进交换过程中起什么作用？
2. 市场调研传统上是与消费品制造商联系在一起的。今天，越来越多的营利性和非营利性组织都在使用市场调研。你认为产生这种趋势的原因是什么？举例加以说明。
3. 请解释市场调研与市场营销观念之间的关系。
4. 请对以下论述做出评价："我在市中心有家餐馆。我每天接触顾客，我知道他们的名字和他们的喜好。

如果菜单中的某种食物没有卖出去，我就会知道他们不喜欢这种食物。我也阅读《现代餐馆》(*Modern Restaurants*)杂志，所以我知道餐饮业的发展趋势。这就是我所需要的市场调研。"

5. 为什么市场调研对营销决策者是重要的？请列出几条原因。
6. 你认为下述机构间的市场调研有什么区别？（a）零售商；（b）消费品制造商；（c）工业品制造者；（d）慈善机构。
7. Ralph Moran 计划投资 150 万美元在圣路易斯新建一家餐馆。当 Ralph 申请建设筹资贷款时，银行官员问他是否进行过调研。Ralph 回答道："我原本打算做调研，但一家市场调研公司对这项调研要价 2 万美元。我认为，与开办新业务的所有其他费用相比，调研是不必要的奢侈开支。"请对这一事例进行评价。
8. 质量回报有什么含义？这个概念为什么发生了变化？举例说明。
9. 描述三种不应该开展市场调研的情况并解释原因。
10. 举例说明市场调研的描述功能、诊断功能和预测功能。
11. 请用网络搜索引擎 Google 或 Yahoo！输入"市场调研"，从所列的网站中选择一个就其内容在课堂上进行汇报。
12. 全班分成 4 组，每组访问一家大型组织（营利性或非营利性），对该组织的高层营销经理进行访谈，了解该组织是如何开展市场调研的。每组向全班报告访谈结果。
13. 因特网是如何改变市场调研领域的？

市场调研实践

给我一张在线优惠券

消费者当然喜欢优惠券，但与此同时，零售者能从优惠券中获得什么呢？结论是很多很多。根据波士顿 Compete 调研公司的"消费者网上购物情报"的研究，优惠券除了能带给消费者显而易见的利益外，对零售商的最终利润也有重要影响。因为优惠券使用者可能消费更多，满意度更高，并且在优惠券使用的地方回报零售商。

超过一半在最近一次网购中使用了优惠券的消费者称，如果没有优惠，他们是不会消费的——57%的消费者选择"否"，43%的消费者选择"是"——并且现在使用优惠券的消费者的人数达到了历史最高峰。1/3 的网购者称他们通常都会使用团购网站，3.5 亿名消费者称他们每个月都会访问团购网。团购给投资者很高的回报，因为那小小的折扣会鼓励消费者消费。当被问到最近用于在线消费的金额时，使用优惠券的消费者的花费是没使用优惠券的消费者的 2 倍（使用优惠券消费 216 美元，不使用优惠券消费 122 美元）。

对于零售商来说，发放优惠券是建立良好商誉、提高消费者满意度的有效途径。当被问及整体的购物体验时，使用优惠券的消费者的满意度高于没有使用优惠券的消费者。相对于没使用优惠券的消费者的 88%，92%的优惠券使用者对购物体验极度或者非常满意。相对于未使用优惠券的消费者，使用优惠券的消费者也表示更有可能成为回头客。91%的消费者称他们极有可能再次在使用了优惠券的商店进行消费，而没有使用优惠券的消费者的这一比例为 86%。

问题：
1．家得宝公司是如何利用以上信息的？亚马逊在线是否应该和家得宝使用相同的优惠策略？
2．为了建立一个优惠策略，家得宝公司是否需要进行进一步调研？还需要调研哪些内容？
3．你认为在线零售商有必要进行市场调研吗？为什么？

附件 1-A

根据教育水平、兴趣及个性的差异，市场调研相应提供了各种不同的职业途径。其中大部分工作由调研供应者（为客户调研的公司）和调研使用者（依靠市场调研指导决策的公司）提供，还有少数营销调研工作由广告代理机构、非营利性组织、部分协会及政府部门提供。

调研供应者（调研公司）提供的职位往往集中在几个大城市，如纽约、芝加哥、洛杉矶、旧金山和达拉斯。一方面，尽管调研供应者遍及全国，但多数大公司（和入门级工作）只在这几个城市。另一方面，调研使用者（企业、组织等）的分布则广泛多了，在各种规模的社区都可以找到。如明尼阿波利斯的通用磨坊食品公司和阿肯色州斯普林顿的泰森公司。

市场调研行业长期以来平等接受女性，并且几个大型调研公司就是由女性创立的。在分析员这个学院入门级职位上，女性为男性的2倍。很明显，年轻女性日益意识到，市场调研的精彩世界里有大好的机会在等着她们！

以往，决定从事市场调研意味着一辈子的职业承诺。一旦成为一名市场调研员，则很可能将永远做一名市场调研员。今天这种情况少多了。现在更常见的是，人们进入营销部门而后又离开，仿佛这已成为营销职业生涯的一部分。

表 1-A-1 比较且总结了市场调研行业内的职业机会。并非所有的企业都有这些职位，但是你会发现具有这些职位头衔的人遍布整个行业。表中同时列出了每个职位对经验和教育的最低要求。

表 1-A-1　市场调研的职业机会：一般职责和要求

职　位	责任等级	最低经验要求	最低教育程度
总监或副总裁	部门管理	10年以上	研究生
总监助理	项目管理	5年以上	研究生
高级分析员	项目监督	3~5年	大学（可能要求研究生）
分析员	项目分析或推进	2~4年	大学（可能要求研究生）
统计员	统计分析	0年	大学（可能要求研究生）
文秘	办公室管理	3~5年	专科
初级分析员	项目辅助	0年	大学
现场调查工作主管	数据收集监督	3~5年以上	高中学历
图书馆管理员	图书馆管理	0年	大学

续表

职　位	责任等级	最低经验要求	最低教育程度
采访人员	问卷管理	0年	有些要求高中
制表员	样本的制表、归档及组织	0年	有些要求高中

1. 供应组织中的职位

调研供应商提供了市场调研领域大部分的入门职位。很多新公司都具有创业的性质，由建立者或合作伙伴领导。在较小的公司，建立者或所有者不仅要管理公司，还得参与调研项目的销售和执行。大型供应组织的所有者的作用和其他大公司高管的作用类似，即制定战略计划和广义的公司政策。在大型调研供应组织还有一点比较常见，经理们常常精于某一行业或者擅长某一类型的研究，如保健调研经理、财务调研经理或政治调研经理。公司也可能还有一位负责定性调研的主管或一位负责多变量研究主管。下面是调研供应组织中的各种职位：

1）统计员。担任该职位的人被视为内部专家，精通统计技术、抽样方法，以及SPSS、SAS或者R语言这样的统计软件程序。该职位通常要求硕士学位，有时甚至要求博士学位。

2）制表员。担任该职位的人使用Quantum或UNCLE等制表软件制作调查数据的交叉列表。制表程序员一般会参与数据整理和数据管理的工作，他们可能也需要数据库系统的知识。该职位通常要求学士学位。

3）高级分析员。一般较大的公司才设有高级分析员职位。高级分析员一般与客户业务经理共同制定调研项目的计划，然后监督若干分析员来执行该项目。高级分析员本身受到的监督较少，他们经常跟分析员一起开发问卷，也在分析难度较大的数据时提供帮助。最终报告通常由分析员撰写，但会由高级分析员/客户业务经理给出意见。该职位一般要求有预算上的控制能力，还有责任确保时间进度。

4）分析员。分析员通常负责调研项目实施的大部分工作。分析员职位低于高级分析员。他协助高级分析员准备问卷，进行预测试，进行数据分析，然后撰写原始报告。大部分二手数据工作都由分析员完成。

5）初级分析员。对有教育学位的人来说，这是入门级的职位。初级分析员受到的监督比较严格，从事的工作非常普通，如问卷编辑、问卷编码、分析基本数据、收集二手数据，并写出简单项目报告的粗略草稿。

6）项目主管。项目主管管理调研项目流程，制定时间表，进行质量检验，为转包商和项目运行提供信息和指导。项目主管有时也参与问卷设计、指标方案的开发和报告准备工作。

7）客户业务经理。客户业务经理负责对企业客户的销售工作，持续让客户满意以使他们继续购买本公司提供的调研。客户业务经理每天跟客户打交道，充当客户与调研提供公司的联络人。客户业务经理必须了解每个客户的问题，知道用哪种调研技术提供正确的数据。他们必须能够通俗地向客户解释为什么客户需要这种调研技术。另外，他们也必须能够战胜竞争对手，成功推销自己公司提供的调研服务和调研能力。客户业务经理还与调研分析员合作开发调研方法，以解决客户的问题。这一职位要求具有MBA或者硕士学位。

8）高级主管（副总裁、高级副总裁、执行副总裁）。高级主管管理若干部门或小组的客户业务经理，也有义务进行业务开发及管理。他们负责招聘、培训、开发客户业务经理、分析员和项目主管。另外，他们也会花大量时间与大客户进行高层会谈。

9）现场调查工作主管。大多数市场调研公司没有自己的采访人员，它们依靠市场调研遍及全美的现场调查服务公司进行调研访问。现场调查是市场调研行业的生产线。现场调查工作主管雇用、培训、监督某一地区的采访人员。他们负责在合适的地域获得完整的访谈，使用具体的抽样指南，且有预算和时间限制。他们与现场调查服务提供商保持密切联系，了解谁有最好的采访人员，且能保持进度。在一项研究确立之后，现场调查工作主管每天都会收到现场调查服务的报告。典型的报告包括完成访问的数量、被拒访问的数量、访问用时、交通用时、距离或者一些可能出现的问题。

10）运营主管。较大的调研公司会有几个部门（数据准备、抽样、数据录入、制表、问卷设计、控制中心等部门）完成大规模的运营。运营主管监督上述部门，为项目制定时间进度，确保质量保障，雇用、培训员工，保证调研项目运作良好。

2．调研部门和广告代理机构的职位

很多生产商、零售商和其他组织都设有营销部，尽管现在更流行称"顾客远见部"。像卡夫、沃尔玛、菲多利、西尔斯及宝洁这些公司，都有规模不等、任务不同的调研组。某些调研部门如同企业内部的调研公司，而其他更像内部咨询部门，职能是将任务转包给调研供应商。公司调研部门常设有由主管或经理领导的内部小组。有些营销部门是按品牌组织起来的，有些依照的则是调研技术专长。在某些公司里，竞争性信息是一个单独的功能，在其他公司则是调研部门的一部分功能。同样，有些公司战略规划是调研部门的一部分，而在其他公司则是一个单独的部门。各公司组织结构是存在差异的。下面是对某些职位的描述：

- 调研总监。调研总监（有时是调研副总裁，甚至高级副总裁）负责公司的整个调研计划，可能为高层进行战略调研或接手新产品经理、品牌经理和其他内部客户送来的任务。有些情况下，调研总监会主动提出调研建议，但大多数时候只是被动受命而已。他们对市场调研预算负全责。鉴于资源有限，他们也必须根据项目情况确定轻重缓急。调研总监雇用专业员工，对调研部门进行全面监督。他们给高层提供战略调研项目的结果。这一职位通常要求硕士学位，某些公司要求博士。调研总监一般被视为调研部的顶级技术专家。

- 调研总监助理。通常只有大而全的调研部门才有这个职位。助理在一人之下，只听命于调研总监。高级分析员、统计员、数据库分析员、辛迪加数据分析员、二手数据分析员及数据处理专家通常都要向总监助理报告。助理担任的很多工作都与调研总监相同。

3．功能有限的调研部门的调研主管及其他

大多数公司或广告代理机构内部调研部门的功能都有限，所以它们并不亲自进行调研或分析数据。它们的主管只对调研建议书提出要求，分析申请书，跟调研提供商签订外包合同，对供应商提供的服务进行评估。在公司内部，他们与品牌经理、新产品专家共同提出调研问题，

消化并推行调研商在研究报告中提出的建议。

功能有限的调研部门的调研总监及助理（假设有）的作用与上文提到的调研总监及调研总监助理的作用一样。分析员制定并评估供应商给出的方案和服务，也协助推行建议。在功能有限的调研部门里，除了秘书通常再没有其他的员工了。

公司及广告代理机构内部一些最具效率的部门往往按照品牌或业务单元建立而不是按照职能或技术方法建立。负责某一具体品牌的调研员需要具备包括各种调研过程和方法在内的专业知识。广博的知识，外加长期致力于一个品牌或业务，总体来看，该调研人员给组织创造了更大的价值。该调研人员本质上已经成为某一品牌或客户小组的组成部分，这使得他对业务有更深入的了解，从而基于调研的建议也就有更大的相关性和可行性。

4. 市场调研的回报

市场调研人员觉得他们的工作既有趣又能带来满足感。调研人员通常从一份做得很好的工作上得到认可。许多公司为突出的员工提供基于业绩的晋升机会。不少市场调研人员发现跳槽相对而言更容易给他们带来更好的未来。客户端市场调研人员（为制造商、服务业、政府和广告机构工作的市场调研人员）的薪酬如表 1-A-2 所示。

表 1-A-2　客户端市场人员薪酬

职　　称	基本工资（美元）	福利（美元）	总计（美元）
高级副总裁或副总裁	152 841	27 341	180 182
市场调研总监/高级总监	127 229	20 187	147 416
市场调研经理	92 612	9 144	101 756
客户经理	69 000	4 500	73 500
市场洞察经理	93 612	7 621	101 241
市场总监	108 511	6 889	115 500
品牌经理/产品经理	85 286	3 857	89 143
项目经理	76 520	11 440	87 960
高级调研分析师	77 916	5 133	83 048
调研分析师	54 923	3 631	58 554
统计员	65 750	3 750	69 500
助理研究员	42 000	667	42 667
销售/客户代表	67 500	38 333	105 833

资料来源：Joseph Rydholm, "Stable earnings, Wandering eye?" 夸克营销研究综述。

附件 1-B

市场调研中的客户（市场调研的购买者）与其提供者（市场调研服务的提供者）的关系中有两个最重要的因素，即保密性和诚实性。这两个因素都涉及伦理问题。伦理是支撑个体或组织的道德准则，伦理行为并不是单方行为，客户、市场调研企业都必须按伦理准则行事。

伦理问题的范围既包括狭义的具体主题（如市场调研企业须对客户诚实等），也包括更广泛的社会和哲学主题（如公司有责任保护环境和雇员的权利等）。许多伦理冲突发生于公司利益体与员工、顾客及周边社区之间。管理者一定要协调好理想和实际的关系，在为公司股东创造合理收益的同时，注意诚实经营，以及更大的环境和社会问题。

1. 伦理理论

人们在生活实践中通常会根据自身情况选择适合的伦理理论。以下是在市场和交易活动中经常应用的一些伦理理论。

（1）道义伦理理论

道义伦理理论认为，当人们分析一个伦理两难的问题时，应该坚持自己的义务和责任。这就意味着个体对社会或其他个体会遵循其职责，因为担负责任被认为是具有正确的伦理道德的。例如，一个道义学家会永远对朋友许诺遵从法律。遵从这一理论的人会产生非常一致性的决策，因为他们要遵守自己的一个责任集合。但这一理论并不一定关注他人的利益。例如，一位调研公司人员把准时会见客户作为自己的伦理准则，但当他快要迟到时，他将如何驾车呢？他是只考虑车速而打破社会职责，还是因会客迟到而打破自己的准则？这显然不能使我们得出正确的结论。

（2）功利主义伦理理论

功利主义伦理理论基于预测某个行为结果的能力。对于一个功利主义者，产生最大利益的选择就是最具伦理道德的选择。这一理论的好处在于，能够比较预知的结果并进一步判断哪种选择会对更多的人有利。这一比较系统包括针对每个选择进行合乎逻辑和理性地争论，并一步一步地使用这一决策。

功利主义有两种类型：行为功利主义和规则功利主义。行为功利主义对功利主义的定义与前文所述是一致的。行为功利主义者只考虑某一行为是否对大多数人有利，而不考虑个人感觉或社会约束（如法律等）；而规则功利主义者考虑法律约束并关注公平性。规则功利主义者设法为大多数人寻求利益，但这需要通过公平和合理的方式方法来实现。因此，规则功利主义带来的附加利益是个体的公平性并且能够同时得到好处。

虽然功利主义理论具有一定合理性，但行为功利主义和规则功利主义都存在一些问题，即两者均不能做到准确地预测未来。虽然人们能够使用各自的生活经验尝试预测结果，但没有人能够保证这一预测是确定的。这种不确定性能够导致不期的结果。随着时间的流逝，这种功利主义往往看起来像是非伦理的，因为其选择并没有像预测的那样给大多数人带来益处。

功利主义的另一个假想是功利主义者能够比较相似结果的选择。但比较的对象不仅包括金钱，还包括无形的收获（如快乐等）。由于每个人的看法迥异，使得科学的判断变得几乎不可能。

（3）诡辩伦理理论

诡辩伦理理论会把现有伦理两难的问题与类似伦理两难的问题及其产出进行比较。这使得人们能够估计情景的严重性，并根据他人的体验创建最可能的结论。通常，人们会发现类似情景的例子，从而采用折中方案，从先前的经验中获得收益。

这一理论的缺点是，针对一个伦理两难问题往往没有类似的例子可供参考。一旦这一问题是全新的，沿用诡辩理论思维就不能产生正确的结果，还会使人对该理论的有效性产生质疑。

理解伦理理论会帮助我们解决市场调研中的非伦理实践问题。

2. 市场调研企业的伦理问题

（1）低报价策略

市场调研企业会根据响应率（样本中的应答比率）和问卷长度确定报价。如果这两项没有变化，客户肯定会期待一个较低的合同价。但任何形式的低报价都是非伦理的。本质上，低报价策略只提出一个非现实的低报价以获取这单生意，随后采用一些手段再提升价格。例如，提出一个不现实的响应率就是低报价策略的一种方式。另外，许诺以 6 000 美元实施一个焦点访谈小组，待客户同意之后你却说，"提供给小组访谈成员的礼品是额外收费的"，这也是一种低报价策略的形式。

表 1-B-1 市场调研中的不道德行为

调研企业	调研客户	现场服务
低报价	在已经预先确定了供应商的情况下发行投标请求	
把主观性带到调研中	通过收购请求恳求免费的建议和方法	使用专业被调查者
滥用被调查者		不验证数据
出售无价值的调研信息	做出虚假承诺	
侵犯客户机密	发行未被授权的请求	
品牌黑箱		

（2）把主观性带到调研中

市场调研企业切忌使用有偏差的样本、错误使用统计方法、忽略相关数据及根据预先决定的目标进行调研设计。有一种调研被我们称为拥护性研究（Advocacy Studies）。公司委托调研的目的可能是公共关系，或只是为了作势。例如，汉堡王曾在一次试图为其主张——它制作汉堡的方法比麦当劳的更受欢迎——辩护的宣传研究中对如下问题使用正响应："你更喜欢烤的汉堡还是油炸的汉堡？"而另一项研究改述了这个问题——"你更喜欢在火烫的不锈钢烤架上烤的汉堡还是用开放的天然气火焰烹饪的汉堡？"结果出现了逆转：麦当劳比汉堡王更受欢迎。

伟奇（Kiwi）鞋业公司实施了一个关于抱负心和抛光鞋的调研。研究发现，97%的自认为有抱负心的年轻人相信抛光鞋是重要的。很多情况下，拥护性调研仅仅使用不具有代表性的样本。例如，一家销售减肥品的公司宣称"对于美国 650 万名减肥者有一个好消息"，因为公司研究显示，人们能够通过该药品减肥并且不反弹，而事实上样本仅包括与该公司签署了商业协议的 20 位大学生。

当把研究发布给新的媒体的时候，新的报道者应当能够获得其研究方法。典型地，该信息被保留通常建立在材料是专有的情况下。为卡莱罗那制造服务公司——一家领券公司——完成的一项研究发现:"各行各业的美国人发现优惠券对购物有确实的激励效应。"

(3)滥用被调查者

被调查者的滥用包括以下几种方式。最普通的是长时间的访谈。这个问题在一定程度上源于很多产品经理的"只要你在问问题"心态。客户想要了解额外的问题甚至不相关的一些问题并不奇怪,但这会导致冗长的问卷、30分钟的电话访问或因特网访问、40分钟的街头访问等。正是由于无法忍受长时间的访问,越来越多的美国人开始拒绝参与调研。电话访问的拒绝率已经超过60%,这一比例几乎每10年就会增长10个百分点,49%的被访人认为调研过于涉及个人隐私。

对调查研究电话呼叫中心而言,预测拨号器是巨大的生产力工具。它们去除了面谈者花费在手动拨号和电话录音设置上的停工时间,比如无应答或线路繁忙。按照定义,预测拨号器先于可用的面谈者拨打电话,预测面谈者什么时候可用。手动调节节奏设置了这种预先拨号能力的进取性。很明显,呼叫中心的经理有很强的动机去增快节奏并压缩面谈者的电话间隔时间。然而,这种行为会产生不理想的后果,因为有一些受访者是在面谈者可用之前联系的。大多数情况下,拨号器会对受访者进行稍等处理或者断线处理,而这都会降低受访者的积极性。

对产品或服务的兴趣通常是在访谈过程中识别出来的,而且调研者能够从受访者对收入和其他相关财务问题的回答中了解其潜在购买力。尽管问卷的引言部分通常承诺保密,一些调研人员仍然会将潜在顾客的姓名和地址出售给寻求销售线索的公司。愿意参与调研过程的个人拥有保护其隐私的权利。

学生市场集团(Student Marketing Group)被指控广泛向企业销售市场信息,这些调研信息全部由学生填写,同时包括学生的年龄、性别、宗教信仰、职业兴趣和在校平均分数。集团许诺可以帮助学生赢得工作机会和经济援助,但我们只看到直销员利用这些信息销售信用卡、杂志、录像带、化妆品和其他产品。

(4)销售无价值的调研信息

面对一个对市场调研并不熟悉的客户时,市场调研企业往往有机会赚点昧心钱。例如,一个包括4个焦点访谈和350个在线样本的调研,有可能被市场调研企业以8个焦点访谈、1 000个在线样本和6个月后400个样本的跟踪调研销售出去。

通常,市场调研企业应为客户设计几种调研方案并报出不同的价格,同时指出每种方案的优劣,以及样本的置信区间。作为客户,他们可同市场调研企业商谈,再决定哪种方案最适合公司的需要。

(5)侵犯客户机密

市场调研企业不应该将和客户整体商业活动或者和客户项目相关的信息透露给第三方,甚至除非获得客户的许可,不应向他人透露客户姓名。

关于机密的最痛苦的话题就是界定有些信息是背景知识还是客户机密,或者何时会和上一个客户出现纠纷。一位调研人员是这样描述的:

> 我介入过许多财产研究,经常发生的问题就是一些研究的结果和之前研究涉及相

似主题的问题。我们的道德准则是当你做一个调查的时候，你不能使用竞争者所做的相似调查的数据。然而，我总是知道一些领域的一些数据，而我原来的客户反对我使用和他们合作时收集到的这些数据信息，于是我最终会向他们妥协。虽然高层管理者正式声明这种情况不应出现，他们却又希望通过这种手段降低成本。这种利益冲突的局面很难处理。至少在我们公司，我没有发现这种问题的解决之道。这不是一个一次性问题，而是一个本身就错误的过程。要求一个人重新完成一部分最近已经完成的研究是荒唐的，而停止潜在的新业务从财务的角度来看是不可能的。

3. 品牌黑箱

市场调研企业已实现品牌化。赛诺威特公司已拥有超过 25 个产品品牌，包括可视产品和人机交互产品。登录一些大规模市场调研公司的网站，你会发现一系列市场调研的品牌化产品，从市场细分到顾客价值分析等，所有产品都冠以诸如 ^{SM}、^{TM} 或 $^{®}$ 的品牌符号。

专有性是所有这些产品的共性，这表示公司不会公开它们如何发挥效应。这也是它们被贬称为品牌黑箱的原因。黑箱方法是公司专有的，因此公司能够保证产品开发投资的收益。如果调研公司能用这种方法使客户感知到附加价值，就能获得溢价。（黑箱和品牌名称并不都是匿名的。尽管几乎所有的专有调研方法本身和它们的名称都无太大关系，但也有品牌名称是和非专有的调研方法相连的。）

至少有两个因素促使了市场调研的品牌化。首先，竞争压力迫使公司寻找方法来避免和竞争者产品的同质化。其次，许多大型调研公司都是上市公司，它们面临着每个季度的销售和利润压力。如果一家调研公司拥有专有的调研方法，相比那些仅仅使用 SPSS 或 SAS 的调研公司，它就能实现更大的获利。

调研公司的客户没有一个客观的方法来判断一家拥有专有调研方法的公司和一家更标准化的公司所提供的结果能有多大不同。例如，为选择模型而走访 5 家有黑箱的调研公司，每家公司都会声称它们的方法更好，但是从心理测量的角度则根本无法评估到底哪家公司的调研的有效性更高。

当然，客户不是必须选择有黑箱方法的调研公司。通常，客户的一个项目会收到许多公司的投标，因此客户有充分的余地来决定选择哪家调研公司。

4. 客户的伦理问题

同市场调研企业一样，客户也存在一些伦理问题。这些伦理问题通常包括在已确定市场调研企业的情况下仍旧招标、通过招标以获取免费的忠告和方法、进行虚假承诺等。

（1）在已确定市场调研企业的情况下仍旧招标

客户只偏爱一家市场调研企业的情况并不鲜见。客户有这样的偏爱往往是因为双方有良好的合作关系、考虑成本、按时完成的能力、双方的友谊及调研人员的良好素质等。偏好一家市场调研企业并不违背伦理，但若已确定市场调研企业，却又去寻求其他的市场调研企业就违背伦理了。寻找其他企业需花费时间、人员精力及金钱参与投标，可它们根本没有获得合作的机会，这是不公平的。

（2）通过招标以获取免费的忠告和方法

客户通过向多家市场调研企业招标以获取详细的营销建议，甚至包括研究方法和问卷样本。在吸取了这些精华以后，客户可能直接发放问卷收集数据，或者在得到其他市场调研企业的良好建议后，与最廉价的市场调研企业进行合作。

（3）进行虚假承诺

客户为了节省调研费用可能会采用另一个非伦理手段，即向市场调研企业许诺一个根本不存在的"胡萝卜"。例如，客户承诺："我不想承诺任何事，但我们计划在该领域内进行一系列研究，如果针对我们的第一次合作给个好价钱，我们会长久合作的。"但遗憾的是，市场调研企业却等不到下一次合作了。

（4）擅自发出建议书

下列情形中，一位客户代表还未获得相应的资金，就发出了建议书：

1）一位客户代表决定先发出建议书，之后再向管理层确认是否可以获得资金来实施项目。

2）一位很受重视的员工向管理层递交了关于某一领域的市场需求调研的建议书。尽管管理层对这一领域不是兴趣十足，但他们还是让调研人员去招标，这样既不会挫伤他的积极性，也避免错过一个商机（但是，在他们看来，可能性极小）。

3）一位客户代表和管理层对于问题是什么及应当如何解决问题产生了不同见解。调研提供者未被告知管理层的观点，虽然建议书满足了客户代表的要求，但遭到了管理层的当即回绝。

4）没有咨询销售部，一位客户代表请求做一份关于分析目前销售表现的建议书。担心回应消极、公司政治影响及对市场调研的认识不够充分，销售部阻止了这份建议书的执行。

5．实地调研的伦理

市场营销实地调研是要求电话或面对面访谈的调研行业的子领域。它是被调研人员和调研提供者之间的临界环节。正确记录信息和仔细跟随样品计划是重要的，否则最好的调研设计也会产生无效信息。保持高道德标准有助于调研公司通过实地获得好的原始数据。

这里，使用专业被测试者是一种很好的方法。

专业被试问题的产生经常发生在招聘焦点小组成员的时候。事实上，所有的实地调研都维持着一个愿意参与定性讨论小组的人员的数据库。这个数据库还包含这些人的人口统计学方面的一系列信息。维持这样一个数据库是一笔好生意而且相当符合伦理。当小组参与者的资格要求比较低时（如宠物拥有者、SUV 汽车驾驶者等），调研人员不太愿意使用专业被测试者。然而，情况也不都如此。例如，当供应者希望被测试者是 Oxydol 清洁剂的频繁使用者或者拥有俄罗斯蓝眼猫时，我们不是不会听到小组招聘者打电话给一个专业被测试者并且说"你是否愿意以 75 美元的酬金参与明天的焦点小组讨论，你需要告诉我的仅仅是你拥有一只俄罗斯蓝眼猫"。

在尝试剔除专业被测试者时，调研供应者可能会明确指出，参与者必须是过去 6 个月没有参与过焦点小组访谈的人。然而，不诚实的实地调研服务将会简简单单地告诉专业被测试者去否认在过去 6 个月参与过焦点小组访谈。

6. 数据收集的伦理问题

市场调研协会（The Marketing Research Association, MRA）是由许多实地调研机构组成的协会。该组织旨在推动数据收集的发展。为了这一目标，它最近颁布了以下道德准则：

从事数据收集的公司应

1）尊重被测试者，并且不通过直接或间接的诱导（包括框架和问项）影响被测试者关于任何问题的观点和态度。

2）以专业的方式引导被测试者并且保证被测试者的个人隐私和机密。

3）保证在投标、数据收集和撰写报告的过程中采用的所有准则都与 MRA 或美国调研组织的指南一致。

4）进行真实的正确声明以保证合作；并尊重面试被测试者时所做出的承诺，不论是口头还是书面形式的承诺。

5）即使不使用被测试者的姓名或地址，被测试者仍有被辨认出来的可能性时，将给予被测试者拒绝参与调查的机会（如由于抽样小组的人口规模的原因）。

6）未经被测试者许可将不会使用信息来识别被测试者，除非是核对信息的人或是参与信息生成过程的人。如果获得许可，在整个互联网研究中，获得许可的时候，面试者或者被测试者必须将它记录下来。

7）进行在线调研时，坚持并遵守这些准则：

- 确保被测试者的匿名权。
- 在没有收到请求的情况下，禁止向拒绝收到更多邮件的人发送邮件。
- 调查未成年儿童的调研人员必须严守儿童在线隐私保护法案。
- 在收集、使用、公开来自一个儿童的个人信息时，调研人员必须获得来自儿童父母的可验证的父母许可。

8）针对网络调研，未经被调研人员的许可，不会以任何有违信息提供者发表的个人隐私声明的方式使用其信息。

9）尊重被调研人员在研究的任何阶段退出或拒绝合作的权力，并且不会使用任何程序或技术来强迫或暗示被测试者合作是必需的。

10）为了合法的或者其他目的，可识别被测试者的信息将可能通过音频的、视频的或是互动声音透露给第三方，此时要获得被测试者的许可并记录在案。

11）在对 13 岁及 13 岁以下的儿童进行访谈时，将获得父母、合法监护人、责任监护人的允许和公文许可。为了获得许可，访谈者应当透露调研的主题、访谈时长和其他需要被测试者完成的特殊任务。

12）当接触或访谈未成年人（18 岁及 18 岁以下）时，不论采用何种技术和方法，将确保所有的访谈者遵守一切相关法律法规。

13）未经书面许可，不会披露任何可能被用于识别委托人身份的信息。

14）确保数据收集过程中涉及的公司、公司职员、子承包人采取合理的自我保护措施，因此没有赞助公司明确的允许，不要让一个被测试者参与多种调查。

15）把客户提供的所有的调研材料或者客户提供的材料产生的结果看作客户财产。未经客户书面或口头许可，这些材料不会被传播或处理。

16）在时间和可能性允许的情况下，为客户提供监控调研进展的机会以确保调研质量。

17）不从事下列非调研性质的活动：
- 为非调研目的而编辑列表、登记表或者姓名和地址的数据库（如彻底检查或筹资）。
- 工业的、商业的或者任何其他形式的间谍活动。
- 对被测试者进行销售或推销。
- 催讨债务。

7．被调研人员的权利

市场调研中的应答者往往花费了时间和精力，却不能得到回报。这些人应该得到所有调研人员的尊重。被调研人员应有选择参与的权利、保证安全的权利、获取信息的权利及保护隐私的权利。

（1）选择参与的权利

每个人都有权决定是否参与调研，但有一些人（如低学历者或儿童）却不能使用这一权利。另外，时刻想中断访问的被调研人员往往会给出不恰当甚至错误的数据。

一个人愿意参与实验或者回答问卷并没有给予调研者做任何其想做的事情的全权委托。调研者仍然对受访者承担义务。例如，如果一个人参与了一项与测试产品相关的口味测试，而且与几款现存产品相比，他更偏好测试产品，那么调研者没有权利在推广片中使用受访者的姓名和地址，声称"相比×品牌而言某先生更喜欢新产品"。

（2）保证安全的权利

被调研人员有权保护自身身体和精神免受伤害。我们经常看到被调研人员暴露在可能对身体造成伤害的场所，如让被调研人品尝食物就可能伤害身体。另外，调研人员很少告知食物中含有什么，如高含量的食盐等。如果试验持续数周，由于长期处于危险中，被调研人可能高度紧张乃至产生精神疾病。

被调研人员长期处于心理破坏的情况也是常见的。当调研人员邀请他们参与调研时，他们其实还是比较紧张的。一些被调研人员不能准确回答问题或不能按时完成问卷时，他们会感到压力（如"你们还有5分钟浏览该杂志，随后会问你们一些问题"）。

（3）获取信息的权利

被调研人员有权了解调研过程中的一些信息（如调研内容、调研时间、需要做什么等），以便决定是否参与调研。

但事实上，调研人员经常需要对被调研人员隐瞒出资企业以免响应偏差。例如，如果在调研之前就向被调研人员说，"我们正在实施一项由百事可乐资助的调研，这是一个我们经常饮用的软饮料品牌"，这显然不合适。由此，应在访谈结束后向被调研人员告知这些信息，包括调研目的、赞助商、数据将如何处理，以及其他相关信息等。但遗憾的是，这样做会增加成本，很多企业并不愿意向被调研人员提供这些信息。

为了刺激被调研人员参与，一些学术研究机构许诺向被调研人员提供调研结果。一旦许诺，就应当兑现承诺。但事实上，我们参与学术调研后并没有得到许诺的"胡萝卜"，而且这种情况不止一次。

（4）保护隐私的权利

所有消费者均有保护隐私的权利。所有大规模市场调研企业，包括美国市场调研协会（MRA）、美国调研委员会（the Council of American Survey Research Organizations，CASRO）、因特网市场调研协会（the Internet Marketing Research Association，IMRA）、美国市场协会（the American Marketing Association，AMA）和广告研究基金会（the Advertising Research Foundation，ARF）等都设置了私人密码。例如，在因特网调研中，被调研人员必须符合以下两个特征之一，即预先注册会员或已经与市场调研企业有过合作，以避免碰到无效的 E-mail 地址。

被调研人员的隐私应从两个方面去控制：一方面控制垃圾电话、垃圾邮件干扰被调研人员，另一方面控制被调研人员自身的信息。被调研者的隐私可以在任何交互作用的情境下进行观察，盈利的或非盈利的，营销者与消费者之间的，包括（但不限于）银行卡和现金销售额，消费者询价和营销人员发起的调查。其实，市场调研的本质就是通过与被调研者的交谈进入对方的私人领域。一个访问员电话呼叫或接近陌生人，请求占用一部分他们有限的空闲时间，并请他们回答个人问题，有时候会是一些非常私人的问题。或许对今天的消费者来说，最大的隐私问题是营销数据库的作用（见第 3 章）。

由于涉及营销调研行业，近些年来出台了许多处理各方面隐私问题的法律。Diane Bowers，CASRO 总裁，对营销调研者提出了以下问题。

你是否知道

- 如果你调研了并未同意该调研的金融机构消费者，你就可能违背了法律？（联邦法规要求选择退出，有些州要求选择进入）
- 如果你为卫生保健研究调研的病人并未同意该研究，你就可能违背了法律？（联邦法规要求选择进入）
- 如果你为电信研究调研的电话消费者并未同意该研究，你就可能违背了法律？（联邦法规要求选择退出）
- 在数据保护上没有遵从美国安全港和欧盟指令的情况下，如果你和欧洲的某人或某机构交换了受访者的个人信息，你就可能违背了法律？（必须坚持验证美国安全港原则，或者获得了欧盟的证明文件）
- 如果你向承包商，包括面谈者和数据处理人员，泄露了受访者的个人信息，你就可能违背了法律？（隐私法要求在这样的信息"向外转让之前绑定保密协议"）
- 如果你没有遵守线上隐私声明和线下隐私政策的任何重要方面，你就可能违背了法律？（例如，FTC 有能力每天为这样的信息罚款高达数千美元）
- 对你的研究受访者的隐私和机密及研究完整性，你有合法并专业负责的义务？

8. 伦理和职业道德

如今，企业伦理实际上是社会价值的一个子集。这种社会价值会从家庭、学校、宗教组织和社会运动（如妇女维权运动）中获得。一个拥有成熟伦理价值的市场调研人员会接受个体责任并能影响周边的人。这主要包括以下几个方面：

- 雇员的需要及对组织长期的兴趣。
- 能够直接影响公司的人的愿望和兴趣。
- 公司拥有的社会价值和条件形成社会结构的基础。

高标准的伦理和职业道德是紧密相连的。好的伦理为职业道德提供坚实的基础，而追求崇高的职业道德水准也维护着企业的伦理行为。

（1）培育职业道德

由于拥有专业知识和特长，某些职业能够给人们提供特殊的服务。医生和律师职业并不能够轻易得到，由于专业知识的障碍，人们很难进入这些行业。虽然市场调研对企业甚至社会都产生了巨大影响，但市场调研行业却不具备较高的进入壁垒，这是因为市场调研人员只是一名从业者而不是专家。

区分职业和专家是重要的。拥有一个职业是客观因素决定的（如医生要经过医药考试），而要成为专家则须从更多的个人和主观因素来衡量。一项衡量市场调研专业水平的研究发现，调研人员应在工作中拥有自主权，应能在工作中经受多次磨炼，同时具有独立工作的能力，这些才是作为专家的标志。然而，现在的调研人员却不具备这些特性，也就是说还不能达到专家的高水准。

但我们看到，市场调研行业正在逐步提升业内专业水平。例如，美国调研委员会已发起座谈会处理市场调研中的伦理问题；同时，美国调研委员会创建的伦理规范在调研行业广为传播；美国调研委员会还着手同美国市场调研协会合作，考虑市场调研立法问题。

（2）调研资格证明

如今的市场调研进行得太容易了——我们看到许多不负责任的企业向客户宣称它们具有调研能力。但遗憾的是，依赖于过少信息做出重要决策，往往会导致市场份额的丢失、利润的减少甚至企业的破产。

市场调研行业的准入资格问题曾引起业内的大量讨论。应该看到，准入资格并非许可证。许可证是在政府监督下的强制准入过程；而准入资格是在非政府控制下的自觉遵守的规范，是行业内体现差异的资格证书。这一问题比较敏感，因为它直接影响到市场调研企业赢取市场的能力。

美国市场调研协会曾颁布了一个专业调研公司的证书，其目的是鼓励业内提高专业水平并以此提升竞争力，建立一个客观衡量企业专业能力和技能的方法，鼓励企业持续专业能力的开发。该证书分为市场调研使用者证书、提供者证书或数据收集者证书等。当然，这需要一系列持续教育投入和考试来支持。市场调研企业如果达到美国市场调研协会认可的专业调研公司的标准，它将被授予证书。

第 2 章

识别问题、探索性调研和调研过程

学习目标

- 明白识别问题的过程。
- 了解市场调研的过程。
- 理解调研申请的内容。
- 了解调查法、观察法和实验法等调研方法的优缺点。
- 熟悉市场调研过程是如何启动的。

实施市场调研要按照从识别问题开始的一系列步骤进行。这些步骤是什么,调研过程如何启动,这些问题将在以下内容里做详细解释。

2.1 正确识别问题

正确识别问题是市场调研过程中重要的第一步。如果问题没有被正确地定义,调研目标就会出现错误,市场调研的整个过程就会是对时间和费用的一种浪费。一家快消品大公司想通过对自己品牌的重度消费者进行调研来了解品牌价值。这家公司的品牌渗透率低,为了实现双倍增长的财务年度目标,它需要推出新产品,并且还想将原来的品牌延伸到新产品。

这个品牌的已有客户群非常小,仅仅依靠已有的忠实客户来实现业绩的双倍增长目标是行不通的。经过反复思考,该企业将其商业目标聚焦在能够提升品牌价值的识别营销杠杆上。相应地,它将调研目标更改为找出目前品牌产品出售的障碍和能够刺激邮购用户进行购买的纽带。

调研结果显示,该品牌的主要问题是品牌知晓度低。品牌和邮购用户都很喜欢该公司的产品,但是相对邮购目录上的其他产品,该公司的产品使用率却比较低,因为消费者不记得这个品牌。提醒物——广告、激励措施、新产品——就成为能够提高品牌渗透率、带来业绩增长的杠杆。如果仅仅在重度消费者中进行同样的调研,那么是不可能发现这些解决问题的办法的。

识别问题的过程如图 2-1 所示。识别问题的最终目的是开发一个清晰、准确和有意义的市场调研目标。调研这些目标会为管理者提供准确的决策信息。

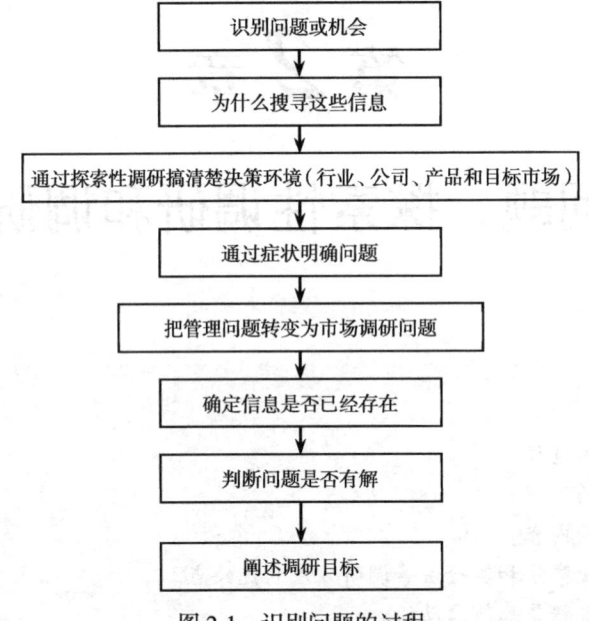

```
┌─────────────────┐
│ 识别问题或机会  │
└────────┬────────┘
         │
┌────────┴────────┐
│ 为什么搜寻这些信息 │
└────────┬────────┘
         │
┌────────┴──────────────────────────────────┐
│ 通过探索性调研搞清楚决策环境(行业、公司、产品和目标市场) │
└────────┬──────────────────────────────────┘
         │
┌────────┴────────┐
│ 通过症状明确问题 │
└────────┬────────┘
         │
┌────────┴──────────────┐
│ 把管理问题转变为市场调研问题 │
└────────┬──────────────┘
         │
┌────────┴────────┐
│ 确定信息是否已经存在 │
└────────┬────────┘
         │
┌────────┴────────┐
│ 判断问题是否有解 │
└────────┬────────┘
         │
┌────────┴────────┐
│   阐述调研目标   │
└─────────────────┘
```

图 2-1 识别问题的过程

2.1.1 识别问题或机会

调研过程的开始首先是识别问题或机会。随着企业外部环境的变化，营销经理会面临这样一些问题：我们应该改变现行的营销组合策略吗？如果是，那么如何改变？市场调研可以用来评估产品、促销、分销或定价的选择，也可以用于发现和评估新的市场机会。

让我们来看一个识别机会的例子。到 2015 年，在线视频将发生重大改变，或许一半的视频都可以在线观看。考虑到历史上采用的其他相关技术，这一数字是非常保守的。例如，到 2004 年，美国有电视的家庭中 70%都有 DVD，当时 DVD 问世仅仅 6 年。

尽管变革的方式可能不同，但结果都是一样的。基于因特网的电视最终会进入美国家庭，原因之一是大多数新型电视所拥有的功能，互联网也有，许多观众将学会使用这些功能作为视频广播的补充。情况也可能是那些富有侵略性的新型视频的提供者（如苹果 TV 和网飞公司），它们的即时视频会赢得消费者。然而最有可能的情况是，有线电视和交替传递系统将齐心协力来应对新技术的突起，维持它们的订购业务，并将快速用将广播、DVR 和在线视频结合在一个盒子里的部件来代替现在的机顶盒。

这种产品出现的原因之一就是 Y 世代人。Y 世代人是指出生在 1979—1994 年的人，他们已经观看了日益增长的在线视频。据调查，2010 年，29%的消费者年龄低于 25 岁。但是，在未来 5 年内，随着这一群体的成熟，他们占据美国家庭的比例将越来越大。

第二个原因就是自动推荐内容将极大改善电视机顶盒的用户界面，使得所有的观众都更易选择在线视频而不是广播，包括不怎么懂技术的婴儿潮一代。想象一下这种改变：一个人打开电视机的时候，欢迎画面里包括可选择观看的节目，还可以立即播放；这些节目符合需求，如果喜欢一个节目，就能立即观看下一期。或者，人们可以花半个小时更换广播频道以期找到自己喜欢的节目。哪一种结果更可能出现呢？

联机能为网飞公司和卫星电视带来巨大的机遇，但前提是要有成功的市场营销策略。这需要了解市场、在线视频的观看率、在线视频观众的进一步细分等。从不同的角度来说，像宝洁公司这样目前将花费主要集中在针对性在线广告、广播、无线电视等传统媒体上的广告客户，需要了解在线视频的发展趋势并据此调整它们的媒体组合。

当然，营销调研并不总是为了识别机会。当管理者想知道"我们为什么会丢失市场份额"或者"我们如何应对Ajax制造降价10%"等问题时，也可以开展营销调研。

2.1.2 为什么搜寻这些信息

由于对营销信息的需求表述不明确或产生误解，大量的金钱、努力和时间被浪费了。例如，管理者可能对需要什么信息没有清楚的想法，或没有正确地表述问题，就会导致人力、物力、财力的浪费。下述做法有助于解决这个问题：

- 讨论一下要用到什么信息，利用这些信息将制定什么决策。通过举例说明。
- 努力说服客户或经理就所有问题排出优先顺序，这有助于从人们感兴趣的问题中挑选出最核心的问题。
- 用几种稍微不同的方式反复表述问题，并讨论它们之间的区别。
- 提出样本数据，思考一下它们是否有助于回答问题。模仿决策过程。
- 切记，如果你觉得问题越清楚或能越快地感到问题显而易见，你就越应该反思一下是否理解了真实的需要。

2.1.3 通过探索性调研搞清楚决策环境

一旦了解了调研动机，调研人员往往还需要额外的背景信息，以便深刻理解调研主题。调研人员可通过与品牌经理或产品经理的面谈、阅读公司内部报告、访问零售店或与供应商交流等办法了解信息。如果存在商业协会，可登录协会网站了解相关信息。调研人员对决策环境（包括行业、企业、企业的产品和服务，以及目标市场）越了解，调研问题就越能被准确地定义。这一过程可称为情景分析（Situation Analysis）。

有时，与管理者和供应者就掌握的信息进行讨论或登录网站了解信息还不够，这就需要进行探索性调研，以便对变量进行更深入的理解，从而帮助我们明确问题的定义。探索性调研是一个预调研，并非确定性调研。

探索性调研有以下几种形式：试探性调研、体验调研、二手数据分析、案例分析和焦点访谈等。

1. 试探性调研

试探性调研通常采用小样本形式进行，较少采用严格的样本分析技术。在大规模的定量研究中则较少使用试探性调研。

2. 体验调研

探索性调研的第二种方式为体验调研。体验调研其实就是与一些知识水平较高的人员进行座谈。这些人员既可以是公司内部员工，也可是外部人员，他们应能够对所谈的问题提出自己的观点。体验调研通常没有正式的问卷，只有讨论的一系列主题，更像一次非正式谈话。例如，如果巴鲁喷气机公司想重新设计飞机的内舱，就可以采用体验调研方式同设计人员、乘客和飞行员进行座谈。

3. 二手数据分析

二手数据分析是另一种探索性调研的方式。由于我们将在第 3 章对二手数据进行详细探讨，这里只做简单介绍。二手数据指其他人因为其他的调研目的收集起来的数据。如今，市场调研人员能够通过因特网快速获得大量二手数据。其实，很难见到他人从未做过的研究主题，如果运气好些，调研人员能够使用二手数据准确地定义问题。

4. 案例分析

案例分析是探索性调研的第四种方式，其目的是在有类似问题的企业中寻找信息。例如，美国电力公司准备引入顾客导向的营销理念，为了更好地理解电力市场的反常现象，公司通过案例调研研究了美国航空业类似的反常现象。然而，调研人员要注意案例分析与目前调研问题是否相关。

5. 焦点访谈

焦点访谈是一种深度讨论，通常包括 8~12 名参加者和 1 名组织者，大家针对一个概念、观念或主题进行详细探讨。运用这种方式时，通常由一人提出观点，其他人进行评论，由此产生群体互动。群体之间的交互会比单独个体产生更多的信息。第 4 章将详细介绍焦点访谈方式，在此只是简要提及。需要说明的是，焦点访谈可能是探索性调研最流行的一种方式。

6. 内部网

计算机对于探索性调研是一个非常有用的工具。企业的内部网（Intranet）中通常包含大量企业内部的相关信息。位于得克萨斯州的市场研究公司开发了一套功能强大的内部网应用系统，世界各地的管理者都可以通过关键词搜索相关文献，可以快速得到每篇文献的摘要。如想得到全文可发 E-mail 索取，文献的拥有者会通过 E-mail 授予阅读权，以便让需求者看到全文。

如今，越来越多的企业开发了类似的系统，使得信息资源得以最有效的应用。针对某家企业准备实施的调研，并不怀疑其他企业已经做过相似的调研，但往往无从找到这家企业。得克萨斯研究公司开发的这套系统就能够帮助企业做到这一点。

企业内部网使人们容易获得内部数据，我们可以从数以千亿的信息资源中搜寻所需信息。信息资源的多少是无可估量的。调研人员可以使用任何搜索引擎发现所需信息。这样的搜索不仅比传统的图书馆查阅速度快，还能够获得图书馆所不能提供的大量信息。调研人员打开网站点击下载所需资源，可能只需花费几个小时就能完成，而传统的图书馆查询方式则需要几天或几个星期才能完成。最后，调研人员还能通过网络搜寻到对某个调研主题感兴趣的人群。

7. 完成探索性调研

当调研人员确信已经发现问题的主要维度后，探索性调研就可以宣告结束。调研人员可能已经定义了一系列问题，用来指导详细的调研设计，或者他们可能已经针对问题出现的原因找到了一些想法，或者已经看到再也有没什么因素需要考虑了。最后，在认为没有必要再进行研究或出现时间、财力等其他因素的制约时，研究人员会决定终止探索性调研。

2.1.4 通过症状明确问题

市场调研人员一定要仔细区分症状和真实问题。所谓症状，指由于现有事物的存在而注定要发生的现象。例如，管理者经常讨论关于销量下降、收益降低、顾客抱怨增加及消费者流失等问题，所有这些均是更深层次问题的症状。也就是说，肯定存在一些因素导致顾客离开。这些因素是竞争对手的低价格造成的，还是需要我们提供更好的服务？如果只注意到症状而忽略真正问题所在，我们通常称为冰山原则，即大约10%的冰山露出海面。剩下的90%都藏在海面下。由于被障碍物所挡，管理者经常看不到隐藏的深层问题。

定义真正的问题并不是一件容易的事，管理者和营销调研人员一定要拥有好的创造力和判断力。揭示问题核心的过程就像剥洋葱，你必须一次剥掉一层。排除征兆的一个方法是问自己"到底是什么导致这件事发生的"。当调研人员不需要回答这一问题的时候，真正的问题就找到了。例如，当圣路易斯泵业制造公司销量下降7%时，管理者就问自己："这是什么原因造成的？"查看产品线后发现，大部分产品的销量均有所上升或持平，而占比重最大的潜水泵的销量下降了近60%。管理者又问自己："这是为什么？"销售数据显示，潜水泵在东部和中心区域的销量与往年持平，然而在西部区域的销量为零！管理者不得不再问自己："这又是为什么？"进一步的调研显示，日本制造商生产相似的潜水泵，并以一半的价格在美国西部销售，这才是真正的问题所在。圣路易斯制造公司请求司法部对日本制造商处以罚款并下发停产令。

高管有可能就要参与问题定义。这一内容将在后面有关市场调研实践的章节中讨论。

2.1.5 把管理问题转变为市场调研问题

识别出真实的管理决策问题后，还应把它转变为营销调研问题。营销调研问题指需要获得哪些信息才能有效解决问题，以及如何有效并准确地获得这些信息。市场调研目标是一个目标状态，定义了解决问题所需的特殊信息。管理者一定要把这些信息同自身实践及其他相关信息结合在一起，制定一个正确的决定。

对比市场调研问题，管理决策则是一种行动导向的问题。管理决策问题比市场调研问题具有更广的范围，但有时有些调研可能就需要解决一个宽泛的决策问题。

2.1.6 确定信息是否已经存在

人们常常觉得，从原有的报告和数据中确定信息是否已经存在似乎枯燥无味，而开发新的信息更容易也更有趣。有一种倾向认为，目前的数据比过去收集的数据更优越。不过，如果现有的数据可以回答调研问题的话，便能节省很多时间和资金。

目标必须尽可能具体和切实可行。切记，整个调研项目中所投入的时间和资金都是为了实现既定的调研目标。当营销调研人员与某个委员会接触以了解具体项目的目标时，委员会成员可能对需要什么并未达成一致。从我们的经验看，调研人员与委员会（或负责人）见面时，应准备好一份书面的调研目标清单。然后，调研人员应问管理者："如果我们完成了清单中的目标，你是否就有足够的信息就这个问题进行决策。"如果回答"是"，那么就要求管理者签字。之后，营销调研人员应给管理者一份复印件，将另一份作为调研文件保存起来。把已同意的目标写下来可以避免日后出现麻烦，因为有的经理会说"这不是我想要的信息"。在繁忙复杂的企业环境中，这样的误解比想象的还要多。

避免"想知道更多"综合征。即使在进行了试探性调研之后，管理者经常还会从他们不了解的广泛领域来谈论调研目标。他们会说："这些问题我还不知道。"星巴克主管可能会说："我们在商店里销售新鲜的烤制品，但我很想知道人们是否愿意在超市采购星巴克的冷冻产品，是否应在调研中增加这个提问项目？"增加这样的提问项目本无可厚非，但要明确这对我们的调研目标有多大帮助。而询问这样的一个问题明显不具有可操作性，其实我们还有很多问题并不了解（如商品类别、价格、包装设计等），这需要我们进一步进行其他的市场调研。

2.1.7 判断问题是否有解

如果营销调研人员言过其实，那将损害营销调研的可信度。避免急于取悦顾客或迫于管理者的压力而陷入无谓努力之中是十分重要的。多数情况下，通过识别以下几个方面就可以预先了解成功的可能性：肯定地知晓所需的信息已经存在或确实能够获得；基于以往的经验，虽然不能完全肯定，但有相当把握收集到信息；知道探索的是新的问题，有劳而无功的风险。

> **市场调研实践**
>
> **高层对管理问题定义的重要性**
>
> 调研人员反映，如果发出委托调研命令的人和最终决策者不是同一个人，他们调研的信息就有可能是不完整的，甚至是不正确的。一种情况是，委托人（中层经理）说调研的目的是了解市场，而事实上高层决策者想知道的是 A、B 两种方案哪个能赢得更大的市场份额。调研花大力气探索市场边界，界定各细分市场，识别可能的竞争对手，但高层决策者会发现调研答非所问，因为结果没有说明到底该选 A、B 中的哪一个。
>
> 虽然高层决策者可能强调他们没有时间跟基层员工谈话或委派任务，但那些坚持跟高层交流的调研人员却认为非常值得："首先，我请求会见 CEO，讨论公司使命及战略，以及怎样利用调研做出更好的决策。如果不可行，我会用大约一页纸的篇幅对环境和调研目标进行描述，

并在设计调研之前力求获得 CEO 的批准。如果他无暇看我的描述，我说我不能在目标含糊的情况下开始工作，否则只会浪费公司的资源。结果，我引起了他的注意，而后我们见面了。相信我，CEO 的需求跟上级的指示根本就不一样。我对自己的坚持感到欣慰。如果我等到调研完工，我永远也不会引起他的注意，那么调研自然就风马牛不相及了。"

问题：
1．在定义管理问题时是否总是涉及高层管理者？
2．营销调研人员可能使用什么策略以便在问题定义中涉及高层管理者？

2.1.8 阐述调研目标

问题定义过程的最终结果就是形成调研目标。目标应根据回答营销调研问题（机会）所需的具体信息加以准确表述。经过精心分析生成的目标既可以作为调研项目进展的指示图，也可以作为管理者评价调研质量和价值的尺度——目标可以实现吗？从目标和调研结果中可以得出合乎逻辑的建议吗？

调研人员经常以假设的形式陈述调研目标。假设是关于两个或更多变量之间关系的推测性表述。这些关系可以通过经验数据加以检验。假设在给定信息的条件下被认为是合理的初步陈述。好的假设中要检验的关系应该有明确的意义。例如，基于探索性调研，调研人员可能做出如下假设：在人口规模达到 30 万的城市，将广告牌的支出增加 1 倍是否会让星巴克在夏天提高 15% 的销售额；相应地，进一步的假设可能是花费 30 000 美元做车体广告是否对星巴克夏天的销售额毫无作用。

2.2 市场调研过程

我们刚刚探讨了市场调研过程的第一步：识别问题并阐述调研目标。其他的步骤分别为调研设计、选择调研方法、样本选择过程、样本收集、数据分析、书写和提交报告及随后跟踪。市场调研过程如图 2-2 所示。下面我们将详细介绍这些步骤。

2.2.1 调研设计

调研设计（Research Design）是指实现调研目标或检验调研假设所要实施的计划。调研人员需要建立一个回答具体调研问题或机会的框架结构。客观上不存在唯一最好的调研设计；相反，调研人员可以有多种选择。每一种选择各有优缺点，这就需要调研人员进行权衡。一般来说，调研人员主要需要权衡调研成本和决策信息的质量。通常，所获得的信息越精确、错误越少，成本就越高。另外，调研人员需要权衡时间限制和调研类型。总之，调研人员必须在各种条件的约束下，向管理者提供尽可能好的信息。调研人员的首要任务是判断调研是描述性的还是因果性的。

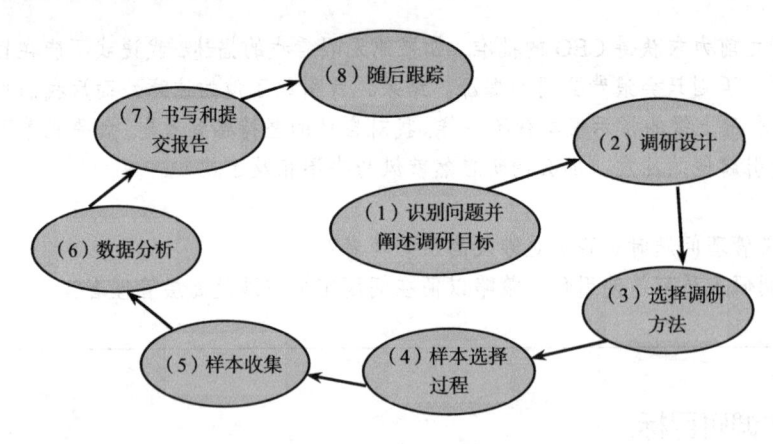

图 2-2 市场调研过程

1. 描述性调研

描述性调研（Descriptive Studies）试图回答诸如谁、什么、何时、何地和怎样等问题。描述性调研暗含的事实是，管理者已经知道或掌握了问题背后的基本关系。变量是反映一组数值的简化符号或概念。

星巴克的描述性调研可能包括一般光顾、较少光顾和多次光顾星巴克顾客的个人统计信息和生活特征，其他问题可能包括从家或单位到星巴克所需的时间，以及使用信用卡或现金支付等。

描述性调研能告诉我们两个变量的相关关系，即广告和销售是如何关联的，但却不能确定高广告投入是否能带来销售额的提升。这是因为描述性调研只能证实相关关系，并不能证实因果关系。

2. 因果性调研

在因果性调研（Causal Studies）中，调研人员要考察一个变量是否导致或决定另一个变量的值。我们可以用实验法（第7章的主题）来检测因果关系。因变量是指能被预测或解释的变量。自变量是指在实验中市场调研人员可以操纵、改变或修正的变量。在调研项目中，自变量是导致因变量（假定的结果）变化的原因。例如，对于星巴克公司来说，研究人员可以探讨其广告支出水平（自变量）是否决定了其销售水平（因变量）这一问题。

星巴克所做的因果性调研可能是先改变一个变量［例如，针对使用超过6个月的消费者，通过直邮促销宣传，每购买1磅（1磅=0.453 6千克）咖啡优惠10%］，随后观察咖啡的销售变化。如果出现了变化，说明在事件之间存在某种适当的因果顺序关系，效果紧随假设的原因出现。这种事件序列叫时间序列(Temporal Sequence)。时间序列概念是确认因果关系的一项标准。

判别因果关系的第二项标准是相随变化（Concomitant Variation）。相随变化是指假设的原因（直邮促销数量）与假设的结果（咖啡销量）同时发生变化的程度。如果直邮促销是导致咖啡销售增长的原因，那么当直邮促销数量增加时，咖啡的销量也应该增长；当直邮促销数量下降时，咖啡的销量也应该下降。然而，如果直邮促销的增加没有引起咖啡的增长，那么调研人员必须得出结论：对于直邮促销数量和咖啡销售量之间因果性关系的假设没有得到支持。

理想的情形是，星巴克提高直邮促销水平（最高可达到饱和水平），每次都能带来咖啡销量的明显增长。但是，我们生活在一个并不完美的世界。一次额外的邮寄可能带来销量的少量增长，下一次邮寄也可能会导致销量的大幅增长。但是也许再过半年，直邮促销的增长可能并不会对销量产生影响，销量甚至可能下降。

请记住，即使完全的相随变化也不能证实 A 导致 B。调研人员能够得出的结论是，这种联系使得假设很可能成立，但并不能完全证明它的成立。

判别因果关系的第三个问题是，应认识到虚假联系（Spurious Association）的可能性。也就是说，因变量的变化可能是由其他变量引起的。理想的情况是，调研人员能够证明完全不存在其他原因性因素。在营销调研的现实世界中，识别和控制所有其他潜在的可能因素很困难。我们可以设想一下能影响一包一磅的咖啡的销量的所有因素，如价格、报纸和电视广告、团购券、折扣甚至天气。

调研人员可以通过控制这些可能影响咖啡销量的其他因素来减少虚假联系的可能性。另外，调研人员也可以考察具有类似社会经济特征的其他地区销量的变化情况。

2.2.2　选择调研方法

调研人员可以根据调研项目的目标选择描述性调研或因果性调研，下一步就是确定收集数据的手段。这里有 3 种基本的调研方法：调查法、观察法和实验法。调查法通常是描述性的，当然也有因果性的；实验法几乎总是因果性的；观察法通常是描述性的。

1. 调查法

调查法是指调研人员（除邮寄问卷调查外）通过与被调研人员的交互过程获得事实、观点和态度等方面信息的方法。问卷是获取数据的一种有序的、结构化的方法。面对面的访谈可以在被调研人员家中、购物中心或企业进行。

2. 观察法

观察法是指在不直接干预的条件下监视被调研人员的行为的一种方法。观察法可能是观察消费者或者是对各种各样的机器的使用。金佰利是哈吉斯纸尿裤、舒洁纸巾、一些家庭主食的制造商，它为消费者提供安装了护目镜并连接了记录设备的迷你摄像机。在做家务或购物时，参与者会戴上看起来多少有些奇怪的被称为消费者视觉系统的视力防护装置，当然参与者是可以获得酬劳的。

借助这一系统，金佰利发现使用哈吉斯 Baby Wash 沐浴露的妈妈们必须用两只手打开它，还得挤压瓶身才能让沐浴露流出来。"同时，妈妈们通常还得用一只手抱着婴儿，"金佰利的创意兼职设计、测试总监称。

通过重新设计产品，哈吉斯 Baby Wash 沐浴露用一个大拇指就能轻松地打开。这极大地提高了金佰利的市场份额。我们将在第 6 章进一步阐述观察法。

3. 实验法

实验法是调研人员用来收集数据的第三种方法。在实验中，调研人员可以改变一个或多个变量（如价格、包装、设计、广告主题或广告费用）然后观测这些变化对另一个变量（通常是销售额）的影响。实验的目的是检测因果关系。最好的实验是，除那些被操纵的变量外，保持其他所有因素不变。这样，调研人员可以相当肯定地做出推断，如销售额的变化是由于广告投入改变引起的。

在外部环境中，即便可能，要保持所有其他因素不变也是一件非常艰巨的任务，而且花费高昂，诸如各市场中竞争者的行动、气候和经济状况这些因素均超出了调研人员所能控制的范围。控制可能影响因变量的那些因素的一种方法是采用实验室进行实验，也就是说在实验设施内而不是在自然环境中进行实验。有时，调研人员创造出模拟超市环境，给消费者一些便条（代金券），然后请他们像平常那样来购物。例如，通过几次改变包装设计或颜色，调研人员可以确定哪一种包装最可能刺激销售额。尽管实验室技术能提供有价值的信息，但是必须认识到，这时消费者不是处在自然环境中，人们在实验室中的行为与实际购物情形可能是不同的。我们将在第7章中详细讨论实验法。

2.2.3 样本选择过程

样本选择实际上是调研设计的一部分，但在调研过程中是一个独立的步骤。样本是总体中的一个子集。在制定抽样计划前，必须先解决几个问题。第一个问题是，必须界定所涉及的总体，即界定将要从中抽取样本的群体。这应该包括所有那些他们的观点、行为、偏好、态度等能够产生有助于回答调研问题的信息的人，如所有每60天至少吃一次墨西哥食物的人。

总体被界定后，下一个需要解决的问题是，是用随机样本还是非随机样本。随机样本（Probability Sample）的特点是，具备总体每个要素的概率大于零。采用这种样本，调研人员可以估计研究中的抽样误差。非随机样本（Nonprobability Sample）是指随机样本之外的所有类型的样本。具体来说，任何没有试图完全代表总体各部分的样本都是非随机样本。调研人员无法利用统计方法计算非随机样本的置信度，也就是说，无法确定预计的抽样误差。抽样问题将在第13章详细讨论。

2.2.4 样本收集

绝大多数的调研数据来自因特网，访谈数据则主要由营销调研现场服务公司完成。遍布全国的现场服务公司根据分包合同，通过面对面或电话访谈来收集数据。一项典型的调研项目往往需要在几个城市中收集数据，需要同许多现场服务公司一起工作。为确保所有的分包商按照统一的方式工作，调研公司需要就每一件工作制定详细的说明；而且每个细节都应该得到控制，分包商必须严格执行规定的程序。

除了访谈外，现场服务公司还提供小组访谈研究设施、购物中心调查的场所、试销食品存储和生产检测食品的厨房用品。它们也提供零售清点服务（清点零售货架中销售的产品数量）。

2.2.5 数据分析

数据收集后,调研过程的下一步就是进行数据分析。分析的目的是解释所收集的大量数据并得出结论。营销调研人员开始时可能只做简单的频次分析,最后可能会使用复杂的多变量技术进行分析。数据分析将在随后的章节中进行讨论。

2.2.6 书写和提交报告

数据分析完成后,调研人员还必须准备报告,并与管理层沟通结论和建议。这是整个过程中的关键环节,因为想让结论发挥作用的营销调研人员必须使经理相信,依据所收集的数据得出的结论是可信和公正的。

通常,调研人员需要就项目进行书面和口头的报告。在准备和提交报告时,一定要考虑听众的性质。报告的开始应对调研目标做清楚和简洁的说明,然后对采用的调研设计或方法进行全面但简洁的解释;之后,概括性地介绍主要的发现;报告的最后应提出结论和对管理者的建议。在今天这个市场调研飞速发展的时代,冗长的精心设计的书面报告确实是陈旧的东西,决策制定者通常只需要一个幻灯片演示的拷贝件。

1. 判断报告的质量

由于准备进入营销领域的大多数人将成为调研的使用者而不是调研的供给者,因此了解应该从报告中得到什么是非常重要的。与营销调研的其他方面相比,评估调研是很多人的主要工作。同我们购买的其他产品类似,质量并不总是显而易见的,高价格也不一定意味着高质量。评价调研质量的基础是最初的调研计划书——调研是否实现了计划书中所确立的目标?是否采用了计划书中所规定的方法?结论是否为依据数据分析所做的逻辑推理?得出的结论、建议是否审慎?

2. 使用因特网发布报告

目前,调研企业直接通过因特网把电子报告发给客户已经成为非常普遍的方式。绝大多数公司会把报告放置在企业内网中或设置密码后放在外网上。通过因特网传送报告有以下几个优点:① 报告能够快速地传送给企业管理者和全球任何被授权的组织;② 报告包括多种文件媒体,如文本、图形、动画、声音和录像等;③ 报告便于查找。设想一位管理者对广告内容感兴趣,他不用手工查阅文字报告,而只需上网搜索即可。

2.2.7 随后跟踪

在花费了可观的精力和资金开展营销调研并准备报告后,重要的是付诸实施。管理者应该决定是否实施所提出的建议,以及为什么实施、为什么不实施。有助于保证调研结果发挥作用的一种方法是,尽量减少营销调研部门和其他部门之间的冲突。

2.3 管理调研过程

2.3.1 调研申请

在开展调研项目前,微软公司可能要首先审批正式的调研申请(Research Request)。中型和大型零售商、制造商和非营利性组织经常将调研申请作为决定是否资助项目的基础。一般来说,在大型组织中,营销调研申请的数量远远超过可以用于调研的资金。因此,可以将调研申请作为配置稀缺调研资金的正式手段。

无论品牌经理、新产品专家,还是其他任何有调研信息需求的人,都应该在正式的调研申请中清楚地说明所希望得到的信息对组织至关重要的原因,否则审批的人可能不会明白为什么需要开展某项调研。

在较小的组织中,品牌经理和市场调研人员之间的沟通非常紧密,日常的接触常常可以取代正式的调研申请。资助调研项目的决策由营销经理或营销调研主管根据需要做出。

提交和审批调研申请是识别调研问题和获得资助的有效管理方法。调研过程中,这一阶段所花费的努力程度,将直接反映在提供给决策者的信息的质量上,因为它将引导调研设计、样本收集、数据分析和调研报告等高度集中于调研目标之上。一份正式的调研申请应包括下述内容:

1)行动。决策者必须描述依据调研将采取的行动。这将有助于决策者集中关注那些有意义的信息,并引导调研人员提出调研设计和分析结果。

2)起因。这一部分陈述导致行动决策的事件。这将有助于调研人员深入了解管理决策问题的性质。

3)信息。决策者必须列出采取行动所需回答的问题。在这一方面做到深思熟虑有助于提高调研的效率,确保调研的问题有意义。

4)应用。这一部分解释每条信息对制定决策的帮助。这样有助于调研内容的合理性,确保调研的问题有意义。

5)目标群体和子群体。这一部分描述从哪些人处获得与调研问题有关的信息。这有助于调研人员设计调研项目的样本。

6)后勤。时间和预算的限制常常影响项目中调研技术的选择。正因为如此,在调研请求中应对所需的费用进行预算,并说明需要结果的时间。

7)评论。其他任何有关调研项目的事宜均应加以说明,以便调研人员充分了解问题的性质。

2.3.2 建议申请书

建议申请书(Request for Proposal, RFP)是有调研需求的企业向市场调研公司发出的邀请,包括招标书。建议申请书是调研企业的命根子。建议申请书被企业接受就意味着一单新生意的开始,也意味着调研企业将获得一笔收入。

一份典型的RFP提供实施调研的背景数据，以及研究目标、研究方法和建议的时间安排等。当然，在一些RFP中，可能要求调研企业推荐研究方法甚至制定调研目标。绝大多数RFP都会被要求填写下列内容：① 详细的成本细目；② 调研企业在相关领域的经验；③ 完成建议申请书的预期时间。

Maryanne Spillane McInturt，波士顿大学管理学院的市场营销与传播学主任，以及Linda M. Stevenson，清醒工坊（一家成立于纽约州罗契斯特市的提供搜索、检索和报告生成软件的企业）的董事长，探讨了在营销调研实践完成后向谁发送RFP的问题。

调研企业必须认真准备RFP的应答报告。客户都有这样的感受：我们发现建议申请书的质量就预示着该企业的工作质量。因此，没有花费足够时间进行准备的调研企业将很难获得标书。

市场调研实践

RFP将寄到何处

对大多数公司来说，最好通过调查研究或者专业人员的推荐来确定一家调研公司。Linda Stevenson说："我会通过关系网来确定一家调研公司。""我可以拿起电话问，'你想让哪家公司来完成这个项目？'"她说。

Maryanne Spillane McInturt 推荐锁定目标改进特定群组的供应商。"从你想要接触的可控数量的公司开始，"她说，"如果将数量翻倍，局面就会变得势不可当。"通过瞄准5~6家能够提供你所寻求的特定服务或者曾完成过相似项目的调研公司，"那么你们彼此都没有浪费各自的时间。"她这么说。

"如果可能的话，我试图使那些做书面申请书的公司也加入做演讲的行列中来。"Spillane McInturt说。调研公司从你那里获得更多的信息，你则能从调研公司那里也获得更多信息，彼此越匹配，则结果越好。

问题：

1. 每年Quirks都会发布研究来源书，其中按照州和字母顺序罗列了调研公司。每个列表都描述了公司的专长。这是否是寻找RFP主列表中包含的调研公司的好起点？

2. 你是否认为，为一个项目获得报价的最好方法就是尽可能地发出更多的RFP？

2.4 调研建议书

调研企业收到RFP后，应向客户回复调研建议书。调研建议书是一份包括调研目标、调研设计、完成时间和调研成本的文件书。绝大多数调研建议书的篇幅比较小（3~5页），通过E-mail传递给客户。给联邦政府的建议书可多达50页，其中涉及一些政府制定的标准。

调研建议书一般包括以下内容：

1）封面页，包括报告题目、调研企业名称及联系信息、报告的提交方及提交日期等。

2）陈述调研目标（这些通常在 RFP 中开始陈述。如果没有，它们必须如本章之前描述的那样确定）。

3）调研设计，包括数据收集方式、样本特征和容量。

4）相关问题，并非所有建议书都有此项，但以我们的经验，这一项非常有必要。

5）数据分析，陈述数据分析技术。

6）参与人简介（它提供了一项包括所有参与项目的监督和分析人员的完整清单及每个人的简单个人简历。同时列出了每个人的职责。当客户和调研公司是持续关系时，该元素明显不包含在内。在大多数的政府工作中，它是强制要求的元素）。

7）说明与假设（大多数 RFP 相对短小且并不就每个细节展开阐述。为了确定调研公司和潜在客户在同一页上，在准备建议书的时候罗列已确定的说明与假设是一个好主意）。

8）服务，即调研企业应做什么，如由谁设计问卷，是客户还是调研企业或是二者共同设计等。

9）调研成本（指定成本和付款进度）。

10）完成时间，即调研不同阶段的完成时间。

表 2-1 描述了一个优秀的建议书给客户和供应商带来的好处。

表 2-1 优秀建议书的好处

客　户	调研企业
作为项目地图 ● 说明调研方法 ● 说明时间线 ● 说明可交付成果 ● 说明项目成本 ● 允许计划组成员介入和资源分配 保证竞争供应商仔细考虑： ● 项目说明书 ● 研究设计/方法 ● 项目成本 保证被选择的供应商对研究将会对商业决策产生的影响具有清晰的了解 提示客户考虑各个公司的独特能力，这可能会影响项目成败	作为项目地图 ● 识别供应商的具体职责 ● 识别客户在调研中的作用 ● 允许计划组成员介入和资源分配 作为一个对管理客户预期有价值的工具，尤其是当客户： ● 造成延期或违背项目时间线 ● 授权变更项目范围 ● 要求额外的或替代可交付成果 ● 取消项目 向客户提供客观方法以检验供应商品质

调研建议书的撰写对调研企业来讲是最关键的工作环节，因为只有调研建议书被客户接受才能为企业带来收入。反之，如果建议书不被企业接受，公司将会失去生意。同样，如果价格过低，虽然企业得到生意，却不能赚到钱；如果价格过高，除非建议书特别出色，否则这一交

易又会被竞争对手抢走。

这里，我们主要阐述寻找什么样的市场调研企业这个问题。

位于堪萨斯州的一家调研公司向全美国的客户征询这样的问题，即在客户心目中，调研企业最重要的特征是什么。调研结果来自多个行业的客户。结果显示，以下 10 种特征是客户所欣赏的：

- 维护客户机密。
- 诚实。
- 准时。
- 灵活。
- 按照规则提交报告。
- 提交高质量报告。
- 尊重客户需要。
- 高质量的控制标准。
- 顾客导向的交互系统。
- 实时与客户保持信息畅通。

其中两个最重要的特征是维护客户机密和诚实，它们均属于伦理问题；其余问题都涉及调研功能及与客户保持沟通。

良好的沟通是必要的，灵活、尊重客户需要、顾客导向的交互系统和实时与客户保持信息畅通 4 个特征均属于沟通问题。一个成功的调研企业应具有同客户良好的沟通技能。

沟通到底有多重要？管理者每天至少花费 80% 的时间与客户进行沟通。换句话讲，每 1 个小时中就要花 48 分钟用于会见客户、给客户打电话及同客户进行非正式会谈；另外 20% 的时间用于桌面工作，这其实也是在与客户进行读写沟通。沟通涉及市场调研功能的各个部分。

2.5 激励决策者使用调研信息的因素

如果调研经理进行了有效的沟通，提供出高质量的数据，进行了成本控制，并且将信息及时地交付，那么他们就提高了决策者使用信息的可能性。然而学术调研显示，政治因素和预先形成的观念会影响调研信息是否被采用。决定管理者是否使用调研信息的尤为重要的因素有以下几个：① 调研结果是否与事先的期望保持一致；② 报告清晰度；③ 调研质量的高低；④ 企业内部政治的接受程度；⑤ 对目前状态的挑战程度。管理者和调研人员都认为技术质量是决定是否使用调研结果的最重要的因素。然而，如果与先前确信的想法不一致或在政治上不可以接受，管理者则不大可能使用调研结果。当然，这并不意味着调研人员应当调整调研结果以便与管理者事先的想法保持一致。

另外，工业品生产企业的营销经理比消费品生产企业的同行更倾向于使用调研结果。其主要原因在于，对工业生产企业来说，信息收集有更大的试探性、组织结构更为正式、所收集的信息不大会出乎意料。

小结

正确界定调研问题需要经历下面步骤：① 识别问题或机会；② 为什么搜寻这些信息；③ 通过探索性调研搞清楚决策环境；④ 通过症状明确问题；⑤ 将管理问题转变为市场调研问题；⑥ 确定信息是否已经存在；⑦ 判断问题是否有解；⑧ 阐述调研目标。如果没有正确界定问题，调研项目的后续工作只能是浪费时间和金钱。

市场调研过程的步骤是：识别问题并阐述调研目标；调研设计；选择调研方法；样本选择过程；样本收集；数据分析；书写和提交报告；随后跟踪。

在进行调研设计时，调研人员必须决定采用描述性调研还是因果性调研。描述性调研的目的是回答谁、什么、何时、何地和怎样等问题。因果性调研则是要探索一个变量（自变量）是否导致或决定另一个变量（因变量）的值。调研设计的下一步是选择调研方法，是采用调查法、观察法还是实验法。调查法是指通过调研人员与被调研人员的交互作用来了解被调研人员的事实、观点和态度等信息的一种方法。相反，观察法则不依赖直接的人际接触。实验法是指调研人员改变一个或多个变量，然后考察这些变量对另一变量（通常是销售额）的影响。大多数实验的目的是检测因果关系。

样本是指大的总体中的一个子集。随机样本的特点是，反映总体每个要素的概率均大于零。非随机样本指随机样本之外的其他样本。任何没有试图完全代表总体各部分的样本都是非随机样本。

在大型企业中，要求在调研目标确定后准备一份调研申请是很普遍的事。调研申请包括的内容通常有依据调研将采取的行动、需要信息的原因、将如何使用信息、从哪些目标人群中收集信息、完成调研项目需要的时间和资金、与申请有关的其他任何信息。建议书申请是有调研需求的企业向市场调研公司发出的邀请。

调研建议书是针对建议书申请而开发的。在有些场合，调研建议书可能会基于调研供应商与客户之间的电话沟通等非正式请求来设计。调研建议书交代调研的目标、研究设计、时限和成本。调研建议书是调研企业获得收益的工具。

良好的沟通是调研管理的基石，是促使决策者使用调研信息的基础。与决策者沟通的信息有赖于调研的类型。

关键术语及其定义

机会识别（Opportunity Identification） 利用市场调研来发现和评估新的机会。

情景分析（Situation Analysis） 研究将要开展的市场调研所处的决策环境。

试探性调研（Exploratory Research） 为澄清拟解决问题的确切性质所做的初步调研。

预调研（Pilot Studies） 被调研人员有限，使用与大规模定量研究相比不太严谨的抽样方法。

体验调研（Experience Surveys） 与组织内外的内行交流讨论，他们能够提供有关调研问题的真

第 2 章 识别问题、探索性调研和调研过程 41

知灼见。

案例分析（Case Analysis） 回顾和评价与当前问题类似的情形。

营销调研问题（Marketing Research Problem） 对决策人员解决决策问题所需具体信息的陈述。

市场调研目标（Marketing Research Objective） 解决营销调研问题所需的具体信息。

管理决策问题（Management Decision Problem） 解决问题所需采取的管理行动。

假设（Hypothesis） 对可用经验数据检验的两个或多个变量之间关系所做的推测性陈述。

调研设计（Research Design） 回答营销调研目标所执行的计划，是解决具体问题的框架结构。

描述性调研（Descriptive Studies） 回答是谁、什么、何时、何地和怎样等问题的研究。

变量（Variable） 反映一组值的符号或概念。

因果性调研（Causal Studies） 确定是否一个变量导致或决定另一个变量值的研究。

因变量（Dependent Variable） 预期可用自变量解释的符号或概念。

自变量（Independent Variable） 调研人员在某种程度上可控制或操纵的、被假设导致或影响因变量的符号或概念。

时间序列（Temporal Sequence） 反映事件适宜的原因顺序。

相随变化（Concomitant Variation） 假定原因与假定结果同时发生或变化的程度。

虚假联系（Spurious Association） 由于某未观察变量或一组变量引起的、假定原因和假定结果之间的关系。

调查法（Survey Research） 通过访谈人员与被调研人员的交互作用来获取事实、观点和态度的调研。

观察法（Observation Research） 在不直接交互的条件下监控被调研人员行为的描述性调研。

实验法（Experiments） 调研人员改变一个或多个变量，观测这种变化对另一个变量的影响，从中发现因果关系。

随机样本（Probability Sample） 通过赋予总体中每个要素被选中的概率大于零而得到的保证有代表性的总体的子集。

非随机样本（Nonprobability Sample） 很少或没有企图确保代表性的总体的子集。

调研申请（Research Request） 大型组织使用的、描述可能调研项目及其对组织的好处和估计成本的文件。在调研申请被批准前，项目不能启动。

建议申请书（Request For Proposal，RFP） 向市场调研供应商发出的提交正式计划书（包括标书）的邀请。

调研建议书（Research Proposal） 针对建议书申请准备的文件，包含调研目标、研究设计、时限和成本。

复习思考题

1. 为什么说界定调研问题是调研过程中最关键的步骤之一？谁参与这个过程？
2. 试探性调研在市场调研中扮演什么角色？试探性调研与其他形式的市场调研有何区别？
3. 举出一些问题症状的例子，并说明可能存在的真正的问题。
4. 是否存在进行总体普查比分析样本要好的情形？列举几个例子。
5. 评价下述方法，并提出更合适的方法。
   A. 超市对确定自身形象很感兴趣。它在顾客购物之前将一份简短的问卷放进每位顾客的购物袋中。
   B. 为评估服务区域的范围，一家大型购物中心于每周一和周五的晚上在露天停车场安排了调研员。在顾客停好车后，调研员上前询问顾客的邮政编码。

C. 为评估描写外星机器人的新恐怖电影的潜力，一家主要的电影厂邀请人们拨打 900 电话，说明自己是否喜欢这种电影。每位拨打电话的人可得到 2 美元。
6. 假定你负责为本校工商管理专业吸引更多的生源，请列出完成该项任务应该采取的步骤，包括抽样程序。
7. 为了提高决策者使用调研信息的可能性，市场调研人员应做哪些努力？
8. 解释调研申请书的作用。
9. 将全班分为 4 个或 5 个小组。一半的小组要准备关于下列主题的简短的 RFP：
   - 校园食品
   - 校园中兄弟联席会和妇女联合会的作用
   - 你所在城市的娱乐活动
   - 你所在大学的校园网
   - 学生关系在教育中的作用
   - 学校用品的在线采购
   - 购买在线音乐

RFP 要清楚明确地阐明调研目的相关信息。剩下的小组要创建建议书，作为 RFP 的回复。

网络在线

1. 登录互联网，搜索"内部网和未来"，并向全班报告你的发现。
2. 描述一下如何将调研报告公布在网络上才能使管理者受益。
3. 打开一个搜索引擎并且输入"书写 RFP"说明准备 RFP 有哪些建议。

市场调研实践

Cessna 航空器

Cessna 航空器是美国小型私人商务飞机最大制造商之一。它一直在寻找可能涉及培养已存在的细分市场或者发展和探索全新的细分市场的新市场机会。Cessna 最近的调查发现，尽管成年人总人口中只有很小一部分参加了飞行员训练项目，却有大约一半的人完成了训练项目。拥有飞行员证书的人口正在增加。最终，大约 1/5 拥有飞行员证书的人会购买私人飞机。因此，飞行员训练是 Cessna 和它的竞争者的总市场的重要组成部分。

飞行员中有一小部分是女性。类似地，参加飞行员训练的学员中，也有一小部分是飞行员。这个数字在近几年呈小幅度上涨之势。除此之外，飞行员训练项目中还有极少数的女性指导师。许多女性有必要的技能、时间和收入报名并且完成基本的训练计划。Cessna 对于搞清楚为什么大多数女性不会参加此类培训计划，以及这类计划和宣传资料如何才能吸引女性、刺激女性去考虑或者打听这类培训计划很感兴趣。

这里或许有几个细分市场值得检验。这些细分市场包括飞行员的妻子、商务女性、有收入并且渴望为了自我愉悦而旅行的女性，以及将来想作为公司飞行员工作的年轻女性。Cessna 意识到制约因素可能是兴趣或动机不高，也可能是对于成为女飞行员的愿望的态度。但是在许多不同领域，女性的机会都正在增加。因此，Cessna 相信一个重要的市场或许存在但还未被完全开发。

问题：
1. 什么是管理决策问题？
2. 定义市场调研问题。
3. 建立一个市场调研目标。
4. 解释市场调研人员如何使用问题定义过程来回答以上问题。

附件 2-A

一份市场调研建议书
决策分析调研公司
进行品牌研究的建议书

机密

调研委托企业：娱乐城博彩公司
建议书提交人：凯蒂·麦肯琪，萨利·丹佛斯

背景

娱乐城博彩公司目前经营着一艘多层的赌博船，以及一座建有3家餐厅和1家酒店的高楼，都位于亚尔林河畔。赌场可以提供1 500 台老虎机和70部台式游戏机，可谓娱乐城的旗舰。

娱乐城博彩在当地方圆30英里内有4个主要的竞争对手。论收入，娱乐城博彩公司排第二，但利润居首位。除了上述竞争对手，一年内计划建成的"荒野之河"也可能带来新的竞争。这个新赌场将坐落在圣乔治，跟娱乐城博彩公司距离很近。

娱乐城正经历着大的再开发，包括建成全新的赌博船，升级地面业务的设备，增添新的餐厅和车库。赌博船装备2 500 台老虎机和84部台式游戏机，并提升装饰格调。新娱乐城将给目前产品和主要竞争对手展示更好的特性。

为了在财务上具有可行性，该项目必须对现有顾客增加业务，并从竞争者那里抢得新顾客。此外，新赌场对优质赌客应有非比寻常的吸引力。

目标

本研究的总体目标是帮助管理层定位新的娱乐城业务。重要问题包括：
- 新赌场的定位是什么？
- 使用娱乐城的旧名，还是改头换面取新名？
- 如果改名，改成什么合适？

研究设计

本研究将对娱乐城周围百里之内的800名顾客进行电话访问。需要特别注意的是，我们将

从该地区亚尔林流域选取 400 名，从无论目前还是未来竞争都很激烈的东部再选取 400 名。根据过去 12 个月的赌博情况筛选受访者。

问题范围

决策分析调研公司会跟娱乐城紧密合作开发问卷。假设我们有 3~4 个档次定位，那么试探性调研题目应该包括：

- 目前的赌场使用和赌博行为。
- 认识并综合评价娱乐城名称、主要竞争对手的名称及适用新赌场的属于娱乐城博彩公司的其他名称。
- 评价娱乐城和主要竞争对手的几个形象属性。
- 让受访者倾听新赌场描述。每名受访者都要把描述与某种定位一起听一下，这样针对每种定位都可以有适合的样本容量。
- 综合评价新赌场，评价其重要的形象属性。
- 评价各名称的综合吸引力是否与描述相匹配。
- 新赌场的规划使用；对赌博习惯及赌场市场份额的影响。

数据将按居住地和顾客价值（高中低）进行分析。

数据分析

进行因子分析，识别与赌场综合评价最相关的因子。在这些因子的基础上做出感知图，基于品牌形象使娱乐城和竞争品牌的关系具有可视性。新赌场描述形成的形象也会显示在感知图上，再利用差距分析法找出各种定位所创造的形象差异。

参与人员

项目的监督工作由凯蒂·麦肯琪和萨利·丹佛斯负责。凯蒂负责总体监督，萨利负责数据分析和呈现。（注意：通常附有个人简历。）

说明或假设

成本估计基于下列假设：

- 完成访问=800 份。
- 平均访问时间=20 分钟。
- 平均完成率=0.62 份/小时。
- 假设发生率=25%。
- 无开放式问题。
- 样本类型：目标随机抽样。
- 两个主题的 Word 版统计表。
- 因子分析，感知图（所有样本和高价值顾客），差距分析。
- 报告。
- 若有要求还需个人介绍。

服务

决策调研分析公司要做的工作：
- 同娱乐城管理层一起开发问卷。
- 在目标地区抽取样本。
- 做调查计划。
- 管理项目。
- 监督电话访问。
- 处理数据，具体制作列联表，编写统计表。
- 分析数据，若需要还要准备演示报告。

成本

调研经费大约 61 900 美元，可能有 10%的上下浮动，但这 10%的机动资金需要娱乐城博彩公司同意才能动用。成本预算中不包含达拉斯—沃斯堡地区以外的差旅费用。所有的差旅费用都在研究结束时计入成本。

时间进度

通过问卷定稿后，项目实施需要 5~6 周的时间，具体如下：

编制调查方案和质量控制	3~4 天
收集数据	3 周
最终数据制表	3 天
最终报告	1~2 周

第 3 章

二手数据和数据库

学习目标

- 理解如何建立内部数据库。
- 学习通过因特网创建数据库的优点。
- 了解数据挖掘技术。
- 了解使用二手数据的优缺点。
- 理解因特网在二手数据获取中的作用。
- 理解决策支持系统。

什么是二手数据？二手数据的优点和缺点是什么？管理者如何通过数据挖掘从数据库提取出深刻见解？最重要的是，管理者如何管理他们可以获取的巨大的信息流？这些就是本章要讨论的问题。

3.1 二手数据的性质

二手数据（Secondary Data）是指以前已经收集好的，但不一定与当前问题有关的信息资料。原始数据（Primary Data）则正好相反，它们是为了解决特定问题而专门收集的调查资料、观察资料或实验数据资料。换句话说，任何一种营销调查都不可能是完全独一无二的或是从未发生过的，很可能以前有人做过同样或类似的调查。因此，二手数据是我们能以较低成本和较高效率收集到的所需要的市场信息。二手数据有两个来源：一是公司自身（内部数据库），二是其他组织和人员（外部数据库）。

源自公司内部公开的二手数据包括各种文件档案，诸如年度报表、股东报告、可向新闻媒介透露的产品测试结果，以及由人事部门制作的与员工、顾客和其他人员交流的公司刊物或其他等。这些信息通常都被并入公司的内部数据库。

公司外部也存在着大量的二手数据来源，主要是编辑和发布商业资料摘要的政府（联邦、州和地方）部门和机构。贸易和产业组织也提供公开的二手数据。还有更多资料来自商业期刊，以及经常刊登关于经济、特定的产业甚至是对个别公司的研究和论文的新闻媒体。这些资料来源中的不公开的二手数据摘要则包括在小范围内传阅的内部报表、备忘录或特殊目的的分析材料。出于经济目的或是考虑到组织中的优先权，这些摘要不能公开。最后，很自然，原始数据组合后的版权属于这些组织，正如市场调研委托商（客户）也拥有这样的版权一样。很明显，每种二手数据都要加以不同的修订，才能适合市场调研人员的需要。

3.1.1 二手数据的优点

市场调研人员愿意运用二手数据是因为收集二手数据只需花费比收集原始数据少得多的费用和时间，而且更为方便。使用二手数据的优点还包括以下几点：

1. 有助于明确或重新明确探索性调研中的研究主题

正如你在第 2 章中所学到的，二手数据在探索性调研中起了非常重要的作用。一家地方YMCA（基督教青年会）对其停滞不前的会员人数和许多缺乏参与者的传统 YMCA 项目感到忧心忡忡。它决定对它的会员和非会员进行调查。二手数据显示，有大量的年轻单身者流入目标市场地区，而传统型家庭的数量则保持稳定。于是，调查主题被确定为研究 YMCA 如何大量吸引年轻的单身成人，同时保持其在传统型家庭中的市场份额。

2. 可以真正提供一些解决问题的方法

管理者所面对的问题和下达给市场调研人员的问题，很大程度上不可能是从未遇见的，很可能曾经有人研究过同样或类似的问题，也可能有人已经收集了所需的精确资料，只不过不是针对当前问题的。

许多州都出版生产商名录，内有地址、市场、产品名录、工厂数量、主要领导的姓名、员工数量及销售水平等信息。例如，一家为半导体企业进行长期战略策划的咨询公司需要有关潜在客户的地区性简介，那么它可以利用各州的名录来编辑这份简介，而不需要收集原始数据。

市场调研实践

确定计划收集的数据尚不存在

如果油表显示满格状态，你还会停车加油吗？不太可能。然而，许多公司都在做这样的蠢事，它们进行调研，收集的却是答案已知的问题的数据。

一大型连锁酒店发现本酒店合格卫生间的成功交付率为 99.6%。它调查了 10 000 人，4 周后回收 1 000 份问卷，其中的 4 份投诉了卫生间。然而，它并没有采取这种方式来维持自己的成功——在卫生间和书桌上贴上客服热线，顾客电话就成了服务质量的晴雨表。

另一个情况是，某银行正在调查顾客对自动柜员机正常运转时间的满意度。但是，该银行内部已经有先进技术测量自动柜员机的正常运转时间，并可以精确到小数点后 4 位。

综上所述，确保数据尚不存在，调研才有意义。我们发现许多部门经常调查已有的数据，没有意识到同事已经完成调研或是正在收集数据。共享已有的调研数据和内部数据，这样不仅能迅速采取行动,还能省下调研经费。

问题:

1. 公司可以采取什么措施来确定数据是否已经存在?
2. 内联网如何帮助避免重复调研?

3. 可以提供收集原始数据的备选方法

原始数据收集都是针对当前问题的,因此市场调研人员应该广泛吸取不同收集方法所提供的信息。比如,作者曾为西南部一个大城市的接待办公室设计了一个调研方案,设计问卷之前参考了《会议计划者》(*Meeting and Convention Planners*)杂志的一项研究报告。这份研究报告中含有原始问卷作者的问卷中引用了其中的一组问题。这样,不仅量表已经规定好了,研究的结果还可以与杂志上的数据相比较。

4. 可以提醒市场调研人员注意潜在的问题和困难

除了提供方法外,二手数据还能暴露出潜在的困难,如收集方法不受欢迎、样本选择有困难或者被调研人员有敌对情绪等。例如,一位调研人员计划进行一项衡量对某种特定的兴奋药物的满意程度的研究。查阅了一项对麻醉学家的调研之后,他发现电话调查的拒绝率很高。于是,这位调研人员将原定的电话调查改成了邮寄问卷,并对回复者给予奖励。

5. 可以提供必要的背景信息以使调研报告更具说服力

二手数据经常能为设计调研计划方案提供大量的背景资料。它能够粗略地概括潜在的顾客和非顾客、产业数据、新产品所需的特别广告、购买者在描述该产业时所使用的语言方式,以及新产品和已有产品的优缺点等。了解目标消费者使用语言的方式,有助于组织问卷的语言,使被调研人员更准确、更全面地理解问卷。有时,背景资料还能直接符合研究的主题,从而不需在当前的调查中重复类似的问题。通常,问题越简短,回答率越高。有时二手数据能提供对调查资料的进一步分析,或者是对当前的发现提供支持,从而丰富调研发现。最后,二手数据可以作为以后调研方案的参照基础。

6. 二手数据能够提供一个样本框

对于一家企业(如 UPS),想要了解顾客的满意度水平,则抽取的顾客姓名必须来自数据库。因此,顾客清单就是一个样本框,用于把样本逐个抽出。

3.1.2 二手数据的局限性

二手数据除了有许多优点以外,还存在着一些危险和错误。它的不足之处是缺乏可得性和相关性、准确性较差、内容不够充足等。

1. 缺乏可得性

对于某些问题,二手数据可能就不存在。如果卡夫通用食品公司想要评价三种新的美食小精灵混合调味料的味道、口感和颜色,那么没有二手数据就能回答这些问题。因为消费者必须亲自品尝每一种混合调味料，然后才能做出评价。如果麦当劳想了解它在亚利桑那州的菲尼克斯市的形象，那么它必须去收集原始数据。如果宝马公司想了解大学生对新款两座跑车的反应，那么它必须向学生们展示跑车原型并评价他们的意见。当然，在工程师设计跑车时，二手数据起了主要作用。

2. 缺乏相关性

通常，二手数据因为形式和方法上的原因而不能直接为调研人员所用。例如，琼·德莫特是一个出售东方地毯的零售商，她确定她的主要顾客是收入在 40 000～80 000 美元的家庭。更高收入的消费者倾向于购买超出琼·德莫特的价格范围的地毯。当她考虑是否在佛罗里达州的另一个城市开一家店时，她找不到适用的收入信息。一个信息资源提供的阶层划分是从 30 000～50 000 美元、50 000～70 000 美元、70 000～90 000 美元，依次类推。另一个二手数据来源将收入划分为低于 15 000 美元、15 000～30 000 美元和 30 000 美元以上。即使收入阶层符合琼·德莫特的需要，她又遇到了另外的问题，即缺少最新的公开资料。关于公开资料的调查，一项是 1995 年的，另一项是 2001 年的。在变化迅速的佛罗里达市场上，这些数据很可能不再适用。联邦调查资料中经常出现这种情况，即当这些资料能在公开渠道中找到时，差不多已经晚了 1 年。

3. 缺乏准确性

使用二手数据时应该评估资料的准确性。调研人员在收集、整理、分析和提交资料的过程中会有许多潜在的错误。任何一个没有注明可能存在的误差和误差范围的报告都值得怀疑。

使用二手数据并不意味着调研人员可以不评估资料的准确性。以下是一些判定二手数据准确性的方法。

（1）搞清楚是谁收集的信息

二手数据的来源是正确性的关键。联邦机构、大多数的州政府机构和大型商业性市场调研机构是可以信赖的，它们做的是尽可能专业化的研究。查阅议程性的资料时应该特别谨慎。比如，一个商会总是要展示它好的一面；同样，同业公会也总是坚持自己的立场。

（2）了解调研的目的是什么

资料总是为了某种目的而收集的。了解调研的动机可以提供一些评估资料质量的线索。对一个商会为吸引新产业进入该地区而做的研究，应当特别小心。因为曾经有广告商被它们的客户雇用来评价广告方案的影响力，也就是要求广告代理商自己评价它们为客户工作的质量！

（3）判断收集的是什么信息

调研人员应该准确地判定所收集的是什么样的信息。例如，在一项狗食品调查中，是与听装、脱水和半湿食物的购买者都进行了面谈，还是只对一两种食物的购买者进行了调查？在对选举人的调查中，是否只与民主党党员或共和党党员进行了面谈？是否所有的受访者都确是注册登记的选民？是否做了尝试以查明受访者在下次投票中的倾向？是否用了主观资料来推断实际行为？

（4）确定信息是什么时候收集的

一项只调查周末顾客的购物中心调研不能反映出"典型的"光顾购物中心的顾客的情况。上午9点至下午5点之间做的电话访谈不能反映上班族的情况。对夏季佛罗里达游客做的调查可能反映出与冬季游客不同的动机和兴趣。

（5）明确信息是如何收集的

明确资料是通过邮寄、电话还是个人访谈的方式收集的。每一种收集方法都有它的优点和缺点。另外，还要明确回复率是多少，是否与决策者或者决策者的代表进行了面谈。简而言之，调研人员必须努力辨明信息收集过程中带入资料中的偏见。

（6）评价所得信息是否与其他信息一致

二手数据之间缺乏一致性，这是一个值得注意的问题。调研人员应当深入探究造成矛盾的各种可能。不同的样本结构、时间因素、抽样方法、问卷设计及其他许多因素都会导致调研结果的不同。如果可能的话，调研人员应当评价各种调研的可靠性，从而决定应当使用哪一个调研来进行决策。

4．资料不充分

也许调研人员确定资料是可得的、相关的，而且是准确的，但还是不足以据此做出决策或完全解决问题。沃尔玛（Wal-Mart）商店的一名管理者要从爱荷华州的5个人口在20 000以下的城市中选择一个建立新店。他可能拥有充分的关于收入、家庭规模、竞争对手数量和增长潜力的二手数据，然而因为缺乏关于所选城市的交通情况的资料，所以必须收集原始数据才能为新店选择明确的地点。

3.2 内部数据库

对于很多企业来说，包括顾客信息的数据库信息将是有益的市场工具。内部数据库能够方便地收集组织内部的相关信息。

3.2.1 创建内部数据库

从公司的销售系统或征询及跟踪系统中获取信息，不失为建立初始内部数据库的好办法。这种系统一般是以销售人员的拜访情况报告为基础的。拜访情况报告反映的是一名销售人员每日的工作活动，报告详细列出拜访的次数、所拜访的公司的特点、因拜访而产生的销售活动，以及所收集的有关竞争对手的信息。其中，竞争对手的信息包括价格的变化、投放的新产品、信用条款的修改和对手新推出的特别广告等。

3.2.2 内部数据库营销的重要性

也许数据库营销是成长得最快的一种内部数据库应用方式。数据库营销基于建立一个大型的记录顾客和潜在顾客的个人情况和购买方式的计算机文件，从而针对目标市场创建营销组合。近期研究表明，美国94%的大公司都有营销数据库。

20世纪50年代，电视网使得广告商能够"将同一信息同时传给每一个人"。而数据库营销则能够将顾客个性化的信息通过直接邮寄传送给每一个人。这就是数据库营销有时被称为"微营销"的原因。数据库营销能够创造出一种过去人们与街道里的杂货店主、肉店老板和面包师之间的老式人际关系的计算机版本。"数据库是一种集体的记忆，"辛辛那提的一家咨询公司——频率营销公司（Frequency Marketing, Inc.）的总裁理查德·G·巴罗说，"它能够以和以前那些熟知顾客的姓名并且出售他们想要的东西的夫妻杂货店一样的方式同你做生意。"

有些数据库的规模之大是令人吃惊的。福特汽车公司的数据库有 5 000 万个名字，卡夫通用食品公司的数据库有 3 000 万个名字。美国运通公司（American Express）能够从它的数据库中调出过去 6 个月中在高尔夫用品专卖店买过东西的人或是去听过交响乐会的人，或是上一年内去欧洲超过 1 次的人，又或是极少数以上 3 项活动都做过的人的名单。

圣地亚哥教士棒球队使用数据库营销吸引了 60 000 名新球迷，并通过新赛季球票获得 400 000 美元收入。这得益于数据库与客户关系管理软件的结合，功能强大的 CRM 软件能帮助组织吸引新顾客并保留老顾客。

新技术的应用能加强球队与球迷的联系。即使在整个球场为球队欢庆胜利的时候，CRM 也能准确识别出最有可能购买赛季球票的球迷。球队会把这些球迷作为目标，通过预约购票确保下个赛季球队的收入。

俱乐部卡片同 ATM 卡类似，是球迷忠诚计划的核心。虽然这一规划在球队之间略有区别，但总体看是一致的：球迷持有卡片，可累计参加分值以便获得优惠或换取食物、饮料或纪念品。分值越高，回报越丰厚。最终，球队获得包含球迷信息的数据库，这是带给它收入的源泉。

3.2.3 数据挖掘

美国运通公司使用神经网络检测数以万计的数据库接口，辨别个体消费者是在哪里、如何持卡交易的。神经网络是模拟人类大脑的计算机程序，它可以通过案例发现数据中存在的规律，得到的结果是每个持卡用户的"购买倾向分值"。根据这些分值，美国运通将个人持卡者的购买历史与关系销售商的商品相匹配，并将这些情况附在月报后面。这样做的好处是节省费用和提供高价值的持卡者的信息。美国运通致力于数据挖掘。

数据挖掘是使用统计和其他高级软件发现隐藏在数据库中的不是显而易见的规律的一种活动。它的目标是识别数据中的规律，帮助营销者开发新的促进赢利的战略和策略。凯米劳特音乐公司（Camelot Music Holdings）通过数据挖掘识别出一个群体——他们大量购买古典音乐、爵士乐唱片和电影片，是常客俱乐部中 65 岁以上的人。不过，这些人中的大多数也购买轻音乐或其他音乐。数据显示，这些是祖父母买给孙辈的。现在，凯米劳特音乐公司在告诉老年市民哪些传统音乐流行的同时，也告诉他们轻音乐和其他音乐的信息。

数据挖掘就是要寻找有趣的模式并跟踪数据。数据挖掘过程经常要筛选大量数据。与人口统计特征相适应的电子化销售点交易、库存记录和网上客户订单等数据，可以轻而易举地达到数以亿兆计的数量。概率抽样、描述性统计学程序、多变量统计都是可以用于数据发掘的工具，这些技术将在后面讨论。另一些更高级的数据发掘工具（如神经网络、遗传运算法则和基于案例的推理系统）则需留待高级研究方法论课程来介绍。

数据挖掘在营销中有许多潜在用途。下面是4种最广泛的应用：

1）获得客户。第一阶段，直销人员利用数据挖掘方法发现可以用于预测客户对产品和诸如目录的传播工具的反应的特征。第二阶段，将模型中所描述的最可能做出反应的客户特征和应用于非客户租用名单的相关特征相匹配。因此，只有很可能对新产品或沟通方案做出反应的非客户家庭被选中。

2）维持客户。一个典型的营销应用是，通过数据挖掘识别出那些对公司的赢利具有贡献但有可能转向竞争对手的客户。拥有这样的信息，公司就可以对易变的用户提供特别的产品或诱惑，而这些是不针对忠实用户的。

3）放弃客户。有些客户给公司带来的成本比收益还大，这时鼓励他们到别处消费是最好的。在联邦快递，消费多但需要少量服务和营销投资的客户与那些消费相同却需要更多成本维持的客户所受到的待遇不同。"好"客户的货物迟迟未到时，公司会主动提前给客户打电话；那些对于公司相当昂贵的"差"客户会被收取较高的装运价格以获取利润；而对于那些支付很少并在将来并不打算支付更多的"丑陋"客户会看到这样的电视广告：我们不再为你们提供服务。营销分析主管赛瑞吉特·星说："这样自然降低了我们的成本。"

4）一揽子市场分析。通过辨别客户在销售点交易中购买的产品间的关系，零售商和直销商可以观察到产品间的亲密度，开发出比传统的单一模式更有效的集中的促销策略。前面谈到的美国运通的选择性信封用料策略，就是一揽子市场分析用于促进营销效率的一个很好例证。

3.2.4　行为定位

行为定位的目标就是利用线上和线下数据来了解消费者的习惯，通过人口统计资料和社交网络来增加在线广告的有效性。随着互联网的成熟，无目标指向的广告的效果正在下降。一份研究表明，4%的互联网用户点击了67%的互联网广告。Double Click的一份近期研究也表明，平均的广告点击率仅为0.1%。换句话说，这意味着每1 000人中，仅仅有1人实际上会点击互联网广告。行为定位尝试帮助行为人改变这种奇怪的现象。实际上，最近的研究表明，有特定目标的互联网广告的点击率要明显高于无目标的广告。

收集和销售网站数据的调研公司 EXelate Media 宣布与美国最大的市场调研公司之一的尼尔森公司结为联盟。这笔交易将 EXelate 超过 1.5 亿个互联网用户数据收录入尼尔森公司有关 1.15 亿户美国家庭信息的数据库中，目的是能提供更为详尽的消费者信息。

EXelate 通过交易收集了数百个网站的在线消费者数据。该公司通过消费者的网站注册信息来判断消费者的年龄、性别、种族、婚姻状况和职业。例如，基于消费者的互联网搜索和他们经常登录的网站，该公司就能指出市场中哪部分消费者是健身爱好者。当消费者进入参与站点时，该公司会通过放置在消费者电脑的硬盘驱动器的跟踪 Cookies 或者小字符串的数据来收集和储存信息。我们将在第7章进一步阐述这一追踪过程。

例如，一家汽车制造商能使用 EXelate 和尼尔森的数据库将促销运动型汽车的广告瞄准访问汽车博客、在线搜索运动型汽车和加入尼尔森的称为"青年计算机行家"小组的消费者。"青年计算机行家"小组中有技术达人，以及许多居住在时髦公寓或分户出售公寓大厦的消费者，他们的年龄在 25~44 岁，年收入约为 88 000 美元，并且其典型特征就是会阅读《经济学人》。

社交网络数据的增加大大刺激了行为定位的快速发展。Facebook 及其他社交网络的用户前所未有地展示着他们的兴趣、社会联系和品位。过去，在线广告商发现针对那些买过他们的商品或者进入过他们的网站抑或点击过他们的广告的人展开促销活动非常有效。在那些可能甚至不知道这一产品的人之间也可以找到联系，这也是社交数据发挥作用的地方。像"Media6 度"这样的公司从广告商那里拿到消费者数据之后，会将消费者数据和获得授权的社交用户信息联系起来。技术将一位预期客户和他的密友联系起来，因此一个二次信息传递运动能够瞄准他们的原始消费者及他们的朋友。相比之前信息只能到达一位预期消费者的情形，这种运动可能将信息传达给 800 甚至 1 000 万预期消费者。这是基于"物以类聚，人以群分"的思想的。

Lotame 和 33across 是两家为广告商挖掘社交网络数据的公司。Lotame 尝试使用社交网络数据来理解那些有影响力的人物。它通过社交网络、博客和留言板为那些创建了关于某个特定主题内容的用户进行大肆宣传，之后再通过添加那些创建内容的人们来扩展其圈子的范围。最终，它会添加那些看起来像内容创建者和消费者的用户。Ebay 和 Spring 都使用过 33across 来提高它们的广告有效性。

3.2.5 为隐私权争斗

随着互联网和非互联网带来的数据库的增长，人们越来越关注隐私权问题。调研人员称他们的调研不包含个人可识别信息。一份调研显示，24%的被调研人员不喜欢广告商根据他们的浏览记录投放相关广告。信息跟踪到底发展到何种地步了？《华尔街日报》挑选了 50 家网站展开了这一调查。这 50 家网站的浏览量占美国网页浏览量的 40%。通过电脑测试，这 50 家网站一共有 3 180 个跟踪 Cookies，只有维基百科是个例外。包括康卡斯特和 MSN 在内的 12 个网站安装的跟踪工具超过了 100 种。字典网安装了 168 种跟踪工具，用户没有拒绝的机会，其中 121 种甚至会跟踪用户的财务和健康信息。

美国国会考虑通过立法限制信息追踪，联邦交易委员会正在制定行业隐私守则。佛罗里达州参议员乔治在关于互联网隐私的参议院听证会上说，"设想一下，当售货员告诉你，'从现在开始，从你在此购物开始，我们会在你逛街期间陪同你，并记录你的所有交易，'没有人会同意的。"

汤姆·奥华达是一名电脑顾问，他公布了一项显示从互联网提取敏感的个人信息是多么容易的研究结果。奥华达编写了一个小软件，通过这个小软件，他能下载亚马逊的顾客心愿，了解顾客计划购买或者想作为礼物收到的商品是什么。当然，"心愿单"通常包含顾客的所在地址信息。奥华达一天能下载的心愿单超过 25 万份。之后，他又在那些信息中寻找涉及争议性和政治性问题的信息，并使用雅虎的人口搜索功能找出了许多心愿单主人的电话和地址。最后，奥华达绘制了一张美国地图。在这张地图上，我们能找到对乔治·奥维尔的1984感兴趣的人。我们也能在地图上找到那些想购买关于应对压力和收养小孩的书的人。

然而，从许多网站或数据库下载一个数据挖掘软件就能越来越容易地做到这些。把各种信息联系起来是互联网的本质特征，这个大数据库的开放性特征使得它非常强大和有用。但这会造成隐私泄露。

一项被称为"网页抓取"的新型技术让注重隐私的人十分苦恼。有的公司专门从社交网络、招聘网站和在线论坛上收集网上对话和其他个人信息。我们将在第7章进一步讨论网页抓取技术。

最近，"病人如我"网站在它的"心情"讨论区发现了可疑现象。在这里，人们交流情感方面的事情，包括躁郁症和切割自己的欲望。原来，这是入侵。这个网站的一个新用户使用了像"网页抓取"的软件或是复制该网站的一切信息。"病人如我"找出了这个入侵者：尼尔森公司。尼尔森是一家纽约媒体调研公司。它为客户收集在线信息，包括主要的药品制造商在内的许多公司都会购买网络数据信息以洞悉顾客。

"我觉得自己被完全侵犯了。"Bilal Ahmed这么说，他是澳大利亚悉尼的一位33岁的居民，使用"病人如我"网站和其他被抑郁症所苦的人互动。他在留言板上使用了一个假名，但是他的"病人如我"资料链接到了他的博客上，而博客上有他的真名。当"病人如我"告知用户资料被侵入的事情后，Ahmed先生删除了他所有的帖子，以及他在使用的药物名单。"知道自己的信息被卖掉了很令人不安。"他说。尼尔森说它已经不再在私人留言板上抓取数据了。

如今，行为追踪已经成为除了在线广告外另一项产值高达250亿美元的产业。诸如谷歌这类公司可以在其免费服务，比如搜索引擎、邮箱、地图、论坛及其他服务上花费成千上万美元，原因就在于在线广告。

一个由为了广告定位而追踪消费者网上冲浪习惯的公司设计的，旨在监督隐私信息滥用的新系统将会在未来几个月被以这类信息的重度用户为成员的集团所启用——诸如雅虎、微软等互联网公司以及WPP PLC等广告公司。

该系统是由美国广告业和互联网行业为发展更严格的自我管理而推动的系列运动的一部分，特别是为了避开关于线上广告行业的联邦政府规章。一个交易集团联盟，包括美国经营改善协会和直销协会贸易集团，负责主要工作。

1. 识别偷窃行为

1997年，从美国信用局分离出来的乔叶斯·普恩特公司（ChoicePoint）购买了大量数据库系统。许多企业、个人甚至美国联邦调查局都依赖该数据库系统。

问题是该系统的信息防卫系统并不可靠。为了确保只有可靠的企业才能接触到数据，乔叶斯·普恩特公司为潜在的企业顾客设定了一定的条件。一位叫奥莱特奇的男人使用假名字和好莱坞一家商店的传真机虚构了一家企业，请求乔叶斯·普恩特公司提供服务。在被发现之前，他得到了145 000人的信息（2005年，奥莱特奇被加利福尼亚法院判处16个月的监禁）。2005年2月，乔叶斯·普恩特公司宣布不再销售消费者的驾照信息及社会保险号信息。

多数情况下，在互联网上找出诸如社保卡和信用卡号码或者病例资料并不需要什么技术专家，只要知道在哪里能找到，我们任何人都可以找得到。官方就在网上找到了一个包含亚特兰大消防队 1 000 名前雇员的姓名、社保卡编号和家庭编号的文件。此类例子不胜枚举，像 LimeWire 这样能够将电脑联系起来的软件通常被用于音乐和视频文件的交易，但是它也交易包括工作和财务报表等的任何数据。有人曾经在网上找到了关于个人信息的文件包并且联系了相关机构，但是即使这类点对点软件被删除，一些已经被共享的文件的副本也很容易被找到。

通过在软件中输入基础搜索条目，例如医院名称，约翰先生说他发现了一份 1 718 页的文件，其中包含了保险细节和由一个医疗测试实验室泄露出来的诊断。他说他还发现了出自一个医疗系统的包含了超过 2 万名病人的联络信息和社保号的电子数据表。"并没有任何黑入网络或类似的做法，"他说，"我们只是在搜索。"约翰先生说他联络了这些机构，但是即使他们删除了员工电脑中的端对端软件，网上仍然能够找到文件的复本。

"很多情况下，包含敏感个人信息的文件都可以被电脑罪犯下载。"Rick Wallace 这么说。他是 Tiversa 公司的一名研究人员，Tiversa 公司是一家代表公司客户寻找泄露文件的担保公司。Tiversa 公司曾在 12 个月内找到了 1.3 亿份包含其客户信息的泄露文件。

2. 政府行为

美国政府已经针对隐私信息偷窃行为通过了 3 项法律。

（1）联邦法律

该法律首面向金融企业，规定企业须告知消费者如何使用其个人信息，以及如何保护信息不被侵害。该法律已于 2001 年得到部分施行。

该法律还面对医疗行业，如泄露病人的医疗信息，医院会受到处罚。该法律已于 2003 年施行。

联邦交易委员会执行公平信赖报告法案，提高消费者报告的准确性，保障消费者信息隐私。此外，儿童在线信息保护法案赋予父母对在线采集的来自他们孩子的信息和这些信息如何使用的控制权。

（2）州法律

该法律规定，任何收集了加利福尼亚居民信息的企业，如发现未加密的信息被未获得授权的人得到，企业应通知居民。该法律已于 2003 年施行（其他 30 个州也已公布了相似的法律）。

3. 透露隐私以获取报酬

为了追踪点击记录或评价网站，大多数市场调研企业都会对参与因特网调研的参与者付给报酬。这当然是合法的调研。通常，消费者大多会很廉价地把个人信息透露出去。最近的一份朱庇特报告显示，82%的应答者都会为了赢得 100 美元的彩票抽奖向新的购物网站透露自己的个人信息。因特网调研接受报酬也有不好的一面。诸如"快速付费调查"、"调查拿现金"、"意见赢支票"等网站，许诺参加调查就给钱。陷阱就在于你首要支付 25～37 美元的会员费。当然这是支付调研报酬的不规范行为。大多数调研都会支付现金。唐纳·基林和珍妮·雪柏都是营销和意见调查委员会的主管，她们讨论了本期市场营销调研实践中的会员费问题。

3.2.6 市场调研聚合组织

市场调研聚合行业是一个价值 1 亿美元的行业，并且保持着每年 6% 的增长率。这个领域的公司获取、编排、重新格式化、细分并且再次销售那些已经被大大小小的营销调研公司公布的数据。亚马逊也已经在它的知名电子商务网站增加了营销调研聚合区域。

聚合公司的作用正在增强。随着营销调研公司将更多的代理商作为销售渠道，它们关于调研报告的数据库的内容越来越多，涵盖范围越来越广泛，并且更有用。同时，互联网技术的发展使得数据库更易于搜索、交付更快速、而且数据聚合公司针对更狭窄、更专业的领域将调研报告进行切割和再打包使得数据能更好地为中小型企业客户服务而便于销售。而那些中小型企业客户通常无力自行进行调研或购买全部的调研报告，这实际上培育了一个新的针对信息的目标市场。

调研聚合公司正在间接地触发传统调研公司的新市场。它们以较低的价格销售较小模块的数据，将大型调研公司的调研结果交到中小型企业客户手中，而这些客户通常只能承担一份几百美元的调研报告。

在调研聚合公司出现之前，许多营销调研报告只能靠高端价位的订阅服务才能获得。WintergreenResearch 的一份 2 800 美元的报告最近以每章 350 美元的价格出售，这份报告共有 17 章。这极大地刺激了调研报告产生的总收益。

3.3 信息管理

计算机数据库、公开的二手数据、因特网和内部数据库都是一个组织的信息管理系统的重要组成部分。掌握好的信息，才能做出明智的决策。今天的问题是如何管理手中的信息。大卫·申克认为，自 20 世纪中期以来，人类历史上第一次出现制造信息的速度超过处理信息的速度的情况。这一时期就是现在。他指出，大量的发明——计算机、微波传送、电视、卫星及其他同类事物，在极短的时间内将我们从信息缺乏时代推进到了信息过剩时代。

信息管理强调的重点从如何获得信息，转移到了如何有效地管理和使用浩如烟海的信息资源，从而做出更好的决策。每一个面对决策的人都认识到了信息是影响决策质量的唯一重要的因素。我们需要用信息识别问题、明确问题的范围和重要性、制定和评价选择方案等。失败的决策通常是因为使用了错误的信息、不正确的信息、无效的假设，或者是对现有信息做出了错误分析。

今天，无论大型组织、中型组织还是成长中的小型组织的管理者，他们都受到了信息的冲击。诸如美洲航空公司、派克·戴维斯制药公司（Parke-Davis Pharmaceuticals）和花旗集团，这些公司所关注的问题已经从信息的产生转移到了信息的组合和评价上，以促使信息对决策者更有意义。

这里我们主要讨论决策支持系统对信息管理的重要性。

决策支持系统（Decision Support System，DSS）始于 20 世纪 70 年代。DSS 是根据决策者

个人判断事物的方式设计的。理论上，决策支持系统接近于数据库管理的终极目标。我们说"理论上"，是因为在实践中，教科书上的理想的决策支持系统大部分都没有实现。决策支持系统必须设计得能够支持决策者个人的需要和风格。真正的决策支持系统具有以下特点：

1）互动性。管理者发出简单命令，当场察看结果。整个过程在管理者的直接控制之下，不需计算机程序，不需等待定期的报表。

2）灵活性。系统可以以任意方式分类、重组、汇总、平均和操作数据库。当使用者改变题目时，系统将自动调整，使信息与当前问题相匹配。例如，总经理能够看到高度综合的数据，而营销分析员能够看到非常细小的突破。

3）发现导向性。它有助于管理者探察趋势，区分问题，并提出新的问题。

4）易于学习和操作。管理者不需特殊的计算机背景知识。新手通过选择标准或默认操作方式，避开自由选项，就能立刻操作基本系统，然后逐渐学会系统的潜在功能。这使得新软件通常带来的困惑降到最低。

管理者可以使用决策支持系统进行销售分析、预测销售额、评价广告作用、分析产品组合，以及把握市场走向和竞争对手的行动。决策支持系统不仅能回答"如果……那么……"的问题，还能使管理者根据自己的需要来分析数据。

下面是一个利用决策支持系统的例子。

为了评价新推出产品的销售情况，他选择了按细分市场逐周、逐月回顾销售额。当他在自己的终端前工作时，他的询问可以有若干种走向，这取决于当时要做的决定。如果他的思路中的问题是比较上一季度的实际月销售额与预测数，他希望决策支持系统能跟上他的思路，并立刻给他答案。

也许他看到新产品的实际销售额明显低于预测数。这是因为预测过于乐观了吗？他又比较了其他产品的实际销售额与他的预测数，发现预测是很准确的。难道是产品有问题？或者他的销售部没有得到足够的指导，或者没有很好地利用指导？对于应该如何查明问题，想了 1 分钟之后，他逐个检查了产品产生实际销售的指导的比例，结果令他很困惑。只有 5% 的新产品的指导最终带来了订单，而公司在这一方面的平均比例是 12%。为什么呢？他猜想是销售人员对新产品没有给予足够的支持。决策支持系统还能提供更多的支持这一猜测的证据。而这位副总裁已经获得了足够的令他满意的信息，于是他根据自己的直觉和经验开始采取行动，并决定和他的销售经理谈一谈。

小结

二手数据是所有过去收集的，但不一定与当前问题相关的信息。原始数据是专门为解决当前研究的特定问题而收集的调查、观察或实验资料。二手数据可以通过组织内部和外部两种渠道获得。

数据库是相关资料的集合。最常见的营销内部数据库是建立在顾客信息基础之上的。例如，一名顾客数据库包括现有顾客的人口统计资料和心理行为方面的信息，还包括购买资料（如产品和服务的购买时间、商品的种类、销售额，以及与销售有关的促销活动）。数据库也可以根据记录的谈话来建立。内部数据库可能还包括有关竞争对手的情报，如竞争对手的新产品、价格变化和服务政策的变化。

数据挖掘极大地提高了从数据库中得到有用信息的效果。它可以用于获取新顾客、留住现有顾客、放弃成本方面不划算的顾客，以及开展基于市场的分析。

在线和线下数据库的大量存在促使消费者和政府关注隐私问题。有些地方已经通过了相关法律。

二手数据具有若干优点：第一，在探索性调研中，二手数据有助于识别和再确定研究问题；第二，可以提供解决问题的方法；第三，可以提供若干可供选择的原始数据收集方法；第四，可以提醒市场调研人员注意潜在的问题和困难；第五，可以提供必要的背景信息，保障调研报告的可靠性；第六，能够提供一个样本框。二手数据的缺点在于缺乏所需的信息、信息缺乏相关性、存在不准确的信息及不足以据此做出决策。

决策支持系统是根据决策者个人的判断事物的方式设计的。决策支持系统具有互动性、灵活性、发现导向性及易于学习和操作等特点。良好的决策支持系统能为小型和大型企业提供同样的优势。

关键术语及其定义

二手数据（Secondary Data） 以前已经收集好的资料。

原始数据（Primary Data） 为解决特定问题而专门收集的新资料。

内部数据库（Internal Database） 根据组织内部资料建立的数据库。

数据库营销（Database Marketing） 基于计算机生成的有关顾客和潜在顾客的个人信息及购买形态所制定的针对某目标市场的有效组合。

神经网络（Neutral Network） 用来模拟人脑从案例中学习发现数据中规律的过程的计算机软件。

数据挖掘（Data Mining） 使用统计和其他高级软件发现隐藏在数据库中的不是显而易见的规律的活动。

行为定向（Behavioral Targeting） 为了增强在线广告的有效性，使用线上和线下数据来理解消费者的习惯、人口统计特征和社交网络。

市场调研聚合组织（Marketing Research Aggregator） 获得大小调研企业已经发布的调研报告，重新编写目录、改换格式、细分内容并再次出售的公司。

决策支持系统（Decision Support System, DSS） 一种互动的、个人化的管理信息系统，由决策者个人启动并操作。

复习思考题

1. 为什么要建立内部数据库？列举几种该数据库中应包含的信息，以及这些信息的来源。
2. 为什么像联合航空公司、美国运通和福特汽车公司这样的企业越来越多地运用数据挖掘技术？

3. 保证内部数据库成功的关键因素是什么？
4. 二手数据与原始数据相比更受青睐的原因是什么？
5. 使用二手数据时易犯什么错误？
6. 行为定位为什么受到营销者的欢迎？它为什么备受争议？
7. 当公司没有出现问题时，是否有必要进行市场调研？是否有必要建立决策支持系统？
8. 什么是市场调研聚合组织？它在市场调研中发挥怎样的作用？
9. 全班分成4~5组，每组上网查阅数据库营销的相关内容，然后向全班报告某家公司是如何有效使用数据库来提升营销效率的。

网络在线

1. 是什么使得供应商网站成为建立内部数据库的好工具？
2. 登录 www.yankelovicb.com，向全班解释 Yankelovich MONTOR 的性质和范围，说说营销调研人员应该如何使用这份调研报告的数据。
3. 登录 www.norc.uchicago.edu，点击 National Opinion Research Center 并描述调研人员可获得的新报告。
4. 你对美国家庭建造很感兴趣，因为你的公司 Whirlpool 是厨房用具的主要供应商。登录 www.nahb.com 并描述 Whirlpool 可能对哪些信息感兴趣。
5. 登录 www.claritas.com。并描述该网站可获得的二手数据类型。
6. 登录 www.marketresearch.com 并解释可获得哪种类型的报告。
7. 登录 www.comscore.com 并解释它们为客户提供什么。
8. 登录 www.Nielsen.com 并阅读 BuzzMetrics，解释对于一些市场营销者来说它如何发挥效应，并说明它为什么是一个重要工具。

市场调研实践

新生儿母亲的变化

相比1990年，现在新生儿的母亲年龄更大、教育程度更高、白人的比率和已婚的比率都有所下降。

1990年有许多未成年女性生育，而不是35岁及35岁以上的女性。到2008年，这一状况发生了改变：有14%的老年女性生育，10%的未成年女性生育。在主要的种族和族群中，从1990年到2008年，生育妇女中年龄在35岁及35岁以上的所占比例上涨了64%。

在另一份关于生育态度和生育趋势的报告中，我们有如下发现：

1）35%的父母认为，"它不是一个决定，它恰好就发生了"是他们生育第一个或唯一一个孩子的一个非常重要或者说多少有一定影响的理由。

2）相比男性（42%），女性（51%）更认可"它恰好就发生了"的重要作用。

3）46%的人说对于一个家庭来说，最理想的情况是有两个孩子；26%的人认为3个；9%的人认为4个；3%的人认为0个、1个、5个或者更多。在有3个及3个以上孩子的父母中，33%的人认为两个孩子是最理想的。

4）将近2/3的美国人（65%）称单身母亲的数量正在上涨，这会对社会造成负面影响。只有少数人（33%）不赞成女性在40岁以后生育，许多女性（28%）正在进行生育治疗，有许多女性（38%）从未有过孩子。

5）大多数成年人称他们至少认识一位未婚妈妈和未婚爸爸。1/3的人称他们认识一位为生育而进行过生育治疗的女性。

相比1990年，育龄妇女更少了，因为婴儿潮中最年轻的一批人也已经40多岁了。但是种族问题的改变弥补了这一现象——主要是因为西班牙人口的增长，他们的增长超过了其他种群。

影响出生人数的另一因素是移民。移民生育率高于本地居民（尽管这一数字近年来呈下降趋势）。来自移民母亲的新生儿在所有新生儿中的比率在2004年至少上涨了60%。

假如这一趋势得以为继，那么到2050年，美国82%的民族人口增长来自2005年后的移民和他们的后代。从2005年到2050年，美国人口将增加1.42亿人，其中5 000万人口来自新移民的后裔。

2008年，美国女性第一次生育的平均年龄是25岁；相比1990年，这一数字增加了1岁。2008年，有子女的美国女性的平均年龄是27岁，1990年这一数字是26岁。最佳生育年龄仍然是29~34岁，3/4的妈妈们是在这个年龄段生育的。女性的生育高峰将近30岁。

1990年以来，30岁及30岁以上妇女的生育率都提高了。尽管在一些情况下新生儿的数量很小，最大龄段的妇女的生育率增加却是最快的——35~39岁的女性中有47%的人在这个年龄段生育，40~44岁的女性中则有80%的人在这个年龄段生育。

双因素

报告显示女性生育年龄的推迟和结婚年龄的推迟与教育程度的提高是一致的。女性的受教育水平越高，结婚及生育年龄往往越晚。大多数接受了教育的女性的生育率也提高了——至少接受过大学教育——她们的生育率相对教育程度低的女性较为稳定。这两个因素共同作用，从而提高了妈妈们和新生儿的受教育水平。

在母亲年龄小于50岁、父亲年龄小于60岁的夫妻中，82%的人称他们不打算再要孩子。当问及这些父母及超过生育年龄的父母限制子女数量的原因时，我们发现影响大多数父母（64%）的重要因素是"他们想在已有子女身上投入更多时间"。76%的父母认为这个原因非常或者比较重要。72%的父母称子女的花费也是决定家庭规模的重要因素。

问题

1. 以上信息是一手数据还是二手数据？
2. Gerber可能如何使用这些数据？它是否需要对一手资料进行后续研究？
3. 举例说明应如何改变促销活动以使信息传达给新妈妈们。
4. 如果迪士尼世界考虑为奥兰多乐园增加一个新的主题区域，以上案例能为我们提供哪些线索？请为后续研究提供建议。

第 4 章

定 性 调 研

学习目标

- 定义定性调研的概念。
- 理解定性调研的普及性。
- 学习焦点小组访谈法及其广泛流行的原因。
- 深入了解如何运作和分析焦点小组访谈法。
- 了解定性调研的其他方式。

什么是定性调研？定性调研的优点和缺点各是什么？焦点小组访谈法为何如此流行？焦点小组访谈法的趋势是什么？营销调研人员还可以使用哪些定性调研工具？这些都是本章要讨论的问题。

4.1 定性调研的概念

定性调研（Qualitative Research）是一个用得很随意的词。它意味着调研结果并没有经过量化或者定量分析。一项定量调研可能发现大量饮用某种牌子的龙舌兰酒的人，年龄为 21～35 岁，年收入为 25 000～40 000 美元。定量调研（Quantitative Research）能够揭示大量饮用的人和不常饮用的人之间重要的统计方面的区别。相反，定性调研可以用来考察大量饮用者的态度、感觉和动机。一个策划一系列龙舌兰酒促销活动的广告代理商会通过定性调研来了解大量饮用者的感受、他们使用什么语言方式及很必要的一点——如何与他们交流。

定性调研方法可以追溯到 18 世纪中期的历史学家戈亚姆巴逊斯塔·韦高（Giambattista Vico）的文章。韦高写道："只有人才能理解人，而且是通过被称做'直觉'的天赋来实现的。"在社会学和其他社会学科中，关于直觉试验和移情作用，既有大量的发现，同时伴随着大量的争议。

4.1.1 定性调研与定量调研的比较

定性调研和定量调研在几个方面的比较如表 4-1 所示。也许对管理者来说，最重要的一点是定性调研的结果通常是由众多小样本所决定的，这一点也是定性调研受到批评最多的地方。从本质上讲，许多管理者都不愿根据小样本调研进行重大战略决策，因为它在很大程度上依赖于调研人员的主观认识和个人的解释。管理者更愿意参考经过计算机分析的、列成表格的大样本。大样本和统计性较强的分析是市场调研中管理者感觉比较放心的部分，因为这些资料是通过精确而科学的方法收集的。

表 4-1　定性调研和定量调研比较

比较维度	定性调研	定量调研
问题的类型	探测性	有限的探测性
样本规模	较小	较大
每一位访谈对象的信息	大致相同	不同
执行人员	需要特殊的技巧	不需太多特殊技巧
分析类型	主观性的、解释性的	统计性的、摘要性的
硬件条件	录音机、投影设施、录像机、照片、讨论指南	调研问卷、计算机、打印输出的结果
重复操作的能力	较低	较高
对调研人员的培训内容	心理学、社会学、社会心理学、消费者行为学、营销学、市场调研	统计学、决策模型、决策支持系统、计算机程序设计、营销学、市场调研
研究的类型	试探性的	说明性的、因果性的

4.1.2 定性调研的普及性

现在，公司每年总共会为定性调研花掉 43 亿美元。定性调研不断普及的势头一直不减，其原因在于以下几个方面。第一，定性调研通常比定量调研成本低。第二，除了定性调研以外，没有更好的方法能了解消费者内心深处的动机和感觉。因为通常的定性调研形式是产品经理坐在一面单向镜的后面，不引人注目地组织整个过程，所以他们能得到对有血有肉的消费者最直接的感受。产品经理和其他营销人员可以亲眼观察消费者对于各种观念的反应，亲耳听到消费者用他们自己的语言详尽地讨论生产商和竞争对手的产品，而不是阅读计算机打印出来的含有数不清的数字和报表的文件，或是阅读某个顾问做的含有大量数字的报告。对于一位新产品开发经理来说，当消费者把某个在落后的实验室条件下花了数月时间开发出来的产品批评得一无是处时，坐在单向镜后面的组织过程可能是一次令人沮丧的经历。第三，定性调研可以提高定量调研的效率。瑞奇特·本肯瑟上市公司是生产羊毛制品和消毒剂的企业，它了解到女士对用洗碗机洗杯子的效果并不满意。焦点访谈的结果显示，女士通常认为洗碗机洗过的杯子发暗污浊。公司决定实施一次定性调研，搞清楚家庭主妇们对用洗碗机这一问题是如何看待的。通过多轮测试证实，消费者确实对洗碗机的效果并不满意。于是，瑞奇特·本肯瑟引进了一种玻璃杯保护剂，用来防止玻璃容器遭受矿物质的腐蚀。这次定性研究对改进新产品的新需求是非常成功的。

对于市场调研人员来说，在一次单独的调研或一系列调研中，综合使用定性调研方法和定量调研方法已是越来越平常的事情了。瑞奇特的例子反映了定性调研先于定量调研的情况。而在其他的调研中，可能会使用相反的顺序。例如，通过附加的定性调研可以从原因和消费动机方面丰富定量调研所得出的结论。一家大型保险公司进行了一次定量调研，目的是分析消费者对 50 种服务特点的重要性的排序。随后，这家公司又进行了一次焦点小组访谈，分析了小组参与者对前 10 种服务特点的详细阐述。前 10 种服务特点中的大部分都涉及顾客与保险代理之间的互动关系。调研人员从焦点小组访谈中发现，"代理商做出迅速答复"事实上意味着立刻答复或"在合理的时间内"答复。对焦点小组来说，"在合理的时间内"就是"对于常规性事务在 24 小时以内"、"对于紧急事务是人力可为的最短时间"。调研人员评论说，假如没有在定量调研后做焦点小组调研，那么他们只能通过推理得出消费者所想的"快速反应"。

在最后的总结性分析中，各种调研方法都被综合采用，以提高营销决策的效率。定性调研与定量调研相结合，可以更透彻地了解消费者的需求。定性调研技术包含无规定答案的问题和诱导刺探技术，从中获得的资料内容丰富、更具人情味、也更具解释性。

4.1.3 定性调研的局限性

定性调研能够也的确提供了有帮助和有用的信息。然而，它还是受到了一些调研人员的轻视。定性调研的第一个局限性在于营销组合的细微差别经常会导致营销工作的失败，而定性调研不能像大范围的定量调研一样区分这种差别。应当提醒注意的是，在查明定量调研中被忽略的问题时，定性调研具有一定的优势。例如，一家大型家用清洁剂生产商组织了一次大规模定量调研，想了解为什么它的浴室清洁剂滞销。生产商确信自己产品中的化学成分比竞争对手的更有效力。定量调研并没有给予切中要害的回答。困惑的产品经理转而求助于定性调研，他很快就发现，原因是包装上暗淡的粉笔画一样的颜色给人一种没有去污力的感觉，而且许多人用旧牙刷来清洗浴室的瓷砖。于是，包装很快就改用了明亮的颜色，并且在顶部固定了一个刷子。

第二个局限性是，定性调研并不一定能反映出调研人员所感兴趣的人群。很难说一个由 10 位大学生组成的小组能够代表所有的大学生，或是代表某一所大学的学生，或是那所大学中的商科学生，甚至仅仅代表营销专业的学生！小样本及自由讨论这两点会使得同一项定性调研中出现多种不同的倾向。另外，接受定性调研的人总是不受限制地讲述他们所感兴趣的事。而小组中的主导人物可能会使得整个小组的讨论仅仅与调研人员所关注的主题擦个边儿；只有非常有经验的调研人员才能将讨论重新引回主题，同时又不压制讨论者的兴趣、热情和自我表达的意愿。

4.2 焦点小组访谈法

焦点小组访谈法源于精神病医生所用的群体疗法。目前所说的焦点小组（Focus Group）由 8~12 人组成，在一名主持人的引导下对某一主题或观念进行深入讨论。焦点小组调研的目的在于了解和理解人们心中的想法及其原因。调研的关键是，使参与者对主题进行充分和详尽的讨论。调研的意义在于了解参与者对一种产品、观念、想法或组织的看法，了解所调研的事物与他们的生活的契合程度及在感情上的融合程度。

焦点小组访谈法远不止是一问一答式的面谈。群体动力（Group Dynamics）和群体访谈（Group Interviewing）之间是有区别的。群体动力所提供的互动作用是焦点小组访谈法成功的关键，正是因为互动作用才组织一个小组而不是进行个人面谈。使用焦点小组访谈的一个关键假设是，一个人的反应会成为对其他人的刺激，从而可以观察到受试者的相互作用，这种相互作用会产生比同样数量的人做单独陈述时提供更多的信息。

在营销研究中，应用群体动力的想法是受社会心理学的启发的。社会心理学的研究发现，来自各种生活和各种职业的人们，当鼓励他们主动地表现自己而不是被动地回答问题时，他们会对某一主题表达出更全面、更深入的看法，尽管他们自己都没有察觉到。通常，在群体动力中应该避免直截了当的问题，而代之以间接的提问来激发自发的讨论。讨论所带来的极为丰富的信息是通过直接面谈所不能达到的。

4.2.1 焦点小组访谈法的流行

对市场调研人员来说，定性调研与焦点小组访谈通常是同义词。尽管正如前文所讲的，焦点小组访谈只是定性调研的一部分，然而在通俗性文章中有大量的例子表明，调研人员一会儿说定性调研，一会儿又说焦点小组访谈。这种技术非常流行，以至于使其他的定性调研方法相形见绌。

焦点小组访谈法究竟有多流行？大多数的市场调研公司、广告代理商和消费品生产商都使用这种方法。如今，绝大多数的市场调研都把定性调研费用花在焦点小组访谈上。定性调研的最基本方式为焦点访谈和个体深度访谈（Individual Depth Interviews, IDI）。

焦点小组访谈法已经成为人们广为接受的市场调研方式——全球每年大约有 550 000 次访谈，美国每年大约有 255 000 次访谈。

4.2.2 实施焦点小组访谈法

了解了焦点小组访谈法的概念后，我们接着讨论实施焦点小组访谈法的过程（见图 4-1）。在这个问题上花费些笔墨是很必要的，因为在实施焦点小组访谈法的过程中可能会犯许多错误。

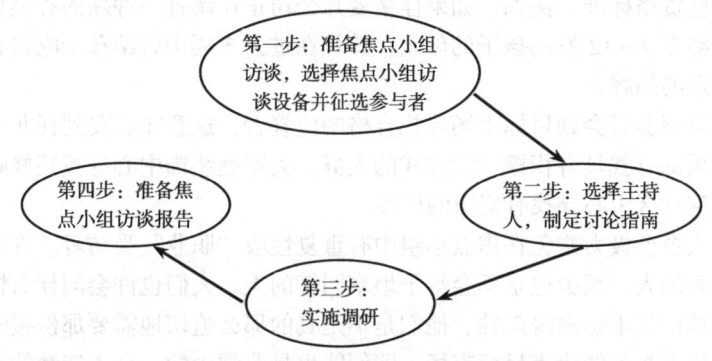

图 4-1　实施焦点小组访谈法的过程

1. 环境

焦点小组访谈通常是在一个焦点小组测试室中进行的。这个环境一般是一间会议室风格的房间，其中一面墙上装有一大面单向镜。在不引人注目的地方（一般在天花板上）装有话筒，以记录整个讨论过程。单向镜后面是观察室，室内为观察者准备椅子、笔记台或桌子。观察室中还装有录音或录像设备。图 4-2 是一张焦点小组访谈正在进行的照片。

图 4-2　焦点小组测试室

有些调研机构用起居室式的环境代替会议室。像起居室这样非正式的环境会使参与者感觉更放松，就像在一般的家庭环境中一样。另一种选择是不使用单面镜，而改用闭路电视设备连接焦点小组和远处的观察室。这种方法的优点在于员工可以随意地走动，用平常的语调交谈而不会被隔壁的人听到。有时，观察者在观察过程中突然走动，镜子里会出现闪光，于是分散了焦点小组成员的注意力。

2. 参与者

参与者是通过不同的方法征集来的。在商业街上随机地拦住一些行人，或随机选择一些电话号码，这是两种较为常见的方法（下一章对这两种方法有详细的论述）。通常，调研人员都会为参与者制定一些资格标准。例如，如果桂格麦片公司正在调查一种新的谷类食品，那么它可能需要的是有年龄在 7~12 岁的孩子的母亲，并且在过去 3 周中曾给孩子吃过谷类食品，也许还规定了某种特定的品牌。

焦点访谈成员招募者会到目标市场寻找合格的应答者，这意味着要到托儿所去寻找孩子的妈妈、到健康俱乐部寻找具有积极生活方式的人群、去家庭装饰中心寻找装修顾问、到超市寻找购物者，以及到社区中心寻找有资格的居民。

通常，调研人员会极力避免在焦点小组中有重复性或"职业"受访者。许多调研人员将职业受访者看成作秀的人，至少也是不会给予坦率回答的人。人们也许会问什么样的人会一再地参加焦点小组，他们是不是觉得孤独、他们是不是真的那么迫切地需要那份报酬呢。事实上，绝大多数职业受访者都不能代表目标市场，即便能也是非常少的。令人遗憾的是，外勤工作人员总是觉得使用重复受访者要比每次都组织新的小组简单得多。请参考识别重复应答者的题目（见表 4-2）。

表 4-2　识别焦点访谈参加者的过滤性问题

以往参加经历
有时与曾经参加过类似研究的人交谈是很重要的，这是因为他们对该主题有过体验。而有时，我们又希望与没有相关经验的人交流。那么，你曾经参加过类似的访谈吗？
参加过的画圈
面对面深度访谈　　　　　　　　1
两人或以上的群体访问　　　　　2
陪审团或实验　　　　　　　　　3
产品更替实验　　　　　　　　　4
群体访问　　　　　　　　　　　5
品尝测试　　　　　　　　　　　6
电话调研　　　　　　　　　　　7
其他　　　　　　　　　　　　　8
从没有接受过任何访谈　　　　　9
A.　你最后参与调查是什么时候？
B.　你参与访谈的题目是什么？
如果你参与过如下主题的调研，谢谢并终止此次调研
（　）MP3　　（　）摄像手机
C.　你现在是否预定了某个市场调研？
是　　1　　谢谢并终止调研
否　　2　　继续调研

资料来源：Merrill Shugoll and Nancy Kolkebeck, "You Get What You Ask For", Quirk's Marketing Research Review (December 1999), pp.61-65. Reprinted by permission.

虽然没有规定参加人数，但焦点访谈一般包含 8 名参与者。如果小组成员超过 8 人，那么小组成员就没有充足的时间去表达他们的意愿。一个小组访谈很少会持续 2 个小时以上，1.5 小时的访谈更为常见。前 10 分钟用来介绍和解释整个程序；剩下的 80 分钟中，25%的时间由主持人占用。在 10 人的小组中，每个人的平均实际发言时间就只有 6 分钟。如果题目特别令人感兴趣或题目的专业性过强，焦点访谈小组可以少于 8 人。另外，群体的类型也会影响参加的人数。

3. 主持人

焦点小组访谈成功的关键在于合格的参与者和主持人。小组访谈主持人有两项必备技能：一是能正确进行焦点小组访谈；二是为了能和参与者高效互动，必须具备出色的业务技巧。成功地进行焦点小组访谈的要点如下：

1）对人们的行为、感情、生活方式、热情和观点真正感兴趣。
2）接受并感激人与人的差异，尤其是那些与你的生活差别较大的人。
3）具有良好的倾听技巧：能听明白小组成员说了什么，并且能识别出他们没说什么。
4）具有良好的观察技巧：捕捉正在发生和没有发生的行为上的细节，并能解释肢体语言。
5）兴趣广泛，能投入所要探讨的话题，并能迅速掌握必要的相关知识和语言。
6）具有良好的口头和书面沟通技巧：能在各种类型和规模的小组中准确地表达你的观点。
7）客观：访谈过程中不掺杂你的个人观点和情感，能以开放的态度接受他人的不同见解。
8）具有关于调研、营销和广告方面的扎实的基础知识，了解基本的原理、基础和应用。
9）灵活：善于面对不确定性，能够迅速做出决策，并且思维敏捷。
10）善于观察细节，具有较好的组织能力。

亲善是市场调研工作的媒介。一位主持人应对应答者进行鼓励。这些陌生人通过亲善的沟通才能共同进入一个主题。在一个没有任何威胁的活跃环境中，大家才能畅所欲言。在调研中，主持人是桥梁建造者，而亲善则是把人们的日常生活与调研委托人的商业兴趣联系在一起的桥梁。

在过去的几年中，由广告代理商、调研公司和具有大型市场调研部门的公司提供的正式主持人培训课程数量不断增加。很多项目是严格针对员工的，也有少数向大众开放。同时，定性研究顾问协会的存在提升了定性研究的专业化。协会的季度出版物——QRCA 观点以重点描述定性研究的代表性思想和工具为主。此外，该机构为提升定性研究每年举办年会。

4. 讨论指南

除了主持人所应具备的性格特点和应接受的培训以外，一次成功的焦点小组访谈还要求有一份精心编制的讨论指南。讨论指南是一份关于小组会中所要涉及的话题概要。通常，讨论指南是由主持人根据调研客体和委托商所需信息设计的。讨论指南保证按一定顺序逐一讨论所有突出的话题。例如，一份指南可能从讨论对外出吃饭的态度和感受开始，然后转向讨论快餐，最后以讨论某一连锁快餐集团的食品和装修风格结束。指南上所列的主题应使主管调研的人和其他的委托商人员（如品牌经理）都同意，而且应该都是最重要的和必须涉及的，这一点非常重要。所以，编制讨论指南通常采用团队协作法。

主持人所做的指南通常含有3个阶段。第一阶段建立友好关系，解释小组中的规则，并提出讨论的客体。第二阶段由主持人激发深入的讨论。第三阶段总结重要的结论，衡量信任和承诺的限度。

表4-3为决策分析调研公司实施的一次关于减肥面包的焦点访谈。小组成员被设计为已经了解较多减肥面包的知识，测试他们对广告的最初反应。同时，被测试者还品尝了该产品不同的几个口味。

表4-3　关于减肥面包的焦点访谈

1. 介绍
   - A. 录音
   - B. 不拘礼节、轻松、非正式
   - C. 不正确或错误答案
   - D. 诚实、告诉事实
   - E. 讨论原则（一次只问一个人、不要引导讨论、可以任何顺序谈话、听从他人）
2. 对面包的基本态度
   - A. 与两年前相比，食用面包多或少
   - B. 与其他食物相比，面包的优点
   - C. 与其他食物相比，面包的缺点
   - D. 描述面包味美的词语
   - E. 面包是最好的食物吗？为什么？
3. 使用或购买面包
   - A. 经常什么时候、在哪儿吃面包？
   - B. 所有家庭成员吃的面包有什么不同吗？为什么？
   - C. 最经常吃哪种面包？
   - D. 对各种类型的面包选择喜欢或不喜欢？
   - E. 最喜欢哪种面包？
4. 减肥中的面包消费
   - A. 减肥中的面包消费有什么不同？为什么？
   - B. 减肥中所吃的面包类型是什么？原因是什么？
   - C. 减肥中面包的作用是什么？
5. 对减肥面包的态度
   - A. 对面包品牌的了解程度？
   - B. 对减肥面包的体验如何？
   - C. 对每种品牌的满意度如何？为什么喜欢或不喜欢？品牌感知如何？
   - D. 最喜欢品牌的关键要素是什么？
6. 美妙的减肥面包
   - A. 产品特征（味道、质地、颜色、面包皮）
   - B. 营养成分
   - C. 包装偏好
7. 展示并讨论广告概念
   - A. 对每一概念的整体反应
   - B. 喜欢或不喜欢某一概念
   - C. 每一概念的主要概念
   - D. 信任度

续表

> 8. 对减肥面包广告的反应
>   A. 对每种面包的整体反应　　B. 味道
>   C. 质地口感　　　　　　　　D. 对面包片形状和厚度的感觉
>   E. 对面包形状和大小的反应　F. 对颜色的反应
>   G. 拿在手中的感觉

资料来源：Decision Analyst, Inc, www.decisionanalyst.com。

5. 访谈时间

许多管理者愿意实施短一些（大约 1 小时）的焦点访谈，然而焦点访谈的平均时间为 90 分钟。超过 2 小时的访谈我们称为长时间访谈。长时间访谈能帮助管理者在同一个访谈中获得更多的内容，同时使得应答者投入更多，也使得要双方交流更充分。

访谈时间并不是唯一的问题，我们还会遇到另一个关键问题：访谈指南中应该设计多少题目。目前焦点访谈调研中有一种趋势，即准备了过多的题目。这不利于访谈的深度和关键问题的解决。管理者为了使花出的钱达到最大效用，往往会问到每一个可能的问题使焦点访谈变成了群体审问。

为了使询问更直接和更具有逻辑性，管理者应仔细思考访谈时间和询问题目数量的关系（见表 4-4）。在较少时间内询问过多的题目使得访谈变成了问卷调研。主持人在 90 分钟内询问 40 个问题往往会草草完事，不能针对感兴趣的回答深入探究。如果用足够的时间问较少的问题，参与者会仔细思考问题的答案，主持人也会更深入地问询，访谈节奏也会更轻松、自然和富有人情味。

表 4-4　访谈时间和询问题目数量的关系

询问题目数量（个）	访谈时间		
	75 分钟	90 分钟	120 分钟
15	:30	:36	:48
20	:23	:27	:36
25	:18	:22	:29
30	:15	:18	:24
35	:13	:15	:21
40	:11	:14	:18

注：访谈应确保有 10 名参与者（如 30 秒=75 分钟÷15 道题÷10 个人）。

资料来源：Dennis Rook, "Out of Focus Groups," Marketing Research (Summer 2003), p.13。

6. 委托人的作用

委托人有时通过调研公司进行焦点小组访谈，有时自己主持焦点小组访谈。通常，委托人选择参与焦点小组访谈的市场人群并且决定访谈参与人员的具体特征。有时，委托人会为主持人提供一份已完成的访谈指南；有时，客户和主持人共同撰写访谈指南。

客户应检查访谈指南及访谈所涉及的产品和服务。例如，主持人将要主持的访谈是关于耳机的，但是客户却没有向主持人展示过耳机如何使用；如果你戴眼镜，那么眼镜框会干扰耳机，但是主持人却不知道这种情况。那么，当主持人向访谈成员演示耳机的使用时，参与者就会感觉听力上的不适。很显然，这就会给访谈参与者造成负面印象。

7. 焦点小组报告

通常，最后一个小组访谈结束之后要听取主持人的汇报总结，有时称作即时分析。对于这种传统，既有赞成者也有反对者。支持者的观点认为，即时分析提供了一个论坛，可以将观察小组的营销专业人员的知识与主持人的知识结合起来，及时听取主持人的最新感觉，并做出反应，而且当时非常活跃的思维和兴奋感会引发全新的观念和理解。

即时分析的人不足之处包括：主持人的偏见；没有对所发生的事情进行深思熟虑的思考就得出武断的结论；易受有选择的近因回忆和其他与限制性回忆相关因素的影响；无法听到在不那么受影响和紧张的情况下所做的描述。只要主持人明确保留在重新看过录像带后修正其观点的权利，那么听取主持人的汇报就应该是无可非议的。

如今，一份正式的焦点小组报告通常是 PowerPoint 格式，书面的报告也不过是 PowerPoint 幻灯片的复印件。

4.2.3 焦点小组访谈法的趋势

1. 视频传输

焦点小组访谈的一大流行趋势就是在线访谈。我们将在第 6 章探讨这个话题。即使焦点小组访谈是以传统的方式进行的，委托人在线观看会议也是日益明显的趋势。这样委托人就能不必花费时间和精力去访谈所在城市。25%的传统焦点小组访谈都采用了在线传输。

2. 建立焦点小组委员会

通常用于筛选焦点小组访谈成员的问题是"你在过去 6 个月是否参与过焦点小组访谈"。如果答案是肯定的，那就得换人了。原因是相比专业的参与者，委托人更偏爱没有经验的参与者。现在许多公司采用一种叫作焦点小组面板的技术，就是建立一个由 8~12 个合格的被调研人员组成的小组，小组成员同意参与一系列关于某个产品、服务或话题的访谈。一旦参与，小组成员就要在大约 6 个月的时间里每月接受一次访谈。

建立委员会的好处之一就是能对广泛的话题进行探讨，必要时也能对已经探讨过的话题进行再次讨论。例如，一家出售已包装的食品的公司打算推出一种新的沙拉酱。它的焦点小组访谈委员会第一次探讨的话题是沙拉酱的新主意；第二次是对这一话题的进一步细致化，探讨诸如包装图案、口味等问题。在后续访谈进行之前，根据产品定位和已生成的潜在名称，可以制作一个广告牌来刺激访谈参与者，这样就能节省委托人的时间和金钱。

3. 将营销专业人士作为被测试者

一旦一个产品或者服务概念确定下来，广告商、新产品开发经理和市场专员等专业人员就会将典型消费者融合起来。这些专业人员被称为"产销者"。英国航空公司希望击败美洲航空公司和英国维珍大西洋航空公司在跨大西洋航线占据商务旅行的统治地位，于是它在消费者中进行了定性调研，但是没有得到什么深入的见解。最后，公司决定重组小组，这样才能取得突破性进展。

调研小组成员采取了一个意外的举动——他们将常规商务旅行者，也就是他们的目标客户纳入了小组之中。其中包括产品开发和营销的专业人员，他们经常从纽约飞往伦敦。而这些人员恰恰是焦点小组访谈应该排除的被测试者。

在经过包括消费者和"产销者"的联合焦点小组访谈后，产销者小组加入了英国航空公司的领导小组的创意会议。这个会议吸收了在小组访谈中了解到的信息，同时也会考虑产销者对于调研小组追求的各种类型的、有创意的想法的理解。

联合利华的一位研发主管是这些产销者中的一员，她分享了她的秘密。旅行时，她喜欢能完全放倒的座位，但是当旁边是陌生人或业务伙伴时，她不喜欢放倒座位睡觉。并且她认为许多女性和她的情况相同。于是，一个创意诞生了。现在，几乎所有的国际商务舱区域都设计了摇篮式的能折叠的私人座位。

全球调研

规划全球焦点小组

一个明确阐述访谈指南的设计良好的调研样本有很好的一致性，但是它仍然允许主持人根据当地文化和个人风格来调整访谈。清楚地表述这些基本规则能够避免模糊性，也能减少发生误解的概率。以下是一些简单的建议：

1）将本土国作为调研起始地点（假定你们公司总部在美国）。这样当你在全球展开调研之前，所有的利益相关者将都有机会参与小组并就如何调研达成一致。

2）将在美国调研的录像带副本寄给国外的调研主持人。切记，你可能需要将录像带转换成适合各个国家的视频格式，并雇用一名译员和主持人一起观看视频。

3）举行美国主持人和其他主持人的电话会议，探讨调研过程并回答主持人观看视频后的问题。

4）如果预算允许，让美国主持人去每个国家旅行。美国主持人能够在当地管理访谈过程，给每位主持人持续的指导，以确保调研目标的实现。

国际性的调研中，许多主持人的主持风格更加被动。他们通常喜欢更加悠闲的、开放的环境，因此可能没办法像美国的调研那样问那么多的问题，要么就是不能问得那么深入。

针对主要国家的建议

以下是在一些主要的市场进行调研的实际情况。

日本

把一些大型的 B2B 组织列入调研计划是一项挑战，因为你每晚只能进行一个小组访谈。

而在美国，一个晚上可以进行两个小组访谈。专业人员通勤时间长，他们工作到很晚，不能早退，也没有午餐小团体，但是他们在周末很愿意参与小组访谈。所以，如果你要进行6次小组访谈，可以考虑周六和周日各3次。不过要预订场地，因为周末可能遇上调研场地的紧缺。

德国

德国的隐私法是世界上最严格的。从前，你能从电子邮件列表、出版物一览表或其他数据库中得到一些姓名，但这在德国恐怕行不通了，甚至使用你的公司的数据库的姓名也要受到非议。

法国

法国以罢工闻名，尤其是运输工人。调研前，要和成员招募者核对调研地区有没有罢工。如果法国正好有罢工，则要设计好备案并能接受时间上的延后。如果预料到交通罢工，则要让招募者和被测试者确认他们能否到达调研场地。另外，你还要确保你的宾馆和调研场地间的距离在行走距离范围之内。

英国

英国商务人员的教育水平层次不同。较早离开校园在英国并不奇怪，许多成功的商务人员接受的正规教育相对较少。如果学历很重要，则要确保把它列入筛选问题。但是，除非你真的觉得学历很重要，否则不要将它作为筛选问题。

斯堪的纳维亚

在欧洲进行调研时，许多公司会忽视斯堪的纳维亚。但是请记住，在欧洲，斯堪的纳维亚拥有最好的基础设施和教育水平最高、英语说得最流利的商务人士。

问题：
1. 焦点小组是否能在全球范围内用相同的方式进行操作？
2. 文化如何影响一个焦点小组？

4.2.4 焦点访谈法的优缺点

定性调研的优缺点同样适用于焦点小组访谈法。此外，焦点小组访谈法还有其他一些优点和缺点。

1. 焦点小组访谈法的优点

第一个优点是，参与者之间的互动作用可以激发新的思考和想法，这是一对一的面谈所达不到的。而且，群体的压力可以使激进者把自己的想法控制得更现实一些。对委托商而言，参与者之间积极的互动作用还意味着，通过观察焦点小组来获得第一手的消费者信息比通过一对一的面谈更为快捷和有趣。

第二个优点是，可以通过单向镜、视频或联机观察顾客。事实上，日益普及的焦点小组访谈法使越来越多的员工可以直接接触到顾客的想法和观点。"我们发现要使员工真正了解顾客所需的唯一办法是让他们亲眼见到顾客，但是能直接接触到顾客的员工是很少的，"惠普公司市场调研部经理邦尼·吉斯说，"现在，我们正在使专注于生产和设计过程的人也来参与和观察焦点小组访谈。"

第三个优点是，焦点小组访谈法通常比其他方法容易执行。而且，通过焦点小组访谈法所得的发现更容易理解，并能获得最迫切需要的信息和令人兴奋的信息。"我可以给客户看世界上所有的图表，但这却无法同让他们看到 8 名或 10 名顾客围坐在桌子前说这个公司的服务不好所产生的震撼力相比。"凯彻姆广告公司（Ketchum Advertising）的营销调研部主管琼·安妮·马特如是说。

2. 焦点小组访谈法的缺点

遗憾的是，焦点小组访谈法的一些优势可能会变成它的缺点。例如，对所得发现的表面性的理解或貌似很理解，就会产生误导而不是指导。琼·安妮·马特说："即使你只截取了很少的信息，焦点小组访谈法还是会使你认为自己已经掌握了全部情况。"她还说，"焦点小组访谈法很能满足人们寻求快速和简单答案的心理。我还看到人们越来越不愿意面对复杂的现象，也不愿意为定量调研所带来的复杂数据劳心费神了。"

其他一些缺点在于焦点小组本身。例如，如果参与者与目标市场人群不一样，那么与其说是征集了一个焦点小组，倒不如说是征集了一个大麻烦。又如，白领中产阶级参与焦点小组的数量与他们在市场上的地位似乎并不相称。此外，一些焦点小组测试室给人一种僵硬冷漠的感觉，人们在其中难以进行开诚布公的交谈；使用宽大的桌子和简单乏味或暗淡的装修，造成一种办公室化或者过于正式的环境，这可能使得受访者感觉紧张，难以表达他们的真实想法。

焦点小组访谈法最大的潜在不足在于群体会谈本身。主持人是整个互动过程的一部分，他必须注意不要带有偏见。主持人的个人风格可能是产生偏差的原因。比如，一种进攻性逼迫式的风格通常使得受访者为了免受攻击而说一些他们认为主持人想要他们说的话。如果主持人"玩深沉"，又会让人觉得主持人是一个骗子，也会使受访者却步。

受访者本身也可能是个问题。有些人内向，不喜欢当众发言。有的人却似乎想独占整个讨论。这些人自认为什么都知道，总是第一个回答问题，而且不给别人说话的机会。一个专横的组员可能会影响其他成员。如果主持人对他的态度生硬，会给其他人一种错觉——你最好小心点，要不然我也会这么对你。一名优秀的主持人既能够压制住专横的组员，同时又不伤害其他成员。主持人可以使用一些简单的技巧来掌控局面，如不与专横的组员对视、向大家强调"我们想让每一个人都有机会发言"，或者说"让我们听听其他人的意见"。当其他人在发言而专横者不断插话时，主持人应该注视这位发言者，说："对不起，我听不见你说什么了。"

4.3 其他定性调研方法

本章的大部分篇幅都用于阐述焦点小组访谈法，因为它在市场调研中实在太普遍了。然而，人们也在使用其他一些定性调研技术，尽管使用得很有限。

4.3.1 个人深度访谈法

个人深度访谈（Individual Depth Interview，IDI）这个词原意是相对无限制的一对一的会谈。这种访谈中，面谈者在刺探和诱导详细的回答方面经过严格训练。有时，调研公司会用心理学家来当深度访谈的面谈者，他们将使用临床的不定向技术来揭示隐藏的动机。

个人深度访谈的走向依据受访者的回答而定。随着会谈的逐渐展开，面谈者彻底地探究每一个问题，并根据回答来决定下一个问题。例如，一次深度访谈可能从讨论小食品开始。每一次回答后，都要追问"你还能再说些什么吗"、"你能详细说一下吗"、"还有吗"，然后会谈转向对不同食品成分（如谷物、麦类、马铃薯）的看法。接下来的一步就是讨论小食品的社交性，问一些诸如"你是一个人吃弗瑞托雷公司的食品还是同许多人一起吃""你会在聚会上准备小麦薄饼公司（Wheat Thin）的食品吗""你在什么时候用乐之脆饼招待客人"这样的问题。

相对于焦点小组访谈法来说，个人深度访谈法具有以下优点：

1）消除了群体压力，因而每个受访者会提供更诚实的信息，而不必只说最容易被群体接受的话。

2）一对一的交流使得受访者感到自己是被关注的焦点，以及个人的感受与想法是重要的、是别人真正期望了解的。

3）在人与人的交流中，受访者的意识被激活了，因为他与面谈者达成了一种融洽的关系，而且周围也没有其他人。

4）在单个受访者身上花的时间比较多，这可以鼓励他们吐露新的信息。

5）可以深入地探查受访者，揭示隐藏在表面陈述下的感受和动机。

6）因为不需保持群体秩序，所以比较容易临时发挥。个人会谈更容易激发出偶然的思路和发散的思维，经常能对主要问题给予重要的洞察。

7）一对一的近距离接触使面谈者对非语言的反馈更加敏感。

8）能够得到应答者的观点同时不影响他人。

9）深度访谈法能够在任何地点实施，比焦点访谈法要求的设施简单多了。

10）在一些特殊情况下，深度访谈法可能是唯一可行的办法，如要求相互竞争的对手同处一室时。例如，很难组织相互竞争的百货公司或餐馆的经理对有关话题（如坏账保护系统）进行焦点小组调研，而通过深度访谈则可以获得相关信息。

11）当调研目标是了解个体决策过程或个体对营销刺激的反应时，个人深度访谈是通常的选择。个人访谈可以使得个体避免环境干扰，更有利于对个人反应的细致探索。当调研人员想要了解根据个人经历的背景下的反应时，个人访谈非常有用。

12）如果话题非常敏感（如重大疾病），个人访谈是很好的方法。对于私人话题和个人细节话题，个人访谈也很有用。

与焦点小组访谈法相比，深度访谈法的缺点在于：

1）深度访谈法通常比焦点小组访谈法成本高，尤其是当受访人数很多时。

2）深度访谈法通常达不到像焦点小组访谈法那样的委托商参与水平。如果你的主要目的是让委托商观察调研过程，从而让他们获得第一手信息，那么你很难说服大多数委托商的员工为了听深度访谈而连续坐上几小时。

3）对主持人来说，深度访谈是很消耗体力的，所以一天内会谈的人数有限。大多数主持人一天会谈的人数不超过 4～5 人，而如果进行小组会谈，他们一天能完成对 20 人的访谈。

4）焦点小组访谈法可以用来探索关于达成共识或相左见解的不同观点。焦点小组访谈是针对某一个点展开讨论或提供解决方法的。

5）焦点小组访谈法使主持人可以利用群体动力的杠杆作用来刺激组员的反应，这在一对一的会谈中是无法实现的。

优秀的面谈者，不管是不是心理学家，都是很难找到的，而且费用很高。另一个影响深度访谈成败的因素是恰当的解说。会谈所具有的无限制的特点和"临床性"分析的特点，更增加了分析的复杂性。小样本和无限制的会谈难以进行相互比较，解说又受到主持人的偏好的影响，加上高昂的费用，这些都影响了个人深度访谈法的普及。个人深度访谈的应用主要体现在以下几个方面：

- 沟通查核（如印刷、广播、电视广告或其他书面材料）。
- 感官估计（如对不同除臭剂或洗手液的反应，对某种新气味的嗅觉测试或对某种糖霜的味觉测试）。
- 试验调研（定义某种产品服务或新概念）。
- 新产品开发。
- 包装或使用研究（如客户想得到消费者的亲身体验或客户对产品文字说明的看法）。

另一种不同的个人深度访谈方式被称作消费者关注研究（Customer Care Research, CCR）。使用这种方法能够了解顾客的动态购买过程。以下为 CCR 的 7 个基础问题：

1）是什么最先引导你进行这一购买决策的？
2）你为什么进行这次购买？
3）这一过程的最困难部分是什么？你最坚持哪一部分？
4）你觉得何时价格是可以接受的？为什么？
5）在这次购买背后，有哪些人对你讲过该产品？
6）如果你曾购买过该产品，你认为其他人对你介绍的产品情况与你的实际体验有什么不同？
7）你在哪些方面对企业产生了信任？

1. 焦点小组访谈法和个人深度访谈法的费用

在一个标准的 8 人、90 分钟的焦点小组访谈中，9 个人共处一室（8 名参与者和 1 名主持人）。因此，平均每人有 10 分钟的讲话时间。

这种焦点小组访谈的花费是 10 000 美元。这笔费用涵盖了一切费用，包括人员招募者、主持人、参与者、食品、场地、撰写报告及雇用观察者的费用。每人每分钟的酬劳是 125 美元。

然而，一个典型的深度访谈持续 30 分钟，费用是 600～800 美元（包括招募、访谈、参与者和报告费用），每人每分钟的酬劳是 20~27 美元。通常，在 30 分钟内，被访谈者的讲话时间可达 20~25 分钟。

因此，当考虑到每分钟在每个人身上的花费时，个人深度访谈的性价比更高。当然，不论是焦点小组访谈还是个人深度访谈，决定调研真正价值的是访谈的质量。

2. 诠释法

一些个人深度访谈法调研人员常使用一种称作诠释法的方法达到目标。诠释法重点在于把解释作为理解消费者的基础。解释来自调研人员与消费者之间的"会谈（Conversation）"。在诠释法中，调研人员回答参与者的问题；而在传统调研中，只会出现调研人员询问参与者的情况。诠释法中，没有预先准备好的问题，问题只是在会谈开始后自发产生。

例如，调研人员和消费者探讨个人购买家庭影院音响的问题时会谈到购买原因，如开家庭聚会、享受家中奢华或沉浸到体育赛事中等。调研人员会解释开家庭聚会是购买家庭影院的原因，然后让消费者补充额外的信息。随着谈话的深入，调研人员和消费者会共同决定购买的原因。消费者可能会提及一些与产品本身无关的理由，如作为一个娱乐者感到自信、更好交际、更有能力、更富有、更轻松或更有活力。通过探讨家庭影院更多的用途，调研人员会揭示出更多的信息。

3. 德尔菲法

当公司想开发一款包含新创意的产品和服务时就会用到德尔菲法。德尔菲法起源于希腊神话。德尔菲是当时的信息中心城市，也是能预言未来的女神——皮提亚的故乡。皮提亚的预言极大地帮助了那些相信她的来访者们。

德尔菲法的参与者通常是某一领域的专家，他们可能是产品开发调研人员、营销经理、专业人士（结构工程师等）、杂志编辑、高管、神父等。当然，使用什么样的专家取决于所要解决的问题。如果是想找出更高效地使用堆积在仓库的材料的方法，也许仓库的工人就是最好的专家。

运用德尔菲法要收集大量的信息。在古典德尔菲法中，第一轮通常是非结构化的，以便专家们能针对主题畅所欲言。之后，他们的观点被整理成一份结构化问卷。接着，再以问卷的形式得出专家小组的观点和评价。

匿名、循环、反馈、整合小组成员的回复是德尔菲法的关键。德尔菲法的目的是通过动机问卷及意见反馈得出一致性的观点。

德尔菲法采用匿名的目的是避免小组成员的相互影响，否则就会出现诸如群体冲突、个人主导等问题。德尔菲法以非结构的、间接的方式完成小组决策。也就是说，小组成员彼此不见面，而是基于对个人观点的统计聚合来完成决策。

来源于第一轮调研的反馈要在第二轮调研开始前呈现给专家们。反馈的形式随调研主题而变化，可以是简单的意见汇总。如果预测即将上市的新产品的销售状况，那么得到的反馈可能就是数量估计或中值。有时，德尔菲法形成的是方案。例如，针对我们如何设计一款更好的客户关系管理软件以帮助我们从市场领袖那里赢得市场份额这一问题，方案可以回答两个方面的问题：一是如何一步一步地达到预期目标；二是对于每个行动者，为了促成目标的实现或防止偏离原方案，探讨在每一个步骤上是否存在其他选择。

反复的、受控制的反馈及对专家观点的整合是为了尽可能多地得到关于主题的高质量的观点，以推进决策。通过反复地从专家小组那里得到的反馈，专家们能够根据其他专家的评论调整自己原有的观点。

4.3.2 投射法

有时，调研公司会在个人深度访谈中结合使用投射法（Projective Technique）。投射法来源于临床心理学。简言之，投射测试的目的是探究隐藏在表面反应下的真实心理，以获知真实的情感、意图和动机。投射测试的基本原理来自对人们经常难以或者不能说出自己内心深处的感觉的认识，或者说他们受心理防御机制的影响而感觉不到那些情感。

投射测试是穿透人的心理防御机制，使真正的情感和态度浮现出来的技术。一般来说，对受试者给出一种无限制的并且模糊的情景，要求他们做出反应。由于这种情景说得很模糊，也没有什么真实的意义，受试者必须根据自己的偏好做出回答。理论上，受试者会将他的情感"投射"在无规定的刺激上。因为受试者并不是在直接谈论自己，所以就绕过了防御机制。受试者谈论的是其他的事情或其他的人，然而却透露了自己的内在情感。

为什么投射如此重要？因为消费者（医生、投票者、经理和其他任何我们研究的个体）可能会告诉我们影响他们的每一件事情。采用投射法时有3个难点：

1）参与者对于一个特定的刺激可能意识不到、觉察不到。

2）参与者可能意识到了刺激，但是认为它涉及个人隐私或会受到社会非议（如声誉、形象或种族偏见）。

3）参与者可能意识到他们以一种特别的方式感知到一个产品，但是可能不愿意提及，因为在他们看来，他们的购买决策不符合逻辑，是不理性的。例如，医生们可能会坚信他们开的药和药品名字的发音或者制造商的标志与是否吸引人无关，仅仅与调查结果、临床经验和病人的配合程度有关。

大多数的投射测试都很容易操作，它的问题像其他无规定答案的问题一样被列成表格，通常与非投射的无规定答案的问题和非投射的有规定答案的问题连用。投射测试收集的资料比一般提问方法所收集的资料更丰富，而且可能更有揭示性。投射法经常与印象调查问卷和观念测试法结合使用，偶尔还与广告效果预先测试法混用。一次深度访谈中也经常运用多种投射技术。

市场调研中最常用的投射测试方法有词语联想法、句子和故事完型法、漫画测试法、照片归类法、消费者绘图法、叙述故事法和第三人称法。其他方法（如心理戏剧测试法和主题统觉测试法）常用于治疗心理失调者，对市场调研的帮助不大。

1. 词语联想法

词语联想法（Word Association Test）对市场调研人员来说是非常实用和有效的投射法。这一方法要求面谈者读一个词给受访者，然后请他说出脑海中出现的第一种事物。通常，消费者反映出的是一个同义词或反义词。一般是快速地念出一连串词语，不让心理防御机制有时间发挥作用。如果受访者不能在 3 秒钟内做出回答，那么可以断定他已经受到了情感因素的干扰。

词语联想法常用于选择品牌名称、广告主题和标语时。例如，一家化妆品生产商为了替一种新香水命名，可能会测试消费者对以下候选名称的反应：无限、激情、珍宝 遭遇、渴望、欲望。其中的一个词语或消费者建议的一个同义词可能会被选为新的品牌名。

2. 类比法

与词语联想法不同，类比法是对两个项目就其相似点进行对比。例如，一位调查消费者对于福特汽车的看法的调研人员可能会问："我会给你读一个商店的列表，把你想到的第一个商店的名字告诉我。这些商店有马库斯、沃尔玛、梅西百货、彭尼公司、凯马特、诺德斯特姆公司、塔吉特、贵族与小姐。"接着，调研人员可能会问："你对那个和福特汽车非常相似的×商店怎么看？福特汽车的品质和它相比如何？""调研人员会通过一系列问题引导被调研人员说出他对福特汽车的观点。

使用类比法，并不是为了了解人们会把哪家商店和福特汽车联系起来，而是引导消费者表达出用其他方式不可能表达出的关于福特汽车的看法。不同的人对商店的看法也是不同的，有人会选商店 A，有人会选择商店 B。调研人员关注的焦点不是消费者选择的是哪家商店，而是消费者做出选择的原因。两个人可能会选择两家不同的商店，但是如果这两个人对于他们所选择的不同的商店或者对福特汽车的看法相似，那么就没有太大意义。

3. 拟人法

与类比法相类似的还有一种方法，叫作拟人法。拟人法就是将产品和人进行对比。我们继续使用在类比法中提到的例子。调研人员可能会说："如果把福特汽车想象成一个人，那么这个人会是谁呢？请描述这个人？这个人的性格是怎样的？你是如何把这个人和福特汽车联系起来的？"

在调研过程中，调研人员应该鼓励被测试者探讨诸如个人价值观、信仰、目标、生活方式、外表、年龄、职业、社会经济地位、爱好和兴趣等话题。这些对于测试被测试者对品牌的态度的意义远大于一系列标准化问题所得到的结果。

4. 句子和故事完型法

句子和故事完型法（Sentence and Story Completion Test）可以与词语联想法结合使用。这种方法是指受访者拿到一段不完整的故事或一组残缺的句子，然后要求他们将其补完整。一些例子如下：

1）百思买（Best Buy）是……
2）在百思买商场购物的人是……
3）百思买商场应该是……
4）我不明白为什么百思买商场不……

下面是一个故事完成测试的例子。

萨利·琼斯刚从旧金山搬到芝加哥。她在旧金山是 IBM 的销售员，现在她是芝加哥地区的销售经理。邻居罗达·史密斯第一次到萨利家来拜访她，随即她们谈到该到哪儿购物。萨利说："我曾听人说过马歇尔商场……"罗达会如何回答呢？

正如你所看到的，句子和故事完型法给受访者提供了一个较有限制和较详细的剧情，目的同样是让受访者将自己投射到剧情中假设的人物身上。句子和故事完型法被一些调研人员认为所有投射技术中最有用和最可靠的一种。

5. 漫画测试法

漫画测试法（Cartoon Test）通过使用与连环漫画册相似的漫画图像和连环画，创造出高度的投射机制。典型的漫画测试包含两个人物——一个人的话框中写有对话，另一个人的则是空白的。漫画测试要求受试者完成空白的话框，如图4-3所示。图像是模糊的而且没有任何解释。这么做是为了使受试者不得到任何暗示某种规定答案的"线索"。模棱两可是为了使受试者更随意地表现自己。

漫画测试法有多种用途：可以用来了解对两种类型的商业机构的态度，了解这些商业机构与特定产品之间是否协调；可以测试对于某种产品和品牌的态度的强度。

嘿！约翰，我刚攒够了钱购买那辆梦寐以求的新车，我正在考虑买辆切诺基吉普。

图4-3　漫画测试法

6. 照片归类法

照片归类法（Photo Sort），即消费者通过一组特殊安排的照片来表述他们对品牌的感受的一种投射测试方法。这组照片展示的是不同类型的人群——从高级白领到大学生。照片归类法要求受试者将照片与他所认为的这个人应该使用的品牌连在一起。

环球BBDO公司（BBDO Worldwide）是美国最大的广告代理商，它开发出一种已注册成商标的技术——照片归类法。对通用电气公司的照片归类调查发现，消费者认为受这个品牌吸引的是保守而年长的商界人士。为了改变这一形象，通用电气公司进行了一次"为生活增添光彩"的宣传促销活动。对维萨卡（Visa）所做的照片归类调查发现，在消费者心目中，维萨卡的形象是健康、女性、中庸。于是，公司开展了名为"随心所想"的针对高收入的男性市场的宣传促销活动。

另一种照片归类法——理想图形化技术（Pictured Aspirations Technique，PAT）是由格雷广告公司（Grey Advertising）开发的。该公司也是纽约州的一家大型广告代理商。这种技术旨在发现一种产品符合消费者期望的程度。消费者根据照片所描述的自己的期望程度，将一组照片进行分类。在为一种女士内衣所做的调研中，运用这种技术发现产品与潜在消费者的期望不相符。受访者选择了一系列看起来精神饱满、苗条和充满青春活力的图片来表述"她们也想和我一样"，但公司用来表述对产品的印象的图片却显得有些守旧、粗壮，看起来也不太有朝气和活力。公司随之开展了名为"每一个女孩的好消息"的宣传活动，以简·拉赛尔为品牌代言人，宣传更为迷人和时髦的品牌概念——"18小时立现完美曲线"。

7．消费者绘图法

消费者绘图法（Consumer Drawing）是指调研人员要求消费者画出他们的感受或者他们对一个事物的感知的投射测试方法。有时，消费者画的图形可以揭示消费动机，表达消费者对事物的理解程度。例如，麦卡恩·埃利克森广告代理公司（McCann-Erickson）想弄清为什么在某些市场上突击牌蟑螂喷雾剂要比格斗牌灭虫碟好销这个问题。在访谈中，大多数使用者都同意格斗牌灭虫碟比较好，因为它对人体无害。于是，调研人员让大量使用蟑螂喷雾剂的人——低收入的南方妇女，画出她们逮蟑螂的过程（见图4-4），目的是探究她们内心深处对这种肮脏家务的感受。

所有参加面谈的100名妇女都将蟑螂描绘成男性的形象。麦卡恩·埃利克森的执行副总裁波拉·德门说："她们对蟑螂的许多感受与她们对自己生活中的男性的感受非常相似。"这些妇女有很多没有正式结婚。她们说蟑螂就像她们生活中的男人一样，"只有他想吃的时候才回来"。对这些沮丧而又无助的人来说，喷射蟑螂然后看着它们死去也算是一种安慰。摆设格斗牌灭虫碟本可以更省事一些，但这无法给她们以同样的感受。"这些妇女渴望控制权，"德门说，"她们使用喷雾剂是因为它使她们能参与杀戮。"

8．叙述故事法

叙述故事法（Storytelling）就是让消费者讲述他们自己的经历，以便调研人员从中洞察一些微妙的消费行为的投射测试方法。

哈佛商学院的教授杰拉尔德·扎尔特门为此创建了一个暗喻测试室。暗喻是用一种事物来描述另一种事物。人们用暗喻来表达心照不宣的、暗含的和不可言语的想法。扎尔特门先让消费者花几周时间考虑如何形象地表述他们对某一公司的感受，要求他们从杂志上剪下任何能反映这种感受的图片。然后，他将消费者聚集到他的测试室中，用几个小时的时间，以故事的形式讲述他们所选择的企业图片，以及图片间的相互关系。

第 4 章 定性调研　81

"一天晚上，我实在不能忍受这些臭虫在黑暗中窸窸窣窣地没完。我非得做点儿什么不可。我想，如果我一开灯，这些蟑螂一下子就会像吸血鬼见到太阳一样皱缩成一团死了，那该有多解恨！于是我就拉开了灯，但它们一下子都跑了。但我拿着喷雾剂呢，所以它们也没都跑了。我逮住了不少。第二天夜幕降临时，一切又重演。"

"就像一个吃白食的男人，只要有吃的它就不走。"

"我踮着脚悄悄溜进厨房，也许它不在附近。我伸手去开灯，希望灯亮时屋里没人。没准儿它就坐在桌子旁。你认为这不可能吗？对它来说没有不可能的！也许还不止它一个呢。我想也许灯一亮它就跑了，可是看不到它就更糟了。不，还是在它占了上风又'找到帮手'前，对付它比较好。"

图 4-4　消费者绘图法

注：麦卡恩·埃利克森广告代理公司让蟑螂喷雾剂的使用者画出她们捕杀蟑螂的过程。从图中看出，蟑螂喷雾剂比灭虫碟卖得好，是因为使用者需要满足自己的控制欲，而喷雾剂使她们能够扮演更主动的角色。

资料来源：纽约 McCann-Erickson 公司。

以下是一次关于连裤袜的暗喻调查。为连裤袜生产商提供原料的杜邦公司的营销部经理格伦德·格林说："焦点小组访谈中的女士们总是说她们讨厌连裤袜，只是不得不穿。我们认为还没有完全、真正地了解她们的感受，但是我们又想不出好的办法。"杜邦公司求助于暗喻测试室。有人带来了溢出的冰激凌圣代的图片，这反映出她看到连裤袜上脱线的裂口时的盛怒情形。有人带来了一张一位美丽的女子和几篮水果的图片，还有人带来了伊丽莎白女王的图片。"随着我们不断地深入探究这些图片后的动机，她们逐渐承认连裤袜使她们感到自己变得年轻、漂亮、富有吸引力，"格林说，"这在焦点小组访谈中是没人会承认的。"于是，若干家连裤袜的生产商根据这一信息调整了自己的广告和产品包装。

9. 第三人称法

除了词语联想法以外的最容易的投射方法也许要算第三人称法（Third-person Technique）。这种方法不是直接问一个人的感受，而是用"你的邻居"、"大多数人"或其他的第三人称来表述问题。采用这种方法时，不是直接问一个人为什么她做的早餐的营养总不均衡，而是问"为什么许多人给家人准备的早餐营养总不均衡"。第三人称法很好地避免了由于直接回答可能使受试者感到的尴尬，甚至激怒受试者。

小结

定性调研指的是调研的结果不经量化或数量分析。它通常用于分析态度、感觉和动机。定性调研特别是焦点小组访谈法还在继续普及，原因有以下几个：第一，定性调研通常比定量调研费用低；第二，定性调研在了解消费者内心深处的动机和感觉方面尤为突出；第三，定性调研可以提高定量调研的效率。

定性调研也并非没有缺点。首先，定性调研有时不能像大范围的定量调研那样区分在观点和态度方面的细微区别；其次，定性调研中的受访者并不一定就是调研人员感兴趣的人群；最后，许多从事定性调研的人没有受过专业训练。

焦点小组访谈通常包括8~12人，由一名主持人引导，就某一特定的主题或观念进行深入讨论。焦点小组访谈法的目的在于，了解人们想要说的话，以及为什么要这么说。其关键在于让参与者就主题进行充分而且详细的讨论。群体动力所引发的互动作用是使焦点小组访谈成功的关键。一个人的回答会激发其他人的思路，从而获得比同样数量的人做单独陈述更多的信息。

大多数焦点小组访谈是在特定的测试室中进行的，通常是一间会议室风格的房间，一面墙上装有单向镜，在不引人注目的地方装有话筒以记录整个讨论，单向镜后是观察室。受访者会得到报酬。主持人对焦点小组访谈法的成败有重要影响，这有赖于一个设计良好的访谈指南。

定性调研方法还有许多，只是使用得不太频繁。一种方法是深度访谈法。深度访谈实际上是无限制的一对一会谈。面谈者在刺探和诱导详细回答的技巧方面受过严格训练，经常使用临床的无定向技术来揭示隐藏的动机。其他的定性调研方式包括解释法和德尔菲法。投射法是另一种定性调研方法。投射法的目的是透过表面的回答来分析真实的感受、含义和动机。比较常见的投射方法有词语联想法、句子和故事完型法、漫画测试法、照片归类法、消费者绘图法、叙述故事法和第三人称法。

关键术语及其定义

定性调研（Qualitative Research） 调研资料不经过量化或数量分析。

定量调研（Quantitative Research） 使用数学分析的调研方法。

焦点小组访谈法（Focus Group） 一组8~12名参与者，由主持人引导就某一特定的主题或观念进行深入讨论。

群体动力（Group Dynamics） 在一个群体中，群体成员之间的相互作用力。

焦点小组测试室（Focus Group Facility） 由会议室风格或起居室风格的房间和单独的观察室组成，并具备自动录像设备的测试场所。

焦点小组主持人（Focus Group Moderator） 受调研委托商雇用组织焦点小组访谈的人。这个人需要具备心理学或社会学的知识，或者至少有营销学的知识。

在线焦点小组访谈（Online Focus Group） 通过因特网进行的焦点小组访谈。

讨论指南（Discussion Guide） 关于焦点小组访谈的讨论主题的书面清单。

及时分析（Instant Analysis） 主持人汇报总结，主持人和委托商用头脑风暴法进行讨论。

个人深度访谈法（Individual Depth Interviews） 一对一的会谈，目的在于刺探和诱导详细的回答，通常使用不定向技术来揭示隐藏的动机。

解释性研究（Hermeneutic Research） 集中进行对话解释的研究。

德尔菲法（Delphi Method）：反复大量征询专家小组成员的预测意见，使专家小组的预测意见趋于集中，最后做出符合市场未来发展趋势的预测结论。

投射法（Projective Test） 通过使受访者将情感"投射"到无限制的情境中来了解其内心深处的情感的方法。

词语联想法（Word Association Tests） 一种由面谈者提出一个词语，受访者立刻说出头脑中出现的第一种事物的测试方法。

类比法（analogy） 对比两个相似的事物的测试方法。

拟人法（personification） 将事物和人物进行对比的测试方法。

句子和故事完型法（Sentence and Story Completion Tests） 由受访者用自己的语言将残缺句子或故事补充完整的测试方法。

漫画测试法（Cartoon Test） 要求受访者完成漫画中一个人物的对话的测试方法。

照片归类法（Photo Sort） 受访者将不同类型的人的照片按照他所认为的这类人应使用的产品或服务进行分类。

消费者绘图法（Consumer Drawings） 受访者用图画的形式描述他们的感受或对某事物的感觉。

叙述故事法（Storytelling） 受访者通过讲故事来描述自己的体验。

第三人称法（Third-person Technique） 让受访者从第三人称（"你的邻居"、"大多数人"）的角度回答问题，从而了解受访者的感受的方法。

复习思考题

1. 定性调研与定量调研的主要区别是什么？
2. 焦点小组访谈法的缺点是什么？
3. 设计一次关于从因特网下载音乐的故事完型测试。
4. 为了更好地利用焦点小组访谈法，调研委托商的员工应做什么？
5. 投射法的目的是什么？组织投射测试时应着重注意什么？
6. 把班里同学分为4人和8人的小组。4人组从下列讨论主题中任选其一（或由指导者提供主题），并做一个讨论指南。4人中选1人做主持人。8人小组派1人参与焦点小组访谈，访谈最短20分钟，班里其他同学在旁观看。讨论主题如下：
   （1）新的电子游戏
   （2）购买油电混合动力车
   （3）学生会中学生的体会
   （4）冷冻快餐和受学生欢迎的新产品的质量

（5）学生怎样进行娱乐消费，他们还期待哪些娱乐机会
7. 组织跨国焦点小组访谈时应注意什么？
8. 消费者绘图法要求受试者画出消费特定产品的人的形象。请画出典型的喝百事可乐的人和典型的喝可口可乐的人，并说明所画的图形反映了受试者对喝百事可乐和喝可口可乐的人的什么印象。
9. 使用叙述故事法讲述一个在超级市场中发生的故事。

网络在线

访问 www.researchconnections.com。在"演示"里，看一看虚拟焦点小组访谈场地的信息。在班内报告你的发现。

市场调研实践

迈达斯公司的正确决策

迈达斯公司是世界著名的汽车服务商之一。它在16个国家内拥有几乎2 400家经公司授权许可的加盟店，提供刹车、维修、轮胎、排气装置和悬架维修服务。它在美国和加拿大的店面就超过1 600家。嘉里·罗森菲尔德是迈达斯公司的市场调研总监，他是迈达斯第一个承认当来到迈达斯的维修店时，一些顾客有类似的不舒服感觉的人。"我们公司的服务并不以温暖周到而出名，"罗森菲尔德说。

罗森菲尔德进行了两次大规模的定性研究，以向加盟店展示汽车服务领域是多么糟糕。更重要的是，他揭示了如果店铺经理能够遵守一些基本的服务和行为守则，事情将会好得多。这些守则被称为迈达斯方式，不过还没有成为广泛的零售运营的基本组成部分。在首次探讨开展一个项目来调查和记录汽车维修行业的顾客服务状况时，罗森菲尔德意识到如果能用消费者的话，而不是迈达斯的主管的话来表述迈达斯将改善服务，就能使他们的计划深入人心。"我意识到让加盟商积极合作的方式是，让其他人来说维修服务人员应该做什么。如果让真实的、活生生的顾客参与进来不是更好吗？"

完成这个项目的最好的方式就是让顾客在家用摄像机记录他们的看法。在第一个项目中，罗森菲尔德亲自招募了所有的被测试者。他购买了150个摄像机，之后附带着说明书寄给被测试者。

调研的目的是了解消费者眼中的理想的汽车维修服务，而不仅仅是关于迈达斯的服务，因此被测试者要完成一系列的任务。第一个任务是被测试者要看一些照片的得分，那些照片是许多可能发生在汽车服务过程中的事情；被测试者还要给出自己的想法——是否有过相似经历，对这些事情怎么看等。

接着，被测试者要选定店铺接受一些汽车服务——换油、换上新刹车等。他们还要解释选择这些店铺的原因、之前是否去过那里，期望发生什么、期望受到怎样的对待。接受了服务后，被测试者要总结一下服务好的方面和差的方面，以及还能改善的地方。

然后，罗森菲尔德将那些视频进行编辑，选出最重要、最有影响力的答复，通过迈达斯的门户网站、邮寄 DVD 将视频纷发给加盟商们，并通过多种路演活动做进一步探索，同时向公司人员解释调研结果。

加盟商的反应如何呢？"我们发现这是我们做过的最好的、最有效的调研项目。"

接下来的步骤是告诉大家："我们听见了你的声音，这就是我们的行动。我们做得对吗？我们做的事情正确吗？"罗森菲尔德接着将原始调研改动为新的调研方案。调研的第二阶段由从事在线视频定性调研的 QuanVu 公司完成，该公司招募了被测试者并分发了摄像机。被测试者有的是迈达斯的顾客，有的不是。被测试者被要求在迈达斯接受汽车服务并给予反馈。

迈达斯了解到自己已经正确地改善了服务。"消费者已经注意到了店铺运作上的巨大变化。迈达斯服务的 3 大要素是问候、解说和致谢。如果你是一位店铺经理，当看到顾客走进来时，你要做 3 件事：问候他；向他解释你们正在做的事情；向他致谢。"罗森菲尔德说。"这听起来简单得离奇，但在这个行业却是全新的。我们的客户满意度上升了，顾客回头率提高了。"

问题：
1．迈达斯使用了本章提到的哪些定性调研方法？
2．是否能用其他的定性调研方法收集到这些信息？如果能，用什么方法呢？
3．调研是如何获得加盟商的认同的？
4．迈达斯是否应该进一步开展定量调研？如果是，怎么开展呢？

第 5 章

传统问卷调查

学习目标

- 了解问卷调查流行的原因。
- 了解问卷调查中可能出现的误差。
- 了解问卷调查的类型。
- 深入了解影响问卷调查方法选择的关键因素。

问卷调查就是用问卷了解事实、态度和观点的活动。它是收集一手数据的最普遍的方法。问卷调查都有哪些类型？正如之前所述，不是每个人都愿意参加调研，这会造成什么错误？问卷调查中还会出现什么样的错误？网上问卷调查为何如此流行？网上问卷调查的缺点是什么？这些就是我们本章所要探讨的内容。

5.1 问卷调查的盛行

1.26亿名美国人曾经参与过问卷调查。美国每年大约有7 000万人参与问卷调查，相当于每个人每年要接受超过15分钟的问卷调查。营销调研中，问卷调查是使用率最高的收集一手资料的方法。这是因为：

1) 问卷调查能够了解原因的必要性。在营销调研中，了解人们做出或不做出某种行为的原因非常必要。例如，消费者选择某一品牌的原因是什么？他们喜欢它的原因是什么？他们对这个品牌还有哪些不满意的地方？影响他们做出决策的有哪些因素？我们的意思不是说调查能够证明因果关系，只是它能帮我们在工作中了解一些因果力量。

2) 问卷调查能够了解如何的必要性。营销调研人员经常会发现了解消费者采取行动前的决策过程是很必要的。比如，他们如何做出购买决策？他们会考虑哪些因素？他们会在什么时候、在哪里做出的决策？做出决策后，他们打算做什么？

3) 问卷调查能够了解谁的必要性。营销调研人员还要从人口统计信息或生活方式的角度弄清楚目标客户是谁。有关年龄、收入、职业、婚姻状况、家庭生命周期阶段、受教育程度等方面的信息对于识别和划分细分市场非常必要。

5.2 问卷调查中的误差类型

当评估问卷调查数据的质量时，管理者通常要确定这些结果的精度。这时，管理者一定要注意问卷调查中可能出现的误差（见图5-1）。

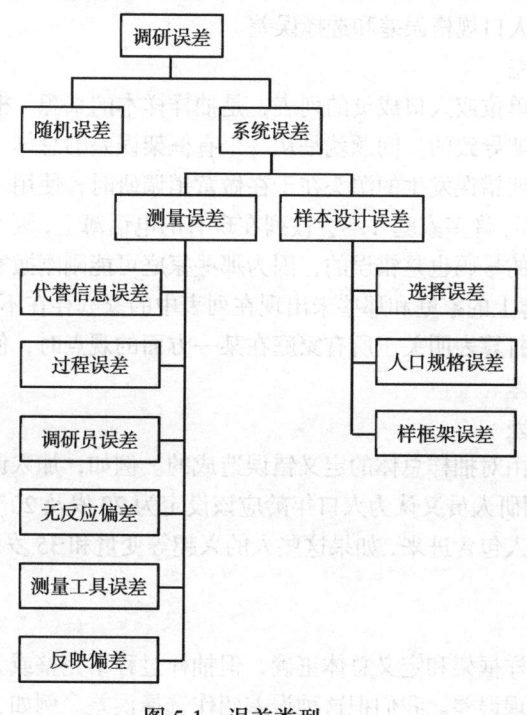

```
                    调研误差
                   /        \
              随机误差      系统误差
                           /      \
                     测量误差      样本设计误差
                     /                    \
              代替信息误差              选择误差
                                        
              过程误差                  人口规格误差
                                        
              调研员误差                样框架误差
                                        
              无反应偏差
                                        
              测量工具误差
                                        
              反映偏差
```

图 5-1 误差类型

5.2.1 抽样误差

抽样过程中可能出现两类误差，分别是偶然误差和系统误差。

进行问卷调查时，通常需要从能代表广大目标人群的人那里收集信息，目的是将被试样本的调研结论推广到所有人上。即使在样本调研的过程中没有任何失误，调研结果也会出现随机误差。这是因为存在机会变数。机会变数是指样本值和人口均值存在的差异。这种差异无法消除，但可以通过增加样本容量使之减小。在一定的置信水平下，我们可以估计偶然误差的范围。我们将在第12章进一步阐述随机误差。

5.2.2 系统误差

系统误差又叫系统性偏差，可能是调研设计的错误或问题导致的，也可能来源于样本设计的不足。当相比总体参数的真实值，测量结果始终向一个方向偏离（始终偏大或始终偏小）时，就表明存在系统误差。系统误差包含随机误差外的所有误差。因此，系统误差有时又被称为非随机误差。非随机误差又可以分为样本设计误差和测量误差。

1. 样本设计误差

样本设计误差是由于样本设计或抽样过程出现问题而导致的一种系统误差。样本设计误差包含抽样框架误差、人口规格误差和选择误差。

（1）抽样框架误差

抽样框架是总体单位或人口成员的列表，是抽样样本的来源。框架误差是由于采用了不完全或不精确的抽样框架导致的。问题就是从一个有框架误差的总体中抽出的样本可能不能真正地代表目标人群。框架错误发生的源头在于在做营销调研时，使用一个公开的电话簿作为电话调研的抽样框架。因而，许多家庭并不会被列在现有的电话簿上，因为它们不想被列在列表中；或者出现在电话簿上的号码也是错误的，因为那些家庭可能刚刚搬家或者更换了电话。调查显示，那些出现在电话簿上的家庭和那些未出现在列表中的家庭存在不同，如社会经济水平不同。这表明如果一份调研打算表明关于所有家庭在某一方面的观点时，使用一份以电话簿为基础的列表将会产生框架误差。

（2）人口规格误差

人口规格误差是由对抽样总体的定义错误造成的。例如，加入调研人员定义的人口年龄应该大于35岁，之后调研人员又认为人口年龄应该设定为20岁及20岁以上的人群。但是由于没有把20岁到35岁的人包含进来，如果这些人的兴趣等变量和35岁以上的人明显不同，样本结果就会出现误差。

（3）选择误差

即使分析员的抽样框架和定义总体正确，但抽样过程不完整或者正确的抽样步骤没有得到正确的执行，也会出现误差。我们把这种误差叫作选择误差。例如，在挨户调研中，调研人员可能决定不去那些看起来不够整洁干净的家庭，因为他觉得那些居民可能不会答应做调研。如果住宅杂乱无章和住宅整洁的居民差异显著时，选择误差就出现了。选择误差是出现在概率抽样中的一系列问题，我们将在第11章进一步探讨这个问题。

2. 测量误差

比起随机误差，测量误差对测量精度的威胁更大。当民意调查的结果出现在某种媒体上和专业的营销调研报告上时，一个错误的数字经常被报道（如误差区间为正负5个百分点）。电视观众和营销调研结果使用者就会记住这个数字，用它代表所有调研错误。遗憾的是，事实并非如此。这个数字仅仅代表随机抽样误差，而不包含样本设计错误和测量误差。当理想中应收集到的信息（真实值）和测量过程中实际得到的信息间存在偏差时，就存在测量误差。在测量误差中，我们主要关注系统测量误差。在测量过程中，由于种种缺陷的存在，可能导致种种测量误差。这些误差包括替代信息误差、调研员误差、测量工具误差、过程误差、无反应误差和反应偏差。

(1) 替代信息误差

当调研人员搜寻的信息和解决问题实际需要的信息不相符的时候,就会出现替代信息错误。它涉及调研设计中的其他问题。关于它的定义尚存在争议。几年前,凯洛格花巨额资金建立了谷物早餐的生产线,它的制作原料很特殊,能帮助消费者减少胆固醇摄入。这条产品线被称为 Ensemble。然而它的市场反应却非常差。人们的确想控制胆固醇的摄入,问题是他们会购买哪类谷物早餐来达到这个目的。而调研中并没有涉及这个问题。同时,Ensemble 通常指乐队或是服饰。消费者既不知道这个产品是干什么的,也不确定是不是要进行消费。

(2) 调研员误差

调研员误差又叫调查偏误。它出现于调研员有意无意影响被测试者,造成被测试者给出不真实或不精准的回答。调研员的着装、年龄、性别、面部表情、肢体语言甚至语调都会影响被测试者。这种误差可能由调研员的甄选和培训造成,也可能是调研员没有遵守调研说明所致。调研员一定要接受正确的培训并且始终保持中立。另一种调研员误差的产生是由于蓄意欺骗导致的。这在挨家挨户的访谈中是个大问题,此时调研员可能伪造本该做而未做的调研。调研人员设计的调研步骤必须有保障机制,以保证排除这种问题的出现。

(3) 测量工具误差

测量工具误差有时也被称为问卷偏见,是测量仪表和问卷的缺陷造成的。它包括诱导性问题和其他问卷中使得被测试者难以做答或者倾向于记录错误元素的问题。这种类型的误差可以通过仔细关注问卷设计阶段的细节和在实地调研之前进行问卷前测来避免。

(4) 过程误差

过程错误主要出现在将调研数据录入电脑的过程中。例如,文件的错误扫描就可能导致过程误差。

(5) 无反应偏差

理想情况下,如果从总体中抽取 400 人作为样本,这 400 人应全部参与访谈。然而现实从来不是如此。在邮件调研中,回复率通常只有大约 5%。问题是"那些回复了调研问卷的人是否和那些未回复的人在某些方面有极大区别"。这种差异会造成无反应偏差。我们最近对储贷机构的顾客进行了调研。问卷是和他们的消费者月结单一起发出的,回收率略低于 1%。对问卷回复者的职业进行分析,我们发现回复者中退休者的比例是当地都市人的 20 倍。高比例的退休者使得我们非常质疑调研的可靠性。

很显然,问卷回收率越高,未回复者的影响就越小,因为未回复者只是总体的一小部分。如果误差的减小与问卷回收率的关系不大,分配资源以使问卷回收率更高就没有太大意义。

以下是几种导致无反应偏差出现的情况:

1) 在特定时间无法找到合适的被测试者。

2) 我们找到一个符合条件的被测试者,但他那时无法参与调研。例如,一家人正在用餐时,却收到了调研人员的调研电话。

3）调研受到对方拒绝。这是最糟糕的情况，因为前两种情况下，还有进行进一步调研的可能性。

拒绝回答率是我们联系的人拒绝参与调研的比例。营销和民意研究委员会（CMOR）称，现在的总体拒绝率大约是60%——1992年这个数字是52%。大部分的调研在一开始的介绍阶段就会受到拒绝（最初拒绝，为68%）；1/4（26%）的人在听完调研介绍后，拒绝参与（合格拒绝）。很少有人在调研过程中退出调研（6%），同时大多数人（71%）表示愿意参与进一步的调研。意愿一般的人是意愿极强的人的3倍。这些数据基于营销和民意调查委员会的研究而不一定代表所有的行业，不过它们确实反映了拒绝回答率的上升。

（6）反应偏差

如果人们倾向于以某一种特定的方式回答某一个问题时，就会产生反应偏差。反应偏差来源于蓄意伪造和无意识的错误陈述。

蓄意伪造出现在人们企图给予虚假回答的时候。在调研中，人们做出虚假陈述的原因很多——可能是他们想表现出自己更聪明，或许是不愿意透露那些让他们觉得尴尬的信息，也可能是他们觉得有些信息过于隐私。

例如，在关于购买快餐行为的调研中，被测试者可能非常清楚自己上个月去了多少次饭店，但是他们可能记不清都去了哪些餐馆，以及每个餐馆去了几次。这时，当被问及关于去了A餐馆几次的问题时，他们明明不清楚，却会猜一个数字。

无意识的误传发生在当应答者合理地尝试做到真实和准确但却给出了一个不准确的回答时。这种类型的偏差可能会因问题格式、问题内容或其他原因而发生。

我们给出的减小调研误差的策略如表5-1所示。

表5-1 误差减小策略

1. 随机误差	通过扩大样本规模减小误差
2. 系统误差	通过减小样本设计误差和测量误差减小误差
A. 样本设计误差	
抽样框架误差	尽可能设计好样本框架，进行初步的质量控制检查来评估框架的精度和完备性，减小误差
人口规格误差	仔细考虑和定义所感兴趣的人群，减小误差
选择误差	选择误差是因使用不完整或不正确的抽样步骤或没有遵照正确的选择步骤造成的。即使样本框架和总体定义都很完美，也可能出现选择误差。减小误差的方法是建立选择步骤来确保抽样的随机性，并进行质量管理检验以确保设计的步骤在实践中得到执行
B. 测量误差	
替代信息误差	这种误差是由支持决策的信息的错误引起的。这种误差可以通过仔细定义为实现调研目标所需要的信息来减小

续表

调研员误差	这种误差是调研员和被测试者在互动过程中影响被测试者的作答引起的。通过仔细挑选调研员并进行培训可以减小这种误差。此外，质量控制检验中应包含对调研员的秘密监控，以确保调研员遵循了具体的指南
测量工具误差	只能通过尽可能科学地设计问卷和预测来减小误差
过程误差	这种误差出现在将调研数据录入电脑的过程中。通过建立并执行固定的质量控制步骤来录入数据并进行质量控制检查可以减小这种误差
无反应偏差	这种误差是做出回应和未回应的被调研人员存在巨大的不同所造成的。这种误差在邮件调研中尤为重要。通过采取一切手段鼓励被调研人员做出回应可以减小误差，如精简问卷问项、问卷的用语尽可能表现得友好、主动进行问卷回收、提供奖励、尽可能在被调研人员闲暇时和他们联系等
反应偏差	当问项中出现诱导被测试者做出回答时会出现反应偏差。尽可能科学地设计问卷可以减小这种误差。难以回答的问题，可能会使被测试者觉得自己太无知，对太敏感的问题也要修改

5.3 问卷调查的类型

提问是问卷调查方法的本质。但对于特定情况，使用哪种调研最好？本节我们将讨论入户访问、高层管理人员访谈、购物中心拦截访问、电话访谈、自填式问卷和邮件调研6种线下调研方式。

5.3.1 入户访问

在入户访问中，消费者在家中以个人的形式接受访谈。这种方式曾一度被认为是最好的调研方式。这是因为入户访谈可以与被测试者进行面对面的互动，它能收到被测试者最及时的回应、能清楚地向被测试者解释调研目的、能使用目光交流来加快访谈或提高数据质量、能向被测试者展示产品观念和其他评价的刺激。此外，被测试者在熟悉、舒服、安全的环境下会更放松。

20世纪70年代早期，入户访问的数量锐减，到现在入户访谈在美国的营销调研领域已经消失。导致这种现象的最重要的原因是要为调研人员的出行时间、交通费、调研时间和不断攀升的拒绝率付出高昂费用。在一些政府调研领域，还会使用入户访谈。例如，美国近几次人口普查就采用了入户访问方式。发展中国家也在使用入户访问的方式进行调研。

5.3.2 高层管理人员访谈

营销调研人员现在认为高层管理人员访谈与入户访谈有同等的作用。这种调研适合商务人士在他们的或客户的办公室就行业产品或服务进行访谈。例如，假如惠普想了解用户对办公室打印机的特点的偏好，就需要访谈打印机的潜在购买用户，因此合理的方式就是在用户的办公室对他们进行访谈。

这种调研很昂贵。首先，必须识别并找出正于问卷中的产品的购买决策的个体。我们有时能从多种渠道获得很多列表，但更常规的做法是通过打电话来进行筛选。某一个公司可能确实有符合需要的人群，但是在一个大组织内把他们找出来代价昂贵而耗时。一旦找出一个合格的被调研人员的确切位置，就要使得那个人同意接受访谈，并预约访谈时间。这似乎看起来并不那么难，因为许多专业人士都喜欢谈论关于他们工作的话题。

最后，访谈者必须在指定时间到达指定地点。长时间的等候是常态，甚至取消预约也很正常。这种调研需要技巧高超的访谈者，因为他们常常对探讨的话题表现得知之甚少。高层管理人员访谈本质上和入户访问有同样的优点和缺点。现在，越来越多的管理人员访谈都会在线上进行。

5.3.3 购物中心拦截访问

购物中心拦截访问是个人访谈中非常流行的方式。这种调研方式相对简单。调研人员在购物中心拦截购物者，或者当场对他们提问，或者带他们到临时的访谈场所。美国大约有 500 个购物中心设有调研公司的临时访谈场地。然而，至少有 1/4 的购物中心禁止营销调研访谈，因为它们认为那是对消费者没必要的骚扰。

购物中心调研相对入户访问便宜得多，因为访谈者不必刻意去找受访者，这样访谈者就能将更多时间花在访谈上。同时，购物中心访问不需要像入户访谈那样花费大量的出行时间和交通费用。除低成本外，购物中心拦截访问还有许多优点，如受访者可以在现场试用最好的产品。

然而，购物中心拦截访问也有一些大的缺点。首先，在某一个购物中心访问的购物者，根本不可能代表整个市区的购物者。购物中心再大，它们所吸引的顾客也是来自一个相对较小的区域。而且以购物中心所包含的商店为基础，购物中心往往吸引着某一特定人群。研究显示，有的人购物频率高，而有的人购物频率较低，因此购物频率高的人更有可能成为受访者。之外，许多人会拒绝购物中心的访谈。总的来说，多数情况下，购物中心拦截访问的受访者样本不会太理想，或者不具有代表性，除非在极少数情况下调研的目标人群与某个特定的购物中心的购物者或购物者中的一部分相一致。

其次，购物中心的环境可能不是理想的访问环境。在购物中心接受访问，受访者可能会感觉拘束、很匆忙或者注意力不能很好地集中。这些因素都会对数据的质量造成不良影响。尽管有缺点，但购物中心访问的受欢迎程度并没有大的下降。

5.3.4 电话访谈

直到 1990 年，电话访谈都是最流行的调研方法。电话访谈有以下突出的优点。首先，相对其他调研方法成本低。其次，电话访谈的样本质量一直都较高。95%的美国人都有电话。随机数表抽样是常用的抽样方式。电话访谈的原理很简单：调研人员通过随机数字的方法抽取一些电话号码，而不是从电话簿或其他目录上抽取电话号码。这种方法能确保那些电话没有被列在电话簿上的人和那些搬了家或更换了电话的人能在样本中占据合适的比例。

1. 预测拨号

现在，调研公司通过高端软件与随机数表拨号的结合，进行预测拨号。SPSS 软件就有这个功能，它还提供每次测试的新结果的副本。SPSS mrDialer 4.0 with Voice over Internet Protocl（VoIP）是一款能加快项目完成速度的软件，它使得人工费用更低，使得调研人员能更好地控制调研过程。

自从 VoIP 用宽带连接代替虚拟电话拨号后，SPSSmrDialer4.0 就力图建立一个受访者来自全国各地、在他们的办公室或者在家的虚拟呼叫中心。mrDialer4.0 能让调研人员对呼叫中心进行集中控制，能昼夜不停地运行，在不增加成本的情况下提供大量的资源。

SPSS mrDialer 能通过预测拨号算法技术识别占线号码、未响应号码和空号。它还能适应随着图形用户界面不断升级的新规则和拨号方法。

SPSS mrDialer4.0 使营销调研人员能记录访谈而使得质量更有保证，并能捕获响应能力，还能分析忙碌信号和无应答、调制解调器和传真电话，能根据预设时间再次拨打预设的电话，能同时运行多个访谈项目，能提供正在拨打、拨打过的和计划拨打的电话号码的实时报告和访谈，能监控各个访谈的画面和声音。

2. 手机采访

现在，大约 40% 的美国家庭只使用手机或智能手机。我们本章探讨的是传统电话访谈，也就是说访谈者要问被调研人员一系列问题。被调研人员可以通过传统电话、手机或智能电话给予答案。智能手机用户还能回答网络调研的问题。我们将在第 6 章阐述移动互联网调研。

手机访谈使调研人员能联系到那些其他方式联系不到的人，然而手机访谈会大幅度增加调研成本。手机访谈的成本是固定电话访谈成本的 2～3 倍。联邦法律规定访谈者必须手动拨号而不能使用自动拨号软件。调研人员还要支付给受访者 1～10 美元甚至更多，作为报酬。此外，要完成一个访谈所要拨打的电话就更多了。比如，人们接电话需要付费时可能不会接电话，开车或在其他公众区时也可能不接电话。

美国联邦通信委员会的新法案允许调研人员使用自动拨号软件，但前提是必须获得受访者预先的书面同意。市场营销调研协会向美国联邦通信委员会抱怨说这项新法案将导致电话响应率下降、增加调研成本、增加调研所需的时间，还会降低受访者的代表性。该协会还声称这项法案会为调研人员带来保留记录，从而给他们造成重大负担，增加安全和机密的风险。

除了手机问题，电话访谈还有一些内在缺陷。首先，调研人员无法在传统电话访谈的受访者面前做任何展示。当现实情况要求受访者就一个可视的产品概念、广告等发表评论时，这种调研方法就要被剔除。当然，智能手机则没有这个缺点。

其次，电话访谈限制了调研可获得的信息的数量和类型。电话访谈的受访者耐性较差，很容易就会挂断电话。调研人员很难用电话访谈进行深度访谈或长时间的访谈，所以手机访谈也不适宜用于开放式问题的调研。

电话访谈的第三个缺点与人们越来越频繁地使用电话过滤工具有关，包括电话留言机、"谢绝致电"名单、呼叫限制、来电显示、区别振铃。平均来说，在1个小时的电话访谈中，寻找一个同意接受调研的人就要花上半个小时。这当然会提高电话调研的成本。

现在，几乎所有的电话访谈都是呼叫中心访谈。一些情况下，公司会通过完全的自动电话调查将电话访谈进一步集中起来，当然仅仅和固定电话分开。

3．呼叫中心电话访谈

当呼叫设备准备好后，呼叫中心电话访谈就可以开始实施了。呼叫中心电话访谈流行的原因很简单，就是易于控制。首先，访谈过程可以监控。大多数呼叫中心访谈设备都有不太显眼的监控装置，监控者可以在访谈进行时对其进行实时监听。如果访谈者出现错误，就能及时得到纠正；而那些根本不能正确进行访谈的访谈者就会被换掉。其次，一个监控者就可以同时监控10~20个访谈。通常，每个访谈者每次访谈至少接受一次监控。再次，还可以对已完成的访谈当场进行校对，作为进一步的质量控制检查。如果发现任何问题，访谈者都能被及时告知。最后，可以控制访谈者的工作时间。

几乎所有的调研公司都已经采用电子计算机监控的呼叫中心电话访谈。在计算机辅助电话访谈中，每个访谈者都坐在一个电脑终端或一台个人电脑前。当一名合格的受访者上线后，访谈者通过键盘上的一个或一系列键来开始访谈。问题和相应的多选题的答案会一次一个地出现在屏幕上。访谈者朗读题目并录入答案，而电脑会根据情况跳转到下一题。例如，访谈者的问题可能是受访者是否养狗。如果答案是"是"，受访者可能接着要回答一系列诸如会买哪种类型的狗粮的题目。如果答案是"否"，问这些问题就不合适了，电脑会不考虑为养狗的受访者准备的问题而跳入下一个适合没有养狗的人的题目。

此外，计算机还能协助制作问卷。例如，在持续时间较长的访谈的开始阶段，受访者会被问及他所有的车辆的年份、质量及型号。之后，访谈者可能会问及具体的车辆。访谈者的屏幕上可能会出现如下问题："你说你有一辆2011年的GMC卡车，你的家庭成员中谁驾驶它的频率最高？"关于这辆车和其他车辆的问题会以类似的方式被呈现。

呼叫中心电话访谈的另一个优点是，在调研过程中的任何时刻都可以运行电脑表格。基于最初的表格，一些问题可能会被剔除，以在后续访谈中节省时间和金钱。例如，如果某个问题的98.3%的答案相同，就没有继续问这个问题的必要了。电脑表格还能为调研提出增加问题的建议。如果在访谈初始阶段出现了计划外的产品使用模式，就可以增加问题，对这种使用模式进行更深入的探究。最后，管理层可能会发现调研结果的早期报告在初步计划和战略的制定上非常有用。

5.3.5 自填式问卷

自填式问卷和邮件问卷调查有一个共同点：它们区别于其他调研方式的地方是它们不需要访谈者——人或电脑。自填式问卷的主要缺陷就是没有人现场为受访者解释相关事项或者澄清开放式问题。例如，如果一个开放式问题的问项是为什么受访者不会购买某一品牌的软饮料，一个典型的答案可能是"因为我不喜欢它。"从管理的角度看，这个答案毫无意义，因为它没有提供任何能改善营销组合而使产品更具吸引力的信息。然而，如果有调研人员在场，他们就可以进一步挖掘这个答案。比如，访谈者会问受访者不喜欢某个产品是什么意思，受访者可能会说仅仅是个人口味的问题。接着，调研人员会问受访者不喜欢的口味是什么，受访者可能会说调研的产品"太甜"等。最终，调研人员就会得到一些有用的信息。如果很多人的答案类似，管理层可能会选择降低饮料的甜度。我们要说明的是，如果没有调研人员的不断挖掘，管理层可能仅仅得到的是一开始那些没有什么用的答案。

有人认为，如果没有调研人员，那么就相应少了一个偏见的来源，也就不会因为调研人员的着装、外貌、说话方式或者没有遵守访谈指南而影响受访者的答案。

自填式问卷访谈经常用在利于访谈者拦截受众的购物中心或其他中心地点。例如，航空公司经常在飞机飞行期间发放自填式问卷。乘客要对航空公司服务的各个方面进行评价，并且要在一定时间段内用评价结果进一步跟踪乘客观点。许多宾馆、餐厅和其他服务行业也通过为顾客提供简单的问卷来了解顾客对它们的服务的看法（见表5-2）。

表5-2 格域机场快线消费者调研

自填式问卷：飞机旅行
请填写以下问卷。选择相应的选框，并在空白处填写答案。

1. 您从哪里出发？您的目的地是哪里？请写下您的航班的起飞和到达时间，以及您的航班号。 • 出发地：_____ • 出发时间：_____ • 航班号 ：_____ • 目的地：_____ • 到达时间：_____ • 航班号：_____	7. 您为什么今天出行？（可多选） • 工作原因 • 假期 • 看望朋友或亲人 • 其他
2. 您乘坐的是什么级别的坐席？ • 头等舱○ • 经济舱○	8．在过去的12个月里,您乘坐了多少次飞机？
3. 您的飞机是直达吗？如果不是，中转地是哪里？停留多久？_____	9. 您是怎么订购机票的? • 网上订购 • 旅行社代购 • 电话订购
4. 您的居住地在哪里？	10. 您是怎么知道今天这趟航班的?

续表

5. 请填写您的年龄、性别和家庭收入	11. 您考虑过其他出行方式吗？考虑过哪些？您为什么最终选择了这个航班？
• 年龄_____ • 性别_____ • 家庭收入_____	
6. 与您同行的成人有几位？孩子有几位？	12. 请对您今天所乘坐的航班做出评价。
• 成人_____ • 孩子_____	评价：

谢谢您的参与。祝旅途愉快！

资料来源：Courtesy of Accent Marketing & research Ltd., London。

电脑直接访谈中的最新进展是一体机为基础的电脑访谈。一体机是随着多媒体技术和安装在独立式亭子里的触屏电脑的发展而来的。这些电脑能设定程序来进行复杂的调研，展示全彩色扫描图像（产品、商店布局），播放声音和视频剪辑。一体机已经被成功用于商务展览和会议中，它在零售环境中也有多种应用，目前正在接受零售环境中的测试。从调研的观点来看，基于一体机的访谈能用于对离职雇员的意见调查中，以获取有关雇员最近经历的信息。一体机还有其他明显的优势：成本低；相对于人为的访谈，受访者给出的答案更真实；由于预设了程序，中心控制程度更高。

5.3.6 邮件调研

营销调研中最典型的两种邮件调研方式是点对点邮件调研和小组邮件调研。在点对点邮件调研（有人称其为一次性邮件调研）中，调研人员从恰当的地方选出样本的名字和地址，并且给他们寄去问卷。通常，调研人员与样本人群之前没有联系，样本人群仅仅是为了这一次调研而使用。然而，为了提高总体回答率，同一份问卷可能会被几次寄给那些没有回复的人。与之相比，小组邮件调研则按以下方式进行：

1）事先通过信件接触样本人群。在最初的接触中，向他们解释成立这个小组的目的，并且给他们一定的报酬。

2）在最初的接触中，消费者要填写一份关于背景信息的问卷，回答诸如家庭成员数量、家庭成员年龄、受教育水平、收入、养了什么宠物、使用什么交通工具及使用了几年，以及都使用什么电器等问题。

3）在初次联系后，小组成员会一次一次收到问卷。在初次接触中收集到的背景信息资料能使调研人员选择合适的家庭作为调研对象。例如，在关于狗粮的使用和偏好的调查中，要选择那些养狗的人作为被调查对象。

小组邮件调研是一种追踪研究。追踪研究就是在不同的时间点问被调研人员同样的问题。包括思纬市场资讯公司、NDP调研公司、盖洛普面板在内的几个大公司都会做大型消费者小组邮件调研。

在最初考虑的时候，邮件似乎是收集数据的好方式。因为它不需要招募、培训、监督访谈者，也不必给访谈者支付酬劳，整个研究就是在一个地方分发和管理问卷。问卷原本很难到达有些受访者手中，采用这种方式可以很容易对他们进行调研。邮件调研看起来方便、高效、成本低，还具有匿名性的优点。个人和电话访谈可能会做对收集的所有信息进行保密的说明，而邮件调研会绝对保证这一点。对要求提供关于机密和个人隐私信息的人来说，这非常重要。

类似于自填式问卷，两种类型的邮件调研都存在没有现场调研人员的问题，尤其是没有人对开放式问题进行深入的挖掘，因此我们可以获得的信息的类型就会受到限制。比起有访谈者参与的调研，我们更要控制邮件调研中的问题数量，这也会影响获得的信息量。

点对点邮件调研无回应率很高，并且系统误差也大。在邮件调研中，只要每个人不回复的概率相等，不回复就不是什么问题。然而，大量研究已经表明，某些类似的群体比其他人不回复的可能性更大，如受教育程度高的人、职位高的人、女性、对话题不感兴趣的人及学生。在点对点邮件调研中，回复率的波动很大，低的时候不足 5%，高的时候超过 50%，这取决于问卷长度、问卷内容、调查的群体、报酬多少等因素。那些进行小组邮件调研的人称回复率在 70% 左右。

邮件调研在商业营销调研中的普遍性正在下降。许多过去采用邮件调研的项目，现在都采用互联网技术。

表 5-3 是对其他非互联网调研方式的总结。

表 5-3 非互联网调研方式

调研形式	描 述
入户访问	访谈在受访者家中进行（在当今美国几乎不使用）
高层管理人员访谈	在其工作场所，对行业产品使用者（如工程师、建筑师、医生、高管）或决策者进行访谈
购物中心拦截访问	在购物中心或其他人口密集地对消费者进行访谈。访谈可能在购物中心的公共区域进行，也可能在私人的测试区进行
呼叫中心电话访谈	访谈由为此而设立的电话设备执行。这些设备通常能够使监控者对访谈进行即时监控。这类设备集中在一个地方，但是能从整个国家抽样，而且越来越多的设备具备计算机辅助访谈功能。在放置设备的地方，访谈者坐在计算机终端前接受访谈。问卷被编入计算机内，访谈者通过键盘直接输入答案
自填式问卷	自填式问卷多被用于人口密集地，如购物中心或能锁定受众的地方（如教室和飞机）。要大体告知受访者如何填写问卷，然后由他们自行作答。一体机的点终端触摸屏使得调研人员能够从商店、卫生所和其他的购物或服务场所的个人那里收集信息
点对点邮件调研	在没有事前接触的情况下，问卷被邮寄给样本消费者或工业用户。问卷说明包含在问卷中；受访者要填写问卷并将问卷寄回。调研人员有时要为受访者支付费用或给他们其他的小礼物作为激励

续表

调研形式	描 述
小组邮件调研	问卷被寄给事前接触过的样本人群,并向他们解释小组成立的意图,他们同意在一定时期内参与调研来换取报酬。小组邮件调研的回复率通常高于点对点邮件调研

5.4 选择恰当的问卷调查方式

在特定的环境下,影响调研方式选择的因素有很多。调研人员应该选择能以最低的成本提供的信息的类型、质量和数量都符合要求的调研方式。我们在表 5-4 中总结了选择调研方式所要考虑的主要因素。

表 5-4 影响问卷调查方式选择的因素

因 素	注 释
抽样精度	如果研究结果对精度的要求不高,可以考虑成本更低的调研方式
预算	关于调研预算的决策非常重要
让被测试者接受多种刺激并完成特殊任务的需求	味道测试和标准用法测试通常需要当面接触。卡片分类、视觉定标方法等测试既可以当面进行,也可以通过互联网进行
数据质量	研究对于调研结果的精度要求很重要
问卷长度	如果问卷太长,就不适用采用邮件调研、电话调研和购物中心调研
发生率	你是否要在总人口或总人口的一半中找那 1%的人?大海捞针的调研成本会很高。这种调研适合通过互联网进行
问卷的结构化程度	通过结构化程度低的问卷收集数据需要进行个人访谈
可用于调研的时间	通过传统邮件进行调研,等候回复的时间可能很长。互联网收集信息的速度最快

5.4.1 抽样精度

在选择调研方式的时候,抽样精度是重要的影响因素。一些项目自然对抽样精度要求很高,一些项目则不必太在意抽样精度。如果抽样精度是唯一的标准,恰当的数据收集技术很可能是呼叫中心电话访谈、从大量的互联网用户中抽样进行网上调研或者从消费者列表中抽样等形式的调研。如果一个项目不需要较高的抽样精度,最佳的调研方式可能就是邮件调研或购物中心调研等其他调研方式。

对于呼叫中心电话调研、互联网用户调研和邮件调研的选择就是在进行精度和成本间的权衡。采用随机拨号抽样方法的呼叫中心电话调研,由于其总体包括了手机和智能手机用户,其样本质量应该会好于邮件调研。但是,邮件调研可能是成本最低的方式。有时,互联网调研可能成本低但精度高。

5.4.2 预算

商业营销调研员在选择调研方式时也要考虑预算。假如一次调研不需要面对面接触,而用于访谈的预算是 10 000 美元。为了达到精度,样本容量至少为 1 000。如果采用购物中心拦截访谈的方法来填答问卷,每填一份问卷的成本是 34.5 美元;而通过互联网进行调研,每完成一份问卷的成本是 1.5 美元。当然,选择后一种调研方式最为合适。

5.4.3 对被调研人员反应的要求

在一些研究中,营销者需要了解被调研人员对不同刺激的反应——可能是产品的标准用法(一种新型的电脑键盘)或一种味道的测试。这些情况下,通常需要调研人员和被调研人员的私人接触来了解被调研人员对刺激的反应。

味道测试通常需要准备食物。调研人员一定要对准备的食物进行严格控制,以确保被调研人员所接受的刺激是一样的。这种测试只能通过购物中心拦截访谈的方式或类似的方式进行调研。一种类似的方式是招募一些人到合适的经过布置的中心地点(如社区中心),测试产品并接受访谈。

有些调研需要面对面访谈,原因是在访谈中要使用特殊的测量技术或者获取特殊形式的信息。有时,调研任务太复杂,访谈者必须现场向受访者解说,并确保受访者明白他们的任务。

5.4.4 数据质量

选择调研方式时要重点考虑数据质量方面的要求。数据质量通过效度和信度(我们将在第 9 章具体探讨这两个概念)来测量。效度是指测量工具或手段能够准确测出所需测量的事物的程度。换句话说,有效的测量方法能为调研人员提供它所要测量的事物的准确读数。信度主要是指测量结果的可靠性、一致性和稳定性,即测验结果是否反映了被测试者的稳定的、一贯性的真实特征。

许多访谈方法之外的因素也会影响数据质量,如抽样方法、问卷设计、特定的扩展方法和访谈者培训等。但是,各种各样的访谈方法在表现数据质量方面都有其内在的优劣势。我们对各种调研方式在数据质量方面的优缺点进行了总结,如表 5-5 所示。

重点是数据质量问题可能会推翻其他要考量的因素,例如成本。举例来说,尽管获得有许多开放性问题的长问卷的答案最便宜的方式是街头访问,然而,通过这种方式获得的数据可能有偏差——因为被访问者的疲劳、注意力分散和粗心大意。偏差的最好的结果是结论是无价值的,而最坏的结果是结论具有误导性。

表 5-5 调研方法在数据质量方面的优缺点

方法	优点	缺点
购物中心拦截访谈	访谈者可以当场展示、解说和深入挖掘信息	受访者注意力容易被分散;受访者也许正有事,心情不适合接受访谈;访谈

续表

方法	优点	缺点
		者偏见发生的概率更高；非概率抽样
呼叫中心电话访谈	监控者很容易监控访谈过程；样本很好；访谈者能解释和进一步挖掘信息	受访者可能被他们周围的事物分散注意力；访谈时间不能太长；回答开放式问题比较困难；拒绝参与率比较高
自填式问卷	不需要访谈者，因此也没有访谈者偏见；受访者可在方便时填答问卷；受访者可以在他们的住所查询相关信息并完成问卷	没有访谈者进行展示、解释和挖掘信息；或许没有人愿意填答而造成样本质量很差；无法确认问卷的真实填答者
邮件调研	同自填式问卷	同自填式问卷，但样本质量略好

5.4.5 问卷长度

问卷长度意味着每个受访者大体上完成问卷所要花费的时间，因此是选择调研方式时需要考虑的重要因素。如果某个调研的问卷需要 1 个小时才能完成，那么它所能选择的调研方式就非常有限。电话访谈、购物中心拦截和其他个人访谈外的调研方式都不适用。在购物中心购物的人通常不会花 1 个小时接受访谈。电话终端需要增加，而访谈者必须努力让受访者不挂电话的时候，自己也会比较烦躁。当人们收到邮件中的问卷而需要花费 1 小时甚至更多时间填答问卷时，回复率会大幅度下降。将调研方式与问卷的长度相匹配非常重要。

SurveySpot 是 SSI 的大型网上调研小组，它向其小组成员调查了最理想的调查时长。以下是他们的回答：

- 少于 2 分钟   2%
- 2～5 分钟   21%
- 6～10 分钟   44%
- 11～15 分钟   21%
- 16～25 分钟   3%
- 26 分钟及以上   0%
- 没有理想的时长   8%
- 不确定   1%

5.4.6 发生率

发生率就是在一个特定的调研中，总人口中符合成为受访者条件的个人、家庭或企业的比例。为了找出符合条件的受访者的确切位置，可能要花费大量时间，这也意味着调研成本的增加。这方面的成本有时要超过访谈过程本身的成本。如果调研的发生率低而成本高，调研人员就要慎重选择一种能以合理的成本得到满足要求的调研结果的调研方式。

在购物中心进行一个发生率很低的调研非常昂贵。只有在万不得已的情况下才采用这种方式，如要做一个长时间的深度访谈。对发生率低的调研来说，成本较低的方法是网上小组调研，当然前提条件是网上小组满足调研的其他条件。网上小组调研的优点之一就是可以进行预先筛选，也可以问人们一系列的问题，通常是一些包括产品使用方面的问题。例如，如果网上小组成员在预先筛选中被问及家庭成员中是否有人参加过下滑滑雪或高山滑雪，就能通过很低的成本找出至少有一个滑雪者的家庭会来参与关于高山滑雪的调研。

5.4.7　问卷结构化程度

除了问卷长度，问卷的结构化程度也是选择调研方式时应当考虑的因素。结构是指问卷遵守特定模式或问题顺序的程度。它有一个常规的问题结构设计的模板，以结构严谨、分类全面的选择题型为主。符合以上要求的就是结构化问卷，背离上述模式的就是非结构化问卷。结构化程度低的问卷往往需要当面访谈，结构化程度高的问卷不需要当面访谈。邮件调研、电话访谈、自填式问卷和网上调研都是可以考虑的方式。

5.4.8　完成调研的时间限制

如果客户要求尽快提交调研结果，网上调研是最好的选择。通常呼叫中心电话访谈和购物中心拦截访谈所花费的时间也比较短。

小结

问卷调查盛行的原因有以下几个：第一，管理人员需要了解人们做出或不做出某种行为的原因。第二，管理人员需要了解人们如何做出决策。第三，管理人员需要从地理区域或生活方式的角度，识别特定产品的购买人群。

问卷调查中主要有两类误差：随机误差和系统误差。系统误差又可以进一步分为测量误差和样本设计误差。样本设计误差包括抽样框架误差、人口规格误差和选择误差。抽样框架误差是由于使用了不完整或不准确的样本框架产生的。人口规格误差则是对抽样总体定义偏差造成的。选择误差是采用不完整或不正确的调研步骤或没有正确地遵守选择步骤的结果。

当调研所需要的信息和实际收集到的信息出现偏差时，就会产生测量误差。造成测量误差的因素很多，包括替代信息误差、调研员偏差、测量工具偏差、过程误差、无反应偏差、反应偏差。替代信息误差是解决问题实际需要的信息和调研人员收集到的信息出现偏差造成的。调研员误差是访谈者影响受访者给出不真实或不准确的答案造成的误差。测量工具误差是问卷设计本身所造成的。过程误差是在将调研数据录入电脑的过程中产生的。无反应偏差是样本中的某一个个体无法联系或拒绝参与调研造成的。反应偏差则是受访者有意无意地倾向于以特定的方式回答特定的问题的倾向造成的。

传统调研方式有以下几种。购物中心拦截访谈是在购物中心的公共区域以购物者为对象，或者在购物中心对他们进行访谈，或者邀请他们到购物中心的临时场地访谈。管理人员访谈是产业内进行的与挨户访问基本等同的调研方式，它在专业人士的办公室进行访谈，问题通常涉及工业产品或服务等领域。呼叫中心电话访谈通过专门为了特定目的而进行电话调研的设备进行。电脑辅助电话是呼叫中心访谈的一种形式。通过在电脑屏幕上呈现恰当的问题，电脑对访谈者和访谈过程进行引导。访谈进行时，每位访谈者都坐在电脑终端或个人电脑前。自填式问卷由受访者自行填答。这种调研方式的巨大缺陷就是不能引导受访者一步一步深入问题。邮件调研可以分为点对点邮件调研和小组邮件调研。在点对点调研中，潜在的被调研人员在没有事先接触的情况下，通过电子邮件收到问卷。样本只用于一次调研。在邮件小组调研中，消费者事前收到过信件和一定时期内作为小组成员参与调研的报酬。如果同意，他们就要填一份关于背景信息的问卷，接着在一定时期内小组成员都会收到一系列问卷。

选择调研方式时有诸多影响因素，包括抽样精度、预算、对被调研人员反应的要求、数据质量、问卷长度、发生率、问卷结构化程度、完成调研的时间限制等。

关键术语及其定义

随机误差或随机抽样误差（Random Error, or Random Sampling Error） 由机会变数造成的误差。

偶然变数（Chance Variation） 机会变数是样本值和人口均值存在的差异。

系统误差或系统偏见（Systematic error, or bias） 由调研设计的操作流程或问题带来的误差，有时也称为非抽样误差。

样本设计误差（Sampling Design Error） 是样本设计或抽样步骤中的错误导致的误差。

样本框架（Sampling Frame） 作为样本来源的人口元素或人口成员列表。

框架错误（Frame Error） 来源于不准确或不完整的样本框架。

人口规格误差（Population Specification Error） 是由对抽样总体的定义错误造成的误差。

选择误差（Selection Error） 由于抽样过程不完整或不正确造成的误差，也可能是由于正确的抽样步骤没有得到正确的执行导致的误差。

测量误差（Measurement Error） 当调研所需要的信息和实际收集到的信息出现偏差时，出现的一种系统误差。

替代信息误差（Surrogate Information Error） 解决问题实际需要的信息和调研人员收集到的信息出现偏差造成的误差。

调研员误差（Interviewer Error, or Interviewer Bias） 是访谈者有意无意地影响受访者给出不真实或不准确的答案造成的误差。

测量工具误差（Measurement Instrument Bias） 问卷设计本身或测量标准造成的误差，也叫问卷偏差。

过程误差（Process Error） 将调研数据录入电脑的过程中出现的误差。

无反应偏差（Nonresponse Bias） 是样本中的某一个个体无法联系或拒绝参与调研造成的。

拒绝率（Refusal Rate） 所联系的个体拒绝参与调研的比例。

反应偏差（Response Bias） 是受访者有意无意地倾向于以特定的方式回答特定的问题的倾向造成的。

挨户访问（Door-to-Door Interviews） 在消费者家中进行的面对面的访谈。

管理人员访谈（Executive Interviews） 在行业内进行的等同于挨户访问的调研。

购物中心拦截访谈（Mall-intercept Interviews） 拦截购物中心（或其他人口密集地）购物者进行

面对面的访谈。

呼叫中心电话访谈（Call Center Telephone Interviews） 由集中在一起的营销调研设备对被调研人员进行呼叫而进行的访谈。

计算机辅助电话访问系统（Computer-assited Telephone Interviewing） 一种呼叫中心电话访谈，访谈者可以直接将受访者的谈话录入电脑。

自填式问卷（Self-administered Questionaires） 在没有访谈者的情况下由被调研人员自己填答问卷的调研方式。

点对点邮件调研（Ad Hoc Mail Survey） 在没有事先接触的情况下，将问卷以邮件形式发给所选择的样本人群。有时也称为一次性邮件调研。

邮件小组调研（Mail panels） 有事前联系和预先筛选的前提下，在一定时间段内持续给参与者发放问卷的调研方式。

追踪研究（Longitudinal Study） 在一段时间内对同样的样本进行持续追踪的研究。

复习思考题

1. 加利福尼亚尤里卡一家五金店的老板想找出他的顾客和其竞争对手的顾客的人口统计学特征。他还想了解他和他的竞争对手在消费者心目中的形象。他的预算是有限的，并且他想在 3 周内得到这些信息。你认为他应该使用什么调研方式？为什么？
2. 讨论下述说明："一次购物中心拦截访谈仅仅代表在那个特定的购物中心购物的人群。因此，只有和那个购物中心的消费者的消费模式相关的调研，才适合采用购物中心拦截访谈。"
3. 你的一位同事认为在你们的社区进行一次关于对市政府态度的调研的最好方式是邮件调研，因为它的成本最低。你同意他的观点吗？如果时间上没有要求，你的意见会改变吗？为什么？
4. 对各种类型的样本设计错误进行讨论，并举例。
5. 为什么在调研中考虑测量误差很重要？为什么在专业的市场营销调研报告中不对它进行讨论？
6. 以下情形分别会出现哪些误差？
   a. 使用电话簿作为抽样框架，进行关于对政府态度的调研。
   b. 只在上午 8 点到下午 5 点之间进行访谈，以了解人们希望新开发的公寓具备哪些特点。
   c. 向人们调查是否在过去两个月去过公共图书馆。
   d. 向人们调查去年使用了几支牙膏。
   e. 告诉访谈者可以使用任何特例来引导受访者，以进一步挖掘信息。

市场调研实践

青少年喜欢他们的手机

手机短信已经成为青少年最爱使用的交流方式；手机电话紧随其后，位居第二。12～17 岁的青少年中，75% 都有手机；2004 年，这一数字仅为 45%。手机已经成为青少年交流模式中必不可少的工具。72% 的青少年和 88% 的青少年手机使用者都发短信。2006 年，青少年中有 51% 的人是短信用户，可见这一数字出现了激增。半数以上（54%）的青少年每天都要发短信。

在青少年之间，使用短信的频率已经超过了他们使用的其他和朋友进行互动方式的频率。

2/3 的青少年表示，比起用手机打电话给朋友，他们更喜欢发短信。

（1）1/3 的青少年每天发送 100 条以上的短信，也就是说每月发送 3 000 条以上的短信

自 2008 年以来，青少年之间每天发送短信的数量快速增长。2008 年 2 月的数据显示，38% 的青少年每天都发送短信，2009 年 9 月这个数字是 54%。75% 的青少年拥有手机，他们中间 87% 的人至少会偶尔使用短信。这些短信用户使用短信的情况如下：

1）有一半的人每天发送 50 条甚至更多短信，也就是说，每月至少发送 1 500 条短信；并且 1/3 的青少年每天发送 100 条以上的短信，也就是说每个月发送 3 000 条以上的短信。

2）15% 的青少年短信用户每天发送 200 条以上的短信，也就是说每月短信超过 6 000 条。

3）男孩通常每天发送和接收 30 条短信，女孩通常每天发送和接收 80 条短信。

4）12~13 岁的孩子们每天接收和发送 20 条短信。

5）14~17 岁的青少年通常每天发送和接收 60 条短信。

6）年长一点的女孩发送的短信最多，14~17 岁的女孩通常每天发送和接收 100 条甚至更多的短信，也就是说每月超过 3 000 条短信。

7）许多青少年都是短信狂热者，而许多少数民族的青少年却是个例外。在他们中间，1/5 的青少年短信使用者每天仅仅发送和接收 1~10 条短信，也就是说每个月只有 30~300 条短信。

（2）对青少年来说，打电话仍然是手机的核心功能。对许多青少年来说，电话是他们和父母沟通的主要模式

在青少年手机用户中，打电话是手机的核心功能，尤其是涉及与父母沟通的时候。但他们接到的电话数远远少于收到的短信数。

青少年通常每天接打 5 个电话。白人青少年通常每天接打 4 个电话，也就是说每个月接打 120 个左右的电话。而黑人青少年每天接打 7 个电话，每个月大约接打 210 个电话。西班牙籍青少年通常每天接打 5 个电话，每个月接打 150 个左右的电话。

（3）女孩更青睐手机沟通

和其他沟通技术和设备相比较，女孩比男孩更喜欢使用短信和手机电话，使用的频率也更高。

- 女孩通常每天接收和发送 80 条短信，男孩接收和发送 30 条。
- 86% 的女孩每天和朋友发送好几次短信，64% 的男孩也是如此。
- 59% 的女孩每天都要用手机给朋友打电话，男孩的这个数字是 42%。

出于社交，个人和功课方面的原因，女孩发送的短信也多于男孩。

- 59% 的女孩发短信仅仅是为了问候和聊天，男孩的这一数字为 42%。
- 84% 的女孩发送长文本的短信就个人事情进行交流，男孩的这一数字为 67%。
- 76% 的女孩因为功课发送短信，男孩的这一数字为 64%。

（4）有扩展功能的手机不仅能打电话，发短信，也是多媒体记录设备和小型联网电脑

拥有多功能手机的青少年是手机其他功能的狂热者。手机功能中最受欢迎的功能就是分享图片和听音乐。在青少年手机用户中：

- 83% 的青少年用手机拍照。

- 64%的青少年用手机和他人分享照片。
- 60%的青少年用手机听音乐。
- 46%的青少年用手机打游戏。
- 32%的青少年用手机交换视频文件。
- 31%的青少年用手机交换安装文件。
- 27%的青少年用手机上网。
- 23%的青少年用手机登录社交网站。
- 21%的青少年用手机使用电子邮箱。
- 11%的青少年用手机购物。

问题：

1. 威瑞森通讯公司该如何使用上述信息？
2. 这份调研来自皮尤研究中心。在购买完整的报告前，你有什么关于数据和收集数据方法的问题想问皮尤研究中心的调研人员？
3. 哪些调研方法可能被用于收集上述信息？每种方法有哪些优缺点？

第 6 章

网络营销调研

> **学习目标**
> - 了解网络营销调研概况。
> - 掌握通过互联网收集用于营销调研的二手数据的方法。
> - 理解互联网调研策略。
> - 了解网络焦点小组的类型。
> - 深入了解网络调研。
> - 理解专家小组管理在保证数据质量方面的重要性。

本章中,我们将和你一起探索在二手数据调研、定量调研和调查研究中越来越重要的互联网。在线观测研究是另一种日益流行的调研方法,我们将在第 7 章对其进行详述。

6.1　网络世界

当你阅读这段文字的时候,世界上的网民总数几乎达到了 20 亿。没错,世界上 30%的人都在上网。在美国和加拿大,77%的人都在上网。每个种族、社会经济群体和不同教育程度的人们之中,越来越多的人都在上网。2000 年以来,美国和加拿大的网民几乎增加了 150%,非洲和中东地区的网民甚至增长了 2000%!毫无疑问,在一定的情况下,网络能准确地反映所有美国消费者的情况。不使用互联网的人通常年龄较大、收入较低(年龄在 65 岁以上,家庭收入不足 3 万美元)。这些消费者通常不是公司的目标消费者。

随着绝大多数美国市场调研公司都在使用网络调研,网络调研也变得越来越普遍。现在,网络调研已经取代了计算机辅助电话调查,成为收集数据最为流行的方式。网络调研还被评为最具增长潜力的调研方式。即便如此,我们也必须声明依赖于纸笔的调研没有要消失的迹象,2/3 的营销调研公司仍然在使用这些方法。

6.2 使用互联网收集二手数据

我们在第3章曾提到二手数据在营销调研前期发挥着非常重要的作用。它能使问题更明晰，或许能为我们如何解决问题指明方向。此外，如果你足够幸运，二手数据已足以解决你所需要解决的问题，这样就不必再花费时间和金钱进行调研了。

6.2.1 可收集信息的网站

在表 6-1 中，我们列出了可以获得二手数据的不同网站，包括竞争性情报。在这些网站，你会发现关于不同的主题都可以获得大量的信息。尽管很多信息都是免费的，但一些信息（如由 Claritas International 提供的信息）则必须付费。

期刊、报纸和图书数据库也是获得二手数据的重要渠道。几家非常不错的期刊、报纸和图书数据库，调研人员都可以参阅。我们把它们也列入了我们的网 www.wiley.com/college/McDaniel。有一些网站可以直接登录，也有一些可以通过当地图书馆网站进入。

表 6-1 可用于营销调研的网络二手数据

组　织	网　址	描　述
美国市场学会	www.marketingpower.com	使用关键词可以搜索到美国市场学会所有的出版物
美国事实发现者	www.factfinder.census.gov	提供人口统计局不断更新的数据
BLS 消费者支出研究	www.bls.gov/cex	提供关于消费者购买习惯的信息，包括他们的支出、收入和信用评级
经济分析局	www.bea.gov	提供覆盖范围广泛的经济数据
运输统计局	www.bts.gov	提供广泛的运输数据
美国城市商业杂志	www.bizjournals.com	从美国最好的小城市评比到性别与薪水的关系，这里都有相关的文章、报告、新闻和数据。从1994年的数据到现在的文章、报告，都提供了关于重要行业和经济趋势的深度剖析
地球科学网络中心	www.ciesin.org	美国人口统计信息的出色来源
疾病控制中心	www.cdc.gov/nchs	由国家卫生统计中心提供关于重大事件、健康状况、生活方式、受到不健康的事物的影响、发病和诊断出的疾病、卫生保健的使用情况的数据。国家卫生统计中心是疾病控制中心的一个分支，是为联邦政府提供关于重大疾病和健康数据的代理机构
Clickz.com	www.clickz.com	提供网络调研的数据：每周使用情况的统计数据。在线人数、浏览器统计数据等

续表

组织	网址	描述
政治经济学家	www.dismal.com	提供即时的经济信息、大量的数据和基于市、州和全国水平的分析。这个权威网站还提供全球性话题的数据和数据分析，包括亚洲、南美和欧洲局势。访问者可以按照经济、社会经济和区位等一百多种标准对州和市进行评级
Easy Analytic Software，Inc/ The Right Site	www.easidemographics.com	提供人口统计网站的报告，包括对人口和家庭的现行估计值的三轮研究。每个三轮研究都有对种族、种族划分、年龄分布、收入分配及天气的普查估计
Econdata.net	www.econdata.net	为用户提供大量政府、私人和学术数据源的链接；为对经济和人口统计信息感兴趣的调研人员筛选了位列前十的数据网站
Freedemographics	www. freedemographics.com	提供免费的人口统计学市场分析报告
哈里斯信息来源	www.harrisinfo.com	提供关于美国制造商和关键决策者的企业间的信息
胡佛家族	www.hoovers.com	提供企业描述信息和行业信息。
互联网公共图书馆	www.ipl.org/div/aon	收集了1 100多家提供专业协会和贸易协会信息的网站的信息
营销研究协会	www.mra-net.org	提供关于受访者拒绝率上升的原因分析和解决建议，以及调研提供者的链接
MRI信息公司	www.mediamark.com/mri/docs/toplinereports.html	允许营销者和调研人员访问杂志、有线电视及53种产品和服务目录来获取人口统计信息。MRI信息公司将有线电视网络观众按照年龄、性别和收入进行了分类。杂志是按全部观众、发行量、传阅度、平均年龄和收入分类的
民意调查公司	www.opinionresearch.com	该网站提供咨询和调研服务，强调众多行业的专长，包括信息技术和无线电通信、保健、财务服务、公共服务、能源和公共事业调研等
人口资料局	www.prb.org	提供人口学信息
Quirks	www.quirks.com	针对市场调研人员的杂志
美国售后服务公司	www.serviceintelligence.com	提供有关消费者关于飞机、银行、餐馆和其他服务行业的不愉快经历的故事，也提供"英雄"事迹

续表

组 织	网 址	描 述
美国人口普查局	www.census.gov	提供一切人口普查资料
社会保障总署	www.socialsecurity.gov/policy	提供大量关于社会保障福利方面的政府数据
美国农业部/美国农业部经济研究所	www.ers.usda.gov	提供大量农业信息
美国数据	www.usadata.com	提供局部的、区域的和全国的消费者生活方式信息
美国政府	www.fedstats.gov	提供一百多家政府机构的数据和报告,也提供相关信息的链接。它是我们高度推荐的网站,但是你可能需要稍微对信息进行挖掘
资源评估	www.valuationresources.com	提供关于多种行业的概况、热点、趋势、行业财务信息和财务比率,以及薪酬调研等的来源目录
维基百科	www.wikipedia.org	和免费百科全书类似,每个人都可以编辑它
世界真相	www.cia.gov/library/publications/the-world-facebook	提供各个国家的具体信息,包括经济和政治信息
世界舆论	www.worldopinion.com	提供成千上万的调研报告,可能是营销调研行业的首选网站

6.2.2 新闻组

与其他专业人士和某个兴趣小组在网络上进行沟通的首选方式就是新闻组。有了网络和阅读新闻软件,你就可以进入你的服务供应商支持的任何新闻组。如果你的服务提供商不支持新闻组,或者你所感兴趣的新闻组不在所支持的范围内,你可以找一个包含你感兴趣的内容的公开可用的新闻组服务器。

新闻组的作用和关于某个主题的布告栏类似。新闻组往往就是为了某一主题而建立的。当新闻组成员阅读关于某个主题的相关信息时,他们会被新闻组打断而去阅读其他人留下的信息、回答别人提出的问题,观点不同时还要给出理由进行辩驳。新闻组通常会对信息进行管理以确保讨论始终围绕设定的主题,也会删除那些带有攻击性的言论。但是新闻组的阅读者可以自由地参与任何话题的讨论,也可以和任何访问了自己小组的人进行沟通。新闻组成员可以互相交换图片和数据文件,和通过邮件进行交换是一样的。

现在,新闻组的数量已经超过了25万个,而且每天都有新成立的新闻组。这些新闻组的主题涵盖了各种各样的兴趣爱好、专业和生活方式。大多数浏览器都有新闻组阅读器。如果确实没有新闻组阅读器,你可以登录一个搜索引擎,下载一个免费分享的新闻组阅读器。这些阅读器的功能和信件阅读器的功能类似。

6.2.3 博客

博客或者说网络博客的传统定义就是经常更新的、充满大量个人观点的发表物或网站链接。企业现在也使用博客和顾客或其他企业进行直接沟通。最近市场调研人员已经用博客进行品牌维护、跟踪事态、描述顾客、识别未被满足的需求。在许多正规调研的初步探索调研阶段，博客的作用越来越重要。

企业还用博客与消费者及其他企业进行交流。随着自动发布系统的引入而流行起来的博客通常可以在 bloggeratblogger.com 中找到。营销调研人员发现，博客是想象范围内的任何话题的相关信息的重要来源。调研人员已经使用博客招募调研参与者。尽管大多数搜索引擎里都可以搜索到博客，但是像 blogsearchengine.com 等主要用于博客搜索。

6.3 互联网调研策略

或许利用互联网进行调研并没有最优方案，但是我们建议你在进行互联网调研时采用以下五个步骤：

第一，对你的主题进行分析，并找出切入点。

第二，在谷歌等搜索引擎中搜索某个词或短语，近义词和同义词也要进行搜索。

第三，边做边学，并根据你所学的内容不断调整学习方法。不要认为你知道自己要找什么。仔细阅读搜索结果，看看除了你想找的东西以外，还有没有其他有价值的东西。

第四，即使某些策略不奏效，也不要停下来，尝试使用主题目录。最好的几个主题目录有：图书馆指数，lii.org；学术资源，infomine.ucr.edu；教育教学，www.academicinfo.net；谷歌字典，directory.google.com；About.com，www.about.com；雅虎目录，dir.yahoo.com。许多调研人员都是在目录和搜索引擎间来回切换。

第五，如果你没有找到所需要的信息，可以返回并优化之前的步骤。

一旦你找到了所需要的信息，接下来就要评估一下这些信息的质量。事情常常不像看起来那么好。例如，回想一下那些让你付费成为会员而成为网络调研参与者的网站。也许有一个看起来是对让人们接受访谈而赚钱的网站进行评级的网站，但所有参与评级的网站都要支付会员费，其中也没有像格林菲尔德在线或哈里斯互动调查公司这样的真正的调研公司。当然了，合理的调研人员不会为了成为专家小组的成员而收取费用。进行评级的公司很可能是由收取会员费的公司建立的。对于评级的标准，我们也无从知晓。

我们总结了评估网页的技巧，如表 6-2 所示。

表 6-2 如何评估网页

1. 我们从网址中能发现什么

网页评估技巧：

1）离开搜索结果列表前——在对页面上的任何信息感兴趣及点击之前——仔细阅读每个页面的网址。

2）接着选择可能最可靠和权威的页面。

续表

要提出的问题： 这是个人页面吗？ ● 仔细阅读网址： 　— 寻找个人姓名（如 jbarker 或 barker）、"~""%"等符号，还要注意"users,""members,""people."等词汇。 　— 服务器是不是商用的（/SP*），或是其他的网页托管（如 aol.com 或 geocities.com） 来自哪种域名？ （教育的、非盈利的、商业的、政府的等） ● 域名和内容匹配吗？ 　— 政府网站：找.gov,.mil,.us 或其他国家代码 　— 教育网站：找.edu	提供了哪些暗示？ 个人页面并不一定就不好，但是你需要仔细调查作者。个人网页不存在发布者或者域名拥有者为网页信息内容的担保。 寻找合适的网页。你认为对你的主题来说哪种信息源最可靠？

2. 浏览其他页面，寻找这些问题的答案

网页评估技巧：

1）寻找包含"About us,""Philosophy,""Background,""Biography,""Who I am,"等的链接。

2）如果你找不到以上字样，对网址进行截尾操作通常就可以找到了。

对网址进行截尾操作：在浏览器的位置框里，删除网址字符，每到一个"/"就停下来，按回车键看看是否能找到更多关于作者或所在网页的源网页的信息。这样反复操作，直到到达第一个单一的"/"处，一般在域名之前。这就是网页的服务器或"发表者。"

3）查找"上一次更新"的日期———一般在网页的底端。检查网站中每个页面的日期。切记，不要轻信浏览器文件属性和页面信息显示中的日期，因为这些日期通常能自动更新，在临界评定中没有意义。

要提出的问题： 谁写了这个页面？ ● 寻找创作者的姓名，或者组织、机构、代理商的名称，或其他负责该页面的无论什么对象。 　— 邮件联系远远不够。 ● 如果没有作者姓名，就找出为网页负责的机构。 　— 如果什么都找不到，那将网址截尾，找出服务器。这个服务器为网页负责吗？它说明了该网页存在的原因了吗？	提供了哪些暗示？ 无论是个人还是机构建立的网页都是带有一定目的的。它们并不像生长在潮湿的角落的霉菌，是自然现象。你要做的就是找出谁为网站内容负责。如果仅有一个作者邮箱地址而没有其他附加信息，那是不足以评估作者的。如果这就是你能找到的全部信息，尝试通过邮件联系作者来了解更多关于他的信息。

3. 寻找质量信息的标识

网页评估技巧：

1）寻找被称为"链接,""其他站点,""相关链接,"等链接。

2）如果你找不到脚本数字或代表文件的链接，那么就花点时间去搜索它们。另外，你还要弄清楚它们是什么类型的

续表

出版物或网站,是声誉好的、学术性的或是真实的网站。因为网络的引用很可能是假的。

3)看一下网页的发布者(网址最前面)。如果近期的来源于该发布者的出版物有网络版本,就能找到这些期刊文章、新闻报道或其他发表物。留意这些文章下面的版权信息或复制权限。

要提出的问题:	提供了哪些暗示?
是否有信息源的脚本或链接? • 作者是从哪里获得这些信息的? — 和发表在学术期刊、读物上的信息一样,应该有引用文献。 • 如果找到了其他信息来源页面的链接,那些链接的网页是否可信? • 那些链接能打开吗?	在学术或调研工作中,许多文章是否可信是通过脚本文件或其他能显示信息出处的方法来确认的。没有引用文献而声称支持某些观点与仅仅表达一个观点没有什么区别。

4. 其他人怎么说

网页评估技巧:

找出链接到这个网页的相关网页。使用 alexa.com 网页信息:将网址粘贴在 alexa.com 的搜索框里,根据页面的流量,你将会看到:

- 流量等级
- 主观评论
- "站点数据",包括一些页面历史信息及链接到这个页面的网站
- 域名的联系信息或所有权信息

5. 是否所有的加起来

网页评估技巧:

1)回顾一下你所了解到的关于网页的全部信息;倾听你的直觉;仔细思考网页建立的目的及作者的意图。如果你有疑虑,可以向你的导师或图书馆咨询处寻找帮助。

2)你可能仅仅是嘲讽、调侃、诡计、谎言的受害者,你要对此保持敏感。

3)问问你自己,这个网站是不是你收集调研信息的最好地方。

要提出的问题:	是什么原因?提供了哪些暗示?
这个网页为什么会出现在网络上? • 通知,提供事实,提供数据? • 解释,说服? • 销售,怂恿? • 分享? • 披露信息?	这些就是要考虑的网页存在的可能原因。互联网是公共场所,对所有人都开放。你要意识到网页后面的人为意图。

资料来源:版权所有,Joe Barker,加州大学伯克利分校教学图书馆。2004年由加州大学评议会发表。

营销者的梦想——根据互联网信息建立一个数据库

假如有人今天要开一个酒馆，那么是传统店铺还是像 wine.com 这样的网络零售商更有助于建立一个数据库呢？

像 wine.com 这样的电商已经能了解关于顾客的许多信息，这让那些开设实体商店的竞争对手十分羡慕。引导消费者进入一家网络商店的主因是一个双向的电子链接，这个链接允许电商收集各种信息，尤其是那些曾经在同一家店消费过的顾客。

得到消费者的姓名、住址和购物记录仅仅是开始。只要消费者登录过某个电商网站，电商就能记录消费者的行动，了解消费者的购物和浏览情况。最终结果就是电商得到一个能使电商确定消费者下次最可能买什么物品的文件。接着，当然是促使它发生。

同时，让我们来看一下线下的真实世界。酒店老板坐在柜台前，看着那些不知道姓名的顾客空着手走出去。这些顾客之前来过吗？如果来过，他曾经买了什么？他们注意到新来的夏敦埃酒了吗？遗憾的是，酒店老板也没有时间去问顾客这些问题（并且如果他去问，也会冒犯顾客）。顾客也许还会再来，也许不会。

预览旅游公司是一家总部设在圣地亚哥的旅行机构，它认为拉斯维加斯、奥兰多和坎昆是最受顾客青睐的三个度假胜地。

该公司迅速在几家互联网目录网站上为这三个目的地购买了关键词。当网站浏览者搜索三个地点中的任何一个时，预览旅游公司的广告就会和搜索结果一起出现。凯伦是预览旅游公司的消费营销高级副总监，她说传统的旅游公司也可以采用同样的战术，但是对于它们能否快速找出最热门的旅游胜地，她表示怀疑。"如果你在上网，你通常是在即时收集数据的。"她说。

6.4 网络定性调研

网络定性调研的首选形式是焦点小组。焦点小组分为两类：一是传统调研，有时也称异步小组调研；二是在线公告小组，也叫同步小组。你将发现在线焦点小组有多种形式。传统调研要在网络同时召集 8~10 个人，由主持人向参与者提问，参与者给予评论。像 Itracks 等公司会为这类调研提供情境支持。在线公告小组是基于网络媒体的新型定性调研方法。调研中，主持人每天都要向参与者提问，他们可以在一天中的任何时候进行作答。调研一般持续 2~3 天，也可能更久一点。主持人全天都要负责解答参与者的疑问。根据参与者的回答，主持人可以调整下一天将问的问题。主持人可以向某个或全体参与者提问探索性问题。支持软件允许参与者作答后查看其他人的答案。一个网络焦点小组的最新转变是网络社区的形成，我们接下来会讨论这个问题。最后，我们会简要地了解一下在线个人深度访谈的问题。

网络焦点小组的盛行

或许定性调研中现在最流行的就是网络焦点小组。许多营销调研公司（如哈里斯布莱克和 NFO 互动）尽管承认网络焦点小组有局限性，但都认为网络焦点小组可以取代面对面的焦点小组访谈。一些后采用网络焦点小组进行调研的公司都在积极使用这种方法，如华通明略咨询公司和 DMS 公司。

1．网络焦点小组的优点

已经使用和正在使用网络焦点小组进行调研的调研人员称其优越性远远超过其局限性。网络焦点小组具有成本低（节约一半成本）、调研时间短、参与者在地理上位置上可以是分离的、更无形（比如没有主持人在旁边）、参与者更放得开等优点。

丽莎说，"比起当着主持人的面，我认为小组成员更确定自己不喜欢什么，"她是环球影城的销售和营销副总监。该公司使用了网络焦点小组测试了一个重新设计了的网站，重新设计网站的目的是母公司的一个新品牌施格兰。鲁迪是绿地在线的董事长兼 CEO，他为环球影城进行了调研。他认为网络焦点小组可以进一步完善传统焦点小组，而不是取代它。使用焦点小组访谈，不但成本更低了，还为客户节约了参与者的交通费用、往返机票、餐费、旅店费和出租车费用统统节省了。客户在家里和自己的办公室里都可以观察调研情况。

网络焦点小组调研的另一个优点是能接触到传统调研接触不到的人。传统调研会受到时间和专业性的限制——有时小组成员必须是心理学家、律师或高管等。采用网络焦点小组调研，这些专业人士参与调研的概率也更高了，因为他们不必在百忙之中抽空去焦点小组访谈场地，而仅仅在自己家里就可以参与调研了。

进行网络焦点小组调研还能使主持人和小组成员的互动更高效。在传统焦点小组调研中，委托人在单面镜后观察讨论过程，委托人和主持人的交流必然会受到讨论的影响。然而使用网络焦点小组调研，委托人和主持人就能进行双向交流。主持人在主持网络焦点小组访谈时，委托人和主持人的直接互动是使访谈高效的必要条件，也有利于对敏感的个人话题的深入探讨。比起鬼鬼祟祟溜入房间，拿着一支笔在纸上乱写，委托人能直接地、清楚地、高效地和主持人沟通而不必担心打断讨论。

在传统焦点小组中，尽管一个好的主持人会尝试着让小组成员的贡献均等，但通常会有一个主导讨论的"中立空谈者"，其他的参与者在小组中表达自己的观点会不太舒服，当不必和其他成员面对面时，他们能更自由地表达自己的见解。网络焦点小组有内置的平抑效果，那些内向的人能和外向的人一样自由地表达自己的观点。一位参与者解释说他喜欢参与网络焦点小组是因为"没有了传统小组中来自其他成员的压力，我能更真实地表达自己的想法"。另一位成员也说"我能够表达自己的观点而不必听别人的反应"。至少就表达观点的真实性和意愿上，参与者在自己家中等私人场所感觉更舒服。

2．网络焦点小组的缺点

网络焦点小组的批评者认为，调研团体呼吁通过网络"焦点小组"来完成定性调研本身就是不公正的。他们对此提出的批评表现在以下几个方面：

1）小组动态。使用传统焦点小组访谈的重要原因之一就是观察小组成员的互动，因为互动过程中能提供非常好的观点。而在网络上，小组成员只是阅读屏幕上的信息而不能进行口头上的互动，所以即使能够实现小组成员间的互动，难度也很大。

2）非语言信息。有经验的主持人在主持和分析环节会使用来源于小组成员的非语言信息。但是，在网络环境下，不是每次都能重复这些非语言的信息。

3）客户参与。许多组织都会使用焦点小组访谈法，因为它使得委托客户能够在一个客观的环境下和消费者进行直接接触。不论录影带、远程广播设施、视频流或者主持人的报告有多好，它们都不能取得在单向镜后观察焦点小组的效果。

4）接受外部刺激。焦点小组访谈的关键作用之一就是向小组成员展示广告文案、新产品概念、产品原型或其他刺激物来观察他们的反应，但这在网络焦点小组访谈中几乎不可能实现。因此，通过网络焦点小组访谈获得的信息比通过传统焦点小组访谈获得的信息更可疑。

5）主持人的作用和技巧。许多营销调研专业人员都认为，在传统的焦点小组访谈中，主持人的技巧是影响调研质量的重要因素。主持人不应该仅仅是问一个简单的问题的提问者。好的主持人会用新颖方法来引导沉默寡言的或者害羞的参与者，使那些进度缓慢的小组活跃起来，也能使主题更深入小组成员的内心。坐在电脑终端前的主持人和面对面直接参与访谈的主持人可以使用的技巧是不同的。

传统焦点小组访谈和网络焦点小组访谈的优缺点如表 6-3 所示。

表 6-3 传统焦点小组访谈和网络焦点小组访谈的优缺点

	传统焦点小组	网络焦点小组
基本成本	更昂贵	相对便宜
参与者	由于时间和地点的限制，参与者多为当地人	只要有电脑且可以上网就可以参与
时间保证	大约需要 3 个小时，比较忙碌的人不能参与	大约需要 1 个小时的调研时间，让比较繁忙的人参与调研的概率更高
参与者的坦率程度	有些参与者有所顾虑，在面对面的小组环境下不敢开诚布公	没有直接的面对面的接触，又没有网络摄像机的情况下，参与者更有可能写下自己的真实感觉
小组互动	他人可以对某个人的言行做出反应	没有
非语言交流	可以观察到肢体语言	只有使用网路摄像机才能观察到肢体语言
文字记录	获得文字记录要花费大量时间和经费；文字记录的句子和想法通常也不完整	可及时获得文字记录；记录中的句子和想法通常是完整的
小组成员招募	招募特定类型的参与者（医生、管理人员等）比较困难	很容易招募到各类参与者
委托人交通费	如果客户要在一两天内去几个城市，花费会比较高	没有

续表

	传统焦点小组	网络焦点小组
和访谈员进行沟通	观察员能在焦点小组中传递纸条	观察员能和访谈员在单独的屏幕上进行私人沟通
参与者的安全	每个参与者都经过精确的识别	有时很难确定参与者是谁
委托人参与	委托人能观察到活生生的消费者的互动	委托人只能通过网络摄像机观察消费者间的互动
接受外部刺激	包装设计、广告文案、产品类型都可以展示给参与者	向参与者进行展示的能力有限

3. 使用互联网招募焦点小组访谈小组成员

对于有特定要求的焦点小组成员的招募，互联网是非常好的工具，调研人员现在仅仅需要在克雷格列表等网站发布公告即可。克雷格列表的分类广告每个月能吸引500万访问者。就职于Cheskin咨询公司的人类学家蒂姆说："当你想在小用户群中找到细分用户时，这个网站非常有用。"

加利福尼亚的Point Forward公司就已经成功使用克雷格列表网站成功地找到了像经常在美国和墨西哥旅行的人这样满足特定要求的参与者。

最近的一个针对纽约市民的克雷格列表是由另一家营销调研公司提供的，它为参与者提供350~900美元的报酬。参与者要带调研人员看看他们的酒柜，进行一次购酒之旅，或者就调研人员指定的社会事件制作一个纪录片。

筛选问题包括："你什么时候出去喝酒或买酒？是否有人向你咨询过买什么牌子的酒？如果是，那么上述事件发生的频率有多高？"

4. 互联网社区调研

互联网社区就是精心挑选出的一组同意参与某个公司正在进行的调研的消费者。所有的社区互动都在客户定制设计的网站上进行。一个社区的存在时间通常是6个月到1年，也有可能更长。在此期间，参与者要回答公司定期提出的问题。这种典型的以定性对话的方式进行的讨论非常有用，因为社区成员能就感兴趣的话题进行交流。

互联网社区盛行的原因及其作用是由于互联网社区的下列优点导致的：
- 消费者处于较为舒适的空间，和访谈者交流时更自在，交流也能更深入。
- 其他小组成员的刺激和"我找到了"时刻，带来消费者催生的创新。
- 能形成品牌拥护者。
- 能提供实时结果。
- 能建立允许消费者就他们感兴趣的主题发表真实言论的论坛。

此外，通过让员工和消费者的直接互动，互联网社区有利于公司建立一个以消费者为中心的组织。

互联网社区因其快速、灵活、能实现每周7天、每天24小时访问消费者，使企业能更敏捷地做出调研决策，而且节省了大笔费用。

通过在互联网社区中增加一个调研焦点，能使调研的整体化视角更深化。这是由于互联网社区具有以下特点：
- 能掌握目标消费者的心理。
- 能通过头脑风暴发现新主意。
- 能共同建立和测试新产品。
- 能观察消费者最自然的行为。
- 能使公司以消费者为中心。

5. 网络个人深度访谈

亲自进行个人深度访谈非常昂贵。尽管可以通过电话进行深度访谈，但必须进行记录。一些调研公司非常乐于尝试网络个人深度访谈。招募到访谈对象后，在可靠的平台上为每个访谈对象建立一个私人博客，用于访谈对象根据访谈主题建立在线日志。经过一段时间，访谈对象要针对一些问题进行更为深入的思考，并将思考结果张贴在博客上。思考的结果就是及时完美的记录。第二阶段的调研则可能使用电话、邮件或公告栏进行深度讨论。讨论主题来源于博客内容。

当小组成员互动对结果影响不大时非常适合采用网络个人深度访谈。个人深度访谈的优点包括：① 使针对医生、管理人员等专业人士的调研非常高效；② 每个参与者提供的答案都更为深入，涵盖内容更广泛；③ 随时可以翻看记录并通过和访谈员沟通来调整调研进程。

下面的调研实践介绍了定性调研的新进展。

市场调研实践

利用新科技展开调研：革新的网络定性调研

以互联网的原创性平台及其为调研人员提供的工具为基础，新科技为网络调研带来了巨大进展。但是，调研人员采用这些调研工具时必须记住它们只是调研的一部分。调研人员还可以进一步考虑以下调研工具。

（1）发布在讨论区的文字信息

参与者可以随时随地使用智能手机回答问题。这种方式对获得参与者的及时回答非常有效。他们的回答还很可能会带动更多参与者。

（2）现场解说

通过邮件或文本将问题发给参与者，参与者在答录机上作答，因此答案会被记录下来。这种方法也能使调研人员获得大量的及时回答。

（3）图文日志

参与者以网络日志的方式回答问题，日志中可以包含图片和视频。这种方法对于了解随着时间推移不断变化的产品形象非常有用。

（4）无线摄像头

网络摄像头是用来观察参与者的特定行为的（如使用一个对流烤箱）。比起日志，这种方法能提供更为完整的信息。但是，调研人员必须花时间去了解参与者所处的实际环境并正确安装、使用摄像头。将摄像头作为参与者的报酬是惯用方式。

（5）标记工具

向参与者展示平面广告、构思草图或其他刺激物，接着使用界面的编辑工具标出带有草图、好恶和评论的项目。访谈员能操纵每个参与者可以看到的他人评论的数量。

（6）私人虚拟社区

调研人员围绕调研主题建立一个虚拟社区，参与者在虚拟社区里建立用户资料。在参与调研人员的调研期间，参与者之间可以互动。这种方式不太适合短期调研，而适合让参与者长期参与的长期调研。

（7）视频编辑工具

在调研报告中附上视频正变得越来越容易。调研人员可以将预设的问题和个体参与者的答案或小组讨论的实时视频整合在一起。

问题：

1．你想尝试哪种获取一手数据的新方法？

2．请依据获益的高低对这些新的互联网调研工具进行排序，并说明你为什么会这样排。

6.5 网络调研

互联网已经永久性地改变了调研方式。正如我们之前所注意到的，大多数的美国调研公司现在都采用互联网调研。美国许多关键人口区域的网民几乎和人口总数相等。全世界网民总数仍在增长。随着全世界网民数量的增长，单个国家的人口特征将和互联网用户特征逐渐融合。互联网调研快速发展的原因非常简单，那就是其优点远远大于缺点。

6.5.1 网络调研的优点

许多公司现在正面临着产品生命周期缩短、竞争加剧、各种因素急剧变化的商业环境。所以，决策者需要快速做出复杂的决定，互联网能提供及时信息从而帮助决策者快速做出复杂决策。网络调研的具体优点有：

1）发展迅速并能提供即时报告。在线调研能针对成千上万的潜在受访者同时进行。受访者完成调研后，调研结果会以表格的形式呈现给委托人。因此，相对传统调研，网络调研的结果能更快速地到达决策者手中。

2）成本低。使用电子调研方式能减少25%~40%的成本，所花费的时间也仅仅是电话调研的一半。数据收集成本占传统调研预算的大部分；电话调研是劳动密集型工作，要进行培训、电话沟通及管理。网络调研几乎节省了花在这些环节的全部费用。尽管传统调研技术成本的增长与受访者数量的增长有关，但采用互联网调研，即使样本容量增加，成本的增加也相对较小。

3）个性化。因为和参与者个人处境高度相关，互联网调研是高度个性化的，因此也加速了调研进程。仅仅回答关键问题、暂停调研及之后根据需要对回答进行总结，以及能够回顾之前的答案并修改不一致的地方的特点都使互联网调研很受参与者的青睐。

4）回收率高。繁忙的参与者越来越无法忍受"蜗牛邮件"和电话调研。互联网调研比电话调研花费的时间更少，而且参与者可以在自己方便的时间回答问题，因此他们更能投入调研之中。图像、互动、鱼饵网点和即时报告使调研更有趣味性。结果就是回收率高了。

5）能接触到传统调研难以接触到的参与者。有些人群（医生、高收入专业人士、全球2000强公司的首席信息官）很难接触到，而在网络上则能比较容易地找到这些人群的代表人物。互联网调研使那些繁忙的专业人士参与调研更方便了。

6）简化、强化了小组管理。互联网专家小组是通过互联网连接的电子数据库参与调研的。它为调研公司和委托人提供反馈信息和建议。它可大可小，可能属于辛迪加公司，也可能属于他人所有。它可能是由消费者、潜在消费者、搭档或雇员组成的。建立和维持一个互联网专家小组的成本比传统专家小组的成本低得多。小组一旦建立、问卷一旦设计好，就可以展开调研，这样就收集到了数据，之后就能形成高水平的报告。

这个精密的数据库会追踪小组成员的资料数据和所提供的答案，有利于纵向研究和数据挖掘，能随着时间对不同细分市场的消费者的态度和行为有更深刻的认识。这种调研方法的回复率也很高，通常在20%~60%，因为参与者事前已经承诺；并且相对传统专家小组，互联网专家小组成员提供答案更具体和深入，因为他们不必提供人口统计和生活方式信息（调研公司已经获得这些信息）且要在一段时间内都参与调研。

7）外部互联网专家小组为调研提供方提供了便利。像哈里斯、SSI、绿地在线等公司都有容量巨大的互联网专家小组，一些调研公司就可以利用这些专家小组进行调研。我们在后续篇章会详细介绍这些专家小组。此外，随着互联网专家小组提供者的增加，其使用成本已经下降。

在接下来的全球调研板块中，我们将和您探讨在像俄罗斯这样的关键全球市场中互联网调研的优势。

全球调研

在俄罗斯调研

在过去10年里，俄罗斯经济已经走出20世纪末的低迷，实现了稳定和繁荣。可支配收入的增加是反应这一现象的重要指标。俄罗斯人均可支配收入自2000年以来一直保持着2.7%的年增长率。跨国公司及其营销部门也注意到了这一现象，尤其是在许多发达市场的增长率减缓的背景下。

卡莉妮娜是箭牌口香糖公司的市场研究总监。她说："全球市场调研变得越来越重要，越来越多的决策需要以消费者的反馈为基础。"幸运的是，俄罗斯消费者通常很愿意和调研人员进行互动，也很渴望分享他们关于不断增多的消费选择的看法。然而，俄罗斯的调研人员也面临着诸多挑战。

挑战之一是从俄罗斯市场中选择合适的样本人群。俄罗斯幅员辽阔，所以真正有代表性的样本人群要覆盖8个联邦区，或者更具体地说是83个联邦主体，还必须满足人口统计学方面的要求，如年龄、性别和社会经济地位。

尽管需要这样有代表性的样本，但大多数调研的关注焦点却在一些主要城市。因为大部分的可支配收入也在那里。通常，俄罗斯市场进入战略的地点是莫斯科，新增的起点城市还有圣彼得堡和其他大城市。过去10年，对覆盖俄罗斯全国范围的调研的需求越来越迫切，问题是如何收集数据。

俄罗斯国土面积辽阔，加上电话调研员需要驾驭受政府管控的低效的远程通信系统，所以面对面的访谈非常困难。互联网调研是随着互联网的普及新近几年才发展起来的。在总数为1.42亿人的俄罗斯人口中，12%～17.5%的人上网；但是这个数字的年增率大约为27%。在像莫斯科和圣彼得堡这样的大城市里，网民增长率比这个数字还要高。

即便如此，相对其他方法，互联网调研在收集数据方面还是有一些优点，当然它也有缺点。这些缺点如某些人口统计学上的信息仍然未被很好地反应、40岁以上人口和女性的回复率比较低等。年轻的、富有的、接受了良好教育的男性是俄罗斯人中最易调研的对象。时间限制是互联网调研人员面临的另一个问题。由于无法确定到底在俄罗斯市场上采用哪种调研方式，这就会延长互联网调研的时间。为了在俄罗斯充分利用互联网调研，调研人员可以考虑将传统调研转换成互联网调研，也可以同时进行线上和线下调研。

随着俄罗斯市场的不断增长，对于想在俄罗斯开展业务从而形成自己的持久竞争优势的公司来说，了解俄罗斯消费者变得越来越重要。

问题：
1. 调研人员在俄罗斯面临的挑战和在其他发达国家面临的挑战有何不同？有何相似？
2. 既然俄罗斯的可支配收入大部分都在主要的大城市，为什么调研人员的理想样本还要包含处于偏远的、影响小的地区？

6.5.2 网络调研的缺点

对网络调研最普遍的批评就是互联网用户不能很好地代表总体人口。正如之前所说的，这种批评在美国大幅度减少了。哈里斯和DSS调研公司已经进了300多次并行模式（电话和互联网）调研，并发现调研结果非常相似。在所有的调研中，样本间几乎没有数据上的明显差异。DDS公司认为网络专家小组调研是进行市场份额测量的最佳方式，也是基于成本（成本是电话调研的一半）、速度（所需时间不足电话调研的一半）和测量精度而实现竞争性标杆管理目标的最好方法。

史密斯李是Insight Express的首席运营官。通过网络调研和邮件调研的对比，他发现二者获得的数据质量不相上下，但是网络调研所需的时间和费用仅仅是邮件调研的1/8。有研究表明，许多国家的互联网渗透率已超过20%，网络调研的结果和电话、纸质调研等传统调研方式相似。

在网络建立了随意样本后，第二个问题就出现了。也就是说，任何人只要愿意都可以填写问卷。这完全是互联网用户自选式的，填答问卷者很可能没有目标互联网用户。如果同一个互联网用户可以反复填答问卷，情况会变得更坏。例如，计算机用户杂志《第一时间报道》对它的读者进行了读者选择调研，但是对某个产品的重复选择歪曲了调查结果，最终导致该杂志公开放弃调研，杂志编辑不得不向用户求助以避免此类问题再次出现。向特定的调研参与者提供唯一的密码是所有负责的企业进行网络调研时规避此类问题的通用方法，这样同一个用户只能参与一次调研。

网络调研的第三个问题就是在网络上可能找不到符合要求的样本框架。假设俄亥俄州代顿市有一家很受欢迎的印度菜馆，它想通过调研来了解相对于类似橄榄园餐厅等连锁巨头，消费者期望的产品和服务质量如何。像绿地在线这样的大型调研公司可能也没有办法为这个餐馆在代顿找到足够的专家小组成员，调研因此也无法执行。

网络调研可能出现的问题还包括调研参与者完成问卷后没有办法再把他们找回来将开放式问题进一步明确化、潜在的问卷编排错误及网络方面的问题（一些潜在被测试者无法完成调研或快速下载照片或视频）。有些公司可能认为网络调研又快又好，并且已经有了能进行网络调研的软件；但是有些公司却不能正确掌握进行网络调研的专业技术。

6.5.3 网络调研的方法

网络调研软件、调研设计网站和网络托管是3种基本的网络调研方法。

1．网络调研软件

网络调研软件包括专门设计和发放网络问卷的软件系统。通常，使用视觉界面的网络问卷具有方便使用和编辑的特征。问卷会被自动发往网络服务器系统。网络服务器在一个数据库内发放问卷，将填答的问卷存档。用户在对作答的完成数据、描述数据或图表形式的数据有质疑的时候可以随时访问服务器。现在常用的网络调研软件包有 SPSS Quanquest、Inquisite、Sawtooth CiW、Infolpoll、Designer 和 SurveyGold。

像 SPSS Quanquest 这种自助式软件需要为参与者提供很好的体验，这样参与者才会完成调研。参与者越投入，调研结果的质量越高。以下的小技巧可以使参与者获得较好的体验：

- 和其他的问卷一样，尽量少使用调研专业术语，多使用对话式的语言。
- 坦诚地告诉参与者完成问卷所需的时间。
- 为参与者完成最后的开放式问题提供尽可能多的机会，让他们表达真正的见解。
- 确保答案选项涵盖了所有的可能选项，避免过度使用"其他"。
- 确保调研少于20分钟，并提供进程信息，让参与者提前了解调研的全过程。
- 尽可能考虑使用图表，加入更多的视觉体验。
- 探索有利于调研人员和参与者互动的新方式。
- 让调研更有教育性——如果能获得关于某个产品或话题的新知识、新信息，就是对参与者极大的鼓励。

- 为参与者提供可以再次接触他们的机会，以获得关于被测试产品的即时信息。

2．调研设计和网站托管

许多网站允许调研人员直接在网络上设计调研而不必下载软件，之后就由调研设计网站的服务器来管理调研。有些网站还提供制表和分析服务。著名的托管网站包括 WebSurveyor、Perseus Survey Monkey、Research Now 和 Zoomerang。

6.6 商业网络专家小组

目前，许多调研人员转向求助于商业网络专家小组来推进其市场营销调研。商业网络专家小组不是为了某一个公司或某一个项目而设立的，是为了许多不同公司的综合项目而设立的。能提供商业网络专家小组使用权限的公司是在前期小组成员招募中有投资的。有些网络专家小组是专门服务于某个行业的（如建设、医疗、技术行业），并且许多小组的成员数量成千上万，其中不少成员已经参与过各种各样的调研。当人们加入专家小组的时候，他们要填答一份较宽泛的剖析问卷，它会记录填答者的人口统计信息、生活方式、心理信息等。这样，专家小组提供者就能记录每个小组成员的细节信息，也就能很好地将小组成员和调研目标进行匹配。

6.6.1 专家小组管理

网络专家小组调研确实能降低调研成本和时间，但是其调研质量却有赖于小组的管理。影响网络专家小组调研的因素有成员招募方式、小组成员的参与、专家小组管理实践和所提供激励。

采用何种方式招募专家小组成员对调研结果至关重要。如果调研是针对普通大众消费者的，评估小组成员招募方式的标准就是其样本能否代表普通大众消费者。相应地，如果调研需要专业商务人士参与，就应该是从全体专业商务人士中招募成员。理想情况下，一个专家小组要能很好地代表调研的目标人群。网络专家小组与其他调研方式的重要区别就在于招募方式。从本质上说，招募网络专家小组成员的方式有两种：公开招募和邀请招募。

人们上网时，通过广告将他们拦截下来就是公开招募。网络专家小组公开招募允许任何上网的人自愿加入一个网络专家小组。有了这些互联网专家和响应网络广告的人，就能迅速地组建一个网络专家小组。

公开招募最大的缺点就是无法控制谁会被招募。公开招募方式招募到的专家小组成员可能有一些共同特征，但是可能仅仅包含了那些会对网络广告做出回应或是通过搜索引擎寻找加入网络专家小组机会的人。这样就不能很好地代表普通大众。

许多情况下，公开招募的小组成员参与过许多不同的小组并且参加过过多的调研。这些人被称为"专业调查接受者"——多次参与调研来获取抽奖机会或其他奖励的人。专业调查接受者最受关注的话题有3个：① 为了尽快完成调研，他们可能提供虚假错误信息，而不是经过认真思考后的答案；② 就他们花在调研上的时间来看，他们总是抱着一种马马虎虎的态度；③ 他们会造成专家小组成员构成的比例失调，从而导致调研结果出现偏差，甚至不具代表性。有些网络调研人员会招募同时参加多个专家小组的成员，这对调研是很不利的。有研究表明，超过30%的网络调研是由不足总人口1%的人完成的。还有研究表明，专业调研接受者在90天内平均参与过80次调研———些人一天就参与几次调研。当然，不是所有的专家小组都是由专业调研接受者组成的。这是在将网络专家小组成员招募方式付诸实践之前要对其有所了解的原因。

另一种招募网络专家小组成员的方式是邀请招募。它是由美国最大的商业网络专家小组提供者——Researh Now 公司首次使用的。封闭式网络专家小组招募，就只邀请那些经过再次验证或分享已知信息的个人加入专家小组。邀请招募通常从大型的、被高度信任的顶级品牌的顾客中招募成员。那些品牌在特定人群中（如大众消费者、专业商务人士）共同拥有一个大型的、多样化的客户基础。例如，在招募专家小组成员方面，Research Now 已经和拥有庞大的多样化客户基础的大型知名企业合作。类似地，在专业商务人士的招募上，它们和主要的航空酒店、汽车租赁公司合作。这当然会出现重叠现象，因为商务人士也是消费者，但是 Research Now 的小组成员会通过格外认真的登记工作来确保小组成员不重复。

这种"只通过邀请"的方式让调研人员能招募到具有某种人口信息的成员从而很好地代表调研的目标人群，也就能满足客户或其他具体的需求。例如，为了招募大量专家小组成员，专家小组提供者会从高档零售商那里招募小组成员。为了招募青少年，专家小组提供者会从某个青少年服饰服装零售商那里招募成员。为了招募商务决策者，专家小组提供者可能会从为商务人士提供服务的公司招募成员，如航空公司、酒店、汽车租赁公司和商业出版物的订阅者。

使用"只通过邀请"的方式能很好地控制谁会被邀请，从而很好地解决专业调研接受者的问题。需要注意的是，通过这种方式组建起来的专家小组的成员构成取决于邀请的是谁，这种情况下或许会由于成员来自某个特定人群而导致调研的偏差。所以，采用这种方法的关键是与不同领域的公司合作，确保成员来源的多样化，平衡小组成员的构成，使专家小组能很好地代表目标人群。

6.6.2 公开招募和封闭招募

Research Now 通过调研对比了公开招募和封闭招募的差异。在为期 6 个月的测试中，Research Now 采用"只通过邀请"的方式招募了 38 162 名专家小组成员加入一个实验性消费者专家小组，而这个消费者专家小组是用公开招募方式组建起来的。之后，Research Now 将通过两种方式招募来的小组成员进行了跟踪和对比（见表 6-4）。

表 6-4 公开和封闭招募方式

	公开招募	封闭招募
在家庭之外工作	45.6%	77.0%
家庭主妇	15.7%	4.4%
女性	73.7%	47.5%
参与多种调研	87.3%	39.5%

续表

	公开招募	封闭招募
参加了 5 个及以上专家小组	55.2%	19.6%
加入的专家小组的平均数量	5.4	1.4
完成调研的平均时间	8min:22sec	9min:45sec

资料来源：Research Now 2011。

实验表明，通过两种方式招募来的小组成员差异显著。通过公开方式招募来的小组成员大多数是家庭主妇、退休人员、学生和失业者，更可能是调研专业接受者——他们同时参与了多个专家小组、每周都会参与几次调研、通常会更快地、草率地完成调研。

6.6.3 参与者合作

为了最小化无应答偏差，受访者的参与对调研的成功非常重要。因此，了解如何管理网络专家小组、采取何种激励措施非常重要。网络调研的反应率浮动非常大，有些人群中的平均回应率不足 5%，而有些接近 30%。如果是经过筛选的人群，那么其回应率能超过 60%。随着电话调研的回应率递减，网络专家小组调研将发挥越来越重要的作用。

提升回应率要注意多种因素：小组成员的参与程度；小组成员参与调研的经验；整个小组参与调研的经验；调研主题。当然，参与调研的主要动力之一就是激励措施。

通常，网络专家小组的激励方式有两种：抽奖模式和全部支付模式。抽奖模式提供给参与者一个抽奖机会，虽然中奖率很低，但奖品是大笔美金。全部支付模式就是每次都给每个参与者一些小奖励。

选择何种激励方式很重要。合理的激励方式不但能提升回应率，还能降低小组成员的流失率。当为了某类被调研人员需要使用收集的信息时，这非常重要。如果小组成员觉得比起他们付出的时间和精力，他们所获报酬太低，他们就不太可能参与调研。

结果显示，全部支付比抽奖模式更具激励性（见图 6-1）。在全部支付模式下，参与者更快地完成调研，回复率也比抽奖模式下高 58%。回应率虽然不是衡量网络专家小组质量的唯一指标，但也非常重要。

6.6.4 控制专家小组

除了成员招募和参与者合作，网络专家小组提供者必须对其专家小组进行有效的持续管理，这样才能确保调研取得高质量。小组必须确保它们的成员在每次调研中都获得了正向体验。除此之外，还要对小组成员进行频率控制，确保他们参与调研的数量适度。也就是说，要让小组成员参与足够的调研，从而有效地参与调研过程，但数量不能过多，以免使调研成了他们的负担。其他保证小组成员获得正面体验的措施包括尊重小组成员的隐私、保证小组成员个人信息安全、保护小组成员免受以销售活动为目的虚假调研（这是假市调真推销——以调研的形式进行销售）的骚扰。

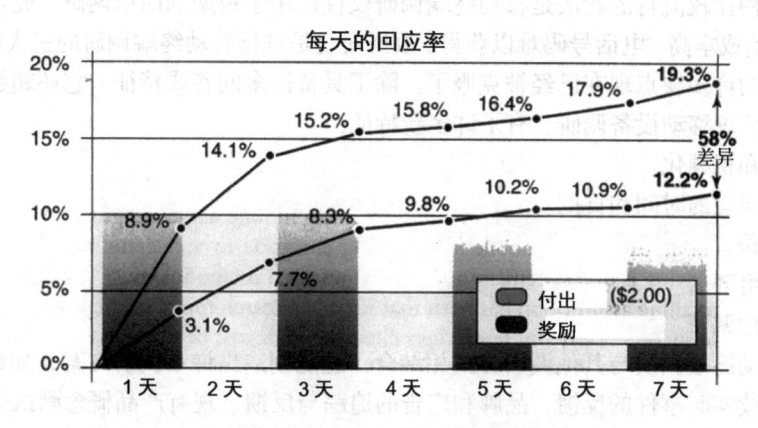

图 6-1 全部支付与抽奖模式

专家小组提供者将不断招募新成员来满足不断增长的网络样本的需求，同时会弥补原有成员的流失。小组成员的意外流失也会导致其他成员回应率的降低。此外，专家小组经常招募新成员还有利于它们接触到一些难以接触到的细分人群，并且平衡小组成员的构成，更好地代表总体人口。

最后，专家小组管理的内容还包括确保小组的新鲜度。随着小组成员的变更，他们的信息也必须及时更新。去年，一个 25 岁的年收入为 12 000 美元的单身大学生现在可能和一个 26 岁的会计结婚了，并且有了孩子，他们的家庭收入可能变成了 45 000 美元。更新成员信息能确保专家小组提供者始终为调研提供合适的人群。

评估网络专家小组的质量时，有几个主要驱动力会影响其整体方法的成效。如果一个专家小组没有一个定义很好的指导准则，被抽样的购物者就应该留意这种情况对数据质量潜在的负面影响。

6.6.5 移动互联网调研——未来趋势

2010 年，美国的移动互联网用户增长 110%，全球移动互联网用户增长 148%。每天有 4 700 万名美国人用手机上网，占据美国移动互联网用户的 38%。按年龄来划分，18~29 岁的人口中，有 65% 的人用手机上网；30~49 岁的人口中，有 43% 的人用手机上网。使用手机上网频率最高的人群是大学生和年收入超过 75 000 美元的人。尽管移动互联网用户正在飞速增加，但它也仅仅占美国网络消费总量的 1.26%。

随着全球范围内网络的不断渗透，移动电话已经成为许多消费者进行沟通的首选方式。移动电话具备了 4 种传统调研方式的特征——面对面调研、邮寄调研、电话调研和网络调研——它在地理位置和结果的即时性上获益巨大。更进一步说，随着支持移动应用的基础设施的增加，全球的移动应用趋势和移动广告支出将持续增加，以访谈为基础的移动电话调研已经成为第五大调研方式。

对此，一种比较流行的看法是移动终端调研仅仅适用于短期的简单调研。先前有调研人员认为，文字短信成本高、电话号码难以获得、数据安全是进行移动终端调研的三大难题。不过，移动终端调研的许多缺点现在已经被克服了。除了具备许多问答式特征，它还超越了基础的短信和无线应用协议移动设备调研，有了许多新特征：

- 图片化和视频化。
- 能掌握回应的时间和日期。
- GPS定位。
- 参与者可匿名。
- 个人性化调研。

如果把移动终端调研与其他调研方式相结合，还能创造出许多调研方案，如销售点顾客满意度调研、连续实时事件的反馈、品牌和广告的追踪与反馈、现有产品概念测试等。

但是，为了使移动互联网调研有效，调研人员仍然必须采用调研的通用准则。如果坚持这些原则，就有许多机会对移动互联网调研的革新进行投资和让消费者参与最前沿的通信调研。

移动互联网调研的优点：

- 如果调研的目标人群难以接触，则可以考虑这种方式。
- 能提高各个人群的被调研人员的回复率。
- 在关于营销活动、广告测试等调研中能获得即时反馈。
- 可以节约成本——调研获得更及时的回复、调研时间缩短。
- 可以使用移动电话作为招募工具来指导被调研人员参与在线调研。
- 更容易让繁忙的人参与调研。

移动互联网调研的缺点：

- Lightspeed公司发现由于年龄大的人不怎么使用移动互联网服务，所以随着年龄的增长，移动互联网调研回复率下降。因此，调研获得的信息不能代表所有消费者。
- 问卷必须简短。
- 问题的类型和长度受限。
- 由于受访者接收和完成调研会产生成本，因此必须提供更多的奖励。

移动互联网为营销调研人员带来了新机遇。但是，由于诸多限制，传统的网络调研仍然是大多数调研的首选方式。

小结

全世界几乎有30%的人都上网。在美国和加拿大，网民数量超过了77%。90%以上的美国调研公司都使用网络调研。二手数据在调研中发挥着重要作用，它能将调研问题清晰化、指导我们采用何种方式调研，有时可以直接帮助我们解决问题。互联网极大地改变了二手数据的获取方式。比起等候来自政府机构和其他来源的回复信息，用户现在能在网络上找到数以万计的信息。搜索引擎和目录包含了数不清的链接，能让我们掌握全世界的信息。针对某一话题的讨论小组和博客也是二手数据的宝贵来源。网络搜索二手信息有 5 个步骤。我们还提供了如何评估搜索到的网页信息质量的方法。

网络数据库能为我们带来重要的信息。当一个人点击网页的时候，电商可以对他进行跟踪。电商有消费者的浏览记录和购买记录。根据消费者之前的购买和浏览记录，电商可以调整消费者下次登录网站看到的界面。Cookies 是调研人员监控用户行为的重要工具。

越来越多的专家小组采用线上方式进行调研，这样可以节约时间和成本，还能接触到原来接触不到的人群。但是，网络专家小组也存在一些问题。异步焦点小组是延长了时间的焦点小组，更像网络聊天群。互联网社区调研就是被调研人员持续参与某个调研的地方，调研人员和被调研人员要在此对话，对话可能持续 1 年甚至更久，被调研人员要回答公司定期提出的问题。互联网社区调研获得的信息可以作为我们进行后续调研的基础。

有些公司正在尝试在网络上进行个人深度访谈。每个被调研人员都要根据调研人员的问题建立一个个人日志。

互联网调研使得调研活动能迅速开展，并及时获得回复，极大地降低了成本，而且使调研更加个性化、回复率更高，同时提高了原来不大可能参与调研的人参与调研的可能性，简化并强化了小组管理，提高了调研公司的利润。其缺点就是可能不能很好地代表互联网用户，无法引导受访者一步一步深入探讨开放式问题，或者无法在网络上找到所需的样本框架。

许多公司在进行大型综合调研时采用商业网络专家小组。在降低成本和实际调研时间的同时，网络专家小组需要被很好地管理。网络专家小组成员招募方式分为公开和封闭两种。封闭招募能让调研数据质量更高。要对网络专家小组进行很好的管理，就要阻止专业调研接受者的参与。通常，网络专家小组采用抽奖和全部支付的方式作为激励方式。全部支付似乎更有效。移动互联网技术将是网络调研的另一个平台。

关键术语及其定义

新闻组（Newsgroup） 用户可以阅读某一主题的相关信息并发表见解的网站。

网络焦点小组（Online focus groups） 在网络上进行的焦点小组访谈。

互联网社区（Web community） 一些精心挑选出来的愿意持续参与某个公司的调研的消费者。

非限制的互联网样本（Unrestricted Internet Sample） 自主选择的样本群，是由任何愿意参与调研的人员组成的。

商业网络专家小组（Commercial Online Panel） 由接受了某个专家小组公司奖励并同意参与网络调研的一个群个体组成，如 SSI。专家小组公司为其他组织提供小组进行网络调研收取费用。收取的费用取决于调研的时长和调研的目标人群。专家小组公司掌控着对其专家小组成员使用的权限。

公开招募专家小组成员（Open Oline Panel Recruitment） 采用这种方式招募专家小组成员时，任何能上网的人都可加入专家小组。

封闭招募专家小组成员（Closed Online Panel Recruitment） 仅仅邀请那些通过了预检验的人或是具备某些特征的人加入专家小组。

复习思考题

1. 你是否认为所有的调研最终都要在互联网上进行？为什么？
2. 解释博客和营销调研的关系。
3. 调研人员如何评估网页的质量。
4. 公司如何从根据网站浏览者建立起来的内部数据库中获益？相比于传统商店，网络零售商有哪些优势？
5. 讨论网络焦点小组的优点和缺点。
6. 解释即时焦点小组访谈和异步焦点小组访谈的区别。
7. 你认为像卡特彼勒这样的公司能否从网络社区调研中获益？福特汽车呢？美国航空公司呢？
8. 探讨网络调研为什么如此受欢迎？
9. 提升调研完成率的方法有哪些？
10. 描述招募网络专家小组成员的方法。
11. 如何避免调研专业接受者加入到一个专家小组？
12. 专家小组管理对于网络专家小组调研的质量是否重要？

网络在线

回顾表6-1，根据它所提供的网站，找出下列信息：美国收入最高的10个州；哪里的皮卡车人均占有数量最高；美国平均年龄最大的地区邮编是多少；美国钢铁行业关键决策者列表；时代杂志的用户信息；哪里种植的牛油果最多；本周美国的互联网使用情况。

市场调研实践

一些品牌的好消息来了

在肯尼亚，可口可乐公司正在参与指导儿童辨别饮用水是否受到污染的活动。可口可乐公司还为肯尼亚最贫穷的边远地区提供了水净化系统。

在印度，星巴克关注与卫生设施相关的疾病，并对水援助组织捐款100万美元。可口可乐公司和星巴克公司已经主动表明它们为1100万缺乏纯净的饮用水的人提供了帮助。

这种行为不光从人道主义角度受到褒奖，而且也有利于他们的品牌发展。宾夕法尼亚州的一家自然营销研究所的调研结果显示，60%的美国18岁以上的成人说："如果了解到一个公司会关注其对环境和社会的影响，我更可能购买这个公司的产品和服务。"

该公司在网络上对2 000位成人进行了调研，以了解他们对公司如何处理环境和社会问题的看法，以及他们的看法如何影响他们的购买决策。

75%的消费者称他们更忠于有社会责任感的公司，超过半数的消费者（52%）称他们更愿意向他们的亲朋好友谈起这样的公司。

超过1/3（38%）的消费者称他们愿意为有责任感的公司的产品多支付一些费用，35%的消费者称他们更有可能买这些公司的股票。"消费者的忠诚度会更高，对价格的敏感度也会降低。"斯蒂芬说。他是建立于1990年的自然营销机构的合伙人。

尽管如此，调研发现许多非常好的公司在这一方面做得并不好。"公司的表现和消费者的期望还有很大差距。"斯蒂芬说。

问题：
1．考虑到这次调研的性质，你认为使用公开招募的方式组建专家小组是否恰当？原因是什么？
2．如果调研人员想通过一些限制条件筛选参与调研的人员，可以采用哪些限制条件？正如之前所说的，年龄已被作为限制条件。
3．已经进行的调研是否可以通过邮件进行调研？原因是什么？
4．像麦当劳和微软这样的公司应该如何使用以上信息？

第 7 章

原始数据收集方法——观察调研法

学习目标

- 对观察调研法有一个初步的认识。
- 学习观察调研法的种类。
- 了解观察调研法的优缺点。
- 研究人员观察的类型。
- 描述机器观察的类型及其优缺点。
- 研究近年来扫描仪调研法在市场营销调研中的巨大影响。
- 学习互联网上的观察调研法。

什么是观察调研法？如何使用观察调研法？什么是人种学？为什么人种学如此流行？为什么观察法在网上如此火爆？网络观察法为什么受到争议？观察调研法中可以使用哪些机械设备？这些能帮我们收集哪类数据？这些是本章将要回答的问题。

7.1 观察调研法的本质

与在调查中向人们提问不同，观察调研法主要是观察人们的行为。明确地讲，观察调研法（Observation Research）可以被定义为不通过提问或交流而系统地记录人、物体或事件的行为模式的过程。当事件发生时，一位运用观察技巧的市场调研员应见证并记录信息，或者根据以前的记录编辑整理证据。观察调研法既包括观察人又包括观察现象，既可由人员来进行又可由机器来进行。有关这些不同观察情况的例子如表 7-1 所示。

表 7-1 不同观察情况示例

情 况	举 例
人员观察人员	观察员置身于超市中，观察消费者选购墨西哥速冻晚餐，目的是了解人们在购买点做了多少次比较。

续表

情况	举例
人员观察现象	观察员置身于十字路口，计算不同方向的交通流量。
机器观察人员	像人员观察人员一样，利用摄像装置记录人们的行为。
机器观察现象	用交通计数器监测交通流量。

7.1.1 使用观察调研法的条件

成功地使用观察调研法并使其成为市场调研中的数据收集工具必须具备3个条件。

1）所需信息必须是能观察到的，或者是从能观察到的行为中推断出来的。例如，一位调研员想知道为什么个人消费者更愿购买一辆新的切诺基吉普，而不是福特探索者，观察调研法并不能为此提供答案。

2）所要观察的行为必须是重复性的、频繁的或在某些方面是可预测的，否则观察调研法的成本将非常高。观察者不可能持续观察，直到消费者做出购买新车的决定。

3）所要观察的行为必须是相对短期的。观察购买一幢房子的整个决策过程可能要花费几个星期乃至几个月的时间，这样的观察是不可行的。

7.1.2 观察调研法的种类

有许多种类的观察方法可供调研人员选择。问题在于，对于某一特定的调研问题，从成本和数据质量的角度出发，如何选择一种最有效的方法。观察调研法大致可分为以下4类：自然的观察与经过设计的观察；公开观察与掩饰观察；人员观察与机器观察；直接观察与间接观察。

1. 自然的观察与经过设计的观察

统计在特定时间内有多少人使用某个银行的免下车（drive-in）服务台，是一个有关完全自然状态观察的很好的例子。观察者在他们所感兴趣的行为中没有扮演任何角色，那些被观察的人也没有意识到他们受到观察。另一种极端情况下，我们可以招募一些人在一个模拟超市（在市场调研区设几排货架）中购物，以便仔细观察他们的行为。在此情况下，有必要让被招募的人至少知道他们是在参加一项调研。给参与者每人一辆购物车，并告诉他们随意浏览货架，挑选出自己平时常用的商品。调研人员对于所要研究的多种商品可以更换不同的购买展示地点。观察者记录下购物者在被测商品前滞留了多长时间，以及此种商品被实际选择的次数，从而对不同展示品的效果形成一定的概念。现在，像菲多利和宝洁等公司都会使用网上模拟购物环境进行调研。

一种经过设计的环境使调研人员能够更好地控制对购物者行为有影响的外在因素，或对此种行为进行解释。此外，模拟环境还可以加快观察数据的收集过程，调研人员不必非得等到真实的事件发生，而可以通过指导参与者从事特定的行为来代替。由于在相同的时间内可以进行更多的观察，因而经过设计的观察能够收集到较大的样本数据或能更快地收集到目标样本数据，后者将有效地降低调研活动的成本。

经过设计的观察最主要的缺点是，环境是人为的，所以在此种情形下观察到的行为有可能与真实状态下的不一样。所设置的场景越自然，被观察者的行为就越可能接近自然状态。

2. 公开观察与掩饰观察

被观察者知道自己正被观察吗？众所周知，观察员的公开出现将影响被观察者的表现。有两种一般性的机制会导致数据的偏差。一是如果人们知道他们正被观察（正如在公开观察中的那样），他们的行为可能会有所不同。二是与访问中访谈员的出现所带来的后果类似，观察员的言谈举止也会造成误差。

掩饰观察是在不为被观察者所知的情况下监视他们行动的过程。掩饰观察的最普遍形式是在单向镜后面观察人们的行为。例如，在焦点小组访谈过程中，一名产品经理可以躲在单向镜后面观察人们对不同包装设计的反应。

3. 人员观察与机器观察

用机器观察取代人员观察是我们所希望的，也是有可能的。在特定的环境下，机器可能比人员更经济、更精确、更容易完成工作。交通流量统计装置恐怕比人员观察者更精确、价格更低廉，而且比人更愿意做这项工作。例如，对尼尔森公司来说，利用人员到居民的家中观察记录他们的收视习惯是不可行的。摄像机和视听设备记录人们的行为，可以比观察员所能做到的更客观、更详细。被越来越多的零售店所使用的电子扫描仪，能够比人员观察提供更精确、更及时的产品动向数据。

4. 直接观察与间接观察

市场调研中所进行的大部分观察都是直接观察，即直接地观察目前的行为。例如，一次观察调研要了解俄勒冈州波特兰市及得克萨斯州普莱诺市的妇女的包里都放什么。几乎每个被调研人员（99%）的包里都有一些金融性质的产品，如信用卡、借记卡、支票本或钱包。已婚的、受教育程度高的和收入高的女性带的卡最多。98%的妇女都带了积分卡和会员卡；93%的妇女携带了纸币等办公用品。按携带比率排序，妇女们携带的物品还有美容美发产品、身份证、收据、优惠券、眼镜、照片、垃圾、护甲产品、女性护理产品、面纸、洗手液、餐巾纸和牙签等餐饮用品、口腔护理产品、与信仰相关的产品、武器、纪念品和相机。仅有8%的妇女会带相机。

我们还可以通过图片来了解人们在特定情形下做了什么。例如，美国调研公司 GfK NOP 进行了一次全球调研，建立了容量巨大的可视化数据库以更好地在全球范围了解消费者行为。这个调研要观察人们的厨房。在许多文化里，厨房是"家庭的心脏"。对于调研人员如何从照片中收集信息，我们在图 7-1 中给出了例子。

图 7-1　帮助了解全球消费者示例

7.1.3　观察调研法的优点

观察人们实际干了什么而不是依赖他们所说的，这种思想非常有意义，同时也是观察调研法最明显的优点。首先，它可以避免许多由于访谈员及询问调研中的问题结构所产生的误差因素。其次，调研员不会受到被观察者的意愿和回答能力等有关问题的困扰。最后，通过观察可以更快速、更准确地收集某些类型的数据。让扫描仪记录要比要求人们列举他们食品袋里的每样东西有效得多。不要问孩子们喜欢哪种玩具，而是让一些重要的玩具制造商邀请目标儿童群体到一个很大的玩具室，并通过单向镜观察孩子们到底选择了哪些玩具，以及玩具吸引孩子们的程度，这样能更好地了解孩子们的偏好。

7.1.4　观察调研法的缺点

观察调研法的主要缺点是，通常只有行为和自然的物理特征才能被观察到，调研员了解不到人们的动机、态度、想法和情感；同时，只有公开的行为才能被观察到，一些私下的行为（如上班前的打扮过程、公司委员会的决策和在家中的家庭活动等）都超出了调研人员的观察范围。重要的是，观察到的当前行为并不能代表未来的行为。比如，被观察者在衡量了几个可供选择的品牌以后，选择购买某一品牌的牛奶可能会持续一段时期，但将来可能会发生变化。

如果被观察的行为不是经常发生，那么观察调研就会很耗时，而且成本很高。例如，如果超市中的一个观察员等着观察人们选择 Lowa 香皂的购买行为，那么他可能会等上很长时间。

如果被选为观察对象的消费者是根据一定的限制条件进行选择的（如下午 5 点以后去超市购物的顾客），那么我们得到的数据可能就是误导性的。

7.2 人员观察法

正如图 7-1 中所示的那样，我们可以使用人员来观察其他的人或特定的现象。例如，观察员可以假扮为神秘购物者，躲在单向镜后面或是记录购买者的路线和行为模式；观察员还可以进行零售和批发的审查，并做内容分析。这些都是观察调研法的几种类型。

7.2.1 人类学调研

人类学调研来自人种学，这项技术在商业市场调研中逐渐被广泛运用。人类学调研也称人类行为本质调研，主要涉及人类行为和身体要素的观察。人种学家直接观察所研究的人类。作为观察者，人种学家通过与对方的亲密接触，获得人类文化和行为的更丰厚和更深入的视角。那么，到底是什么导致行为的？如今，每年在人种研究中投入大约 4 亿美元。诸如宝洁和微软等公司，它们都拥有公司内部的人种学家。宝洁公司在墨西哥城的中产阶级下层家庭进行人种学研究。这项调研使一家编织物柔化剂公司推出了新产品，从而剔除了原来洗衣过程中的一个步骤。人种研究的花费少则 5 000 美元，多则 80 万美元，这取决于公司想要深入了解消费者生活的程度。

人种学研究的首次非正式使用可以追溯到 20 世纪 30 年代的西班牙内战时期。那时，弗瑞斯特·玛氏先生注意到士兵们吃巧克力时会蘸糖，于是根据 Mars 和其合作伙伴 Bruce Murrie 命名的 M&M's 巧克力豆诞生了。

1. 人类学调研的优点

焦点小组访谈和个人深度访谈都是以回顾为基础的，意思就是让受访者回忆自己和他人的行为。当然，人的记忆有时是会出错的。

此外，受访者有时会按照社会所期望的方式进行表现。例如，一个正在看成人杂志的人可能说自己在看《财富》和《商业周刊》。

人类学调研有以下优点：

1）人类学调研以事实为基础。它能向我们展示消费者在拥有某一个产品时的生活的真实场景，而不仅仅是听消费者对产品及如何使用产品进行描述。

2）它可以揭示消费者的潜在需求。

3）它可以揭示未开发的消费者利益。

4）它能揭露产品存在的问题。

5）它可以展示消费者何时、何地、如何、为什么购买某个品牌，以及消费者如何看待它及其竞争品牌。

6）它能告诉我们，在一个家庭里谁是真正的产品使用者，或许能发现新的潜在目标人群。

7）消费者会在使用产品的过程中展示关于产品和产品改善的新主意，这很好地利用了消费者基于产品类别和品牌的创造活动。

8）它能在真实的场景中测试新产品。

9）它能带来直接来源于消费者生活的广告执行理念。

10）由于对消费者生活有了深入了解，它能有助于与消费者建立良好关系。

由于随着时间的推移（通常很快），人们一般能适应观察者的现场观察，他们的行为相对来说不会太大地受观察者偏见的影响，这样所观察到的消费者的行为特征就更为精准了。

尽管人类学调研人员的首要任务是观察消费者行为，但是对消费者进行访谈或和他们进行讨论也必不可少。通过对话了解消费者对行为的看法非常重要。更进一步说，人类学调研数据能被用于采用混合方法的调研中，将它和其他方法收集而来的数据进行比较和对比。例如，调研经理能利用和消费者进行互动的销售代表的观察数据，将它和来源于地区和区域销售经理的深度访谈信息进行比较，从而识别与期望不符的行为。

2. 进行人类学调研

研究的第一步是发现通知者。接着，调研就可以开始了。优秀的人种学家通常具备良好的人类学知识。调研通常开始于一系列的观察和询问。人类学家通常接受过研究人类文化的培训，如符号、法典、神话、宗教仪式、信仰、价值观、社会互动规则、概念性范畴和观念。许多所谓人种学家的访谈会持续 90 分钟以上，这对于密切环境下的观察和询问来说太短了（3~4 个小时的观察和访谈更有效）。

如果一个调研是关于消费者如何看待和使用家用打印机的，那么训练有素的人类学调研人员可能会问以下问题：

1）在最基本的层面上询问消费者打印和打印过程是什么，让人感觉调研人员好像从来没见过打印机。

- 我们能否通过探索消费者如何分类印刷品和非印刷品来理解打印的象征意义？人类学调研人员使用二元对立结构图：

相对关系	
非印刷品	印刷品
无形的	有形的
短暂的	持久的
公共的	私人的

- 消费者关于打印、不打印及不同品牌的打印机的神话、故事和信仰是什么？
- 印刷环节为什么是将消费者从一种状态带入另一种状态的过渡环节？
- 大量打印并保存打印稿的人和那些认为打印很过时的人在种族问题上有哪些不同？
- 是否存在一些需要打印或禁止打印的社会或商务情境？如果有的话，原因是什么？

这些问题和观察无疑有利于新产品开发、营销信息沟通、产品设计、品牌定位和广告内容的确定。与此相反，浅尝辄止的人类学研究只能收获到有限的观察结果（在1个小时以内），也只能进行几个深度访谈。这种调研通常是由没有受过人类学会社会学方面的高级培训的调研人员完成的。遗憾的是，大部分的人类学调研都是这样的，最终也无法提供什么有用的见解。

  第二步是分析和解释所有数据并发现内在的含义。这不是一项简单的工作——长时间的音频和录像资料要被转录和重新研究，即使对于训练有素的人类学家，数据量也是巨大的。但通过对数据认真彻底的分析，各个主题、分类和发现会越来越清晰。人类学家通常会创建一个整体构架，帮助企业思考它们的顾客，以及理解其中的真正含义。

  三角剖分——将调研结果与其他人的见解和其他类似调研的结果进行对比——是一种验证所收集到的数据的准确性的方法。传统的人类学研究止步于对群体研究的描述，但这对于商业中的人类学研究是远远不够的。在商业环境下，企业需要的是切实可行的指导方针、建议和战略蓝图。这些结果必须以能使公司建立创新和成功的解决方案的方式被呈现。

  有一个令Bambridge SoundWorks的管理人员费解的问题：在全世界的零售店，当销售代表们炫耀着公司的高品质扬声器时，人们都非常惊喜，但是为什么他们对产品不加掩饰的热情没有转化为巨大的销量呢？

  为了找出原因，马萨诸塞州的音响设备制造商和零售商——安德沃雇用了Design Continuum调研公司对12名潜在顾客进行了为期2周的观察。调研的结论是，高端扬声器市场受到"配偶接受因素"的影响。男士喜欢大型黑色音响，但是女士觉得它看起来不雅观。考虑到音响设备要放在客厅，女士会说服她们的丈夫买一个看起来很酷但不丑陋也不贵的音响设备。甚至即使已经购买了音响，在摆放音响上也是困难重重：男士想像摆放战利品似的将音响放在客厅，但是女士却想用植物、花瓶和椅子挡住音响。"女士们走进商店，将会看着音响说，'那个音响真难看。'"艾伦·迪·雷斯塔说。她是Design Continuum的委托人。"男士们会输掉争论，放弃购买音响，走出商店。解决之道是为提供男士和女士都喜欢的音响：看起来美观如家具，同时声音系统又很好。"

  基于调研，Bambridge SoundWorks推出了新系列——Newton系列产品。结果，Newton系列的产品销售速度和销量创下了该公司14年来的新高。

  吉姆·史坦戈是宝洁公司的全球营销总监。他说，"我是一个非常喜欢观察的人。"他鼓励保洁公司的营销人员花费大量的时间到消费者家中观察他们，看他们如何洗衣服、如何扫地、如何给小孩换尿布，问问他们有什么习惯。早在2000年，这家典型的品牌营销公司花在消费者身上的时间每月还不足4个小时。史坦戈说："现在至少是那时的3倍。"

2. 人类学调研和焦点小组访谈

  人类学调研和焦点小组访谈都是定性研究，但是许多调研委托人都认为二者在调研过程中发挥着不同作用。有时，一个项目会同时使用这两种研究方法。

  1）人类学调研适用于创新或革新阶段的探索性研究，具有战略意义。

  2）焦点小组访谈或个人深度访谈主要解决战术问题——对刺激（广告、可视教具、观念等）做出反应。这个刺激是什么常取决于人类学研究的结果。也就是说，一些委托人已经对这些方法进行了重新定位。

　　我认为焦点小组访谈主要用来确定具体的事情。比如，如果我有8个观念，（我想知道）哪种观念最好、使用哪种语言最好等就用焦点小组访谈。当我想知道一些更深层次的东西，或者我不知道如何去提问的时候，就需要采用一对一的人类学研究。如果我有足够的时间和选择——人类学研究需要花费更多时间和金钱——我每次都会选择人类学研究的。（医药行业客户）

　　焦点小组访谈在建立共识和剔除一些点子方面仍占有一席之地。但是，在革新上，我还是觉得人类学研究更好。（顾问）

　　几乎没有人在做调研时不会同时用到焦点小组访谈和人类学研究。它们各自的目的不同。我们会在焦点小组访谈中对早期的见解和来源于人类学研究的主意进行尝试。焦点小组访谈能使调研更严格、高效。（金融服务行业客户）

　　杰瑞·汤玛斯是决策分析调研公司的首席执行官，他将在营销实践环节和我们探讨网上人类学研究。

市场调研实践

网上人类学研究

　　在网上抽取目标市场的样本后，网上人类学研究就开始了。样本通常来源于网上专家小组。这样做的好处之一是网上专家小组成员已经习惯了调研，因此参与人类学调研的可能性要大过大街上的普通人。此外，由于没有人去受访者家中或办公室进行观察，可能会有更多的潜在受试者同意参与人类学调研，这样样本就更具有代表性了。

　　除了样本方面的优势外，网上人类学研究具有很好的匿名性，让参与者更有安全感，从而可以进行较深层次的自我表露。在网络环境里，受访者进行情感表露时会觉得很舒服，在经验丰富的访谈员的引导下，受访者能对所有的行为、日常生活、想法、感觉和他们认为与购买决策关联非常大的经历进行探究和描述。

　　进行网上为类研究时，受访者的日常生活不会受到打扰。他们能在几天（或几周）内方便的时间里提供具体的回应。较为宽泛的时间，使得受访者有时间对问题进行反思，从而具体地描述他们的想法、感觉和经历。

　　那么，网上人类学研究是如何发挥效应的？如何进行网上人类学研究？人类学研究项目的具体设计和实施取决于产品或服务的类别及调研的目的。

　　1）受访者可能被要求写反映他们行为、日常生活、想法和与调研目标相关的观察日记（线上或线下）。

　　2）受访者可能被要求拍摄与研究焦点相关的照片（可能是冰箱、食品储藏室、后院或卧室的照片）。随着数码相机的普及（现在手机也有数码相机），拍摄和发送数码照片对受访者来说相对容易多了（观察员会陆续上传照片以供讨论）。

3）在某个时间点，一个家庭成员可能需要为其他家庭成员拍照或录制视频，或者记录具体的行为、事件等。

4）受访者需要附上照片的相关故事或说明，如照片里是什么、是谁、正在发生什么事、或者说它对受访者意味着什么。

5）研究中还可以使用投射法。例如，受访者可能会搜索和选出网上照片，或者被要求拍摄能代表某个品牌的特质的照片及能让受访者回想起某个品牌的照片。

通常，受访者会以邮件形式将照片和视频发送给观察员，观察员查看后上传而用于网上深度访谈。分析员会对受访者的日记和照片进行研究，并作为后续的深度访谈的刺激物。由于项目会持续几天（5~10天或者更长时间），这些都被称为"时间扩展"深度访谈。实际上，时间扩展应当被用于描述整个网上人类学研究过程。其实这也是网上人类学研究的优点之一：受访者在几天内都会关注一个主题，这样他们就会对主题很敏感，从而展示出与主题相关的情感或行为。

网上人类学研究实例

决策分析调研公司在美国、英国和法国进行了一项关于健康和美容产品的网上人类学调研。所有的参与者都是护肤产品的中度和重度用户。

研究方法

- 被调研人员要在日常放置护肤品和其他健康美容产品的地方给这些产品拍照，并附上"这是什么"的照片说明。
- 早晚使用健康美容产品时，进行记录，并列入日程。
- 具体描述在常规购物场所购买健康美容产品的体验。
- 记录他们注意到的健康美容产品的广告。

后续的深度访谈主要关注以下问题：你如何定义美丽？什么让你对护肤产生兴趣？如果你最喜欢的护肤品的专柜从商场撤销了，你会有什么感觉？你每天花在护肤上的时间有多少？你最喜欢的品牌是什么？为什么？

芝加哥受访者莎莉的评论和照片

很明显，我的药柜里放满了不同价位的产品。我承认我喜欢尝试高端品牌，但是考虑到预算问题，我也会买药店或美体工坊稍微便宜的产品。这就是海蓝之谜有时会取代欧莱雅、凯娜诗有时会取代旁氏的原因。

一旦所有的照片、日志、故事和访谈记录得以完成，下一步就是分析。分析是人类学研究中最花费时间和精力的部分。对于分析，没有捷径可走，必须对原始数据信息（照片、视频、日记、记录）一遍一遍地梳理，并理解所有数据信息的意义。当然，如果对文化人类学有所了解，这时分析是非常有益的，比如可以学习一些心理学、社会学、经济学、历史学的知识。最重要的是要对目标行业、产品类别、市场经验、与产品或服务相关的调研有所了解。如果能将这些背景知识都加以整合，那要比仅仅以单一学科知识作为基础进行分析容易得多。

问题：

1．你认为传统人类学研究和网上人类学研究哪个能提供更多的见解？

2．你认为传统人类学研究和网上人类学研究哪一个执行起来更困难？
3．你愿意参与传统人类学研究还是网上人类学研究？

7.2.2 神秘购物者

神秘购物者被用来收集有关商店的观察数据（如货架上的商品是否摆放整齐），以及顾客或雇员间交互的数据。当然，在后一种情况中，神秘购物者和雇员之间要进行交流。神秘购物者会这样提问——"这种款式多少钱？""这种款式有蓝色的吗？""你们星期五以前能送货吗？"这种相互交流并不是访谈，只是为了观察雇员的行动和评论。因此，虽然观察员经常会被卷入彼此间的交流，但仍可将神秘购物者看成一种观察调研方法。据估计，70%的美国传统零售商会使用这种调研方法，如沃尔玛、麦当劳、星巴克、百事达、吉飞润滑油、来爱德等巨头都使用神秘购物者进行调研。

"我们尝试做的第一件事是加强公司培训。"David Rich，ICC决策服务公司的董事长如此解释道，该公司在诸如李维斯和高迪瓦这样的客户中使用了神秘顾客方法。神秘顾客在公司员工是否在应该微笑的时候微笑了、使消费者感受轻松舒适或者邀请他们去炸薯条等方面几乎能给经理们带来即时反馈。很多公司把神秘视察表现和奖金挂钩，以激励员工表现友好。

神秘购物者有4种不同的基本形式，每种都为收集不同深度和类型的信息提供了选择的机会。

形式1——神秘购物者打神秘电话。这种方法中，神秘购物者给其客户打电话，并根据电话内容估计所接受的服务水平，继而与其进行一番照本宣科式的谈话。

形式2——神秘购物者参观某个展览并快速地购买些东西，不需要过多或是完全不需要顾客与雇员间的相互沟通。例如，神秘购物者购买了一些商品（如汽油、汉堡包和一张彩票），并对交易能力和场所的形象进行评估。

形式3——神秘购物者造访某企业，用事先准备好的手稿或方案，与服务或销售代表谈话。此种形式的神秘购物者通常并不包含真正的购买行为，类似的例子包括与销售代表讨论手提电话不同的包装，并在此期间评价所提供的服务等。

形式4——神秘购物者进行一次需要高超的交流技艺和有关此产品丰富知识的访问。这样的例子包括讨论家庭贷款、购买新车的过程或参观公寓群等。

神秘购物者有多种目的，除了之前提到的衡量员工培训情况外，还有以下一些目的：

- 使得组织能监控自己的产品和服务符合标准和规格。
- 使得营销者能找出通过广告和促销对消费者做出的承诺和实际提供的服务间的差距。
- 帮助衡量关于某一具体产品或服务的培训的成果和绩效改进计划。
- 识别由不同时间、地点、产品或服务类别等造成的用户体验的差别。

市场调研实践

酒店密探在行动

在新奥尔良豪华的温莎堡酒店，J·C·沙佛从床头灯上拧下一个灯泡，接着使劲往床单上摔，直到确信灯丝已经坏掉，然后将它小心翼翼地拧回床头灯。

沙佛先生并不是一般的住店客人，实际上他甚至都不叫沙佛。他真名叫大卫·里奇，是一名用不同的姓名入住全球豪华酒店的酒店密探。两天之内，他将使用各种手段察看温莎堡（在《康德纳仕旅行者》杂志的民意调查中被列为世界顶级酒店）是否徒有虚名。"烧坏的灯泡"是难题之一。在里奇测试过的酒店中，仅有11%的酒店服务员首次打扫卫生时会检查灯泡。

温莎堡是环球优质酒店及度假胜地协会的会员，该协会有120家独立的豪华酒店共享预订系统。协会要求会员酒店在里奇国际年度测试中至少达到其标准的80%。

登记之后，里奇先生去吃午餐，此时房间正在被打扫。温莎堡有个五星级的餐厅，但神秘客人决定在酒店的酒吧——保罗俱乐部大堂用餐。里奇先生要了菜单上的蟹肉蛋糕，然后又要了炸薯条，他想看看酒吧是否随时准备好提供菜单上没有的食物。酒吧做到了。

食物味道可以，服务员也很友好，但有两点给他们减分：一是缺乏眼神交流；二是餐后没有及时撤掉番茄酱。"他们不错，"里奇先生说，"但还不够出色。"

下午2点刚过，里奇先生走进了295美元每晚的套房。他拿出一次性照相机开始拍照。总的来说，房间非常整洁，住起来很舒适。但里奇先生发现护壁板有划痕，窗帘有裂缝。

他接着到了卫生间。"40%的酒店卫生间在水池、浴缸和地板上都有头发。"里奇先生检查之前如是说。但是，这家酒店没有。

吃晚饭之前，里奇先生留了一道测试题——看客房服务员做夜床（掀床罩）时如何整理房间。他把杂志架上的书弄乱，在桌上放了一杯开心果壳，然后把灯泡弄坏。

晚饭后，里奇先生下楼进行另一项测试。"我的旅行计划有变，明天将前往纽约，"他对服务台员工说，"你能帮我预订吗？""很抱歉，我们不可以，"服务台员工回答说，"你只能自己办理或者联系旅行社。"里奇先生像往常一样平静地接受了这个消息。"太糟糕了，"他一会儿说道，"总经理一定会震惊的。"

回到房间后，里奇先生发现床罩掀得很好，但服务员的整理工作做得不够好，坏的灯泡也没有换。里奇先生拍了大量的照片。这时已经晚上10点了，但里奇先生还要继续工作几个小时准备他的报告。

7.2.3 单向镜观察调研法

我们在第4章有关焦点小组访谈的讨论中曾特别提到，焦点小组访谈的设施中几乎总是包括一间带单向镜的观察室，这样委托人在单向镜打开的时候就可以观察小组讨论的情况。例如，新产品开发经理能够注意到主持人展示各种不同包装类型时的消费者的反应；委托人也能观察到当消费者说话时所流露出的情绪。正如前面所提到的，单向镜观察调研法有的时候被儿童心理学家和玩具设计师用来观察玩耍中的儿童。为了重新设计一次性尿布，一位调研人员曾花了 200 小时观察母亲们给孩子换尿布的过程。Fisher-Price 的玩耍实验室每年大约要观察 3 500 名婴儿。它像一个学前教育的教室，单面镜的另一端是一个铺了窄地毯、放了 10 把椅子和 2 台摄像机的房间。几乎所有的 Fisher-Price 玩具创意都来源于它的玩耍实验室。

7.3 机器观察法

到目前为止，我们所讨论的观察方法仅限于研究人员观察消费者或观察事物。现在我们将注意力转向用机器观察人和事物。

7.3.1 交通流量计数器

交通流量计数器（Traffic Counter）可能是以机器为基础的观察调研法中最普遍、最流行的一种形式。顾名思义，这种机器用来测量特定路段的汽车流量。户外广告设计者根据交通流量计数器来确定每天经过某一特定的广告牌的人数，零售商使用这些信息来确定在哪里开设商店比较合理。例如便民商店需要一定的客流量才可能实现预期的利润水平。

7.3.2 生理测量装置

当一个人受到激发或内心感到紧张或产生情感警觉时，我们称这种情况为活化作用（Activation）。这种活化作用是通过位于人脑根部的被称为网状活化系统（Reticular Activation System, RAS）的次皮下单元的刺激而产生的。例如，人们看到某个产品或是广告时，就可以激活 RAS。作为 RAS 中直接引起的激发过程的结果，信息处理将增加。研究人员已使用了许多装置来测量人的活化作用的水平。

1. 脑电图

脑电图（Electro Encephalo Graph，EEG）是一种可以测量大脑中电位节奏波动的仪器，能够记录大脑的活动过程。它也许是探查大脑唤起最有用且最敏感的方法，但需要昂贵的设备、实验室环境并要使用特殊的软件程序进行数据分析。通过使用 NASA 公司开发的监控宇航员敏捷水平的 EEG 技术，开普达（Capita）公司开始测量消费者对广告的反应。开普达公司使用戴在头部的设备以每秒 5 次的频率监控来自测试者头皮的电子信息。当被测试者接触到一些媒体（如电视节目、广告、网页或横幅广告）时，脑电波就会被同步转变为屏幕上可视的波动图形，使调研人员详细地看到到底哪一部分刺激了被测试者。

最近，开普达公司与一家跟踪网络广告的因特网服务企业合作实验该系统的可靠性。开普达公司监控了 48 名浏览高点击率广告和低点击率广告的脑电波，四次实验中有三次准确地识别出了高点击的横幅广告。

加州大学洛杉矶分校的一项研究用磁共振成像技术代替脑电图来测试广告效果。研究者发现，观看关于使用防晒霜重要性的公共通告时，一些参与者的前额叶皮层区域的活动加强了。

这个大脑区域就在大脑中两个眼珠中间的位置。这个区域与关于我们喜欢或不喜欢什么的自我反思活动相关，也与动机和欲望活动相关。那些大脑活动加强了的参与者更有可能增加防晒霜的使用。

准确翻译数据的能力是困扰主管的最大问题。"一个广告能够使被测试者出汗或者睁大眼睛或脑电波达到高峰，但真正的问题是这到底告诉了你什么。""指针在移动，但这并不意味着会影响购买行为和促使他们购买或提高他们的品牌认知。"

2. 电疗皮肤反应

电疗皮肤反应（Galvanic Skin Response，GSR）也叫电极反应，用于测量与活化作用相联系的皮肤对电阻的变化。一小股连续的、具有一定强度的电流，通过附在手指内侧的电极棒传送到皮肤上，观察到的两个电极之间电压的变化表明了刺激的水平。因为这种设备是手提式的而且不贵，所以 GSR 是测量活化作用最流行的仪器。GSR 通常被用来衡量人们对广告的刺激反应，有时也用于包装调查。

内在反应公司（Inner Response, Inc.）曾利用 GSR 来评估电视商业广告。在伊士曼·柯达公司（Eastman Kodak Company）的一则底片冲洗过程的广告中，内在反应公司认为，观众的兴趣随着开始的几幅画面逐渐提高，当一位有吸引力的女性的快速摄影照片出现时，观众的兴趣开始高涨，但当一位微笑着的梳马尾辫的女孩的照片出现时才达到高潮。这样，柯达公司就知道了哪些画面能给人最深刻的印象，以便改变广告内容和缩短广告长度。

3. 眼动跟踪

随着眼动跟踪仪变得越来越精密，使用眼动跟踪调研也成为一种潮流。瑞典拓比电子技术公司发明了一种眼镜，它的样子和佩戴的感觉与时尚眼镜非常相似。它让被测试者能在真实世界里自由行走——他们能在商店里闲逛，能使用电脑，能尝试新产品或者阅读一则广告。联合利华、金佰利公司、康家食品公司、亨氏和凯洛格公司都在使用眼动跟踪调研。拓比电子技术公司为宝洁公司设立了虚拟商店货架，以测试新产品包装的吸引力。图 7-2 是关于对虚拟货架的眼动跟踪的例子。

为了改善网站，以及了解用户点击网页前和电脑屏幕的互动，专业调研公司进行了许多眼动跟踪调研。这种研究为了解什么样的信息最能吸引消费者、什么信息会带来混淆、哪些信息会被消费者所忽视提供了宝贵信息。在互联网和网上广告领域，眼动跟踪研究为我们提供了以下信息：

1）主页顶端和左端的广告最能吸引用户，之后是右边。很少有用户会看主页底端的广告。

2）与热门话题越近的广告更具吸引力。当广告与热门话题被空白区域或由于规定被隔开时，广告收到的关注就相应减少。

3）在所有类型的被测试广告中，人们阅读文字广告时最专心，平均阅读时间为 7 秒，而人们平均只花 1 秒或 2 秒在显示方式最好的广告上。

4）广告越大越容易被注意到。阅读主页右侧的小广告的时间是阅读广告总时间的 1/3。其他位置的小广告几乎不会被注意到，这与这些不同形式的广告的成本不对等。

图 7-2　眼动跟踪示例

5）大一点的图片能让眼球停留得更久。非常有趣的是，即使图片没有任何链接，也没有提供任何重要信息，人们常常也会点击图片。

6）主页干净、清楚的人物头像能让人们在页面上停留更久。

7）如果把信息以文字格式呈现给用户，则他们更容易正确地回忆起事实、姓名、地点等。

8）较短的文字能让眼球停留更久，停留时间通常是较长文字的 2 倍。

9）在网页上，人们的眼球通常会最先注意到页面的左上方，接着挪向右方。在页面上方搜寻完信息后，人们的视线会下移。

4. 面部动作编码系统

旧金山加利福尼亚大学的研究者发现了人类面部表情的 43 种肌肉运动，如图 7-3 所示。他们花了 7 年时间对 3 000 种肌肉运动组合和情绪进行分类。例如，拉紧眼睑代表愤怒、鼻唇深深叠起代表悲伤。系统被证实是高度准确的。美国联邦调查局和中央情报局曾使用面部动作编码系统（Facial Action Coding Service, FACS）方法在有质疑时决定最终情绪类型。

森瑟瑞·罗杰克公司的总经理丹海尔说过，一些消费者告诉你喜欢你的产品，但这不一定是真实的。在此，他为我们展示了谁是真实的及谁仅仅是讨好你的情形。

图 7-3　谁在作假

明尼苏达州的一家调研企业力图使用 FACS 得到真实答案。该公司客户包括塔基特公司（Target）、斯普林特（Nextel）、通用汽车（General Motor）和爱丽公司（Eli Lilly）等。公司总裁戴恩·黑尔提到，为了测量消费者对商业广告的最初反应，调研人员在被测试者的嘴边（监控颧骨肌肉或微笑）、眉毛上面（监控皱眉肌肉）及两个手指（监控出汗情况）各安置了一个电极。黑尔介绍说面部肌肉运动反映对被测试者的吸引力，而排汗则反映影响情绪的动力。完成初始测试后，拿开电极，并同每位被测试者交流，同期录像。最后，他和 FACS 团队仔细回看录像，并分析情绪类型。

即便合作愉快的客户，他们也会向黑尔指出面部阅读的局限性，所以并不是每个人都相信这种方法是适用的。"我们的广告是为了更合理的销售额，"一位通用汽车研究者说，"因此，情绪研究并不适用。"

5. 性别年龄识别系统

日本电器公司开发了能够识别被测试者性别和大致年龄的技术。该公司将这项技术与能够设置在商业街、机场和其他车水马龙的地方的数字信号设备相结合。利用这种技术，商城零售商能在顾客从门前经过时根据顾客调整它们的信息。这项技术还能统计一定时间段的顾客流量。这个程序利用关于成千上万的面孔数据库作为参考，关注人脸的不同点，以及从耳朵和眼睛的形状到头发的颜色，从而判断年龄。当越来越多的人经过摄像机时，数据库就不断被扩大；随着时间的推移，这个程序的判别能力就会更强。

日本电器公司在自动贩卖机里也安装了识别系统。当一个人站在自动贩卖机前时，系统就会读取这个人的个人信息，从而为他推荐适合他的甜点和饮料。

但是，消费者可能会以不让他人知情而抵制脸部扫描技术。同时，零售商或许也不想卷入侵犯隐私的事件中。现在，美国还没有使用这种技术。

6. 阅读器

预测试公司（Pre Testing Company）发明了一种叫作阅读器（People Reader）的仪器。这种仪器看起来就像一盏台灯。之所以这样设计，是为了让被测试者坐在它面前的时候，不会意识到它同时在记录阅读材料和读者眼睛的反应。这种自成一体的装置是全自动的，并且在不需使用任何附件、下巴撑、头盔或其他特殊的光学仪器的情况下就能够记录任何被测试者——无论戴眼镜的还是不戴眼镜的行为信息。它允许被测试者阅读任何大小的杂志或报纸，并给他们足够的时间来回翻阅刊物。通过阅读器和特别设计的隐藏式照相机的应用，预测试公司能够根据目光停留的能力和品牌名称回忆，记录许多有关阅读习惯和不同大小的广告的使用效果等方面的信息。这家公司的调研结果发现：

1）近40%的读者不是从杂志的后面开始阅读，就是从感兴趣的文章和广告开始阅读；不到一半的读者是从杂志的第一页开始读起的。

2）能比单页广告产生多15%的第一注意力的双页广告很少。通常来讲，双页广告的好处是更多地卷入和传播，而不是引起人们更多的第一注意力。

3）在一般的杂志中，大约35%的广告受到了不到2秒钟的自动注意。

4）在所有的有过记录的广告中，有着最强烈卷入效果的是在杂志的右侧连续刊登3则或更多的连续性单页广告。

5）由于大部分广告都"隐藏"广告主的名字，而且没有产品包装的特写镜头，所以许多产品（如化妆品和服装）的品牌名称混淆率超过了50%。

注：阅读器是一种预测试公司开发的意见与行为测量仪器，可以不动声色地记录阅读材料和阅读者的眼球活动，以此来测定阅读习惯，以及与不同大小广告有关的目光停止能力和品牌名称回忆。

6）一则在吸引目光停留能力和传播能力方面超过平均值的、能给人深刻印象的广告，无论它在杂志的哪个部分登出都能起到作用，并且不受广告的类型和编辑环境的影响。然而，一则在吸引注意能力和卷入能力方面低于平均水平的广告则受到周围环境的严重影响。

7.3.3 电视收视率和便携人口计量器

在过去的10年里，尼尔森公司把监控器（Set-Top Boxes, STB）放入志愿者家中的电视机中来监控收视率。现在这一技术已经被电视机上的视讯解码器所取代。视讯解码器是由DrectTV、卫星电视或有线电视这种公司安装的。安装了这个装置，观众才能收看电视节目。随着技术的发展，调研人员将能够一点一点地了解数百万家庭的电视观看习惯。相比之下，尼尔森的监控器用户仅有18 000人。

尽管STB网民监测技术有着样本容量大的优势，但是它在技术和方法上仍面临着诸多挑战。STB技术不能收集和处理图像信息。不光是系统和系统的电缆接线盒内部工作方式不同，一个系统也可以分为几代。据尼尔森的信息，10%的STB在长达1个月的时间里不会被关闭；30%的STB在某一天内24小时都不会被关闭。也就是说，即使电视开着，我们也不知道是否有人观看，以及如果有人看，是谁在看。同时，目前能获得的人口统计信息仍然停留在家庭层面。

最近，尼尔森和查特传播达成协议，允许尼尔森查看洛杉矶地区33万家庭的信息。它的第一个客户是国家地理频道。之前，该频道发现观众会在中间插播广告开始之前的10~20秒切换频道。掌握了这一信息，国家地理频道做出了一系列改变，包括进行故事改编和预告。这些改变提高了电视广告的收视率。

便携人口计量器

从1940年开始，阿比顿公司（Arbitron）就监控收音机的收听率，后来随着技术的发展也监控电视收视率。如今，它采用了一种新型技术，即志愿者带着一个像寻呼机一样的盒子，3英寸（1英寸=2.54厘米）长、2英寸宽、0.5英寸高，其线路与手机一样复杂。这种装置被称为便携人口计量器或简称PPM（Portable People Meter, PPM）。

志愿者全天把PPM戴在腰带上或身体任意部位。睡觉前，志愿者把PPM放在支架上，以便能够把数字自动发送到马里兰的计算机中心，市场调研员下载并浏览信息。PPM能识别电视、广播、智能手机甚至数码相机上的广告。PPM会告知阿比顿公司，使用者一天内到底看了哪些电视节目或收听了哪些电台节目。无论是在朋友家观看体育节目、在机场看新闻，还是在医院或诊所收看健康节目，PPM都会监测到。

阿比顿公司发现许多年轻人是多任务处理者。比如，在去年冬奥会期间，许多人观看NBC电视台的奥运会，同时浏览NBC的冬奥会页面，还有人在两者间来回切换。

7.3.4 行为扫描

IRI消费者网络是一个数据不断更新的家庭购物小组，它会收到来自国家消费者委员会的消费数据。这个机构是由尼尔森公司和信息资源公司合资设立的。它招募家庭，并通过一些激励措施让这些家庭使用一个手持式家用扫描装置来记录他们所有的基于 UPC 的购物行为。

这个小组能提供以下信息：
- 一段时间内，平均每个家庭的购物量。
- 一段时间内，某类产品或某个产品的销售总量。
- 一段时间内，购买某种产品或某个产品的预期家庭数量。
- 完成一次购物，消费者平均要进行几次购物之旅。
- 每个购物点的平均销售量。

7.4 互联网上的观察调研法

就在这些文字被发表的同时，网上追踪已经成为合法行为，这与在打电话的双方中任意一方授权的情况下监听电话是合法的一样。这使得互联网广告行业成为一个价值 250 亿美元的行业。有些公司声称追踪能让他们完善网页内容，能使许多网站对用户免费。

互联网追踪其实是另一种观察调研法。Cookie 是储存在用户浏览器中的一小段文字。它能识别用户身份、用户网站偏好、购物车的物品，同时有一些其他的功能。Cookie 还能追踪用户的上网习惯。Flash cookie 是通过 Adobe 的 Flash 程序安装在电脑的 cookie。在线播放视频一般都要用到 Flash。

自从网景公司发明了第一个 Cookie 后，网上追踪已经经历了很长时间的发展。例如，美国一家咨询公司使用一个叫"灯塔"的软件来获取人们在网上输入了哪些信息——关于金钱的评论、想要小孩的打算等。这家公司将用户的个人信息打包，然后卖给寻找消费者的公司。

最受争议的是第三方的 Cookie。它们是这样工作的：用户首次访问一个网站时，网站会安装一个追踪文件，这个文件会给用户的电脑指定一个唯一的 ID。用户再访问其他和行为追踪公司结盟的网站时，之前安装的文件就会记录用户之前去过哪里、现在在哪里。通过这种方式，用户就能建立丰富的用户文档。

互联网经济转化是新技术。广告商曾首先将广告应用到具体网页上———个汽车网站上的汽车广告。如今，无论网络上的大众去向哪里，为了跟随他们，广告都需要为高度细分的市场信息支付额外费用。

蓝凯，一个互联网用户的数据收集器，最近跟踪了一个网站冲浪者在 eBay 上浏览电子用品、寻找游轮和检查滑雪板。当网站冲浪者在成品网站超市 Autobytel 研究雪佛兰运动型多用途汽车并在旅行网站 Expedia 上询问到达拉漠、北卡罗来纳的航班价格时，它也在进行追踪。

在收集到此类信息之后，蓝凯将网站访问量按照消费者种类进行分组。然后立刻把来自这些网站的数据拍卖到营销人或者互联网公司去。营销人或者互联网公司会将这些数据应用于消费者研究和广告的个性化。蓝凯定期从超过 1.6 亿名在零售、旅游和成品网站上购物的访问者中记录信息。

蓝凯和其他追踪者在数据交易平台上出售他们的信息，数据交易平台就像线上信息的交易仓库。然后网站会拍卖广告位，而拥有网站访问者的人口统计数据和行为数据的广告代理商，会为他们客户的营销活动进行广告位竞标。谷歌、雅虎、微软和其他同类企业则运营广告拍卖。

网上追踪到底有多流行呢？《华尔街日报》调查了美国最流行的 50 个网站，美国人浏览的网页的 40% 都是这些网站的。它在一台测试电脑上分析了追踪文件和这些网站下载的程序。

这 50 家网站在《华尔街日报》的测试电脑上一共安装了 3 180 个追踪文件。其中，几乎 1/3 的文件都是无害的，它们如只用来记住用户在某个喜爱的网站的登录密码或是标注受欢迎的文章。但是，还有大约 2/3 的文件——2 224 个——是由以追踪公司为主的 131 家公司安装的。有一家追踪公司不但追踪用户的上网记录，还将用户姓名储存进自己的数据库。这样，公司就能将用户的上网行为、投票登记、房产记录、购物记录和社交活动等整合起来，从而建立一个非常详细的消费者个人文档。

7.4.1 康姆斯科公司

康姆斯科公司用不同的方法进行互联网追踪。这家公司组建了一个由 200 万互联网用户组成的专家小组。这些用户允许康姆斯科公司获取他们的浏览器记录和购买行为记录。小组成员获取礼品卷或其他奖品。康姆斯科公司为互联网广告商提供用户信息。Digg 和 Yelp 等小网站声称康姆斯科公司少计了它们的用户规模。CNBC 也说它们的用户数是错误的，并称它们的用户数量更加丰富。因此，这些小公司不会特别积极地加入专家小组。尽管存在诸多问题，康姆斯科公司仍然是在线用户测量的领导者。

7.4.2 抓取技术

2010 年 7 月，用户在 Facebook 上花费的时间为 1 181 194 905 小时。其中有些时间就花在了对公司和产品进行评论上。同月，Twitter 每天推文 6 500 万次。除了社会媒体、推特、社区进行产品和服务评价，讨论区甚至博客也都会对产品和服务进行评论。用户创造的内容很真实，也很公正，有时还很有思想和激情。营销者需要理解消费者如何评价他们的产品和服务，并据此调整营销组合。网上对话的价值非常大，营销者可以使用一些工具把努力聚焦起来。一种普遍的做法是"抓取"网络，使用文字分析工具使分析自动化。抓取技术如何工作？调研人员选择了一些检索项，它们与搜索引擎非常相似，之后分析工具会抓取网络中和这些检索项相关的用户创建的内容。所有的相关检索项都被收入数据库，接着文本分析工具就会记录一个产品、特征、品牌等被提起的频率，并为每个评论做一个态度评估（如正面的、中立的、反面的）。

语境对于理解含义非常重要。由于语言线索通常随着语言一起演变，而且非常微妙，所以要实现自动分析非常困难（如区分"苹果"公司和水果"苹果"）。然而，文本分析和网页抓取工具在理解文本信息方面已经有了很大的提升。即便如此，我们仍能肯定的是，网页抓取数据库中仍然有许多不相关的搜索结果，也有一些相关的搜索结果未纳入其中。

这里有一些强调了语境模糊问题的例子。现今大多数的文本分析工具皆会把下列陈述作为对丰田塞恩的消极评价："我的塞恩上有增压器，它是一个坏机器。"而没有识别出使俚语"坏"事实上表示"好"。与此相似，大多数的技术都会把如下陈述视为对塞恩的积极评价"我爱我的塞恩；然后我在过去的两年中换了两次的变速器。"

7.5 观察调研法和虚拟购物

  电脑技术的发展使调研人员能在电脑屏幕上对实际购物环境进行虚拟。购物者能通过点击显示器上的图像"拿起"一个包，还能通过旋转图像对这个包进行各个角度的观察。和在许多网上零售商店购物一样，购物者可以点击购物车将看中的物品添加进去。在购物过程中，电脑会悄悄地记录购物者花在每类产品上的时间、购物者观察物品的时间、购物者购物的数量和购物者购物的顺序。

  像这样的电脑模拟环境比起一些传统调研方法有许多优点。首先，不同于焦点小组访谈、概念测试和其他实验室方法，虚拟商店复制了真实商店物品的纷繁，使消费者能在一个和实体商店一样复杂和选择多样化的地方购物。其次，调研人员能快速建立和改变测试。一旦产品图像被扫描进电脑，调研人员就能在短时间内对品牌、产品包装、价格、促销和货架空间等进行分类。因为由购买行为产生的数据是自动成表并储存在电脑里的，因此数据收集准确无误。第三，因为展示是电子化的，所以生产成本低。一旦有了电脑软硬件，测试的成本主要就取决于参与者的数量。第四，虚拟具有很高的灵活性。它能测试全新的产品概念或对已有的项目进行微调。虚拟还能避免实地试验的噪声。

  金伯利甚至进一步提炼了虚拟购物。在该公司的虚拟测试实验室里，一位女士站在被三个显示商店过道的屏幕围绕的屋子里，视网膜跟踪装置将记录下她的每一个眼神。

  金伯利的调研人员让她找出一"大盒"三号哈吉斯自然尿布，那位女士像推着购物车一样向前推一个把手，视频将她的活动虚拟为沿着过道向前走。到了红色包装的哈吉斯尿裤的位置时，她将把手右转，面对着多得让她眼花缭乱的纸尿裤。点击一个按钮后，她看到了货架的俯视图，她继续向前，点击屏幕，将她喜欢的纸尿裤放入购物车。

  金伯利希望这些虚拟购物通道能让公司更好地理解消费者行为，也能更快、更方便、更准确地测试新产品。

  金伯利实验室也以一个 U 形的从地板到天花板的屏幕为特征，该屏幕以详细的内容再现了售卖该公司产品的大型零售商，以此作为工具在高管们为赢得货架空间而进行投票的演讲中使用。同时，还为商店内部的真实副本保留了单独的区域，该区域可以进行定制，以匹配地板、灯具和零售商的货架，例如塔吉特、沃尔玛等。

  金伯利说，它的工作室可以使调研人员和设计者快速浏览新产品设计和陈列，而不需要在开发的初期进行真实的测试。在无窗地下室而不是一个真实的测试市场上进行该调研，也避免了在开发过程的初期引爆竞争对手。

  "我们在努力更快、更便宜、更好地测试创意。"Ramin Eivaz,金伯利负责战略的副董事长这么说。"以前，新产品测试通常需要 8 个月到 2 年的时间。如今，这个时间被缩短了一半。"他说。Eivaz 先生说，测试的虚拟现实工具项目会快速跟踪实体店的运营。

  "你不再需要带着新产品出现在零售商的门前说'这难道不漂亮吗？'，"Eivaz 先生说，"我们需要成为我们的零售商们的必不可少的伙伴，并证明我们可以为他们做得更多。"

小结

观察调研法是在不提出任何问题和不与被观察者交流的情况下记录人们的行为模式、调研客体和所发生事件的系统过程。为了确保成功，所需信息必须是可以通过观察得到的，被调查的行为必须是重复性的、经常性的，并且在一定程度上是可预测的。此外，被观察的行为应具有相对短的持续时间。观察调研法可分为 4 类：① 自然的观察与经过设计的观察；② 公开观察与掩饰观察；③ 人员观察与机器观察；④ 直接观察与间接观察。

观察调研法最大的优点就在于，我们可以看到人们实际做了些什么，而不必依赖他们所说的。此外，通过观察调研法可以更快捷、更准确地收集某些类型的数据。观察调研法最主要的缺点是，调研人员无法了解人们的动机、态度、想法和情感。

在人员观察的形式中，我们通常使用人类学调研、神秘购物者、单向镜观察调研法（如儿童心理学家观察孩子们玩玩具的过程）和审计。

机器观察包括交通流量计数器、生理测量装置、观点和行为测量装置及扫描仪。SymphonyIRI 为它的消费者专家小组配置了手持式扫描仪，以扫描所有的日常消费。扫描所获得的数据可用于了解消费者购物模式、测量产品品类和某个品牌产品的销售额。

互联网观察调研法最初着眼于追踪互联网用户的上网模式。追踪公司使用 Cookie、Flash Cookie 和 beacons 追踪消费者。Beacons 对用户的追踪最精确，你在网上输入了什么它全能知道。有些公司将网上追踪到的信息和线下获得的信息结合起来，形成非常具体的消费者个人档案，其目的是提高定向网络广告的有效性。现在，它们购买包含个人网上活动、个人人口统计信息和个人心理的档案资料。

使用先进的电脑技术来创造一个虚拟购物环境的虚拟购物正在成为观察研究快速成长的方式。它减少了新产品进入市场的时间和成本。

关键术语及其定义

观察调研法（Observation Research） 记录行为模式而不进行语言上的沟通的调研方法。

公开观察（Open Observation） 人们知道自己正受到观察和监测的过程。

掩饰观察（Disguised Observation） 在不为被观察的人、物或事件所知的情况下监视他们行动的过程。

人类学调研（Ethnographic Research） 在自然状态下研究人类行为，主要包括对行为和实质环境的观察。

神秘购物者（Mystery Shoppers） 指被雇用假扮成消费者在雇主的竞争对手或是雇主的百货商店里比较价格、展品及诸如此类问题的人员。

单向镜观察调研法（One-way Mirror Observation） 通过躲在单向镜后面进行观察的行为。

交通流量计数器（Traffic Counters） 一种用来测量特定路段汽车流量的机器。

脑电图（Electro Encephalo Graph, EEG） 一种

可以测量大脑中电位节奏波动的仪器。

电疗的皮肤反应（Galvanic Skin Response, GSR）

测量活化作用引起的皮肤对电阻变化的仪器。

阅读器（People Reader） 一种同时记录阅读材料和读者眼睛反应的仪器。

复习思考题

1. 假设你被委任调查人们在购买网球用品时是否有品牌意识，请概括地说明制定决策所需的观察调研过程。
2. Fisher-Price 公司要求你为其设计一个调查过程，以确定哪种模型玩具对 4~5 岁的儿童最有吸引力。请为这个决策提供一套方法。
3. 观察调研法最大的缺点是什么？
4. 比较观察调研法与询问调研法的优缺点。
5. 有人说"人们买东西并非为了它的用途，而是为了它的意义"。联系观察调研法讨论这一说法。
6. 假设你是某品牌冰激凌的制造商，你想了解更多的有关市场份额、竞争对手的价格及最佳销售地点等情况，你应收集哪些类型的观察数据？为什么？
7. 神秘购物者对下列组织有什么价值：Jetblue 航空公司、玛茜百货公司、H&R Block。
8. 使用人类学调研评价你在学生中心的就餐经验，并说说你学到了什么。
9. 你认为法律应该禁止 Beacon 追踪吗？原因是什么？
10. 谈一谈点击流调研如何使在线零售商受益。
11. 你认为虚拟购物会取代其他调研方式吗？为什么？
12. 把全班同学分成 5 人一组，选不同的零售商进行神秘者购物。每组由 2 名同学准备 10~15 个问题。下面是一份针对眼科诊所的问题样本。小组剩余 3 名成员带着问题扮成神秘购物者。购物完成后，小组应结合调研结果在班里做出报告。

眼科诊所的神秘者购物问题样本：
1）电话响 3 下之内是否有人接？
2）等多长时间才能排上预约？
3）是否获得了去诊所的明确指导？
4）是否收到新的病人邮包？
5）诊所的引导标志是否清楚易见？
6）进入诊所后，接待员是否向你问好？
7）检查之前，你在等候室等了多久？
8）是否所有员工都佩戴姓名牌？
9）设施是否干净？
10）在见医生之前，你是否详细描述了自己眼睛的情况？
11）检查程序是否解释清楚了？
12）是否有机会问医生问题？

13）回答问题是否及时、礼貌？

14）检查完后是否指导你去眼镜店？

15）你的眼镜或隐形眼镜是否如期配好了？

网络在线

1. 登录 www.symphonyiri.com 和 www.nielsen.com，看看这两家公司都使用了哪些观察调研法。
2. 登录 www.doubleclick.com 并阅读其最新调研成果。在班内做口头报告。
3. 登录 www.mysteryshop.org 并进一步了解神秘购物者。

市场调研实践

炉灶和便携式电脑

On-Site 调研公司每年都要在全国范围内进行一次名为网络普查的人类学研究。届时，调研人员会驾驶着房车穿越 20 个州，追踪一个由 150 名美国人组成的核心小组，了解他们如何使用互联网科技和其他科技，以及如何与这些科技互动等。

访谈设计允许调研人员融入消费者的真实生活，如可以和被调研人员住上几个小时或者几天。调研人员还要全面探索被调研人员的上网行为，这让调研人员能体验被调研人员的网络生活。

研究发现，人们不断地在家里——通常是厨房或起居室——寻找一个与人和媒体在物理和网络上进行互动的空间。他们想要一个高度互动的空间，以便他们能在使用手持式设备和电脑进入虚拟空间的时候进行社交活动。

这种趋势已经在从各个方面得到印证：在一些家庭里，餐厅很少用于就餐，电脑已经从家庭办公室中被移出，各种高科技产品已经被放置在厨房。

我们用 HIVE（高度互动+虚拟环境）和其相关术语 hiving 描述这种趋势。人们 hiving 的原因多种多样，但最普遍的原因就是不想被他人孤立。家里有很多高科技产品也许能让你和他人进行在线交流，但是对于将你和家人联系起来，它们的作用并不大。已婚的消费者都说从配偶那里只能"捕捉悲伤"，这是因为相对于家人，他们在电脑上花的时间太多了，尤其是晚餐时间。当孩子用电脑做功课或做其他事情时，父母都想监督。稍微大点的孩子的父母非常担心孩子把所有的时间都花费在电脑和手持设备上。

造成这种趋势的另一个原因是美国人习惯同时处理多个任务。HIVE 里的多任务处理就是 HIVE 的全部意义。使用一个装备精良的 HIVE，你能做晚饭，能通过蓝牙打电话，能帮助你的小孩做功课，能控制你的手持式设备、下载和同步你的媒体设备、检查你的邮箱，能看电视、看你购买的股票、付账单。即使待在家里，你也参与着社会活动。笔记本电脑现在和厨房的烤炉一样普遍。电子线和充电器布满了工作台，如同一盘意大利面。

问题：
1．通用电器、尊爵应该如何利用以上信息？
2．在制定实际策略之前，是否应当先进行定性研究？为什么？
3．你认为还能使用哪种调研方式获得上述信息？
4．以上调研仅仅是在美国不足半数的州内进行的。你认为调研结果可能有偏差吗？如果有偏差，那么偏差是怎么产生的呢？

第 8 章

原始数据收集方法——实验法

> **学习目标**
> - 了解实验法的本质。
> - 学会证明因果关系。
> - 研究实验环境。
> - 检验实验的有效性。
> - 研究实验法在市场调研中的局限性。
> - 比较几种实验设计类型。
> - 研究市场测试。

本章我们将阐述用实验法进行市场调研并收集数据。现场实验、实验室试验和测试市场是3种主要的实验方法。我们还会阐述要证明两个变量因果关系所需的要素，以及实验设计的类型和实验误差的来源。

8.1 实验法

以实验为基础的调研与以询问或观察为基础的调研有着根本的区别。从本质上讲，在询问和观察的情况下，调研人员是一个被动的数据收集者。调研人员询问人们一些问题或观察他们在干什么。在实验条件下，情况就大不一样了，此时研究人员成了研究过程中积极的参与者。

关于实验（Experiment）的概念是容易理解的。研究人员改变一些因素（这些因素被称为解释变量、自变量或实验变量），然后观察这些因素的变化对其他因素即因变量有什么影响，这就是实验。在营销实验中，因变量经常是衡量销售的一些指标，如总销售量、市场份额等。解释变量或实验变量则是典型的营销组合变量，如价格、广告的数量、类型或产品特点的变化等。

8.2 证明因果关系

实验调研通常又称因果性调研（Causal Research）。之所以称为因果性调研，是由于实验调研有可能去证明一种变量的变化能否引起另一种变量产生一些预见性变化。为了证明因果关系，即 A 引起 B，我们必须证明 A、B 间符合以下 3 个条件：

- 存在相关关系（共生变量）。
- 存在适当的时间顺序。
- 不存在其他可能的原因。

请注意，在谈到因果关系和因果律时，我们使用的是科学意义上的术语。从科学角度上讲，因果关系观点不同于日常生活中所使用的方式。

首先，对术语"因果关系"的一般观点表明，一个事件只有一个原因。例如，如果我们说 X 是可观察到的使 Y 产生变化的原因，这就意味着 X 是引起 Y 变化的唯一原因；科学定义则认为，X 是引起 Y（共生变量）产生可观察改变的众多决定条件之一。

其次，有关因果关系的日常观点往往意味着一种完全决定性的关系，科学观点则认为是一种可能性关系。一般观点认为，如果 X 是 Y 的原因，那么 X 必须总会导致 Y。科学观点则认为，如果 X 的出现使 Y 的发生更有可能，那么 X 就成为 Y 的原因（存在适当的时间顺序）。

最后，科学观点认为，我们肯定永远不能证明 X 是 Y 的原因，而仅仅是推断存在一种关系。换句话说，因果关系总是被推断出来，并且永远不能在存有疑问的情况下证明这一点（不存在其他可能的原因）。

上面所提到的 3 种条件（存在相关关系、存在适当的时间顺序、不存在其他可能的原因）常被用来推断因果关系。

8.2.1 存在相关关系

为了证明 A 的变化引起 B 的某种特殊变化，我们必须首先说明 A 与 B 之间存在相关关系（Concomitant Variation）或相互关系（Correlation）。换言之，它们按照某些可预见的方式一起变化，这种关系可能是正相关或负相关。广告和销售量就是两个变量正相关的例子——当广告增加时，销售量可增加到预期的数量。价格和销售量是两个变量负相关的例子——价格下降，销售量增加；价格上升，销售量下降。调研人员可以借助统计程序来验证统计关系的存在和方向，这些程序包括相关分析、回归分析、方差分析等。

然而，相关关系本身不能证明因果关系。也就是说，只是因为两种变量碰巧以某些可预见的形式一起发生变化，并不能证明一个变量引起另一个变量的变化。例如，你可能会发现美国的产品销售与德国的国内生产总值（Gross Domestic Product, GDP）之间有高度的相关性。进一步的验证和考虑表明，这两种变量之间没有真正的联系。为了证明因果关系，必须首先证明相关，但是单纯的相关性并不能成为因果关系的证据。

8.2.2 存在适当的时间顺序

证明两个变量之间可能存在因果关系的第二种方法是证明它们之间存在适当的时间顺序（Appropriate Time Order of Occurrence）。为了证明 A 引起 B，调查人员必须能够证明 A 在 B 之前发生。例如，为了证明价格变化对销售量产生影响，你必须能够说明价格变化发生在可观察到的销售量变化之前。然而，证明了 A 与 B 相关和 A 在 B 之前发生变化仍然不能提供充分的证据让我们获得"A 是引起可观察到的 B 的变化的可能原因"的结论。

8.2.3 不存在其他可能的原因

为了证明 A 与 B 之间可能存在的因果关系，许多营销实验中最难证明的是 B 发生的变化并不是 A 以外的其他因素引起的。例如，我们可以增加广告费用并观察到产品销售量明显的增加。相关关系和适当的时间顺序是存在的，但是这可以证明一种可能的因果关系吗？答案是"不"。销售中观察出的变化可能是由其他因素而不是由广告的增加引起的。例如，在广告费用增加的同时，一个主要竞争者可能降低了广告费用，或者提高了价格，或者撤离了市场。即使竞争环境没变，一个或者其他因素的联合作用也可能影响销售量。例如，由于某些与实验无关的原因，使得区域经济有了很大的增长，对于任何这些原因或那些可能的其他原因，观察到的销售量的增加是由一个或一些相关联的因素引起的，而不是仅仅由广告费用增加引起的。本章的大多数讨论与实验设计问题相关，这使我们能够排除或调整其他可能性因果因素的影响。

8.3 实验环境：实验室或现场

实验能在实验室或者现场环境中进行。大部分物理科学实验在实验室中进行，而许多营销实验均为在现场进行的实验。

8.3.1 实验室实验

在实验室进行实验的主要优点在于能够控制许多其他原因——温度、光线、湿度等，从而将重点放在 A 的变化对 B 产生的影响上。在实验室，研究人员能更有效地处理证明因果关系的第三种因素（对其他可能性因果因素的排除），而且集中考虑前两种因素（相关性和发生的适当时间顺序）。

实验室实验（Laboratory Experiment）具有许多重要的优点，其中主要的优点是能在实验室环境下控制所有变量而不单是实验变量。这意味着我们对证明因变量可观察到的变化是由实验变量或处理变量的变化引起的能力大大增强了。结果是，实验室实验通常被认为有较强的内在有效性（内在有效性还会在后面详细讨论）。因此，实验室实验中的发现有时在真实的市场条件下并不能成立。所以，实验室实验经常被认为存在较大的外在有效性问题（外在有效性在后面详细讨论）。然而，实验室实验有诸多优点，因此可能会比过去更广泛地被使用。

市场调研实践

老年是个什么样子？

通常，很多行业都忽略了 65 岁及 65 岁以上人群的市场，而更关注年轻人的需求。但是俄勒冈医科大学、美国麻省理工学院老年实验室和斯坦福对这些老年人群的看法却不同：为老年人提供有利于健康、自主性和社交的产品和服务。

这类组织也正在采用创新的方法做调研，并对工作进行测试。例如，老年实验室就发明了立即"变老"的神入系统（Age Gani Now Empathy System, AGNES），它能帮助佩戴它的老年男人更好地理解和适应日常生活中的基本变化。可延伸线能从盆腔延伸到胳膊、腿及头上的头盔，能控制四肢、脖子、脊柱和关节的活动。鞋子的鞋底也是破坏了平衡的、不均匀的。非常窄的手套限制了动手能力。另外，还有黄色的有色眼镜。老年实验室使用诸如 AGNES 的工具来了解老年人的需求并进行新产品测试，以更好地适应这一市场。

老年实验室最大的发现之一就是老年人不喜欢以他们老了的方式被对待。比如，大键盘手机就是在宣告："你老了！"所以，我们不能做过头了。老年实验室的目标是制造能吸引更多不同年龄段但尤其符合老年人群需要的产品。例如，老年实验室为福特汽车设计的自动停车系统就能使脖子比较僵的大龄司机看到后面，但是这也能吸引所有喜爱智能技术的司机。

调研人员和测试者正在努力开发能让老年人更健康、独立、便于社交的产品，一些组织甚至重新定义了诸如传统测试实验室的最基本的概念。地产开发商太平洋退休服务公司和俄勒冈州高龄者相关科技中心已经在合作开发米拉贝拉。它是俄勒冈州波特兰南海滨区价值 1 亿 3 000 万美元资产的新兴社区，可能会成为国家的环保豪华退休社区。它们鼓励居民参与"生活实验室"项目。无线移动探测器传感器会追踪居民活动并将数据反馈到高龄者相关科技中心。由于高龄者相关科技中心的研究者正在寻求如何有效监控居民的即时健康状况及对诸如摔倒和社交退缩问题快速反应的方法，高龄者相关科技中心的检测系统也在进行着自我监控。

米拉贝拉还为其他在高龄者相关科技中心研发的产品提供真实的生活场景测试，如针对老年人的电子药盒和社交网络项目。这个建筑本身的最初设计甚至会接受基于反馈的变化，以应对潜在的居民要求在车库有足够空间来放置他们的独木舟。和其他传统的测试项目一样，米拉贝拉非常昂贵。这个检测系统的居民人均成本是 1 000 美元，每年还要为技术和研究支持花费 2 600 美元。

尽管现在看来前景一片光明，但开发中的许多方法还有待证明其有效性。当然了，随着 65 岁及以上人口还在增加，我们能确定的是，如果想挖掘这个市场的潜力，研究者必须对产品和测试技术都进行创新。

问题：

1. 米拉贝拉被用作一个测试市场。你认为这个项目会如何影响在那里进行测试的产品和服务的测试方式？

2．这里讨论的实验的成本都非常高，你认为花费这么大的成本值得吗？还是说研究者最好重新找一种成本较低的方法？

8.3.2　现场试验

许多营销实验都是现场实验（Field Experiment），即在实验室以外的真正现场环境下进行的实验。市场测试（本章稍后介绍）经常使用现场实验这种类型。现场实验能解决环境的现实问题，但会引起一系列新问题。现场实验的主要问题就是调研人员不能控制可能影响因变量的所有虚假性因素。在现场，研究人员不能控制竞争者的活动、天气、经济、社会潮流、政治气候等。因此，现场实验有很多与内在效度有关的问题，而实验室实验有许多与外部效度有关的问题。

8.4　实验有效性

有效性是指实际的测量正是我们试图要测量的东西。测量的效度指的是测量指标不受系统误差和随机误差约束的程度。实验中，除了效度的一般概念，我们对两种特殊的效度感兴趣：内在有效性和外在有效性。

1．内在有效性
内在有效性是指对于可观察到的实验结果可以避免有争议的解释的程度。如果研究人员能够证明，实验变量或处理变量真正使因变量产生了可观察到的差异，那么这个实验就能被认为是内在有效的。这种有效性需要证据来证明因变量的变化是由处理条件引起的，而不是由其他原因引起的。

2．外在有效性
外在有效性是指实验中被测量的因果关系可以一般化到外部的人、环境和时间的程度。问题是，对于我们想要把结果推而广之的其他人和环境来说，实验中的人和环境的代表性如何。一般而言，与实验室实验相比，现场实验有更高的外部效度，但内部效度要低。

8.5　实验符号

为便于实验法的进一步讨论，以下运用标准符号系统来描述实验：

1）X代表个别的或群体的实验处理。实验处理是我们想要测量和比较其影响的因素。实验处理可以是一些因素，如不同价格、包装设计、购买地点的展示、广告方法或产品形式等。可能的实验处理应包括营销组合中所有的可能因素。

2）O（表示观察）代表测量实验测试单元的过程。测试单元是指对实验处理有反应的个体、群体或实体（零售店）。测试单元可能包括单个消费者、群体消费者、零售商、全部市场或其他成为公司营销目标的实体。

3）不同的时间段可以用 $X's$ 和 $O's$ 的水平方式表示。具体表示为：

$$O_1 \quad X \quad O_2$$

代表性实验是对一个或多个测试单元 O_1 进行预测量。该测试单元暴露在处理或实验变量 X 下，然后再对测试单元 O_2 进行测量。$X's$ 和 $O's$ 还可同时以纵向方式排列以表示进行不同测试单元的测量。例如，我们设计如下：

$$\begin{array}{cc} X_1 & O_1 \\ X_2 & O_2 \end{array}$$

这个设计表明两个不同组别的测试单元。它显示了每一组测试单元在同一时间进行不同的实验处理（X_1 和 X_2）。最终设计显示，两个组别同时被测量并表示为 O_1 和 O_2。

8.6 外生变量

我们在解释实验结果时也许会得出结论，即可观察到的反应受实验变量或处理变量的影响。然而，有许多障碍阻止我们得出这一结论。为了处理解释中遇到的问题，我们在实验设计中需要尽可能地排除这些影响观察效果的外在因素。

8.6.1 外生变量的例子

（1）历史因素

历史因素（History）是指不受研究人员的控制，发生在实验的开始和结束之间，并影响因变量数值的任何变量或事件。由 Campbell 公司进行的 Prego 意大利面调料的早期实验，为这种外生变量形式可能出现的问题提供了范例。Campbell 决策人宣称，Ragu 在实验期间采用了价格优惠策略，并大大增加了广告投入。他们相信，这种营销行为使消费者增加了对 Ragu 的记忆，但使得 Campbell 很难得到 Prego 产品潜在销售量的精确数值。

（2）成熟因素

成熟因素（Maturation）指的是实验过程中受试者方面随着时间而发生的变化，如长大、饥饿、劳累和其他类似的因素。结果，人们对实验过程中的处理变量的反应可能改变，可能随着这些成熟过程不是处理变量或实验变量的变化而变化。在特殊实验中，成熟因素是否是一个严重问题，取决于实验长度。实验越长，成熟因素越有可能在解释结果时产生问题。

（3）计量因素

计量因素（Instrument Variation）是指用以解释测量差异的测量工具的任何变化。在人们从访谈员和观察者的角度去衡量因变量的许多营销实验中，这是一个重要问题。一方面，对同一事物的测量可以由不同的访谈员和观察者在不同的时间进行，此时测量中的差异可以反映出不同访谈员和观察者在访问和观察方法上的差异。另一方面，同一访谈员或观察者可以在一段时间内对同一物体进行测量，此时差异会表现为这样的事实：具体的访谈员或观察者对工作失去兴趣，工作质量下降，工作更加草率。

（4）选择偏差

选择偏差（Selection Bias）对有效性的威胁将在以下情形中遇到：实验或测试群体与我们拟使用实验结果推测的总体有系统差异，或实验、测试群体与我们想比较的控制群体有系统差异。在推测与测试群体有系统差异的总体时，我们得到的结论可能不同于测试中得到的结论，因为两个群体的构成不同。类似地，在测试群体和未处理的控制群体（没有暴露在实验变量或处理变量面前）之间出现的可观察到的区别，可能是因为两个群体间的差异造成的，而并不是因为实验变量或处理变量的影响。我们能通过搭配或抽样的办法来保证群体的等同性。抽样是指随机指定设计测试群体和控制群体。搭配是指确保在测试中人员或其他单元与控制组的主要特性方面（如年龄）之间是一对一的搭配。关于特殊的匹配过程，我们会在后面的内容里介绍。

（5）失员

失员（Mortality）指的是在实验过程中测试单位的损失。这也是个问题，因为不能很容易地知道所损失的测试单位是否会像在整个实验中保留下来的那些单元一样，以同样方式对实验变量或处理变量做出反应。代表总体的或类似于控制群体的实验群体可能变得不具代表性，因为具有某些特征的被测试者发生了系统损失。例如，在有关美国公众音乐偏好的研究中，如果我们在实验过程中丢失了几乎所有25岁以下的研究对象，那么在实验结束时我们就有可能得到的是有偏差的音乐偏好的记录，这样结果就可能缺少外在有效性。

（6）测试效应

测试效应（Testing Effect）来源于实验过程本身对我们所观察到的结果产生的影响。例如，登广告以前对产品态度的测量可能会影响人们对广告的态度。测试效应有两种方式：

1）主要测试效应。指早期观察对后期观察可能产生的影响。例如，第二次考SAT的学生比那些第一次考的学生要好得多，即使在学生们并不确切知道部分考题的条件下也是如此。这个结果也具有反作用。例如，第一例态度测试的答案会对随后进行的相同测试所反映出的态度有一些实际影响。

2）交互测试效应。指先前对被测试者反应测量的结果影响对后来测量的反应。例如，如果我们先询问目标群体对不同产品的广告知晓度（暴露前的测量），然后让他们接触一个或多个产品广告（处理变量），那么后期测量可能反映的是先前测量和处理条件变化的联合影响。

（7）均值的回归

均值的回归（Regression to the Mean）是指具有极端行为的目标群体在实验过程中向着行为的均值发展的趋势。测试单元可能出现极端行为，某种情况下也正是因为它们的极端行为而特别选中它们。例如，你可以选择这些人作为一个实验群体，因为他们是某一具体产品或服务的大量使用者。在这种情况下可以看到，这些极端事件在实验过程中可能会向着均值变化。问题是，与这种实验变量或处理变量无关的均值变化趋势可能被解释为是由实验或处理变量引起的。

8.6.2 控制外生变量

调研人员一定要想办法控制对有效性产生影响的因素，以便操作变量对因变量产生清晰的作用。外生变量通常被称为混淆因素，因为它混淆了实验处理条件，使我们无法确定因变量的变化是否只是由于处理条件的变化导致的。

控制外生变量有4种基本方法：随机化、物理控制、设计控制和统计控制。

（1）随机化

随机化是指通过把被试样本随机分配到实验处理条件下，与受试者特征有关的外生变量则可以被看作等量出现的，并可因此忽略外生变量的影响。

（2）物理控制

物理控制是指在整个实验中，使外生因素保持一定的数值或水平。另一个方法是分配被试小组之前根据成员特征（年龄、收入、生活习惯）进行成员匹配，其目的是确保实验组和控制组的受访者特征没有很大差异。

（3）设计控制

设计控制是指为控制外生因素进行的特殊试验控制。本章随后讨论细节。

（4）统计控制

如果外生变量在整个试验过程中可识别并且可测量，则可使用统计控制解释外生变量。例如，方差分析可以通过对每个实验处理条件下的因变量数值进行统计上的调整，以调整混淆变量的影响。

市场调研实践

Top-box 及它对测试产品线份额的影响

消费者的预算和消费能力是有限的，因此当公司想改变产品线时，管理人员就很想了解改变会对消费者对这类产品的选择有何影响。为了找出答案，营销人员经常使用"Top-box"这种测试购买意图的工具。一项使用了 Top-box 的调研是关于一个给定的产品，受访者要填写一个量表，量表选项范围是从"肯定不会购买"到"肯定会买"。明确的答复似乎就能为管理者提供所需要的信息。

尽管来自受访者的答案很明确，公司的答案却不是那么清楚。Top-box 调研中潜在产品线获得的评价可能很高，但是管理者不能确定自己的产品是否能抢占竞争对手的市场份额，也不能确定是否会挤占同一产品线中其他产品的市场份额。Top-box 还会夸大调研结果，因为它测量的是意愿而不是实际行为。它通常不能以图谱的形式很好地区分意愿，也不能证明对不同的产品概念的感知有何不同，如图8-1所示。

调研人员会因使用不同的方法而获益，如联合分析、离散选择等。这些方法能测量需求而不仅仅是将其模型化。调研人员应该设立测试组和使用相关竞争产品的控制组，竞争产品则应包括目前市场上已有的产品。对于每个测试组，都要改变测试产品的一个变量来系统地介绍新产品。这是对科学研究方法的一种应用。这样，研究者就能操纵测试样本的所有变量和营销组合中的任何元素了。运用这些方法，研究者还能对比不同的策略（如产品适应和产品线扩展），为决策提供更可靠的信息。

对于关心业务增长、产品与消费者的交互信息和产品线份额的营销者来说，重新考虑收集数据的工具非常必要。

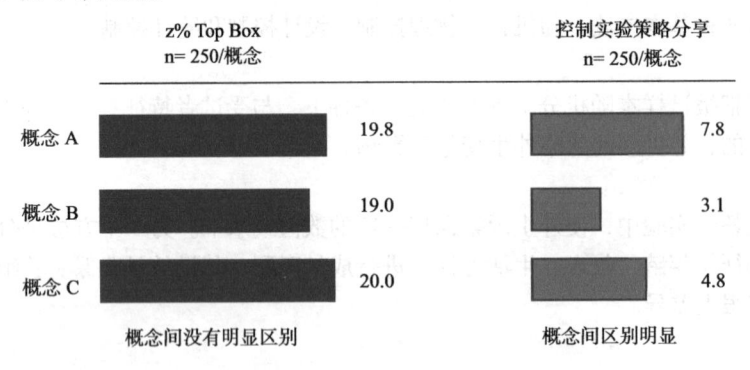

```
        z% Top Box                        控制实验策略分享
        n= 250/概念                        n= 250/概念

概念 A  ████████████ 19.8      概念 A  ████ 7.8
概念 B  ████████████ 19.0      概念 B  ██ 3.1
概念 C  ████████████ 20.0      概念 C  ███ 4.8

      概念间没有明显区别                  概念间区别明显
```

图 8-1　敏感度：Top-box 和选择实验

问题：
1．如果仅仅提供一种而不是多种选择，你认为 Top-box 测试法会更精准吗？为什么？
2．你认为有什么调研方法能准确地预测消费者的实际行为而非意愿吗？

8.7　实验设计、处理与影响

在实验设计（Experimental Design）中，研究人员能控制和操纵一个或多个独立变量。在我们讨论的实验中，一般只有一个独立变量被控制。非实验的设计不涉及控制，一般称作事后（在事实之后）研究。在这种研究中，研究人员观察到效果并试图把效果归因于某些原因。实验设计包括 4 类因素：

- 被操纵的处理变量或实验变量（自变量）。
- 参与实验的目标群体（受试者）。
- 要测量的因变量。
- 处理外来原因的计划或程序。

处理变量是指在实验中被操纵的自变量。操纵是指研究人员设置自变量水平，以测试某一特定的因果关系的过程。为了测试价格（自变量）和产品销售量（因变量）之间的关系，研究人员可以将目标群体置于 3 种不同的价格水平中，并记录每种价格的购买水平。价格是被操纵的变量。价格是单一的处理因素，它有 3 种处理条件或价格水平。

一个实验可以包括一个实验组或处理组和一个控制组。控制组是指实验期间组里的自变量没有发生变化的群体。实验组是指组里的自变量受到操纵而发生了变化的组。

实验影响（Experimental Effect）是指处理变量对因变量产生的影响。其目的是确定每种实验处理条件（处理变量的水平）对因变量的影响。例如，假设 3 个不同市场被选中测试 3 种不同价格或处理条件，每个市场将对每种价格进行 3 个月的测试。在市场 1 中，以比产品现价低 2% 的价格进行测试；在市场 2 中，以降低 4%的价格进行测试；在市场 3 中，以降低 6%的价格进行测试。在 3 个月的测试结束时观察到，市场 1 的销售量比 3 个月以前的销售量增加了近 1%；在市场 2 中，销售量增加了 3%；在市场 3 中，销售量增加了 5%。每个市场中观察到的销售量变化都是实验的影响。

8.8　实验法的局限性

上述讨论表明，实验是一种强有力的研究形式。它是能够真正地证明所感兴趣的变量之间存在因果关系及其性质的唯一研究形式。这些明显的优点超过了其他原始数据收集的调研设计。你可能会问，为什么实验法研究不被经常使用？这有许多原因，包括实验的高昂成本、保密问题、实施的问题等。

8.8.1　实验的高昂成本

从某种程度上讲，比较实验成本与询问调研法或观察调研法的成本，就好像比较苹果和橘子。实验法在费用和时间方面成本都很高。许多情况下，经理们可能预料到实验成本要超过所获信息的价值。例如，考虑一下在 3 种不同地理区域对 3 种可选择的广告活动进行测试的成本。3 种不同的广告活动必须实施；在所有 3 个市场中，媒体必须被购买；所有 3 个市场的测试时间表必须谨慎地协调；一些系统必须在测试活动的前、中、后使用以测量不同时点的销量；必须对其他外来变量进行测量；必须对结果进行广泛的分析；为保证实验的实现，一系列其他工作也必须完成。所有这些的花费可能将超过 100 万美元。

8.8.2　保密问题

现场实验或市场测试暴露了在真实市场中要进行的某个营销计划或营销计划的某些关键部分。毫无疑问，竞争者将会在大规模市场推广之前拿出对策。这种预先信号使竞争者有机会决定是否做出反应及如何做出反应。无论如何，这使策略失去了出其不意的效果。在许多例子中，竞争者实际上已经"窃取"了在市场中正被测试的创意，而且在测试产品或策略因素的公司完成市场测试之前就已经进入了全国性的分销网。

8.8.3　实施的问题

运用实验法时，可能会遇到大量阻碍实验完成的问题。这些问题主要包括：组织内部得到合作的困难；干扰问题；测试市场和总体市场之间的差异；缺少一组人或是作为控制群体可用的地理区域等。

在实施某种类型的实验时，想获得组织内的合作可能是极其困难的。例如，一个地区的市场经理可能极不情愿地同意他的市场区域被用作降低广告水平或较高价格的测试市场。很显然，他主要担心实验可能会降低这个地区的销售量。

干扰（Contamination）是指这样一个事实，即来自测试地区以外的购买者因为实验原因可能会到测试地区购买产品，而这些外来购买者会扭曲实验结果。外来购买者可能住在测试地区边缘，看到电视广告，仅仅因为测试地区提供了较低的价格、特殊的折扣或其他一些诱因而去购买产品。他们的购买将意味着被测试的特殊销售刺激因素比实际情况更有效。

一些情况下，市场测试的情况不同，那些市场中的消费者行为也不同，以至于实验结果的影响很小。这个问题可以通过对测试市场的仔细搭配和其他战略计划来解决，以保证测试单元有较高程度的等同性。

一些情况下，不能获得地理区域或一组人作为控制组。例如，在某个地理区域内只有少量购买者购买工业产品时，在这样的购买者子群体间测试一项新产品的努力注定是要失败的。

8.9 可供选择的实验设计

下面，我们将讨论预实验设计、真实实验设计、准实验设计的例子。在阐述这些实验设计时，我们将使用以前介绍过的符号系统。

8.9.1 预实验设计

使用预实验设计（Pre-experimental Design）的研究通常很难解释，这是因为它们对外来因素的影响提供了少量控制甚至不提供控制。因此，当用它们进行因果推断时，不会比描述性调研更好。利用这些设计，研究者可以在暴露处理变量和测量方法方面进行少量的控制。这些设计通常用于商业营销研究，因为它们简单且成本低，对于形成新假设很有用，但不能提供强有力的假设检验。

1．一组后期测量设计

一组后期测量设计（One-shot Case Study Design）是指把测试单元（人或测试市场）暴露给处理或实验变量一段时间，然后测量因变量。该设计用符号表示为 $X O_1$。

这个设计中有两个基本弱点。设计对将要进行实验处理的测试单元没有进行测试前观察，不接受实验处理的测试单元的控制群体也没有得到观察。其结果是，设计不能反映前面讨论过的任何外生变量的影响。因此，设计缺少内在有效性，同时更可能缺少外在有效性。这种设计对提出因果假设有用，但不能对这些假设提供有力的检验。许多新产品（市场中以前没有的）测试都以此为基础。

2．一组前后测试设计

一组前后测试设计（One-group Pretest-posttest Design）是一种经常用来检测现有产品和营销战略变化情况下的市场测试的设计。产品在变化前的市场上的事实为前期测量（O_1）提供了基础。该设计用符号表示为 $O_1 X O_2$。

这种设计对后来接受了实验处理的单个受试组或单个测试单元做前期测量（O_1），最后做事后测量（O_2）。实验处理的效果通过 O_2-O 进行估计。

历史因素是对这个设计的内在有效性的一种威胁，因为可观察到的因变量变化可能是由发生在前期测试和后期测试之间或实验以外的事件所引起的。在实验室实验中，这种威胁可以通过将被测试者与外界的影响隔离来控制。遗憾的是，这种类型的威胁控制在现场实验中是不可能的。

成熟因素是对这种设计类型的另一个威胁。可观察到的效果可能是由于目标群体在预先测试和测试之后的过程中已经变得更成熟、更聪明、更有经验等造成的。

这种设计只有一个预先测试观察，因此我们对因变量实验前期的趋势一无所知。由于因变量有不断增长的趋势，因而实验后的测量分数可能会更高。

8.9.2 真实实验设计

在真实实验设计（True Experimental Designs）中，实验人员把实验处理随机分配到随机选出的测试单元中。在我们的符号系统中，实验单位被随机分配给实验处理。这种随机分配用 R 表示。这里，随机原则是一种重要的机制，它使得真实实验设计的结果比预实验设计的结果更好（更有效）。真实实验设计优于预实验设计，因为随机原则兼顾了许多外生变量。选择进行随机实验而不是其他类型调研设计的主要原因是，随机实验使因果推断更明显。下面讨论两种真实实验设计。

1. 前后测量控制组设计

这种设计用符号表示如下：

实验组：(R) O_1 X O_2

控制组：(R) O_3 O_4

这个设计中的测试单元被随机地分配到实验组和控制组中，因此这两个组被认为是对等的。它们可能除了在实验组中受到研究所感兴趣的处理外，还可能受到外来因素的影响。于是，控制组前后测量之间的差异（O_4-O_3）将提供所有外来因素对每一个组所经历的结果的合理估计。为了得到处理变量 X 的真实影响力，外来因素的影响必须从实验组前后测量之间的差异中去除。所以，X 的真实影响力被估计为（O_2-O_1）-（O_4-O_3）。这个设计基本上控制了除失员和历史因素以外的有对有效性的威胁。

如果某个单元在研究期间退出，或者如果中途退出的单元与留下的单元存在系统性差别，那么失员将会是个问题。导致选择偏差下的结果的原因是实验组和控制组在后期测量与前期测量中主体的构成不同。在事件而不是处理变量影响了实验组但没有影响控制组的情况或相反的情况下，历史因素将成为问题。真实实验设计的例子如下。

真实实验设计的例子	
后期测量控制组设计	前后测量控制组设计
这种设计的特征如下：	这种设计的特征如下：

续表

| 基本设计：实验组 (R) X O_1
　　　　　控制组 (R) 　　O_2
样本：销售洗发水商店的随机抽样，商店被随机地分配给实验组和控制组，这些组被认为是相同的
处理(X)：将购买点陈列置于实验组商店里1个月
测量(O_1, O_2)：在购买点陈列期间测试商店中公司品牌的实际销售量
注释：因为商店随机分配到各组中，因此实验组和控制组可视为相等。X的处理影响的测量是O_1-O_2，如果$O_1=125\ 000$单位，$O_2=113\ 000$单位，那么处理=12 000单位 | 基本设计：实验组 (R) O_1 X O_2
　　　　　控制组 (R) O_3 　　O_4
样本：同后期测量控制组设计一样
处理(X)：同后期测量控制组设计一样
测量（O_1到O_4）：O_1和O_2为实验组的前期测量和后期测量；O_3和O_4是控制组的前期测量和后期测量
结果：$O_1=113\ 000$单位
　　　$O_2=125\ 000$单位
　　　$O_3=111\ 000$单位
　　　$O_4=118\ 000$单位
注释：
各组的随机性分配意味着它们可视为相等。因为各组是相等的，所以它们受到的外来因素的影响也是相同的。这一假设合理，对控制组前后测量之间的差异（O_4-O_3）提供了所有外来因素对这两个组影响的恰当的估计值。在这些影响的基础上，$O_4-O_3=7\ 000$单位，估计的处理影响是（O_2-O_1）-（O_4-O_3），即（125 000 – 113 000）-（118 000–111 000）=5 000单位 |

2. 后期测量控制组设计

测试单元的分配在后期测量控制组设计中不同于在以前讨论过的静态组比较设计（没有相等的群体）中。在前面的设计中，测试单元不是被随机地分配到实验组之中的。因此，对于各组而言，因变量在进行处理之前中可能不同。而后期测量控制组设计可以克服这个缺点，用符号表示如下：

实验组：(R)　X　O_1
控制组：(R)　　　O_2

需要注意的是，测试单元是被随机地(R)分配到实验组和控制组中的。这种随机分配测试单元而产生的实验组和控制组，从实验处理之前的因变量角度来看是大致相同的。另外，你也能合理地假定测试单元的失员（对内在有效性的威胁之一）将以同等方式影响每一组。

在前面洗发水实例背景下考虑这个设计，我们能看到许多问题。在实验期间，实验组的一个或几个商店可能发生事件而不是实验处理。如果实验组中的一个特殊商店经营某些其他类型的产品，结果商店中有了大量的顾客（远远超过平均水平），洗发水的销量可能会因为客流量的增加而增加。诸如此类与商店的特殊性（历史因素）相关的事件可能扭曲总的实验处理影响。

此外，还有一种可能性就是实验期间有几家商店可能会中途退出（失员威胁），导致实验组中的商店与后期测量时不同而出现选择偏差。

8.9.3 准实验设计

当设计一个真实实验时，调查人员通常必须创造人为环境来控制独立变量和外生变量。因为这种设计的人为性，实验结果存在外在有效性问题。因此，人们开发出准实验设计（Quasi-experimental Design）来解决这个问题。这种实验设计一般在现场环境方面比真实实验设计更可行。

在准实验设计中，调查人员缺少对实验处理时间进度表的完全控制，或必须以非随机方式将被测试者分配到实验处理中。由于费用和现场限制经常不允许调查人员对处理进度表和被测试者的随机抽样进行直接控制，因此这种设计往往被用于营销调研之中。这种设计类型的一些实例如下。

1. 间断时间序列设计

间断时间序列设计（Interrupted Time-series Design）是指在引入实验处理前后反复测量，从而打断了以往的数据形态的设计。用符号表示，间断时间序列设计如下：

$$O_1 \ O_2 \ O_3 \ O_4 \ X \ O_5 \ O_6 \ O_7 \ O_8$$

营销调研中使用这种设计最普通的实例就是消费者购买小组。我们可以利用一个小组对消费者购买行为（O's）进行定期的测量。即可以引进一种新的促销活动（X），并检验它对小组数据的影响。研究人员能够控制促销活动的时间表，但不能保证小组成员什么时候感受到了促销活动，或者根本没感受到。

这种设计与单组前后测试设计（$O_1 X O_2$）十分相似。然而，由于进行许多次前后测试对外生变量提供了更多的控制，所以时间序列设计比单组前后测试设计有更强的解释能力。例如，当产品销售量上升的同时，一种新的促销宣传活动正在进行，如果使用前后测试设计，那么这项活动的真实效果就无法估计。然而，如果进行大量的前后测试观察，销售量的增长趋势就是很明显的。时间序列设计可以帮助我们确定因变量的隐含趋势，并提供关于实验处理效果更好的解释能力。

这种设计有两个缺点。一个是实验人员缺乏控制历史因素的能力。尽管保持所有可能相关的外来事件的详细记录能减少这个问题的困扰，但是实验人员还是无法决定前后测试观察的适当次数和时间。另一个是交互测试效应和对测试单元进行重复测量。例如，小组成员可能成为"专业"购买者或是更多地意识到他们的购买习惯，这些情况下以此来推断总体可能是不恰当的。

2. 多重时间序列设计

在一些以时间序列设计为基础的调研中，我们能找到一组测试单元作为控制组。如果可以将一个控制组加到直接的时间序列设计中，那么对测量效果的解释就更加肯定了。这种设计称为多重时间序列设计（Multiple Time-series Design），用符号表示如下：

实验组 $O_1 \ O_2 \ O_3 \quad\quad O_4 \ O_5 \ O_6$

控制组 O_1 O_2 O_3　　O_4 O_5 O_6

研究人员必须谨慎选择控制组。例如，一位广告商可能在一个测试城市中测试一种新的广告活动，那么这个城市将构成实验组。没有实施这项新广告活动的另一个城市被选为控制组。测试城市和控制城市在产品销售量有关的特性方面（如有效的竞争品牌）几乎是等同的，这一点很重要。

8.10　市场测试

以产生想法为起点，然后是过滤想法、测试概念、商业分析、原型开发、市场测试和商业化，产品和服务的开发遵循一系列可预测的步骤。也许这些步骤中可预测性最低的就是市场测试。营销人员可能会或可能不会把营销一种产品或服务寄托于它的预期扩散速度、与现存竞争产品的差异程度和许多其他原因上。它是非常关键的一步，因为它代表了公司的产品在商业化之前的最后一个步骤。

市场调研实践者所用的一种普遍的实验就是市场测试。市场测试这一术语通常广泛应用于市场研究中，通过实验或准实验设计可以进行新产品测试或独立市场、多个市场乃至全国市场的市场策略的改变（如产品、价格、渠道、促销等）。

新产品的引入对决定公司财务的成败有着重要作用。传统的观点是，由于竞争日趋激烈，变革速度加快，因此将来新产品对利润的贡献将超过以往。然而，根据已发表的各种资料，所有包装类新产品中的 90% 都是失败的。

市场测试的目的是协助营销经理对新产品做出更好的决策，并对现有的产品或营销战略进行调整。市场测试通过提供一种真实市场的测试来评估产品和营销计划。营销经理利用市场测试在规模较小且成本较低的基础上，对所提出的全国性计划的所有部分进行评估。这种基本思想可以用来确定产品在全国推广后得到的估计利润是否超过潜在风险。市场测试提供了以下信息：

1）评估市场份额与容量。

2）新产品对公司已上市的类似产品（如果有的话）销售量的影响。这种影响可用替换率（Cannibalization Rate）表示。替换率是指新产品取代公司现有产品的程度。

3）购买产品的消费者特征。人口统计数据几乎都能被收集到，生活方式、心理特征和其他形式的分类数据也可以被收集到。这些信息将有助于公司改善产品的营销战略。例如，了解可能购买者的人口统计特征将帮助我们创造出更有效、更有影响力的媒体计划；了解目标消费者心理和生活方式的特征，对如何进行产品定位和确定吸引顾客的促销手段将提供有价值的参考。

4）实验期间的竞争者的行为也可以提供一些信息，预示产品在全国推广后，竞争者可能出现的反应。

图 8-2 为市场测试实例。

图 8-2　市场测试实例

收集有关生活方式的数据常常是为了找出潜在消费者的特征。这一信息有助于企业完善产品的市场战略。对那些愿意购买图中手机的消费者来说，生活方式数据能透露他们的哪些信息呢？

8.10.1　市场测试的类型

绝大多数的市场测试分为以下 4 类，即传统或标准市场测试、扫描或电子市场测试、控制市场测试和刺激市场测试。

1．传统或标准市场测试

传统或标准市场测试是指通过企业正规渠道或分销渠道测试产品或其他营销组合的活动。传统市场测试持续时间长（6个月或更长）、成本高、能够快速揭示市场竞争的本质。一些人认为，传统或标准市场测试为产品和营销组合提供了最好的营销解读，因为它提供了最真实的市场。然而，采用其他方法或许也能用较少的成本得到较好的估计，并且更加快捷，同时不使竞争对手产生警觉。

2．扫描或电子市场测试

扫描或电子市场测试是指使用扫描卡购物的消费者小组，特别是在零售店中更常见。它可以帮助我们分析购买（或不购买）被试产品的消费者特征，包括尼尔森这样的公司会提供扫描卡消费小组。这种方法速度快、成本低、市场战略具有安全性。这种方法的不足主要是样本的非代表性，即那些同意参与小组的消费者对于市场中广泛的消费者来说可能并不具有代表性。

3．控制市场测试

控制市场测试是指调研企业提供可控制的测试市场，通过向经销商购买一些货架来完成产品测试的活动。调研企业应该仔细监控控制市场的产品销量，使企业更快地接受测试、提供更理想的分销及更好地监控产品的运作。

4. 刺激市场测试

刺激市场测试（Simulated Test Markets, STM）比其他几种方法更快速、成本更低，并且更具有预测性。在刺激市场测试中，可以使用更有限的信息同一些可调整的市场变量构成的数学模型相结合。包括尼尔森、哈里斯（Harris）和新诺维特（Synovate）在内的很多公司都提供该服务。它们都拥有如下基础：

- 包括符合测试产品要求的消费者特征样本。
- 被雇用的消费者样本来到实验场所测试公司产品和竞争产品的信息。
- 消费者有机会在真实环境或模仿环境中购买测试产品。
- 购买者使用产品一段时间后会再次被联系到，而且会被询问是否会重新购买该产品或对产品的估计如何。
- 以上信息被用来产生STM模型并进而估计销售容量、市场占有率和其他关键的市场信息。

8.10.2 市场测试的成本

市场测试是很昂贵的。一项测试通常需要6个月至1年甚至更长的时间，花费数百万美元。事实上，仅把新产品摆上商场的货架往往就需要30~60天。这些估计只是指直接成本而已，主要包括：

- 商业广告的制作费。
- 支付广告代理商的服务费。
- 由于容量有限导致的媒体时间费用增高。
- 联合调研信息费。
- 定制调研信息和相关数据分析费。
- 购买材料费。
- 赠券和样品费。
- 为获得分销渠道而支付的高额贸易折让。

这里还有许多与市场测试有关的可能的间接成本，主要包括：

- 管理者花费在市场测试上的时间成本。
- 现有产品销售活动的分散。
- 一次市场测试的失败对其他相同家族品牌可能产生的负面影响。
- 如果有了做不好的名声，那么可能给你的产品带来负面影响。
- 竞争者知道你在干什么，从而可以在全国市场上制定更好的策略或击败你。

市场测试的成本很高，而且正因如此，这种方法仅用于已表明新产品或新战略有相当大潜力的营销研究过程的最后一步。某些情况下，即使失败，它也可能比直接上市新产品成本低。

8.10.3 决定是否进行市场测试

从上面的讨论中可以看出，市场测试为进行测试的公司至少提供了两个方面的好处：

1）市场测试为企业在真实的市场条件下获得对产品销售潜力的合理估计提供了工具。在这些测试结果的基础上，研究人员可以估算产品的全国市场份额，以及利用这些数字来预测该产品的财务状况。

2）市场测试能识别产品和已提出的营销战略的弱点，并给经理人员提供机会改正这些弱点。在市场测试阶段纠正这些问题比在产品进入全国性分销渠道之后再纠正更容易、成本更低些。

同时，这些优点必须与许多有关成本和市场测试的其他消极因素结合起来考虑。市场测试的财务成本前面已经讨论过，它并非无足轻重。市场测试的另一个问题是可能向竞争者提供了早期信号——你打算干什么。这就给了对手一个机会去调整他们的营销战略。如果你的想法很容易被模仿而且没有受到合法的保护，对手就很可能仿效你的想法，并在你之前更快地进入全国性分销渠道。因此，在决定是否进行市场测试时要考虑4个主要因素：

1）将成本、失败的风险、成功的可能性及相关利润进行比对。如果估计成本很高，而且又不能完全确定成功的可能性，那么就应该考虑市场测试。如果预期成本低，而且产品失败的风险也小，那么不用市场测试而直接进入市场可能是合适的战略。

2）竞争者仿制产品并将其推向全国市场的可能性和速度。如果产品能轻而易举地被复制，最好直接将产品推向全国市场而不必进行市场测试。

3）为市场测试生产产品所需的投资与向全国市场生产必需数量的产品所需的投资。有时，两者之间差异可能很小。这种情况下，不进行市场测试而向全国推广产品可能更好。然而，若两者之间存在很大差异，在决定向全国推广产品之前进行市场测试还是有积极意义的。

4）有关新产品上市失败可能严重损害一个公司的声誉。失败可能会损害公司分销渠道的其他成员（零售商）的声誉，并破坏公司为今后推出产品而获取合作的能力。在需要进行特殊考虑的情况下，就需要市场测试。

8.10.4 市场测试的步骤

1. 确定目标

市场测试的第一步就是确定测试目标。典型的市场测试目标有：

- 估计份额和销售量。
- 决定产品购买者的特征。
- 决定购买频率和目的。
- 决定在哪里销售（零售渠道）。
- 测量新产品的销售对产品线上现有相似产品销售的影响。

2. 选择一种基本方法

确定市场测试的目标之后，下一步是决定适合既定目标的市场测试方法的类型。在本章前面的内容中，我们讨论了下列4种市场测试类型的优缺点。

- 传统或标准市场测试。
- 扫描或电子市场测试。

- 控制市场测试。
- 刺激市场测试。

到底采用哪种类型的市场测试，取决于测试所拥有的时间、预算及重要性。

3. 制定详细的测试程序

确定了目标和基本的测试方法之后，就需要制定详细的市场测试计划。制造和分销决策的制定必须保证提供适当的产品。另外，用于测试的营销计划必须详细制定，应该选出基本的定位方法，制定出保证定位得以实施的商业广告计划、价格策略、媒体计划及各种促销活动。

4. 选择测试市场

测试市场的选择是个很重要的决策。做出选择时必须考虑许多因素：

1）除了控制市场之外，两个测试市场中应有一个更小。

2）所选择的市场应充分考虑到地理分布。如果是个地区品牌，也应在该地区内覆盖更广泛的市场。

3）所选择的市场应在国内具有人口代表性，否则对某一个特殊品牌就有可能产生人口类别偏差。

4）根据产品购买周期，实验应保持至少6～12个月，这样才能保证数据结果的可信性。如果产品不经常被购买，实验周期应超过1年。

5）该市场应有各种媒介，包括至少4家电视台，光缆铺设率不低于10%或不低于国内平均数；至少4家广播电台，有一份主导的地方日报并有周末版。

6）在所涉及的市场中或周边市场中应有一份主导报纸。

7）市场应尽可能地反映国内人口和地区人口。

市场调研实践

一些受青睐的测试市场

有些地点似乎在某些产品的市场测试方面特别受青睐。这些产品包括高端啤酒、高档伏特加和巴西牛排等。

米勒啤酒公司打算于2008年在4个城市用3种低卡路里、手工酿造淡啤酒测试市场。这4个城市分别是明尼苏达州的明尼阿波利斯、北卡罗来纳州的夏洛特市、加利福尼亚的圣地亚哥和马里兰州的巴尔的摩。其目标是建立手工淡啤的新类别并且追随啤酒行业的3大趋势——低卡低碳的淡啤，品种更多，高品质。这是个很不错的想法。自2006年以来，手工酿造啤酒的销售额已经上涨了17.8%，而这4个城市在人口统计学方面是一个很好的组合，能很好地测试市场。

富勒是1711年建立的一家伦敦啤酒公司，它选择科罗拉多州丹佛市来测试它的高端伦敦啤酒。它为什么选择丹佛？那里喝啤酒的人特别多，他们喜欢高端啤酒，而且似乎并不在意一瓶高端的伦敦啤酒多花费8美元。调研人员发现那里的人喜欢高级啤酒和手工啤酒。更好的消息是，手工啤酒在科罗拉多州占10%的市场份额，位居美国市场第3名。富勒的营销手段包括以高尔夫球爱好者和其他户外运动爱好者为目标受众的广播广告。安海斯布希饮料公司正在波士顿、纽约、华盛顿和安纳波利斯测试销售它的一种在意大利经蒸馏提取的伏特加，每瓶的售价是 35 美元。为什么是这些城市呢？因为这家公司想将"现代高端啤酒鉴赏家"的概念与它的以小麦为主酿造啤酒的理念结合起来，所以选择这些城市中最独特的娱乐场所、饭店、少数特殊的商店和酒店作为测试地点。当然，这些地点是经过慎重选择的：美国高端超优质伏特加的销量从 2003—2006 年翻了一番，重视形象胜过价格的 21 ~ 30 岁的年轻人是其目标客户。

科罗拉多州莱克伍德市的国际饭店选择哪些美国城市来测试它的新巴西烤肉餐厅呢？犹他州普若佛市。乍一看，该市的人口统计信息似乎不太相符：10 万居民中有 87%是白人，西班牙人仅有 10%。那么餐厅的市场在哪里呢？原来杨百翰大学坐落于这里，并且为后期圣徒教堂经营着一个传教士训练中心，许多来到这个地方的摩门教的学生被派到过巴西。此外，杨百翰大学的学生来自世界各地，种族和语言的多样化使莱克伍德成了很多产品或服务的测试城市。

问题：
1．明尼阿波利斯、夏洛特市、圣地亚哥和巴尔的摩 4 个城市的什么特征让它们成为高端啤酒的测试市场？
2．你如何为巴西特色美食在摩门教教徒占据主导的地方设计测试市场实验？

5．执行计划

有了合适的计划后，下一步就是执行计划。开始测试时，要做的一个关键决定是测试将持续多久。平均测试时间是 6 ~ 12 个月，然而更短或更长的测试也很常见。测试必须持续到能观察到足够多的重复购买周期次数，以反映一种新产品或营销计划在市场中的"保持力"。平均购买周期越短，测试所需的时期也就越短。对于消费者来说，香烟、软饮料和其他包装类商品每隔几天就要买一次，而剃须膏、牙膏等几个月才需买一次。后一类产品需要稍长的测试时间。若不考虑产品类别，我们则需要继续测试直到重复购买率稳定下来。重复购买人数的百分比在达到相对稳定水平前有下降一段时期的趋势。重复购买率对估计最终销售量很关键。如果太早地结束测试，很有可能过高地估计销售量。

竞争者反应的预期速度和进行测试的成本是另外两种需要考虑的因素。如果有理由预计竞争者对我们正在从事的活动能迅速地做出反应，并推出他们自己的新产品创意，那么测试时间应尽可能短。通过缩短测试时间，能够减少竞争者做出反应所需的时间。最后，必须考虑到从测试中获得的附加信息价值与继续进行测试的成本之间的关系。某些情况下，测试的成本会超出所获得的附加信息的价值。

6．分析测试结果

尽管在实验进行过程中也评估所产生的数据，但是在实验完成之后仍必须进行一次更详细、更彻底的数据分析。这种分析集中在 4 个方面：

1）购买数据。购买数据通常是实验产生的最重要的数据。在整个实验过程中，最初的购买水平（试用）表明了企业所做的广告和促销工作的效果，重购率（第二次或更多次购买者占试用者的百分比）表明了产品满足由广告和促销产生的预期的程度。当然，试用和重复购买为估计销售情况提供了基础。而且，如果产品推向全国市场，这些结果也可以用来反映可能的市场份额。

2）认知数据。这类数据主要包括在创造产品认知方面媒体力度和计划能起多大作用、顾客是否了解我们的产品成本、顾客是否知道产品的关键特征等。

3）竞争反应。理想的情况是在市场测试期间监测竞争者的反应。例如，竞争者可以通过提供特殊的促销、价格交易、数量折扣等方式试图扭曲我们的测试结果。这还为我们提供了一些有用的信息，可以反映产品或服务进入全国分销时竞争者将要做的事，并能为估计这些行为对它们产生什么影响提供依据。

4）销售来源。如果产品是现有产品类别中新进入的，确定销售的来源就非常重要。换言之，购买测试产品的人预先购买了哪个品牌的产品这样的信息提供了有关实际竞争者的真实指示。如果公司在市场上已经有了现存品牌，它也指示了新产品在多大程度上从现有品牌和竞争者那里拓展业务。

以评价为基础，会做出有关提升产品或营销方案、产品下市或在全国或区域范围内分销产品的决定。

8.10.5 市场测试的其他方法

除了传统市场测试和模拟市场测试之外，企业还可以选择能测量一种产品潜力的其他方法。一种方法是滚动式展示，通常在预先测试后进行。如果在某一特定地区而不是在一个或两个城市推出新产品，扫描数据能在几天内提供有关产品销售情况的信息。然后，产品在其他地区相继推出。在向全国市场推广的过程中，可以辅之以广告和促销服务。通用面粉公司（General Mills）在其新产品的上市中使用了这种方法，如多谷面粉的推广，如图 8-3 所示。

图 8-3 滚动式展示实例

另一种方法是当产品还未进行全球推广前先在某一个国外市场试销。具体来说，就是以一个或几个国家作为某个大洲甚至全球的测试市场。这种"领先国家"战略已经被高露洁-棕榄公司采用。这家公司在菲律宾、澳大利亚、墨西哥和香港地区推出了棕榄洗发水和护发液，之后又将该产品推向欧洲、亚洲、拉美和非洲市场。

许多营销人员认为，传统市场测试会东山再起，全新的产品可能需要更彻底的测试。然而，对于其他类型的产品推广（如产品线扩展）而言采用其他方法可能更合适。

小结

实验研究提供有关自变量的变化能否引起因变量可预期变化的证据。为了表明 A 的变化可能引起 B 的可观察到的变化，我们必须证明3个条件：存在相关关系、存在适当的时间顺序和不存在其他可能的原因。实验可以在实验室或现场环境中进行。在实验室进行实验的主要优点是，在这种环境下研究人员能控制外在因素。然而，在市场研究中，实验室环境通常不能恰当地复制现实市场。在真实市场中进行的实验称为现场实验。现场实验的主要困难是研究人员不能控制所有可能影响因变量的其他因素。

在实验法中，我们还谈到内在有效性和外在有效性。内在有效性是指对观察到的实验结果可以避免有争议的解释的程度之外在有效性是指实验中测量的因果关系能否被一般化到其他的环境。外生变量是指可以影响因变量的其他自变量，它们妨碍了我们下结论的能力，即断定因变量中可观察到的变化是否是由实验或处理变量的影响而引起的。外生变量主要包括历史因素、成熟因素、计量因素、选择偏差、失员、测试效应和均值的回归。

在实验设计中，研究人员能够控制和操纵一个或多个独立变量。非实验的设计不涉及控制，一般称作事后的研究。实验设计包括4类因素：处理变量、受试者、要测量的因变量和对外来原因性因素进行处理的计划或程序。一个实验或处理的影响是指处理变量对因变量的影响。有4种基本方法用来控制外生变量：随机化、物理控制、设计控制和统计控制。

实验法的一个明显优点是，它是能够显示所感兴趣的变量之间自然因果关系的产生和特征的唯一研究形式。然而，由于实验的高成本、保密问题和实施问题，在营销研究中实际进行的实验调研是很有限的。不过，有证据表明，在营销研究中，实验法的使用正在增多。

预实验设计几乎很少或根本不能控制外生变量的影响，因此使用预实验设计一般很难解释所得的结果。实例包括一组后期测量设计和一组前后测试设计。在真实实验设计中，研究人员能排除所有作为竞争假设的外生变量。真实实验设计的实例包括前后测量控制组设计和后期测量控制组设计。

在准实验设计中，研究人员能控制数据收集过程，但缺少对实验处理进度表的完全控制。准实验设计中的处理组通常由那些以非随机方法挑选的、对处理量产生反应的指定人选组成。准实验设计的实例包括间断时间序列设计和多重时间序列设计。

市场测试是指通过实验或准实验设计测试一种新产品或营销组合的某些因素。市场测试属于现场实验，进行测试的成本很高。进行市场测试研究的步骤包括确定目标、选择一种基本方法、制定详细的测试程序、选择测试市场、执行计划和分析测试结果。

关键术语及其定义

实验法（Experiment） 观察一种变量对另一种变量产生影响的研究方法。

因果性调研（Causal Research） 决定一种变量是否能够引起另一种变量产生可观察到的变化的调研方法。

相关关系（Concomitant Variation） 两种变量之间的一种预见性统计关系。

存在适当的时间顺序（Appropriate Time Order of Occurrence） 为考虑因变量变化的可能原因，可以判断自变量发生的变化一定在因变量发生可观察到的变化之前。

不存在其他可能的原因（Eliminate of other Possible Causal Factors）：很难证明B发生变化并不是A以外的其他因素引起的。

实验室实验（Laboratory Experiments） 在可控环境下进行的实验。

现场实验（Field Experiments） 在实验室以外的真正市场条件下进行的实验。

内在有效性（Internal Validity） 对于观察到的实验结果可以避免有争议的解释的程度。

外在有效性（External Validity） 将实验中被测量的因果关系一般化到外部的人、环境和时间的程度。

历史因素（History Variation） 发生在实验的开始与结束之间的事件或外生变量。

成熟因素（Maturation Variation） 在实验期间发生的与实验无关的一些变化，但这些变化可以影响对实验因素的反应。

计量因素（Instrument Variation） 因测量工具的不同或改变（如不同的访谈员或观察者）而导致测量结果的不同。

选择偏差（Selection Bias） 因为有偏差的选择过程而在实验组和控制组之间出现的系统差异。

失员（Mortality） 实验过程中测试单元或物体的损失。损失的单元与留下的单元存在系统差异。

测试效应（Testing Effect） 成为研究过程的一个副产品而不是实验变量的结果。

均值的回归（Regression to the Mean） 目标群体的行为在实验过程中向行为的平均值发展的趋势。

实验设计（Experimental Design） 调查研究人员有能力控制和操纵一个或多个独立变量的实验。

实验影响（Experimental Effect） 处理变量对因变量的影响。

处理变量（Treatment Variable） 在实验中被操纵的自变量。

随机化（Randomization） 将受试者随机地分配给处理条件，以保证受试者特征在所有组中相等地出现。

物理控制（Physical Control） 在整个实验过程中保持外生变量的值或水平不变。

设计控制（Design Control） 利用实验设计去控制外来原因性因素。

统计控制（Statistical Control） 通过对每个实验处理条件下的因变量数值进行统计上的调整来调整混淆变量的影响。

干扰（Contamination） 包括实验中不属于所在区域的大量反应者。例如，看见广告的外来购买者往往购买在测试地区进行测试的产品。

预实验设计（Pre-experimental Design） 对外生变量有少量或没有控制的设计。

一组后期测量设计（One-shot Case Study Design） 没有控制群体，仅是一种随后测量的预实验设计。

一组前后测试设计（One-group Pretest-posttest Design） 没有控制群体，在实验前后进行市场测试的预实验设计。

真实实验设计（True Experimental Design） 利用一组实验群体和一组控制群体的研究，而且对两个组的测试单元的分配是随机进行的。

前后测量控制组设计（Before and After with Control Group Design） 包括目标受试者或测试单元被随机地分配给实验组和控制组，以及对两个组进行前期测量的真实实验设计。

后期测量控制组设计（After-only with Control Group Design） 将受试者或测试单元随机地分配给实验组和控制组中，但不进行因变量的前期测量的真实实验设计。

准实验设计（Quasi-experiments） 调查人员缺少对实验处理时间进度表的完全控制或必须以一种非随机性方式将被测试者分配到实验处理中的研究。

间断时间序列设计（Inter Time-series Design） 在实验处理前后进行反复测试。

多重时间序列设计（Multiple Time-series Design） 具有一个控制组的间断时间序列设计。

市场测试（Test Market） 利用实验或准实验设计的方法对一种新产品或营销组合的某些要素进行的测试。

复习思考题

1. 全班分为若干组，要求每组完成针对下列情景的市场测试：
   1）为橙汁浓缩液推出的新定价策略设计市场测试。该品牌是一个成熟品牌，我们感兴趣的是价格提高和降低 5% 的影响。假定营销组合其他要素保持不变。
   2）一家软饮料公司已经在味道测试中测出，与添加 Equal 甜味剂的饮食产品相比，消费者更偏爱添加 Splenda 甜味剂的产品。现在，该公司想知道新甜味剂的市场反响如何。请设计一个市场测试完成任务。
   3）一家全国性的比萨饼连锁店想了解 4 种不同折扣券对销售的影响。请设计市场测试实现该目的。
   4）一家全国连锁的经济性酒店想了解推出免费自助餐的商业影响。请为此设计一次市场测试。
   5）一家信用卡公司想要测试吸引大学生办卡的战略。它会坚持在学生会和其他人流大的地方设置摊位，给已经注册信用卡的学生赠送免费 CD。但由于竞争对手也在采用这种方式，该公司想尝试一种新方法。它打算让注册的学生从 iTunes 免费下载 MP3，也赠送具有流行音乐特色的 T 恤。请设计一个测试，告诉该公司选择哪种方案才能让最多的学生注册信用卡。

2. 提可（Tico）玉米面豆卷是墨西哥全国范围的快餐连锁，它推出的"超声波"是市场上最大的玉米面豆卷，售价为 1.19 美元。该餐厅的目标顾客为 30 岁以下不在乎健康问题（如脂肪含量或热量）的男士。在全国推广之前，要在 4 个地区性市场测试产品。你会用什么标准选择新产品的测试城市？为什么推荐这些城市？

3. 在调研人员掌握的数据收集技术（询问调查法、观察调研法、实验法）中，为什么只有实验法才能给因果关系提供结论性的支持？各种实验类型中，哪一个最能支持因果关系或非因果关系？

4. 在测试消费者对新电视连续剧的反应中哪些自变量比较重要？为什么？

5. 你所在大学的学生中心的经理正在考虑要印上菜单的 3 种冷冻比萨。他只打算提供一种，想知道学生最喜欢哪种。请设计实验测试学生最喜欢的品牌。

6. 大学或学院的夜大学生年龄比一般学生要大得多。请为一般学生与夜大学生年龄差异的问题推荐一种明确的控制方法。
7. 在营销研究中，为什么准实验设计比真实实验设计更受欢迎？
8. 历史因素与成熟因素有什么不同？你在实验中可能采取什么特殊办法处理每一种影响？
9. 一家微波炉生产商已经设计出一种既能降低能源成本又可以完全加热熟食品的改进模型。然而，由于附加部件和工程设计的改变，这种新模型将提高30%的产品价格。这家公司想确定一下这种新模型对微波炉销售会产生什么影响。请设计出一种能为经营者提供信息的合适的实验设计并解释为什么选择这种设计。
10. 讨论能控制外生变量的不同方法。
11. 讨论传统市场测试可供选择的方法并解释这些传统市场测试的优缺点。

网络在线

1. 访问 www.questionpro.com/akira/showLibrary.do?categoryID=16mode=1 并填写一份被分为15类的269个问题。说说你是哪类消费者，你将如何设计一个测试市场来吸引和你类似的消费者。
2. 查阅 www.city-data.com，寻找爱荷华州锡达拉皮兹市、威斯康星州欧克莱尔、科罗拉多州大章克申的城市人口统计信息，评价为什么广告年代（2005）将它们列为美国最受欢迎的几个测试市场。

市场调研实践

得克萨斯红色软饮料

得克萨斯红色是得克萨斯州最老的软饮料公司。在20世纪80年代，因为无法与大公司抗衡，该公司经历了破产。2003年，一些投资者从破产法庭购买了这个品牌名称，并将专业食品商店和一些主题餐厅作为主要的销售渠道。现在在得克萨斯州的267家食品店和123家饭店都能买到该公司的饮料。

全新的得克萨斯红色在几乎8年的时间里保持着稳健的增长，财务上的表现也很出色。然而，全国性大品牌和其他软饮料生产者使竞争仍然非常激烈。对于得克萨斯红色来说，在预算范围内，以高效的方式将业务引向它的饮料所在的零售店和饭店非常重要。

最近几个月，为了想出更好的营销方案，得克萨斯红色的管理团队被分为几个小组。其中，一个小组想采取低价策略，其他的小组想重点宣传品牌在得克萨斯州悠久的历史、特色和饮料的高品质以提高品牌形象的知名度。两种意见分歧很大。更为严峻的是，他们已经没有时间来制定即将到来的下一年的营销战略了。

托比·乔治是营销总监，他知道打破僵局并做出正确决策非常重要，这样公司才能执行计划、开展业务。他想以科学的方式重新设计一个解决问题的测试。得州之星经常关注消费层次高的群体。托比的调研计划要求在一个市场上对价格导向的营销活动进行测试，在另一个市场上对以形象为导向的营销活动进行测试。两个富有代表性的市场的销量的变化就能证明两种方法的有效性。他需要做一系列的决策。第一，选择进行测试的市场。第二，确定测试要进行多久。最后，需要找出得克萨斯红色的总体发展趋势是如何影响两个测试市场的。

问题：

1. 你认为测试市场是解决这个问题的最好方法吗？是否可以选择其他方法，那么可以选择哪些方法呢？
2. 本章讨论的哪个实验设计用在这个项目中最合适？为什么是这个实验设计？
3. 用于测试的市场应该有几个？测试市场应该具备哪些特征？
4. 测试产生的哪种类型的证据能够打破持两种不用意见的小组的僵局？

第 9 章

测量与态度量表

学习目标

- 了解测量的概念。
- 学习测量过程及如何生成优秀的测量量表。
- 了解4种类别量表及其典型应用。
- 熟悉信度和效度的概念。
- 熟悉量表的概念。
- 学习各种态度量表的概念及优缺点。
- 考虑选择量表类型时的一些基本事项。

测量的本质是什么？测量包含哪些步骤？测量的3个层级是什么？什么是信度和效度？为什么信度和效度对测量的概念至关重要？态度是怎样被测量的？在确定态度量表的时候需要考虑哪些因素？这是我们本章将要探讨的问题。

9.1 测量过程

测量（Measurement）是指按照特定的规则将数字或符号分配给人、目标或事件，从而将其特性量化的过程。它是一个分配数字的过程，这些数字反映了人、物体或事件所具有的特性。注意，要测量的不是个人、物体或事件本身，而是它们的特性。例如，调研人员不是去测量某个消费者，而是测量消费者的态度、收入、品牌忠诚度、年龄等相关因素。

测量的关键是如何理解规则（Rule）。规则是一种指南、方法或指令，它告诉调研人员该做什么。例如，一条测量规则可能是这样的："请你对家务事的处理做出评价，将数字1~5分配给它。如果认为非常愿意做家务事，则将数字1分配给它；如果不愿意做任何家务事，则将数字5分配给它；按照相应标准，分配数字2、3、4。"

测量时经常会碰到的问题是：规则含混不清、缺乏具体性或清晰性。一些事件容易测量，因为调研人员很容易制定出规则并按之进行操作。例如，性别的测量规则非常容易制定，并可以用"1"表示"男性"、"2"表示"女性"。但遗憾的是，市场调研人员感兴趣的特性是难以测量的，如品牌忠诚度、购买意向或家庭总收入等。因为调研人员很难找到能够测量这些特性真实值的规则。调研人员测量一种现象需要采取的步骤如图9-1所示。

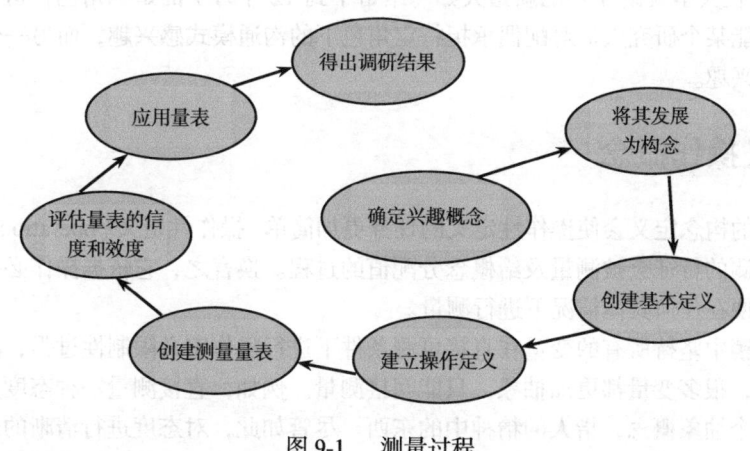

图9-1 测量过程

9.2 确定兴趣概念

测量过程的第一步是确定兴趣概念。概念是从某些事实中概括出来的抽象思想。它是一种用来把可感数据分组的思维类别，"好像他们都一样"。在北主干道上的所有对信号灯的看法形成了一个相当狭隘的思维类别，而不区分地点的对所有信号灯的看法就是一个广泛的概念。

9.3 发展构念

构念是概念的特定类型，它要比寻常概念更加抽象。构念的发明是为了满足理论用途，这样就能够超越各种已存在的思维分类界限。特定构念的价值取决于它们在解释、预测和控制现象上有多有用，就像寻常概念的价值取决于它们在寻常事物中有多有用一样。一般来讲，构念并不是直接可见的。相反，它们是通过用一些间接的方法从诸如问卷调查结果等结论中推测出来的。营销构念的例子包括品牌忠诚度、高卷入度购买、社会阶层、人格及渠道权力。通过简化和整合在营销环境中发现的复杂问题，构念能实现对调研人员的有效帮助。

9.4 定义本质概念

测量过程的第三步是定义本质概念。一个本质的（或理论上的，或概念上的）定义（constitutive definition）是指对研究的主要想法或概念的陈述，并界定其边界。科学理论的构念要进行本质的定义。因此，为了能够在理论中应用，所有构念必须具有本质的意义。就像词典定义一样，一个本质定义应该彻底地把正在调查的概念和所有其他概念区分开来，使研究概念能够很容易地和其他非常相似但却不同的概念区别开来。一个模糊的构念定义会导致错误调研问题的产生。例如，假设调研人员正在研究一般性的婚姻角色，这可能毫无意义。他们想调查24~28岁的曾在大学就读4年的新婚夫妇（结婚不到12个月）的婚姻角色，这可能也没什么意义。因为可能某个研究人员对配偶承担特定角色下的沟通模式感兴趣，而另一个研究员可能对育儿角色感兴趣。

9.5 定义操作概念

一个精确的构念定义会使操作性定义的任务更加简单。操作性定义（operational definition）是指哪种可观测的特征会被测量及给概念分配值的过程。换言之，它依据操作必要性赋予一个构念意义，以便在任何具体情况下进行测量。

因为在营销中坚持所有的变量在直接可测条件下进行操作定义限制性过强，根据关于其本质的理论假定，很多变量都更加抽象，只能间接测量。例如，直接测量一种态度是不可能的，因为态度是一个抽象概念，指人的精神中的东西。尽管如此，对态度进行清晰的理论定义还是可行的：态度是在环境影响下，人的动机、情绪、感知和认知过程的持久组织。以此定义为基础，就可以开发出间接测量态度的工具，通过询问获得关于一个人感觉怎么样、这个人相信什么及这个人打算如何表现等问题。

总而言之，操作性定义是理论概念和现实事件或因素的桥梁。诸如"态度"和"高卷入度购买"等构念是不可见的抽象概念。操作性定义能把这些构念转化成可观测的事件。换言之，它通过清晰地说明研究人员必须做什么来测量它，定义或赋予构念以意义。不论精确的本质定义可能是什么，对任何单一的概念来讲都有很多潜在的不同操作性定义。研究人员必须选择最适合研究目标的操作性定义。

表9-1是一个有关本质定义、与其一致的操作性定义和一个合成测量量表的例子。角色模糊的操作性定义是由两位营销学教授为用于销售人员和客户服务人员而开发的。理论概念是角色模糊会导致工作压力并妨碍员工提高工作表现、获得基于工作的奖励的能力，最后导致工作不满意。

表9-1　角色模糊的本质和操作性定义

本质定义	角色模糊是指个体信息可获得性和胜任一个角色所要求的条件之间直接的功能性差异。它是个体知识的真实状态和能够在个体的个人需求和价值观上提供足够的满足感所需要的知识之间的差异。
操作型定义	角色模糊是个体从其他雇员和客户那里感受到的关于工作角色的责任和期望的不确定性程度（从非常不确定到非常确定，5级量表）。

续表

测量量表	测量量表包括 45 个问项，每个问项都由 5 级量表进行评估，1=非常确定，2=确定，3=中立，4=不确定，5=非常不确定。问项样本如下： • 我希望有多大的行动自由 • 我希望处理工作中的非日常活动的程度 • 我期望的工作量 • 我的上司愿意听从我的观点的程度 • 我的上司对我的满意度 • 其他部门的经理希望我如何与他们互动 • 其他部门的经理认为我的工作表现如何 • 我希望怎样与我的客户互动 • 我在工作中应该怎样表现（对客户） • 为了赢得客户的信心，我是否愿意撒一点谎 • 我是否希望对客户隐瞒自己公司的混乱 • 我的家人认为我应该在工作上花费多少时间 • 在什么样的程度上，我的家人愿意和我分担与工作相关的问题 • 在工作中，我的同事期望我如何表现 • 我的同事希望我向上司传递多少信息

资料来源：改编自 Jagdip Singh 和 Gary K. Rhoads, "Boundary Role Ambiguity in Marketing-Oriented Positions: A Multidimensional, Multi-faceted Operationalization," Journal of Marketing Research, 1991 年 8 月, pp.328-338。美国市场学会（American Marketing Association）拥有再版权。

构念对等性（construct equivalence）涉及人们针对某特定现象如何观察、理解及测量的问题。全球营销学者都在面临的问题是，由于社会与文化、经济及政治差异，构念观点既不完全相同也不对等。下面的全球调研中的例子就强调了全球营销学者所面对的构念对等问题。

全球调研　构念对等性问题经常发生在全球市场调研中

全球市场调研中的构念对等性问题包括功能对等、概念对等及定义对等。每一种类型的例子如下。

（1）功能对等

在英国、德国和斯堪的纳维亚，啤酒通常被感知为一种酒精饮料。然而，在地中海地区，啤酒被认为是类似软饮料的饮品。因此，一项针对北欧地区啤酒的竞争状况调查就需要包含酒和酒精饮品的问题。在意大利、西班牙及希腊，啤酒被当作软饮料。

在意大利，孩子们把夹着巧克力棒的两片面包作为零食是很常见的。在法国，巧克力棒通常在烹饪中使用。但是，一位德国的主妇却会对任何一种方式都感到反感。

（2）概念对等

一个使用"圈内（out-group）"和"圈外（in-group）"概念的研究人员在美国和希腊将会与不同的群体打交道。在美国，圈内指自己国家的人们，而圈外指外国人。在希腊，圈外指与自己联系不紧密的同胞。（如果雅典人被请求帮助希腊人和外国人邮寄信件，与外国人相比，希腊人会遇到更糟糕的对待。）

人格特征（如进取精神或者自信）可能并不是在所有的国家或文化中都是中肯的。在一些文化或语言中，这些概念可能没有，或者有但是意义完全不同。

最后一个例子是日本人和西方人在决策概念上有显著差异。西方人把决策看作独立事件，而日本人无法认同这种看法。

（3）定义对等

在法国，香料是用连续的冷—热度量的。在美国和英国，冷和热并不是香料的属性。因此，用来对产品进行分类的属性在不同文化之间是不断变化的。

像功能对等中提到的对啤酒的感知一样，定义对等中也会遇到类似的问题。在英国，啤酒会被分类为酒精饮品；在地中海文化中，啤酒会被分类为软饮料。

问题：
1. 为什么构念对等性在全球调研中很重要？
2. 你认为一个调研人员是否应该担心美国和加拿大之间的构念对等性问题？

9.6 创建测量量表

表 9-1 中包含了一个从"非常确定"到"非常不确定"的量表。量表是一系列结构化的符号和数字。这些符号和数字可以按照一定的规则分配给适用于量表的个人（或他们的行动、态度）。量表的分配取决于个体拥有的任何量表要测量的东西。因此，一个感觉自己确切地知道应该如何与客户互动的销售人员会在表 9-1 所示量表的问项上标记非常确定。

要构造一个测量量表，首先要确定期望的或可能的测量水平。表 9-2 描述了 4 种测量的基本水平（类别、顺序、等距、等比）产生的 4 种量表。

表9-2　4种主要的测量量表

内容 测量量表	描述	基本实际操作	典型应用	典型表述性统计
类别量表	用数字来识别物体、个人、事件或群体	判断相等或不等	归类（男、女；购买者、非购买者）	频次、百分比或众数
顺序量表	除识别外，数字提供了事件或物体等拥有的某些特点的数量信息	判断更大或更小	排序或打分（对旅馆、银行或社会阶层的排序；根据脂肪含量和胆固醇对食品打分）	中位数（均值和方差矩阵）

续表

测量量表 内容	描述	基本实际操作	典型应用	典型表述性统计
等距量表	拥有类别与顺序量表所有的性质,加上相邻点间的间距是相等的	判断间距的相等性	复杂概念或架构的参照指标（温度计、气压计、有关品牌的知识水平）	均值或方差
等比量表	综合了上面三种的所有性质,加上绝对零点	判断比例的相等性	当精确工具可获得时（销售数量、正点到达次数、年龄）	几何平均数或调和平均数

注：因为高水平的测量包括了低水平测量的所有特性，因此我们可以将高水平的量表转换为低水平的量表。例如，等比量表可以转换为等距量表、顺序量表或类别量表，等距量表可以转换为顺序量表或类别量表，或者顺序量表可以转换为类别量表。

资料来源：S.S. Stevens, "On the Theory of Scales of Measurement," Science, Vol. 103 (June 7, 1946), pp. 667-680. 经允许复制。

9.6.1 类别量表

类别量表（Nominal Scale）在市场调研中运用得很普遍，它将数据分成详尽的、互不相容的类别。也就是说，每一个数据都符合一种而且是唯一的类别，并且所有的数据都包含在量表中。"类别"是"与名字类似的"。这意味着赋予客体或现象不同的数字是用来命名或分类的。这些数字没有真实的意义，但它们不能进行排序或加减乘除。它们只是一种标签或识别数字，别无他意。类别量表的例子如下：

性别	（1）男	（2）女	
地理区域	（1）城市	（2）农村	（3）郊区

类别量表中唯一的量化是对每一类别的客体进行频次和百分比计算。例如，有50位男性（占48.5%）和53位女性（占51.5%），计算平均数（Mean）（如对地理区域求平均数为2.4）毫无意义，只有计算众数（Mode，出现频次最多的数）才比较合适（如拥有50万人口的城市）。

9.6.2 顺序量表

顺序量表（Ordinal Scale）除了具有类别量表用数字代表特征的特点外，还增加了对数据排序的能力。顺序测量基于可传递性的假设。假设是为进行操作或思考而假定的必要前提条件。可传递性假设可以这样描述，即"如果 a 大于 b，而 b 大于 c，则 a 大于 c"。另外，还有一些其他可代替的词语，如更喜欢、比……强或在……之前。以下是顺序量表的一个例子：

> 请对下列品牌的传真机从 1 到 5 进行排序，1 表示最喜欢的，5 表示最不喜欢的。
> 松下_____
> 东芝_____
> 夏普_____
> 塞文_____
> 理光_____

顺序数字严格地用于表示等级的顺序，数字既不表示绝对数量，也不表示两个数字之间的差距是相等的。例如，对传真机进行排序的应答者只是认为东芝比塞文略好些，而理光是完全不可接受的，但这样的信息不可能从一个顺序量表中获得。

顺序量表的目的是排序。因此，任何可以代表顺序关系的系列数字都可以被运用。换句话说，松下可以被指定为 30 分，夏普为 40 分，东芝为 27 分，理光为 32 分，塞文为 42 分。当然也可以用其他的数字，只要其顺序不改变即可。如在上述例子中，塞文可以被指定为 1，夏普为 2，理光为 3，松下为 4，东芝为 5。普通的算术运算（如加、减、乘、除）都不能用于顺序量表，对中心趋势（Central Tendency）的适当测量是众数和中位数，百分位数或四分位数可以用来测量离散程度。

使用顺序量表时一个自相矛盾（但仍很普遍）的情况是评价各种特征。这种情况下，调研人员会通过指定数字来反映一系列陈述的相应等级，然后又用这些数字来表示相应的距离。你可以回忆一下市场调研人员在测量角色模糊时所使用的、从非常确定到非常不确定的量表。注意，下列的值是这样进行分配的：

（1）	（2）	（3）	（4）	（5）
非常确定	确定	中性	不确定	非常不确定

如果调研人员能判断在量表范围内的间距相等，我们就能运用更有利的统计参数进行检验。确实，一些研究测量的学者主张，一般都要假定间距是相等的。

最好是将顺序测量看作等距测量，但应时刻注意总体内部是不等距的。因此，应当尽可能多地了解有关测量工具的特点。伴随着心理学、社会学和教育的进步，利用这种方法可以获取大量有用的信息。总之，如果调研人员谨慎地应用这种方法，他们是不至于被严重误导的。

9.6.3　等距量表

等距量表（Interval Scale）除包含顺序量表的所有特征外，还增加了量表范围内各点之间的间距相等这一维度。温度的概念就是基于相同的间隔而定义的。相对于顺序量表而言，市场调研人员更喜欢用等距量表，因为它能表示某一个消费者所具有的特性超过另一个消费者多少。使用等距量表，调研人员能够研究两个目标对象之间的差距。这一量表具有顺序和差距的特性，但是零点是任意的。以温度表示法为例，温度表示法有华氏和摄氏两种，因此水的结冰点为华氏 32 °F，而在摄氏表示法中是 0 °C。

等距量表中的任意零点限定了调研人员对量表值的表述。你可以说 80°F 比 32°F 热,或者说 64°F 比 80°F 低 16°F。然而,你不能说 64°F 比 32°F 热两倍。为什么呢?因为在华氏量表中,零点是任意设定的。为了证明我们的观点,让我们用公式 t_C(摄氏温度)=5/9(t_F-32)(t_F为华氏温度)对两种温度表示法进行换算。这样,32°F=0°C,64°F=17.8°C。很明显,若得出"64°F 是 32°F 的两倍",则根据公式是不成立的。同理,评估传真机时,我们不能利用等距量表来评价哪些是我们最喜爱的。如果给东芝 20 分而给夏普 10 分,我们就不能得出结论说东芝的受喜爱程度是夏普的 2 倍,因为我们在量表中没有给出表示不喜欢的零点。

使用等距量表得到的数据可以求算术平均值、标准差和相关系数。也可以利用 t 检验、F 检验等参数统计分析法获得。当然,如果调研人员较保守,对"相等间隔"这一点持有异议,则也可以使用非参数检验获得。

9.6.4 等比量表

等比量表(Ratio Scale)除综合了上面所讨论的 3 种量表的功能之外,还要加上绝对零点或原点的概念。由于大家对零点的确定有一致的意见,所以可以对等比量表的数值进行比较。等比量表反映了变量的实际数值。应答者的物理特征(如体重、年龄、高度)是等比量表的例子。其他的等比量表有面积、距离、货币单位、回报率、人口统计、时间间隔等数据。

由于一些客体没有所要测量的特性,这样等比量表的起始点是零,因而测量具有绝对的实证含义。例如,投资可能没有回报,或者新墨西哥州某个地区的人口为零。绝对零点的存在意味着可以进行所有的算术运算,包括乘、除都可以使用。量表上的数值表明了被测事物特性的实际值。例如,麦当劳的一大包法式薯条重 8 盎司,而汉堡王的一包普通薯条重 4 盎司,因此一大包麦当劳薯条的重量是一包汉堡王普通薯条的 2 倍。

9.7 评估测量的信度与效度

理想的市场调研要能够提供精确、清晰、及时的数据。正确的数据来自正确的测量。我们以 M 表示测量值,A 表示实际值,则理想的市场调研可以表述为"$M=A$"。但是,在市场调研工作中,这种情况($M=A$)是极少见的,或者说根本不可能存在。相反,我们在市场调研中经常碰到的是:

$$M=A+E$$

式中 E——误差。

误差可以分为系统误差和随机误差(在第 5 章提到过)。系统误差是指测量中产生的持续误差,这主要是由于测量设备和测量过程存在缺陷而造成的。例如,如果使用一把刻度不准的尺子,就会导致系统误差。比如,1 英寸的实际长度为 1.5 英寸,在 Pillsbury 公司的测试厨房中测量所选巧克力蛋糕的高度,那么所测量的蛋糕的高度都比实际的矮。随机误差也会影响测量结果,但不是系统性的。因此,随机误差的影响方式在本质上来讲是短暂的,并不以稳定的形式发生。例如,一个人没有如实地回答问题,可能是因为那天正好心情不好。

用同一测量量表测量而得分不同，可能是多种原因引起的。以下所列的原因中，只有第一种原因不存在误差问题，其余 7 种都存在误差问题。调研人员必须确定其余 7 种导致测量差异的原因是系统误差还是随机误差。

1）被测量的特性存在真正的差异。完美的测量差异应只是由实际差异引起的。例如，约翰给麦当劳的服务打 1 分（非常好），而山迪则打了 4 分（一般化），这种差异仅仅是由于实际态度差别造成的。

2）应答者稳定的特征导致的差异，如个性、价值观、知识因素等。山迪是一个非常喜欢挑剔的激进派人士，从来不说任何事物或人很好。虽然他内心对麦当劳的服务感到非常满意，但他觉得这是应该的，所以只打了 4 分（一般化）。

3）短期的个人因素引起的差异，如当时的心情、健康状况、时间限制、疲劳程度和其他暂时性因素。今天上午，约翰先生参加了当地电台的"Name That Tune"节目举办的竞赛并获得 400 美元奖励。他取回钱后，去麦当劳吃了一顿，这时他对麦当劳服务态度的评价可能会与昨天的不一样。

4）调研访问时的环境导致的差异。例如，被调研人员是否分心，是否有其他人在旁边，这也会使测量产生误差。山迪在接受访问时，他正在照看 4 岁的外甥，小孩在麦当劳的儿童乐园中玩。而约翰在接受访谈时，他的未婚妻也在场，两个人的回答都可能与独自被访问、没有其他朋友或亲戚在场时的回答不一样。

5）主持访问的调查人员不同，也会使测量产生差异。采访人员用不同的语调来提问，被访问者的反应可能会有所不同。不同的采访人员及采访人员的穿着方式、性别、种族、表情等其他因素都会使被采访人员的回答有所不同。访问人员的误差可能像点头一样微妙。采访人员不自觉的点头动作会误导应答者。采访人员点头的动作可能是表示"好了！我已记录下你讲的了，请接着说下去"，但应答者可能认为"我的意见与采访人员的意见是相同的"。

6）差异可能来自问卷的内容。调研人员试图测量麦当劳的服务质量，所采用的量表和其他问题的表达方式只是所有可能的实际内容的一部分。调研设计者所制定的量表，反映了他们对有关概念结构的解释（服务质量）和采用的测量方法。如果调研人员使用不同用词或加减内容，那么对约翰和山迪的采访所得的量表值就会不一样。

7）测量工具不清晰也会产生测量差异。模糊不清的问题、过于复杂或不正确的解释，都是导致差异的根源。例如，调研人员设计了"你住的地方离麦当劳店多远"这样一个问题，同时给出"① 少于 5 分钟；② 5~10 分钟……"这样的答案。很明显，步行者比骑车者所花的时间要多，这就很容易出现差异。

8）由于器械等设备原因所产生的差异。印刷质量较差的问卷、没有足够空间记录答案、问卷缺页或钢笔流水不畅等都会导致反应有所不同。

9.7.1 信度

如果测量量表可以在不同时间均得出一致的结果，则其具有信度。如果用一把尺子测量一个巧克力蛋糕的高度始终是 9 英寸，那么可以说这把尺子是可信的。调研人员可以放心地使用可信的量表、量器和其他测量工具，短暂性因素和环境因素不会对测量过程产生干扰，具有信度的量表能够在不同环境、不同时刻提供稳定的测量。考察信度时一个关键问题是："如果重复几次使用同一量表（或测量工具）对同一现象进行测量，所得到的答案是否高度相似。"如果回答是肯定的，则测量是可信的。

所以，我们将信度（Reliability）定义为：在测量中可以避免随机误差，从而提供前后一致的数据的程度。随机误差越小，调查就越可信。因此，能够摆脱随机误差影响的测量是准确的。如果在被测概念的值保持稳定的情况下，测量结果保持不变，那么这个测量量表就是可信的。如果被测概念的值发生了变化，可信的测量应该能揭示这一变化。那么，究竟什么样的测量工具是不可信的呢？如果你的体重一直稳定地保持在 150 磅，但你在浴室秤上反复测量，结果总是在不断波动，这种测量就是不可信的。这种不可信性可能是由于秤中的弹簧缺乏弹性造成的。

这里有 3 种主要方法可以用来评估信度：测试—再测试信度、等价形式信度、内在一致信度。

1. 测试—再测试信度

通过在尽可能相同的条件下使用相同的测量工具进行重复测量，可以判断测试—再测试信度（Test-retest Reliability）。测试—再测试信度的理论依据是，如果随机变化存在，那么这种情况可以通过两次测试中得分的变化显示出来。稳定性意味着在第一次和第二次测试时，得分的差别非常小，此时测量工具是稳定的。例如，我们用一个有 30 个问题的量表对百货商店的形象进行测试——在不同的两个时点上向同一消费者群进行测试。如果两次结果高度相关，那么我们可以推断测量的信度较高。

有关测试—再测试信度存在几个关键性问题：① 安排和取得应答者第二次测量的合作非常困难；② 第一次测量也许会使应答者在第二次测量中改变行为；③ 环境和个人因素会改变，从而使第二次测量结果有所变动。

2. 等价形式信度

评估信度的第二种方法为创建测量工具的等价形式。这种方法能够很好地避免测试—再测试信度中所出现的问题。例如，假设调研人员想识别内在导向型和外在导向型生活方式，他可以设计两份包括内在导向型行为（见表 9-3）和外在导向型行为的测量问卷，而且每份问卷应当有同样的重点。尽管每份问卷中用来确定生活类型的问题不一样，但是用来测量每一种生活类型方式的问题数目应是一样多的。虽然有时两个问卷调查是前后进行或同时进行的，但一般建议两次等价形式问卷调查的间隔最好是两周。两套问卷测量得分的相关系数决定了等价形式信度（Equivalent Form Reliability）的高低。

表 9-3　用来测量内在导向型生活方式的陈述

1. 我经常得不到我想要的荣誉。
2. 我经常是不管别人怎么讲都要做自己该做的事。

续表

3. 我最大的成就就是超越自己。
4. 我有很多想法，有一天我会把它们编辑成书。
5. 我接受新事物、新观点很快。
6. 我常想我是怎样的人，以及其他人对我的印象如何。
7. 我是一个富有竞争力的人。
8. 当别人批评或责骂我时，我感到很不自在。
9. 我想成为一位名人。
10. 当做危险的事情时，我感到很恐怖。
11. 我感到生活中几乎没有什么能代替伟大的成就。
12. 对我来说受人关注是重要的。
13. 我与朋友们保持紧密的联系。
14. 我会花大量的时间来决定我对事情的感觉如何。
15. 我常把自己设想成另一个人。
16. 我感觉，在人们心中，理想是强有力的动机力量。
17. 我认为，不相信上帝，有些人也能成为一个好人。
18. 对我来说，东方宗教比基督耶稣更有吸引力。
19. 我对我的生活感到满意。
20. 我喜欢陷入新的、不寻常的状况。
21. 我愿说我是快乐的。
22. 我认为我能理解我的生活。
23. 我总想使自己与众不同。
24. 对待生活，我采取平常的心态。

  有关等价形式信度有两个问题值得重视：① 设计两份完全等价的问卷相当困难，甚至可以说不可能；② 即使我们可以得到两份等价的问卷，从它们的难度、时间和投入的费用方面考虑也许是不值得的。等价形式信度的理论依据与测试—再测试信度的理论依据一样，两者之间的主要区别在于测量工具本身。测试—再测试信度使用同一工具，而等价形式信度使用一对高度相关但不同的测量工具。

3. 内在一致信度

  评估信度的第三种方法是内在一致信度（Internal Consistency Reliability）。它是衡量变量的内在一致性，即在同一时间，利用不同的样本测量同一现象而产生相似结果的能力。内在一致性的理论在于等价概念。等价关注的是用来测量同一现象的各项内容会带来多少误差，它聚焦于各项内容在时点上的变化。调研人员可以通过评估一系列项目条款的同质性来测试各项内容的等价性。用来测量某一现象（如内在导向型生活方式）的所有各项内容可以分为两个部分。如果这两个部分的得分相关，则存在内在一致性，这种技术称为折半技术。使用折半技术要求各条款项目随机地分配给两个部分中的一个。这种方法存在的一个问题是，信度系数的评估完全依靠条款项目如何分为两半。不同的分法会得到不同的相关关系，但这是不应当的。

为了克服折半二分法中的难题，许多调研人员现在都使用"克罗巴奇—阿法"技术（Cronbach-Alpha）。这种技术需要计算所有可能的二分情况的信度系数平均值，如果在量表中证明某一项目与其他项目缺乏相关性，则该项目应该删去。"克罗巴奇—阿法"技术的一个局限性是量表各条款的间距应相等。如果不能满足这一准则，则可以使用"KR-20"技术。KR-20技术适用于所有类别量表和顺序量表。

9.7.2 效度

一个优良的测量工具应具备的第二个特性是效度。效度所研究的是，我们试图测量的事物实际上是真正要测量的。当庞蒂克在推出 Aztek 的时候，研究告诉他们，尽管在车型方面存在争议，但 Aztek 每年将会卖出 50 000～70 000 辆。而在每年卖出仅仅 27 000 辆之后，2005 年这种车型就不再生产了。遗憾的是，他们的测量工具不具备效度。测量的效度涉及测量工具和过程能够避免系统性误差和随机性误差的程度。因此，如果测量得到的分数上的差异只反映了我们所测量的特征上的真正差异，而不是系统性或随机性差异，则测量是有效的。测量设备可信是有效的前提条件，不可信的设备在测量同一现象时不能得到一致性的结果。

量表或其他测量工具如果缺乏效度，对调研人员来讲，它们基本上毫无意义。因为它们不能测量所想要测量的东西。从表面上看，这似乎是一个非常简单的问题，但是效度经常是建立在微妙差别基础上的。假设老师做了一次测验，用来检查你们对营销调研知识的掌握情况。他所出的考题是用一些公式对简单的案例进行分析。某一同学考试分数很低，就对老师抗议说："我真的理解市场调研。"从他的角度来讲，考试不具备效度，这种考试只是检查学生是否记住公式及运用简单算术去寻找解决方案的能力，而不是检查学生是否真的理解了营销调研。如果老师再进行类似的测验，那么他将发现，学生成绩的优劣大抵与前一次相同。这是不是说那位不服气的学生的抗辩是错误的呢？不一定。因为老师可能是在系统地测试学生的记忆力，而不是测试学生对营销调研知识的真正理解程度。

与这位老师不同，市场调研人员感兴趣的不是测量市场调研知识，而是正确地预测市场，如经理想通过一个购买意向量表成功预测新产品的试销情况。因此，我们可以从不同的方面来检查效度，包括表面效度、内容效度、相关准则效度和架构效度（见表 9-4）。

表 9-4 评估测量工具的效度

表面效度	调研人员判断测量工具测量了所要测量内容的程度
内容效度	测量工具的条款项目能够覆盖所研究内容的程度
相关准则效度	测量工具预测作为既定准则的变量的能力： • 预测效度——通过使用当前测量工具预测变量未来水平的能力 • 并存效度——通过测量工具对同一时点变量测量来推测已确定的准则变量的能力
架构效度	测量工具能够证实以所研究的概念为基础的理论建立的假设的程度：

续表

架构效度	• 收敛效度——测量同一概念的不同测量工具间联系的程度 • 区别效度——假定不同的架构之间缺乏联系

1. 表面效度

表面效度（Face Validity）是效度的最低级形式，它是指"好像"测量了的应该测量的内容的程度。它由调研设计人员在问题设计时做出的判断决定。一方面，详细检查每个问题时，就存在表面效度的隐含评估。问卷将不断修订，直至通过了调研设计者的主观判断。另一方面，表面效度可能反映了调研人员、专家或熟悉市场、商品或行业的人士，就量表是否准确反映了要测试的内容而达成主观上的一致性。例如，"你的年龄多大"后面紧接着一系列答案，这样一个直截了当的问题一般被认为是表面有效的。不过，市场调研中使用的大部分量表都是试图测量那些较难捉摸的态度和行为倾向的。

2. 内容效度

内容效度（Content Validity）是指测量工具内容的代表性或符合所要测量内容的程度。换言之，就是量表是否足够覆盖了所要研究的主题。例如，麦当劳委托你测量年龄在 18～30 岁，每月至少吃 1 次快餐汉堡包的成年人对公司的印象。你设计了下面的量表并要求顾客对其打分：

现代化的建筑	1 2 3 4 5	老式的建筑
环境漂亮	1 2 3 4 5	环境差
停车场清洁	1 2 3 4 5	停车场肮脏
标志有吸引力	1 2 3 4 5	标志没有吸引力

一位麦当劳的执行经理可能很快就会提出有关量表的问题：从来不吃汉堡包的人只要经过麦当劳的店门，就能够对这些做出评价。事实上，一位路过麦当劳的人就能简单地做出评估。经理人员可能进一步争辩道，这份量表不具备内容效度，因为许多重要的形象要素都没有被测量，如食品质量、休息室和进餐室的清洁卫生，以及服务的快速和礼貌等。

判断测量是否具有内容效度不是一件简单的事。要想识别麦当劳形象的所有方面非常困难，而且是不可能的。内容效度最终是一种评判性行为，调研人员可以通过下列步骤来判断内容效度：① 对所要测量的概念、对象进行仔细和准确的界定；② 竭力收集相关的文献资料，举行小组访谈，尽量列举出可能包括的内容；③ 召开专家座谈会，研讨量表中应包括哪些内容；④ 对量表进行预先测试，也可以通过开放式提问来了解可能包括在内的其他内容。例如，你可以在测量麦当劳形象的量表后面附带提这样的问题："你对麦当劳有什么其他想法吗？"对这类测试性问题的回答可能会为你提供先前没有涉及的其他形象内容的线索。

3. 相关准则效度

相关准则效度（Criterion-related Validity）是检查测量工具预测已确定的准则变量的能力。为了说明这一点，假设我们希望设计一个判断是否能够出色地主持小组访谈的调研人员的测试。首先，从能够很好地主持小组访谈的调研人员的姓名、地址、目录中确定一些营销调研专家。

其次，构造一份拥有 300 多项条款内容的问卷，询问各主持人，请他们回答"是"或"不是"。例如，"我相信强迫害羞的小组参与者发表言论是很重要的"、"我愿意和一些小群体的人们接触"。再次，检查回答，挑选出有关的条款。在这些条款中，好的小组主持人以一种类型回答，而其余人以另一种类型回答。假设这一过程产生了 84 项条款，将这些条款组合在一起就形成了上面所说的小组主持人的效度测试（Test of Effectiveness in Focus Group Moderating, TEFGM）。我们会发现，这个测试能够确定优秀的小组主持人，并可以通过实施对一组新主持人的测试来对 TEFGM 的相关准则效度进行深入的探讨。这组新主持人在以前曾分为两个部分，一部分是优良主持人，另一部分则不是。最后，确定测试识别每个被指定的调研人员有多好。因此，相关准则效度与发现所研究的架构中存在或缺乏一个或更多标准有关。

相关准则效度包括两种类型：预测效度和并存效度。预测效度（Predictive Validity）是指一个准则变量的未来值可以通过当前量表的测量来预测的程度。例如，投票人动机量表被用于预测某人在下一次竞选中投票的可能性。一位精明老练的政治家认为，整个社区的看法并不是重要问题，重要的是那些可能投票的人的感觉。这些也是政治家在演讲和广告宣传时注重的问题。另一个预测效度的例子是 Pepperidge 农场采用（新型）糕点的购买意向量表来预测产品实际的试销情况。

并存效度（Concurrent Validity）关注的是预测变量和准则变量之间的关系，两者均在同一时点上评估。例如，家庭妊娠试剂能够准确测试妇女是否实际怀孕。这样一种测试，如果其并存效度低，可能会给人带来过多的压力。

4. 架构效度

虽然许多市场调研人员提起架构效度（Construct Validity）经常是无意识的，但对于营销理论人员来讲，架构效度是非常重要的。它涉及对于现在已有的测量工具的理论基础的理解。如果有预测背后的理论基础，测量就具有架构效度。我们有时可以直接观测到购买行为，如某人是否购买了 A 品牌。营销理论工作者已经开发出了一些架构，如生活方式、参与度、态度、个性等。这些架构有助于我们理解消费者为什么购买某些产品或为什么不买。这些架构在很大程度上是不可观测的。我们能够观测的是与架构有关的行为，也就是购买一种产品而不是架构本身（如态度）。架构有助于营销理论人员利用或建立学说来解释现象。

你可能认为架构效度是"标签"问题。当你测量一个叫"高卷入度"的概念时，你真的正在测量吗？用一种稍微不同的视角来看，当一个研究人员要求架构效度的时候，他本质上有一个关于现象、人及措施如何彼此联系（以及其他理论术语）的理论。换言之，研究人员向我们提供了理论模式。当研究人员要求架构效度的时候，他的要求是研究项目中的可观测模式与理论模式是吻合的。这种情况下，研究人员认为世界是怎样运作的，那么它就是怎样运作的。

尽管架构效度在这里是和其他效度一起提出来的，但是它比其他的效度更加重要。为什么呢？因为架构效度与你想要测量的东西在本质上紧密相关。如果你的调研缺乏架构效度，其他的因素也就都不重要了。

评估架构效度有两种统计方法：收敛效度和区别效度。收敛效度（Convergent Validity）是指用来测量同一架构的不同测量工具之间的相关程度。区别效度（Discriminant Validity）是指利用相同的测量方法测定不同的特征或概念，区别不同特征或概念的程度，即不同特征或概念间应是低度相关的。假设我们设计一个多项量表，用来测量顾客在折扣商店的购物倾向。理论上认为，这种购买倾向由 4 种个性变量引起：高度的自信、低地位需求、低特色需求及高水平的适应性。理论上还认为，在折扣商店的购物倾向与品牌忠诚度或高度的争强好胜不存在相关性。

如果量表具有以下特征，则表明存在架构效度：

1）与有关折扣商店购买倾向的其他测量结果高度相关，如经常光顾的商店和社会阶层（收敛效度）。

2）与非相关的品牌忠诚度架构和高度的争强好胜之间存在低度相关性（区别效度）。

这里所讨论的各种类型的效度在理论与实践方面是相互联系的。很明显，在制定预测某人是否会在折扣商店购物的量表中，预测效度是非常重要的。调研人员制定折扣商店光顾者量表时，首先，要考虑提供预测基础的架构；其次，提出相关理论，这是架构效度的基础；最后，要考虑量表所要包括的有关折扣商店光顾者内容的具体条款，以及这些具体条款是否包含在架构范围之内。因此，调研人员要确认内容效度的程度。通过将利用折扣商店光顾者量表测量的分值与实际商店光顾者进行比较，可以检验相关标准效度。

9.7.3　信度和效度——总结性评论

信度和效度概念可以通过靶图形象地加以说明（见图 9-2）。情形 1 显示弹孔布满了整个靶板，原因可能是使用了老式的来福枪，或是射击技术很差，或是其他的一些原因。完全缺乏一致性意味着不具有信度，并产生了巨大的错误，因而很可能是无效的。测量的信度是效度的必要条件。

情形 2 显示弹孔虽然很集中（一致性），但偏离了靶板的有效部位，这说明它具有高信度但缺乏效度。虽然测量工具是一致的，但所测量的并不是我们所想要的。情形 2 说明射手有沉着的眼力，但瞄准不准确。情形 3 显示调研人员所追求的标准，说明测量工具是有效的、一致的和可信的（靶心正是我们试图要测量的）。

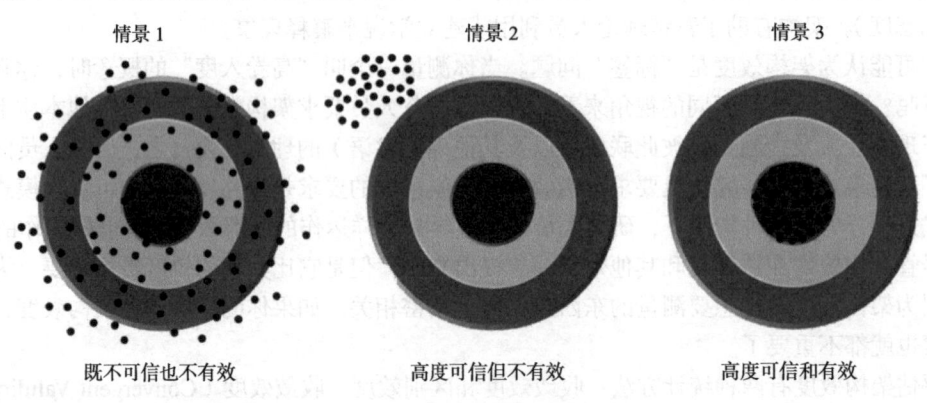

情景 1　　　　　　　　情景 2　　　　　　　　情景 3

既不可信也不有效　　　高度可信但不有效　　　高度可信和有效

图 9-2　测量信度和效度的几种情形

9.8 应用量表

量表（Scaling）一词是指试图确定主观的、有时是抽象的概念并将其定量化测量的程序。它被定义为以数字（或其他符号）代表客体的某一特征，从而对所考察的客体的不同特征以多个数字来代表的过程。事实上，我们常常指定数字来代表客体的属性。玻璃管中水银的升降就指示温度变化的情况。

量表是一种测量工具。量表有一维和多维之分。一维量表（Unidimensional Scales）用于测量应答者或客体的单一特性。例如，可以设计一种量表来测量消费者对价格的敏感性。虽然我们可能会设计好几个条款来测量它，但这些条款都可以综合为单一的测量，并把所有消费者一起放在一条被称为价格敏感程度的线谱上。多维量表（Multidimensional Scales）是指某一概念或客体需要用多个维度来描述。例如，美洲虎（Jaguar）汽车厂通过"富裕程度、价格敏感性、对汽车的欣赏水平"3个方面来确定它的目标消费者。

9.9 态度量表

态度测量与物理学中的测量相比要难得多，而且极少用精确尺度。态度是存在于顾客头脑中的一种结构，它不像物理学中的重量那样可以被直接地观测到。许多情况下，测量态度的量表属于类别量表或顺序量表。一些更精细的量表可以使研究人员在等距水平上进行测量。不过，应当注意不要把等距量表的一些特性用到低水平的类别量表或顺序量表中。

9.9.1 图示评比量表

图示评比量表（Graphic Rating Scale）提供给应答者一个有两个固定端点的图示连续谱。图9-3描述了3种可以用来评价La-Z-Boy睡椅的图示评比量表形式。量表A是最简单的形式。应答者被要求沿着连续的线画出他们的反应。做完回答的标记后，再把直线划分成足够多的部分。每一部分代表一个类别，并分配给一个数字。例如，如果连续线长6英寸，那么每一英寸就代表一个类别。量表B预先安排了刻度并写上了数字，它提供给应答者一个稍微复杂一些的结构。

如量表C所示，图示评比量表并不限于简单地在连续线上画钩。许多调研人员成功地运用量表C加快了访问的过程。采访人员在被调研人员面前出示一张画有量表（好像温度计）的卡片，并要求被调研人员指出最能描述他们感觉的"温度计"。

图示评比量表容易制作并且使用简便。如果我们承认打分者有足够的分辨能力，那么调研人员就可以利用这种量表找出微小差别。通过图示评比量表获得的数据通常作为等距数字使用。

图示评比量表的缺点是，应答者在难以决定的情况下倾向于选择中间答案。研究表明，图示评比量表的信度不如列举评比量表。

量表 A

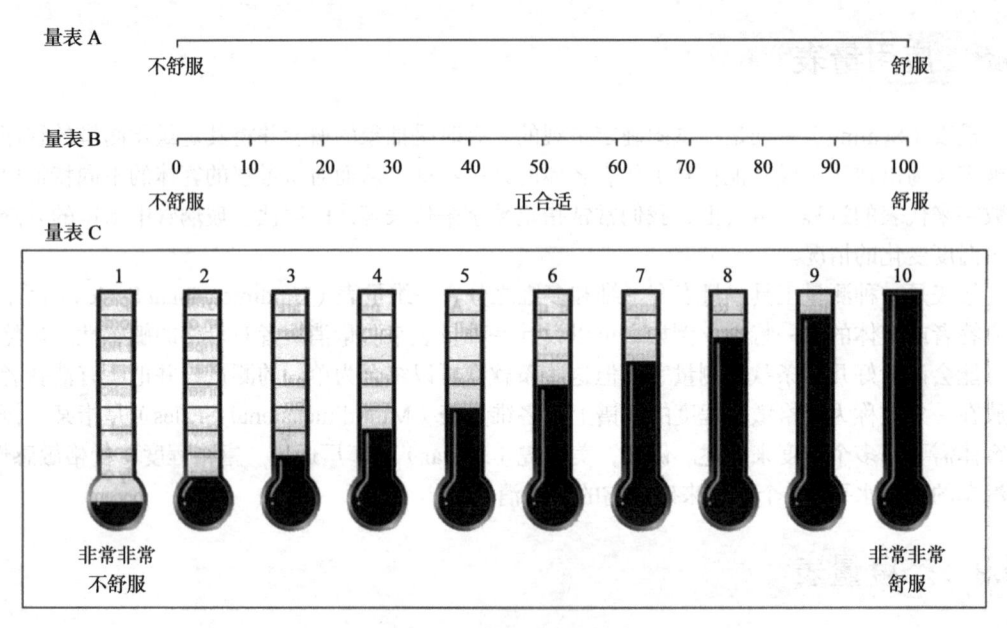

不舒服 ———————————————————————————— 舒服

量表 B

0 10 20 30 40 50 60 70 80 90 100
不舒服   正合适   舒服

量表 C

非常非常   非常非常
不舒服   舒服

图 9-3 3 种图示评比量表

9.9.2 列举评比量表

列举评比量表（Itemized Rating Scale）与图示评比量表非常相似，只不过应答者在列举评比量表上必须在有限的类别中做出选择，而不像图示评比量表是在连续体上做记号。我们在下面对从全国市场调查研究中提取出来的列举评比量表方法进行了说明（见表 9-5）。每一份问卷的起点可以是变化的，因为每次都以相同的特征开始询问也许会成为一个误差的来源。

表 9-5 列举评比量表应用在因特网和街头调查中

量表 A
你最喜欢该网站的哪个功能？
a. 拍卖
非常不喜欢使用　□1　□2　□3　□4　□5　□6　□7　非常喜欢使用
b. 会员制教育工具
非常不喜欢使用　□1　□2　□3　□4　□5　□6　□7　非常喜欢使用
c. 事件注册
非常不喜欢使用　□1　□2　□3　□4　□5　□6　□7　非常喜欢使用
d. 在线购物
非常不喜欢使用　□1　□2　□3　□4　□5　□6　□7　非常喜欢使用
e. 招募
非常不喜欢使用　□1　□2　□3　□4　□5　□6　□7　非常喜欢使用

续表

f. 文献订阅
非常不喜欢使用　　□1　□2　□3　□4　□5　□6　□7　　非常喜欢使用
g. 交易社区
非常不喜欢使用　　□1　□2　□3　□4　□5　□6　□7　　非常喜欢使用
h. 培训或会议
非常不喜欢使用　　□1　□2　□3　□4　□5　□6　□7　　非常喜欢使用

量表 B

向旅店预约提出请求

你在本网站预约了房间，我们想听到你的反馈。请针对以下内容填写你的满意度。

	非常满意				非常不满意
	1	2	3	4	5
访问官方网页的能力	□	□	□	□	□
查找酒店信息的能力	□	□	□	□	□
查找城市信息的能力	□	□	□	□	□
证实优惠程序运作	□	□	□	□	□
证实预订达成	□	□	□	□	□

请对刚刚联系过的 fasthotels.com 的满意度打分：

	非常满意				非常不满意
	1	2	3	4	5
你的酒店预订不会改变	□	□	□	□	□
你预订的酒店不接受退订	□	□	□	□	□

你对访问 fasthotels.com 是否满意？

□非常满意　□满意　□有些满意　□中立　□有些不满意　□不满意　□非常不满意

量表 C

哪些因素会影响你选择音乐网站？（为重要程度打分）

	一点也不重要				非常重要
顾客利益或购物回报	□	□	□	□	□
顾客服务或传送选择	□	□	□	□	□
网站使用的容易程度	□	□	□	□	□
低价格	□	□	□	□	□
实时 CD 音频样本	□	□	□	□	□
评论和艺术家信息	□	□	□	□	□

续表

量表 D

与公司的关系管理中，你对获得交易的额外信息有多大兴趣？
□非常感兴趣　　□很感兴趣　　□有些感兴趣　　□无所谓　　□彻底不感兴趣

你对在未来 12 月内投资于此类顾客关系管理有多大兴趣？
□非常喜欢　　□很喜欢　　□有些喜欢　　□无所谓　　□彻底不喜欢

量表 A 是某网站用来评估需在网站增加哪些功能和服务的测试量表。量表 B 是一家旅游网站用于衡量用户满意度的测试量表。量表 C 是一家音乐零售网站调查顾客如何选择音乐网站的测试量表。量表 D 也是一份因特网调研表，是由一家客户关系管理软件生产商设计的。

列举评比量表容易构造和操作，但不能像图示评比量表那样区分出微小差别。不过，列举评比量表的信度比图示评比量表好。

如果一位研究人员出于某些原因对特别极端的观点感兴趣，则可以选择使用两级格式。研究发现两级格式在发现极端观点上比一级的列举评比量表能提供质量更好的数据。下面是关于一级格式和两级格式的例子。

1. 传统的一级格式

你认为参议员 Foghorn 在社区中管理你的储蓄的效率怎样？

非常有效率	比较有效率	有点没效率	特别没效率	不知道
4	3	2	1	0

2. 两级格式

你认为参议员 Foghorn 在社区中管理你的储蓄的效率怎样？

效率如何？　　　　　　　是特别还是有点？
□ 有效率　　　　　　　　□ 特别
□ 没效率　　　　　　　　□ 有点
□ 不知道

9.9.3　等级顺序量表

列举评比量表和图示评比量表都是非比较性的，因为应答者是在没有其他客体、观念或人做参照的情况下做出判断的。等级顺序量表则是比较性的，因为应答者被要求将某个事物与另一个进行比较。等级顺序量表在市场调研中被广泛应用的原因有两个：一是它们易于使用，而且被评价的事物最后能被排成一定的顺序；二是指令易于理解，而且整个过程以一种稳定的步骤进行。一些研究者声称，这种量能够表促使应答者用一种现实的态度来评价所测量的对象。在表 9-6 中 A 部分显示从一项有关眼影的调查中抽选出来的等级顺序量表，B 部分显示关于汽车转售的在线量表。

表 9-6　用于评价眼影和汽车转售的一系列等级顺序量表

A. 眼影量表

请将下列品牌的眼影排序，其中 1 表示在特性评估方面表现最出色的品牌，6 表示在特性评估方面表现最差的品牌。6 种品牌均列在卡片 C 上（向被调研人员出示卡片 C）。让我们从有高质量的连镜小粉盒或眼影盒开始，看看哪个品牌可以被列为有最高质量的连镜小粉盒或眼影盒，哪个是第二位的。

	Q.48 有高质量的包装盒	Q.49 有高质量的眼影刷	Q.50 有高质量的眼影
Avon（雅芳）	_____	_____	_____
Cover Girl	_____	_____	_____
Estée Lauder（雅诗兰黛）	_____	_____	_____
L'Oreal（欧莱雅）	_____	_____	_____
Natural Wonder	_____	_____	_____
Revlon（露华浓）	_____	_____	_____

卡片 C

| Avon | Cover Girl | Estée Lauder |
| L'Oreal | Natural Wonder | Revlon |

B. 汽车转售价值量表

基于你的个人体验或所观察到的、听到的或看到的，为以下汽车品牌的转售价值打分，即相对于最初的购买价，哪种品牌汽车获得最高的转售价值（转化为比例）。

转售价值比例最高的填写 1，其次为 2，类推。打分不能相同。

_____雪佛莱
_____丰田
_____宝马
_____福特

等级顺序量表也有一些缺点。① 如果在所有的被选项中没有包含应答者的选择项，那么结果就会产生误差。例如，应答者在有关眼影所有因素中的第一选择都是 Wet "n" Wild，而被选项中却不包含这一品牌。② 要排序的某些因素可能完全超出了个人的选择范围，因此产生毫无意义的数据。或许某一应答者从不使用眼影而且认为这种产品不适合任何女性。③ 这种量表仅给调研人员提供了顺序信息。我们完全不了解被评价的各客体间有多大差距或者某个人对于一个客体的等级划分的态度有多强烈，因此我们也就不清楚为什么被评价的客体会按此顺序进行排列。

9.9.4　配对比较量表

配对比较量表要求被调研人员按照一定的要求，从同一组的客体中选出一个或两个客体，并在多个客体之间进行一系列的成对比较判断。表 9-7 说明在一个全国性的日光浴产品调查中所使用的配对比较量表。表中只显示了量表的一部分,因为数据收集过程需要被调研人员比较所有可能的搭配组。

表 9-7　日光浴产品的配对比较量表

这里是一些通常用来描述日光浴产品的特点,请你指出当你选择一种日光防护产品时,你认为每组中的哪一特点更为重要。

a. 均匀晒黑	b. 无灼伤晒黑
a. 防止灼伤	b. 保护被调研人员不受灼伤和暴晒
a. 物有所值	b. 效果持久、均匀
a. 不油腻	b. 不玷污衣物
a. 无灼伤晒黑	b. 防止灼伤
a. 保护被调研人员不受灼伤和暴晒	b. 物有所值
a. 效果持久、均匀	b. 均匀晒黑
a. 防止灼伤	b. 不油腻

配对比较量表克服了传统等级排序量表存在的几个问题。① 对人们来说,从同一组两个成对的答案中选出一个要比从一大组中选出一个更容易;② 顺序误差的问题(内容或问题的排序形式可能导致的误差)得以解决。但是,因为对所有配对都要进行评估,当客体的数量以算术级数增加时,配对比较的数量却是以几何级数增加的。这样,被测客体的数量就应尽可能少,以免被调研人员厌烦。

9.9.5　固定总数量表

与配对比较量表相比,使用固定总数量表可以避免次数繁多的配对比较。所以,调研人员更广泛地使用这种方法。固定总数量表要求应答者根据各个特性的重要程度将一个给定分数(通常是 100 分)在两个或多个特性间进行分配。分给每个选项的数值表明应答者将这一项列在某一等级,而且这些被分配的值也说明当每个选项被应答者认知时它们的相对等级。我们列出了一个在网球运动装的全国调查中使用的固定总数量表(见表 9-8)。固定总数量表优于等级顺序量表和配对比较量表的另一点是,当两种特性被认为具有相同价值时,可以被如实地表示出来。

表 9-8　用于网球运动装调查的固定总数量表

以下是女性网球运动装的 7 个特性。请将 100 分分配给这些特性,使每个特性分得的分数能代表你认为它们相对的重要程度。分配给某一特性的分数越多,这个特性就越重要。如果这个特性根本不重要,就应该不分给它任何分数。填完后,请检查两遍,以保证总数加起来为 100 分。

网球运动装的特性	分数
• 穿着舒适	_____
• 耐用	_____

续表

- 由知名厂商或品牌制作　　　_____
- 美国制造　　　　　　　　　_____
- 款式新潮　　　　　　　　　_____
- 适于运动　　　　　　　　　_____
- 物有所值　　　　　　　　　_____

　　　　　　　　　　　　　　100 分

这种量表的主要缺点是，当特性或项目的数量增加时，可能使应答者感到难以回答。也就是说，被调研人员可能不太容易将数字加总到 100 分。大多数研究者认为，使用固定总数量表测量的特性最多不应超过 10 个。

9.9.6 语意差别量表

语意差别量表是由查理斯·奥斯谷得、乔治·苏希和波斯·泰能拜母等人研究开发的。最初研究的焦点是测量某一客体对人们的意义。举个例子，客体也许是储蓄或者贷款机构，但是对某一特定群体的意义却是机构的形象。

语意差别量表的第一步是确定要进行测量的概念，如公司形象、品牌形象或商店形象。研究者首先挑选一些能够用来形容这一概念的一系列对立（相反）的形容词或短语。然后，由应答者在一个（通常是从 1~7）量表上对测量的概念打分。最后，调研人员计算出应答者对每一对形容词评分的平均值，并以这些数据为基础，构造出"轮廓"或"形象"图。

图 9-4 是亚利桑那储蓄和贷款协会被家庭收入为 80 000 美元或以上的非顾客认知时的真实形象。快速浏览一下就可以发现，虽然这家公司被认为有些过时而且设施简陋，但它也被视为根基稳固的、可靠的、成功的，而且很好打交道。不过，它存在停车困难的问题，而且出入可能也有困难。另外，它的广告很沉闷。

利用语意差别量表可以迅速、高效地检查产品或公司形象与竞争对手相比所具有的长处或短处。更重要的是，营销与行为科学研究发现，语言差别量表在制定决策和预测方面有足够的信度和效度。而且，当用于公司形象研究时，语意差别量表在统计上具有普遍适用性。语意差别量表适用于测量和比较具有不同背景受访者对形象的看法。

尽管所有这些优点使许多研究者把语意差别量表用作形象测量的工具，但它也不是完美无缺的。首先，它缺乏标准化。调研人员必须根据实际调研主题制定语意差别量表。由于语意差别量表没有一套标准模式，因此调研人员经常要花大力气来解决这些问题。

其次，语意差别量表中的评分点数也是一个问题。如果评分点数太少，整个量表会过于粗糙、缺乏现实意义；评分点数太多，又可能超出大多数人的分辨能力。研究表明，"7 级评分"量表的测量效果较令人满意。

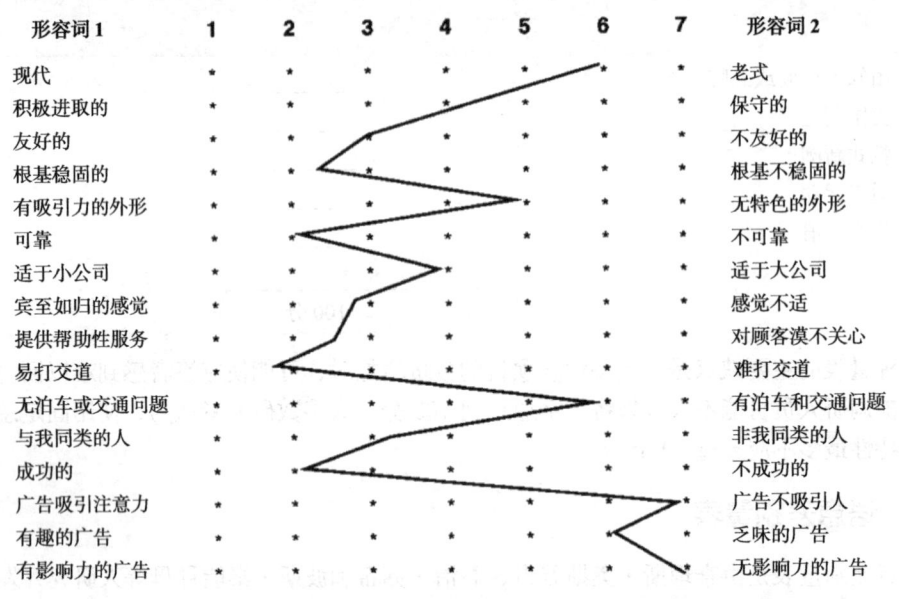

形容词1	1	2	3	4	5	6	7	形容词2
现代	*	*	*	*	*	*	*	老式
积极进取的	*	*	*	*	*	*	*	保守的
友好的	*	*	*	*	*	*	*	不友好的
根基稳固的	*	*	*	*	*	*	*	根基不稳固的
有吸引力的外形	*	*	*	*	*	*	*	无特色的外形
可靠	*	*	*	*	*	*	*	不可靠
适于小公司	*	*	*	*	*	*	*	适于大公司
宾至如归的感觉	*	*	*	*	*	*	*	感觉不适
提供帮助性服务	*	*	*	*	*	*	*	对顾客漠不关心
易打交道	*	*	*	*	*	*	*	难打交道
无泊车或交通问题	*	*	*	*	*	*	*	有泊车和交通问题
与我同类的人	*	*	*	*	*	*	*	非我同类的人
成功的	*	*	*	*	*	*	*	不成功的
广告吸引注意力	*	*	*	*	*	*	*	广告不吸引人
有趣的广告	*	*	*	*	*	*	*	乏味的广告
有影响力的广告	*	*	*	*	*	*	*	无影响力的广告

图 9-4　亚利桑那储蓄和贷款协会的语意差别轮廓图

最后，语意差别量表的一大弱点是"光晕效应"。对一个特定形象的组成要素的评分可能受到被调研人员对测试概念总体形象的印象制约。特别是当被调研人员对各要素不太清楚时，则可能产生明显的偏差。为了能部分地消除"光晕效应"，调研设计者应随机地将相对的褒义词和贬义词分布在两端，而不要将褒义词集中在一边、贬义词集中在另一边。这样做可以迫使应答者在回答前进行仔细考虑。在数据收集之后，为了便于进行分析，可以把所有褒义词放在一边，贬义词放在另一边。

9.9.7　中心量表

中心量表是语意差别法的一种变通方式。它将一个形容词放在量表的中间，评分通常为从+5到–5的10级，同时测量态度的方向和强度。相比之下，语意差别法反映的是描述性形容词与被测概念的适合程度。表9-9是中心量表的一个例子。

表 9-9　用来测量零售商网站的中心量表

+5	+5
+4	+4
+3	+3
+2	+2
+1	+1
低价格	容易操纵
–1	–1

	−2		−2
	−3		−3
	−4		−4
	−5		−5

注：给你认为能准确描述网站的词选一个加数，如果你认为它更能准确描述网站，就选一个更大的加数。给你认为不能准确描述网站的词选一个减数，如果你认为它非常不能准确描述网站，就选一个更大的减数。你能选择从+5到−5之间的任意数来描述网站。

中心量表的最大优点在于，它能使研究人员免去设计双向形容词的繁重工作，而且这种量表被认为在态度测量时具有较高的分辨度。但消极的一面是，描述性形容词可能是中性的，也可能偏向肯定或否定方面。形容词的选择显然影响了测量的结果和人们的反应能力。中心量表在商业调查中从未广泛地流行过，而且也比语意差别法使用得少。

9.9.8 利克特量表

利克特量表避免了设计对立形容词的难题。这种量表由一系列能够表达对所研究的概念是肯定还是否定态度的陈述所构成。每位应答者所选择的答案都给予了一个分数，以便反映他对每个陈述同意或不同意的程度。然后，将这些分数加总起来，就可以测定应答者的态度。

以下是两个测量青少年网络游戏网站的利克特量表（见表9-10）。量表A用于测量注册过程的态度，量表B评估使用者对于网页上广告的态度。

表9-10 测量青少年网络游戏网站的利克特量表

量表A
当你成为一个新用户时，你对注册过程的感觉如何？

	非常不同意	有些不同意	中立	有些同意	非常同意
注册过程简单	□	□	□	□	□
注册询问的问题不具威胁性	□	□	□	□	□
注册过程保护了我们的隐私	□	□	□	□	□
注册过程花费时间不长	□	□	□	□	□
注册提醒我网站的信息	□	□	□	□	□

量表B
你对如下陈述感觉如何？

	非常不同意	有些不同意	中立	有些同意	非常同意
允许公司在因特网上做广告，使我获得免费服务	□	□	□	□	□
即使获得免费服务，我也不支					

持在因特网上做广告	□	□	□	□	□
因特网上的广告太多了	□	□	□	□	□
该网站上的广告太多了	□	□	□	□	□
对我来说，我能够轻易地忽略广告而只是玩游戏	□	□	□	□	□

利克特量表只要求应答者每次考虑一个陈述。它还可以测量一系列陈述（或态度），应答者只要给出一套形式统一的答案即可。

伦斯·利克特设计该量表的目的是测量个人对概念（如工会）、活动（如游泳）等的态度。利克特量表的建立步骤如下：

1）调研人员确认所要测量的概念或活动。

2）调研人员收集大量（如从 75～100 个）的有关公众对概念或活动看法的陈述。

3）调研人员依据被测态度将每项要测量的问题大致划分为"正面的"或"反面的"。不必对各项问题进行测量，不过需要实施一次包括全部陈述和有限被调研人员的预先测试。

4）在预先测试中，被调研人员指出对每项问题同意或不同意，然后在后面的方向—强度描述语中画钩：

    a. 完全同意 b. 同意 c. 无所谓（不确定） d. 不同意 e. 完全不同意

5）给每个回答一个数字（如 5、4、3、2、1）。

6）个人总体态度得分以勾出的相关问题分数的代数总和表示。在评分过程中，态度的方向（从正面到反面的）应与所测内容保持一致。例如，如果给正面的项目中的"完全同意"为 5 分，那么在反面的项目中的"完全不同意"也应该是 5 分。

7）看过预先测试结果之后，分析员只要选出那些在高的总分与低的总分之间的比较好地表现出差别的项目。第一步是在基础总分中选出最高和最低的 4 分组数，然后在这些高、低组之间（不包括中间 50%的项目）比较每个项目之间的细微差别。

8）最后选出 20～25 个有最大区别的项目（如以平均值表示出最大的差别）。

9）在正式研究中重复步骤 3～5。

利用利克特设计的这种量表，研究人员能够得到一个总计分数，并且识别出某个人对于特定概念的态度到底是肯定的还是否定的。例如，在一个有 20 个项目的量表中，最高的赞同总分是 100 分。所以，若某人打 92 分，就可以被认定持有赞同的态度。当然，两个都打 92 分的人也可能对各种陈述有不同的评价。因此，他们各自对自己整体态度中各要素的态度就可能极为不同。例如，被调研人员 A 可能完全同意（5 分）"银行要有一个好的停车场"的观点，而完全不同意（1 分）"此银行的贷款计划在镇上是最好的"观点。被调研人员 B 可能持完全相反的态度，但他们的总分都为 6 分。

在市场调研实务中，利克特量表非常流行。它们制作快捷、简便、易于操作，而且可以通过电话或互联网来进行。但是，商业市场调研中很少遵循前面所列的那些步骤来制定量表。相反，量表通常是由顾客项目经理和调研人员共同设计的。许多时候，量表是在召开小组访谈会后制定的。

9.9.9 购买意向量表

也许商业市场调研中用得最频繁的就是购买意向量表。对于营销经理来说，他们最关注的问题就是顾客会不会购买产品。如果会购买，他们期望占领市场的百分比是多少。制造商、零售商甚至非营利组织在推出新产品和新服务、进行产品更新或服务调整时都会开展购买意向调查。

新产品研制期间，在概念测试时会进行购买意向测试，以便得到对需求的一个大致认识。经理们想快速排除潜在的"火鸡"（无发展的项目），所以需要仔细挑选那些拥有中等购买意向的项目，并推进拥有明显潜力的项目。这一阶段投资量较少，产品调整和重新定位产品概念都比较容易。当产品研制阶段结束后，产品本身、促销策略、价格水平和分销渠道都变得越来越固定和集中。开发产品的每一阶段都要评估购买意向，需求估计也要不断修正。具有决定性的、在全国性或地区性开展还是停止促销活动的决定，一般也是在市场测试之后做出的。试销之前的瞬间对调研人员来说也是一个关键的评估阶段。然后，最终的或接近最终的产品样品将被发放到国内各测试城市的顾客家中。经过一段时间的入户试用后（通常是2～6个星期），还要在参与者中进行一次跟踪调查，以便发现他们喜欢或不喜欢什么、这些产品与他们现在所使用的相比如何，以及他们会为这些产品付多少钱等。整个调查中的最关键问题是，在问卷末尾询问他们是否愿意购买。

为驱蚊器产品入户放置设计的购买意向量表及相关问题如表9-11所示。表中的问题21，是对入户放置驱蚊器后进行的跟踪调查中抽取出来的购买意向问题。驱蚊器包括一个由三根塑料柱支撑起来的大约1/4英寸高的两个3英寸圆盘，看起来有些像一个大的、细长的悠悠球（一种玩具），里面含有一种可以吸引蚊蝇的刺激素和能够保持6个月黏度的胶液。可以想象，蚊蝇飞进去就无法出来！其中一个圆盘背面的中心有一个可粘贴的小塞，这样盘子就能贴在厨房的窗上。其创意是不依靠杀虫剂而消除厨房里的蚊蝇。表中的问题22是帮助产品定位的。问题23一般是生产商用于对购买意向进行双向核查的。如果60%的受访者声称他们肯定会购买产品，而90%的人声明他们肯定不会将产品推荐给朋友时，调研人员将质询购买意向的效度。

表9-11 为驱蚊器产品入户放置设计的购买意向量表及相关问题

21. 如果一套三个的驱蚊器售价大约是3美元，而且你在通常光顾的商店就能买到，你将：	
	（51）
肯定买下一套	1
可能买	2
可能不买	3
肯定不买	4
22. 你会使用驱蚊器：（a）作为替代产品；（b）作为已有产品的附加品	

续表

		（52）
	替代产品	1
	附加产品	2
23.	你会将这种产品推荐给你的朋友吗？	
		（53）
	肯定会	1
	可能会	2
	可能不会	3
	肯定不会	4

购买意向量表能很好地预示顾客对易耗品和耐用消费品的选择情况。这种量表很容易制作，而且只要求应答者对他们购买一件新产品的可能性做一个主观判断。从以往的经验看，营销经理可以把顾客在量表上的回答转换成对购买可能性的估计。很显然，每位声称肯定会购买产品的人并不一定都会那样做。事实上，却有少数声称他们肯定不会购买的人反而购买了产品。驱蚊器的制造商同时也是杀虫剂和非农药型害虫控制产品的主要生产者。假设以历史追踪调查为基础，制造商便可得到几个有关非农药型家用害虫控制产品的几条信息：

- 回答"肯定会买"的人中有63%的人在12个月内实际购买了产品。
- 回答"可能会买"的人中有28%的人在12个月内实际购买了产品。
- 回答"可能不会买"的人中有12%的人在12个月内实际购买了产品。
- 回答"肯定不会买"的人中有3%的人在12个月内实际购买了产品。

假设驱蚊器调查的结果如下：

- 40%——肯定会买。
- 20%——可能会买。
- 30%——可能不会买。
- 10%——肯定不会买。

假设样本在目标市场上具有代表性，那么

$$(0.4\times 63\%+0.2\times 28\%+0.3\times 12\%+0.1\times 3\%)\times 100\%=35.7\%（市场份额）$$

大多数营销经理都会为一种新产品有如此高的预测市场份额而欣喜若狂。遗憾的是，虽然对驱蚊器的预测很高，但由于顾客对该产品的模糊概念，这种产品在入户试用之后便夭折了。

对于市场调研公司来说，做一项包括购买意向测量的调查很平常，但委托方往往没有历史数据作为衡量调查数据的基础。一个可能且保守的估计是，回答"肯定会买"的人中实际购买的为70%、回答"可能买"的人中实际购买的为35%、回答"可能不会买"的人中实际购买的为10%、回答"肯定不会买"的人中实际购买的为0%。如果该产品是工业品，比例会更高些。

有些公司使用购买意向量表不是为了测量市场份额，而是为了帮助做出产品开发的可行性决策。一般而言，营销经理将回答"肯定买"和"可能买"的人数的百分比相加，然后将之作为一个决策的依据。例如，一家消费品制造商可能要求这一比例在概念测试阶段达到80%或更高，在家庭试用阶段达到65%，才可能考虑试销。

9.10 选择量表中必须考虑的内容

绝大多数的形象研究均包括购买意向量表，但在挑选量表时也会带来其他一些问题。这些问题包括被测量变量的本质、测量的类型、平衡量表与非平衡量表、量表层次的个数，以及强迫性和非强迫性量表等。

9.10.1 被测量变量的本质

测量的适用性的核实直接取决于调研的整体目标。调研目标的范围对测量量表的选择具有决定性影响。

9.10.2 测量的类型

大多数商业性调研工作者都倾向于使用那些能够通过电话或互联网进行操作从而节省访问费用的量表，易于管理和制作也是需要考虑的重要因素。例如，等级顺序量表很容易制作，而语意差别量表（评比量表）的开发、制作过程却是冗长复杂的。客户的决策需要往往最为重要——是可以利用口头数据就做出决定，还是必须具备等距类数据。调研人员还必须考虑应答者可能更喜欢哪些类别量表和顺序量表，因为这两类量表比较简单。最终选择哪种量表，基本上还是取决于所要解决的问题和想要知道的答案。在一次市场调研中使用多种量表也是常见的。例如，在一项为熟食连锁店进行的形象研究中，调研人员可以设计等级量表对公司的竞争对手排序，也可以设计语意差别量表测量公司形象的各组成因素。

市场调研人员有时直接从其他研究或者因特网网站借用量表。许多在线的调查网站都有量表库（如surveymonkey.com、custominsight.com、surveysystem.com和express.perseus.com）。一些量表手册制定了适当措施并鼓励调研人员对以前形成和通过检验的量表进行规范，这使调研内容得到了积累。市场调研人员常常会发现这些借用的量表很有效，当然有时可能是无效的。

市场调研人员在借用量表之前应该完全理解被测量概念的性质、测量的范围和内容，以及和新人群相应的问项措辞。总之，要"谨慎地借用"。

9.10.3 平衡量表与非平衡量表

如果肯定态度的答案数目与否定答案数目相等，则该态度量表为平衡量表，否则为非平衡量表。如果研究人员想得到广泛的意见，那么用平衡量表比较好。如果以往的调研或预先研究已表明大多数的意见都是肯定的，那么使用的量表就应该有更多的肯定倾向，这能使研究者确定对于被测概念的肯定程度。作者从已进行过的一系列YMCA调查中得知该机构的整体形象是肯定的，因此在调查YMCA的形象时使用了以下几个分类：非常好、很好、好、一般、差。

9.10.4　量级层次的个数

市场调查专家要解决的另一个问题是，一个量表中应包含的量级个数。如果个数太少，如只有好、一般、差3个层次，则量表过于粗糙和不够全面。一个3层量表无法反映一个10层量表所能提供的感觉的强度。然而，10层量表可能超出了人们的分辨能力。研究表明，评比量表基本上以5层至7层为宜。

偶数量级的量表意味着没有中间答案。如果没有中间答案，被调研人员就会被迫选择一个正向或负向答案，但那些确实持有中立意见的人就无法表达他们的观点。另外，一些营销研究人员认为，给被调研人员设立一个中间点，事实上如同给被调研人员提供了一个简单的出路。假设他确实没有某种很强烈的意见，他就不必集中思考他的真实感觉，而可以简单地选择中间答案。当然，对一种新口味的沙拉调料、一种包装设计或者一个浅斗小货车的测试广告持有某种强烈感受也是不正常的。

9.10.5　强迫性与非强迫性量表

我们曾在语意差别量表的讨论中提到，选择中间答案的人可以分为两类，即真正持中间态度的人和那些不知如何回答问题的人。一些研究人员已通过加入"不知道"这个答案作为附加分类而解决了这一问题。一个语意差别量表可能按如下方式构成：

| 友好的 | 1 2 3 4 5 6 7 | 不友好的 | 不知道 |
| 令人沮丧的 | 1 2 3 4 5 6 7 | 激动人心的 | 不知道 |

但是，加上一个"不知道"的意见也可能使部分应答者产生偷懒现象。

如果有中间点，没有"不知道"这个答案的量表不会迫使应答者给出一个肯定或否定的意见。而一个既没有"中间意见"也没有"不知道"的量表甚至强迫那些对所测客体一无所知的人也给出一种意见。支持强迫性选择的论据是应答者应该集中在其感情上；反对强迫性选择的根据是，因为这样会使数据不精确或导致应答者拒绝回答问题。一个问卷若在被调研人员事实上缺少足够信息、不能做出决定时仍继续要求他们给出一种意见，那么这种问卷就可能导致一种厌恶情绪而致使访问过早结束。

小结

测量是指利用一定的规则将数字分配给目标和事件，以及将其特性量化的过程。测量的规则是一种指南、方法或指令，它告诉调研人员该做什么。准确的测量要求规则清晰和具体。

测量过程包括以下步骤：① 确定兴趣概念；② 发展概念；③ 创建基本定义；④ 建立操作定义；⑤ 创建测量量表；⑥ 评估量表的信度和效度。基本定义是研究的核心概念的阐述，它界定了研究的边界。操作定义细分了哪些可观测的特征需要被测量，以及将值分配给概念的过程。

有 4 种基本的测量水平：类别、顺序、等距和等比。类别量表将数据分成互相排斥、互不相容的各种类别，分配给客体或现象的数字只是一些简单的数字标签，没有真正的意义。顺序量表除了具有类别量表用数字代表特征的特点之外，还增加了对数据排序的能力。等距量表包含了顺序量表的所有特征，又增加了量表范围内各点之间的间距相等这一维度。使用等距量表，调研人员能够研究两个客体之间的差距。使用等距量表得到的数据可以用来求算术平均值、标准差和相关系数。等比量表综合了以上所讨论的 3 种量表的功能，另加上绝对零点或原点概念，可以对等比量表的数值进行比较，同时反映了变量的实际数量。

测量数据包含准确的信息和误差。系统误差是指测量中产生的持续误差。随机误差也会影响测量的结果，但不是系统性的。随机误差的影响方式在本质上讲是短暂的。信度是指测量不受随机误差的干扰而能够提供稳定数据的程度。有 3 种主要方法可用来评估信度：测试—再测试、内在一致和等价形式。效度指的是我们实际测量的内容正是希望测量的内容。测量的效度涉及测量工具和过程能够避免系统误差和随机误差的程度。效度概念包括表面效度、内容效度、相关准则效度和架构效度。

量表是指试图确定主观（有时是抽象的）概念的定量化测量的程序。它以数字（或其他的符号）代表客体的某一特征，从而对所研究客体的不同特征以多个数字来代表的过程。度量表有一维和多维之分。一维量表用于测量被调研人员或客体的单一特征，多维量表则认为某一概念或客体需要用多个维度来更好地描述。

量表的类型之一是图示评比量表。它提供给应答者一个有两个固定端点的图示连续谱。列举评比量表与图示评比量表十分相似，只不过应答者在列举评比量表上必须在有限的类别中做出选择，而不像图示评比量表是在连续谱上画记号。等级顺序量表是可比较的，因为应答者被要求在不同客体间进行比较。配对比较量表要求被调研人员按照一定的标准从一组客体中选出一个或两个。固定总数量表要求应答者根据各个特性的重要程度，将一个给定分数（通常是 100 分）在两个或多个特性间进行分配。这种量表要求应答者给每一项内容一定的数值，分配给每一选项的分数显示出被调研人员将此选项分在哪个等级。

语意差别量表是由测量某一客体对人们的意义而发展起来的。语意差别量表先要确定要进行评价的概念，如某一品牌；然后，研究人员挑选一些能够用来形容这一概念的对立（相反）的一系列形容词或短语；接着，由应答者在一个（通常是从 1 到 7）的量表上对测量的概念打分。最后，应答者对每一对形容词评分的平均值被计算出来，并以此构造出"轮廓"或"形象图"。中心量表是将单一的形容词放在量表的中间。通常，这种量表可以同时测量态度的方向和强度。利克特量表避免了设计对立形容词的难题。这种量表给应答者一系列陈述，并请应答者根据自己的感觉对受测概念做出正面或反面的评价。应答者被要求回答对每一种陈述同意或不同意的程度。然后，将这些分数加总起来以测定应答者的态度。

对营销调研人员来说，使用最频繁、最重要的量表是购买意向量表。这种量表用来测量应答者买或不买某一产品的意向。购买意向问题通常是询问人们肯定会买、可能买、可能不买或肯定不买。研究表明，购买意向量表可以较好地预测消费者是否愿意购买经常要购买的耐用消费品。

调研中选择量表时，往往要考虑几个因素：① 选择要使用的量表类型，是选择评比量表、等级量表、类别量表还是购买意向表；② 考虑平衡量表与非平衡量表的选择，量级层次的个数也必须确定，还有量级层次的奇数与偶数的选择；③ 必须考虑强迫性与非强迫性量表的选择。

关键术语及其定义

测量（Measurement） 按照特定的规则将数字或符号分配给一定的事物，以反映其特性的数量或质量的过程。

规则（Rule） 一种指南、方法或指令，它告诉调研人员该做什么。

构念（Constructs） 高度抽象的概念类型。

基本定义（Constitutive Definition） 研究的核心概念的阐述，它界定了研究的边界。

操作定义（Operational Definition） 阐述了哪些可观测的特征需要被测量，以及将值分配给概念的过程。

量表（Scale） 一系列结构化的符号和数字。这些符号和数字可以按照一定的规则分配给适用于量表的个人（或他们的行动、态度）。

类别量表（Nominal Scale） 将数据分成互相排斥、互不相容的各种类别的量表。

顺序量表（Ordinal Scale） 能够对数据进行排序的量表。

等距量表（Interval Scale） 各点之间具有相同间距以显示相对数量，可以包含一个设定的任意零点的顺序量表。

等比量表（Ratio Scale） 拥有绝对零点，可以对变量的实际数值进行比较的等距量表。

信度（Reliability） 能够从一次测试到下一次测试保持一致的测量。

测试—再测试信度（Test-retest Reliability） 在尽可能相同（或相近）的条件下，使用同一测量工具两次以产生稳定结果的能力。

稳定性（Stability） 从测试到再测试，结果缺乏变化。

等价形式信度（Equivalent Form Reliability） 使用尽可能相同的两种工具对同一客体进行测量而产生相似结果的能力。

内在一致信度（Internal Consistency Reliability） 对在同一时间内，利用不同的样本对同一现象进行测量而产生相似结果的能力。

折半技术（Split-half Technique） 通过将各测量项目和相关结果分为两部分，以评价量表信度的一种方法。

效度（Validity） 试图要测量的事物是否实际上得到测量。

表面效度（Face Validity） 似乎测量了所要测量内容的程度。

内容效度（Content Validity） 测量工具的条款能够覆盖所研究内容的程度。

相关准则效度（Criterion-related Validity） 测量工具预测已确定的准则变量的能力。

预测效度（Predictive Validity） 通过使用当前测量工具预测变量未来水平的程度。

并存效度（Concurrent Validity） 在同一时点测量的变量可以通过测量工具预测的程度。

架构效度（Construct Validity） 测量能够证实根据所研究概念的理论而建立的假设的程度。

收敛效度（Convergent Validity） 测量同一概念的不同测量工具的关联程度。

区别效度（Discriminant Validity） 假定不同的架构间缺乏关联的程度。

量表（Scaling） 以数字（或其他符号）代表客体的某个特征，从而对所考察的客体的不同特征以多个数字来代表的过程。

一维量表（Unidimensional Scales） 用于测量应答者或客体单一特性的程序。

多维量表（Multidimensional Scales） 某一概念或客体需要用多个维度来测量的程序。

图示评比量表（Graphic rating Scales） 提供给应答者一个有两个固定端点的图示连续谱，以评价某一概念或客体。

列举评比量表（Itemized rating Scales） 应答者必须在有限的列举类别中做出选择的量表。

非比较性量表（Noncomparative Scales） 应答者在没有其他客体、观念或人做参照的情况下做出判断。

等级顺序量表（Rank-order Scales） 应答者被要求对不同客体进行比较和排序的量表。

比较性量表（Comparative Scales） 应答者在对某一客体、观念或人进行评价时需要与另一客体、观念或人比较的量表。

配对比较量表（Paired Comparison Scales） 要求被调研人员按照一定的标准，从一组的两个客体中选出一个的量表。

固定总数量表（Constant Sum Scales） 要求应答者根据各个特性的重要程度将一个给定分数（通常是100分）在两个或多个特性间进行分配的量表。

语意差别量表（Semantic Differential Scales） 让应答者利用描述与某一概念对立（相反）的一系列形容词或短语对某一概念进行分等。

中心量表（Stapel Scales） 一种从+5到−5的测量量表，要求应答者评价描述性形容词与被测概念的适合程度。

利克特量表（Likert Scale） 对于一系列表达被测概念肯定或否定态度的陈述，要求应答者指出同意或不同意的程度。

购买意向量表（Purchase Intent Scales） 用于测量应答者是否购买某一产品的量表。

平衡量表（Balanced Scales） 肯定态度的答案数目与否定答案数目相等的量表。

非平衡量表（Nonbalanced Scales） 答案偏向一端或另一端的量表。

复习思考题

1. 什么是测量？
2. 4种类型的测量量表之间有什么区别？讨论每一种量表所包含的信息形式。
3. 信度与效度有何不同？请各举一例。
4. 举一个具有信度但不具效度的量表的例子，再举一个具有效度但不具信度的量表的例子。
5. 评估信度有哪3种方法？
6. 评估效度有哪3种方法？
7. 将同学们分成4~5个小组，每个小组要上网搜索某一项调研附带数据的结论。然后，每个小组分别确定该调研的表面效度和内容效度。同时，每个小组提出一种评估该调研信度的方法。
8. 讨论在选择列举评比量表、等级顺序量表或购买意向量表时应考虑的主要因素。
9. 支持和反对在量表上设立中间点的论据各有哪些？
10. 比较语意差别量表、中心量表和利克特量表，说明研究人员应在什么条件下使用每一种量表。
11. 假设你家乡的百货商店遭受全国连锁店竞争困扰。你认为有什么方法可以改变目标顾客对百货商店的态度？

12. 设计一个用来评估你所在城市的公园和休闲区的利克特量表。
13. 为在学校餐厅就餐的大学生设计一个购买意向量表。你认为应该如何衡量这一量表的信度和效度？你认为购买意向量表能在商业市场调研中如此流行的原因是什么？
14. 调研人员在什么时候用图示评比量表而不用列举评比量表？
15. 评比量表和等级量表有什么不同？哪种最适合态度测量？为什么？
16. 为喜欢苏打水的大学生设计一个等级顺序量表。请说明这种量表的优缺点各是什么？
17. 把同学们分成小组，每个小组就自己的学校或学院的形象给出5个在语义差别量表中使用的形容词或短语；然后把意见归类到一个语义差别量表中；接下来每个小组成员要对非本班级的同学开展5次访问。当学过统计分析之后，这些数据可以得到分析。

市场调研实践

Case 反向铲进入全球市场

许多类型的施工设备对现代建设技术来说都是必要的，其中最万能且最经常购买的就是反铲式装载机。

工程师是怎样识别反向铲的设计进步以保持产品线能够快速有效地响应市场需求的呢？他们怎样确定设计进步能够适应全球市场不断变化的需求呢？营销调研是如何为全球施工设备市场上的成功铺设道路的呢？

企业兼并、收购及联合经营将 Case 和其他在建设和农业设备界著名的名字联系在了一起——New Holland、Kobelco、Hitachi 及 Fiat——每一个品牌都独资缔造了市场的成功。最近这些成功的品牌以 CNH 全球的形式有了一个新的法人身份，CNH 全球的设备几乎售向全球每个国家。

公司并购的一个常见后果就是新合并的公司在相同市场上有多条产品线相竞争。CNH 全球也不例外。尤其是 CNH 全球在全球反铲式装载机市场上有3个强势品牌在相互竞争。

正如 CNH 全球的未来规划那样，这3种反铲式装载机将会以每个品牌强化其固有优势同时为客户创造核心利益的方式进行分化。工程和营销希望每个品牌都有先进的模型以刺激市场份额的增长。

为了设计下一系列的反铲式装载机模型，工程师面临着几个关键问题：

- 反铲式装载机的操作员是如何看待多种多样的品牌的？
- 每个品牌的表现有什么区别——是以真实的工程设计为基础还是通过感知确定性能？
- 为了绕开竞争并区别 CNH 品牌，CNH 全球每一品牌的反铲式装载机在设计模型上需要做出什么改变？
- 为了回答这些问题，全球工程小组将工作重点转向营销调研。

严格的现场试验

第一步是定性研究，但只有传统的访谈或者焦点小组并不足够。CNH 为5个领导品牌的每一个选择了现场试验作为品牌体验公平竞争的最好方式，这样任何真实的性能差异都会被设备操作员检测到。

紧跟着的每一次测试，操作员都会在一个性能归因的广泛清单上对品牌进行等级评价，然后他们会被问到评价依据。之后，操作员会在由调研供应商仲裁人领导的深度讨论会上使用他们的"依据"便条。

量表惊讶

现场试验也是为了定制和预测试之后在营销调研定量阶段中使用的量表。其目的是为了开发能够反映操作员评价反铲式装载机性能的考虑方式的量表。按照常规使用对称的7级或9级量表的研究员将会对结果感到惊讶。

操作员将反铲式装载机的性能归因清晰地分成了4个水平的满意度，他们没有发现4个水平的不满意度，所以通常在营销调研中所使用的对称的满意度量表并不适用于这次的定量研究。

调研人员同时发现词语"极度"的使用（如"极度满意"）是不合适的。当操作员经常说不止一个品牌能够有效满足他们的工作需求的时候，他们并没有感到任何"极度"，也从不会使用有这个形容词的量表。所以，如果使用了一个有"极度满意"和"极度不满意"定位点的7级量表，按照市场调研经验，它在操作者的眼中事实上是一个5级量表。

CNH最后决定，最有效地反映操作员评价反铲式装载机性能的考虑方式的量表应包括4个水平的满意度、1个中立点及1个水平的不满意度——6级非对称量表。

有过多层级的量表会给答案带来"噪声"。相似地，坚持满意度水平的数量和非满意度水平的数量相等会给操作员的答案带来微妙的差异。

全球启示

结论对CNH反铲式装载机提高工程设计影响巨大。操作员清晰地表明了这些品牌建设的性能差异。这些发现不仅仅会应用在更好地将CNH品牌与竞争品牌区分开这一方面，也会应用在CNH内部品牌的区分中。

问题：
1．除了满意度评比量表，还有什么其他量表可以应用在CNH的市场调研中？
2．你认为使用非对称满意度量表的决策是不是正确的选择？为什么？
3．这项研究正在许多国家进行。在全球范围内用同一种方式对量表进行翻译是否可行？例如，2.1的含义在中国和在哥斯达黎加相同吗？
4．购买意向是否应该包含在问卷中？为什么？

第 10 章

问 卷 设 计

> **学习目标**
> - 了解问卷在收集数据过程中的作用。
> - 熟悉评价优秀问卷的标准。
> - 学习问卷设计过程。
> - 掌握 3 种主要问题类型。
> - 学习成功实施询问调研的必要程序。
> - 了解软件和互联网怎样影响问卷设计。
> - 了解问卷对数据收集成本的影响。

在高水平上看,问卷设计的艺术性比科学性更强。然而,处理问卷细节(如怎样询问特定类型的问题)时,往往涉及大量有关调研方法的科学问题。本章我们将讨论有关问卷设计的整体指导问题及如何在调研方法研究结论的基础上最有效地处理具体问题。

10.1 问卷的作用

询问调研的每一种形式都依赖于问卷的使用。问卷几乎是所有数据收集方法的一般思路。问卷是为了达到调研目的和收集必要数据而设计的一系列问题,它是收集来自被调研人员信息的一览表。你可能在近期看过甚至填过一份问卷,而制作一份优秀的问卷既需要努力工作又需要创造力。

问卷提供了标准化和统一化的数据收集程序。它使问题的用语和提问的程序标准化——每一个应答者都会看到或听到相同的文字和问题,每一个采访人员都会问完全相同的问题。如果没有问卷,每个采访人员随感而问,不同的访问人员以不同的方式提问,调研人员将陷入这样的困惑:应答者的回答是否受到了采访人员用词、试探或解释的影响。这样,对不同应答者进行比较的有效基础就不存在了,一堆混乱的数据从统计分析的角度来看也难以处理。从这个意义上讲，问卷是一种控制工具，而且它将是我们所看到的唯一的工具。

问卷（有时被称为访问安排或询问工具）在数据收集过程中起着重要的作用。如果问卷设计得不好，那么所有精心制作的抽样计划、训练有素的访问人员、合理的数据分析技术及良好的编辑和编码都将是无用的。不恰当的问卷设计将导致不完全的信息和不准确的数据，而且必然导致高成本。问卷和采访人员是市场调查的生产线。正是在此生产线上，产品不论好坏，都会被生产出来。问卷是工人的（采访人员的）工具，他们用此工具来生产基础产品（应答者的信息）。

图10-1说明了问卷的中心地位。它被定位于调研目标（来自管理者提出的问题）和调研信息之间。处于这种地位，它必须将目标转化为具体的问题，以便从应答者那里寻求信息。

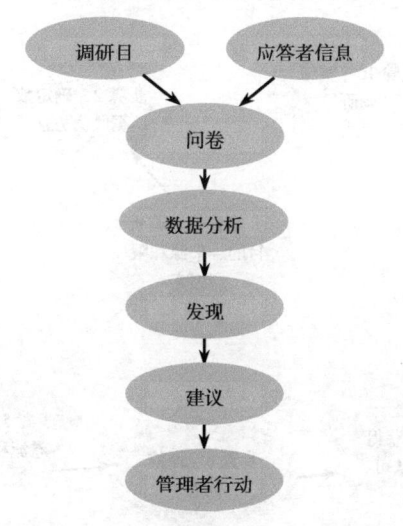

图 10-1　问卷在市场调研过程中的作用

假设斯沃琪公司（Swatch）正考虑开发儿童手表，该手表内部计时零件装着涂有保护漆的电路，外部是塑料的保护性包装。设计人员相信，开发出的这种表能够经得住一个 8～13 岁孩子的一般活动对其可能造成的损害，因此需要进行探索性市场调查来确定市场对该表的接受程度。调研的一个目的是确定儿童对该表的反应。一位 8 岁的孩子不可能对诸如接受能力、使用效率和购买可能性这样的问题做出回答，所以市场研究人员必须将调查目的转化为作为应答者的儿童所能理解的语言。

这个过程证明了问卷的核心作用：它必须将调查目的转化为应答者所能够理解的形式，并从应答者那里获得必要的信息。同时，它还必须将所得的信息重新整理成易于列表的形式，并将其转化成满足管理者信息要求的调查结果和建议。另外，问卷在调查费用中也起着重要的作用，这一点将在本章下面的内容中进行详细讨论。

10.2 问卷设计过程

设计一份问卷包括一系列逻辑性的步骤，如图10-2所示。这些步骤由于调研人员不同而有所差别，但所有的步骤都趋向于一个共同的顺序。委员会和管理层的方针路线会使问卷设计的过程复杂化。明智的做法是与拥有项目最终决策权的经理一起确定设计过程的每一步。这对于"步骤1"确定决策所需要的信息尤其重要。当研究人员完成一份问卷来回答某一类的问题，而真正的决策者却想得到完全不同的信息时，花在问卷设计上的大多数时间都被浪费了。同时，值得注意的是设计过程本身（如问题的用词和安排的形式），它可能带来一些新的问题。这样，研究人员就需要回到第一步来寻求对信息更清晰的表述。

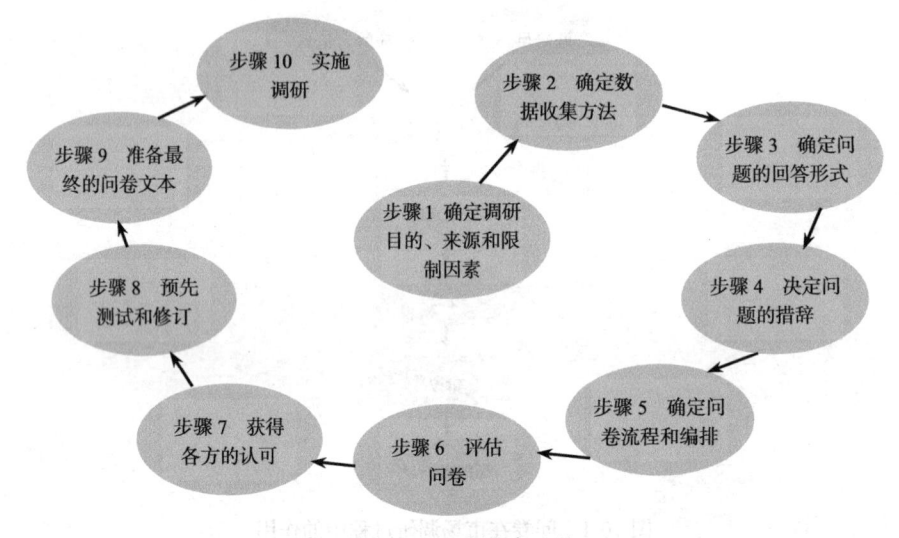

图10-2 问卷设计过程

10.2.1 确定调研目的、来源和限制因素

调研过程经常是在市场部经理、品牌经理或新产品开发专家做决策时感到所需信息不足而发起的。在一些公司，评价全部二手数据以确认所需信息是否收集齐全是经理的责任。在另一些公司，经理则将所有的市场调研活动（包括一手资料和二手数据的收集）交由市场研究部门去做。

尽管可能是品牌经理提出了市场研究的需求，但受这个项目影响的每个人（如品牌经理助理、产品类别经理，甚至市场营销经理）都应当一起讨论究竟需要哪些数据。调研的目标应当尽可能精确、清楚地加以说明，如果这一步做得好，下面的步骤会更顺利、更有效。

Neil Kalt公司的董事长尼尔·凯特谈论过调研目的和问卷的重要性，也针对伴随者市场调查实践的问卷设计提供了几点建议。

市场调研实践

全部都关于目标

每一份问卷都有两个最重要的目标。一是使应答者专心注意——他们在填问卷的时候使他们保持注意力，保持专心的状态，以保证诚实地回答每个问题。二是生成充分实现了目标的数据。

关键是实现第二个目标。实现第一个目标的唯一目的是使达成第二个目标成为可能。那么，如何实现这两个目标呢？答案是问卷。问卷设计需要深思熟虑、表达清晰、有逻辑、简洁，问卷的构念必须与研究目标相吻合，并且是友好的，同时需要独创性和想象空间。以下考虑的目的就是提供一些构建满足这些要求的问卷所需要的工具和见解。

1. 一项研究的目标是其首先且最重要的考虑因素

它们是调研设计、问卷构建、数据分析及编译的驱动因素。因此我们才反复强调，在设计问卷的时候，核心问题总是"这份问卷能否生成充分实现本研究目标的数据"。设计问卷的时候，请不断地向自己询问这个问题。

2. 每一个问题都应当表述清晰，用语简单易懂，避免用术语并且没有歧义

任何不满足这个条件的问题都可能会降低问卷的有效性。然而，这说起来容易做起来难。主要原因在于通常在我们想表述出来的清晰度和我们实际表述出来的清晰度之间存在差距。我们可以通过一些方法来缩小甚至弥补这个差距。

1）意识到差距的存在。这可以使你在表述的时候思考得更加严密，并用更敏锐的眼光来审视你写出来的东西。

2）至少请一位你信得过其措辞评判能力的人来检视你的问卷，并提出修改建议。

3）请一些人亲自填一下问卷，他们会告诉你问卷是否容易理解。

3. 试着用会话风格表述问题

这样做使应答者更容易理解并回答问题，这也有助于保持他们的兴趣。验证是否达到这个标准的一个方式是把问题大声读出来，并留神判断这个问题听上去怎么样——你想让它听上去好像你在和某人对话，而不是你在对他们大声朗读。另一个方法是在一些人身上进行验证，并询问他们阅读起来是否觉得舒适自如。

4. 每一份问卷都应该有其逻辑主线，并且当应答者从一个问题进行到下一个问题时应当感觉过渡自然

一个技巧是用与大多数人处理这个主题时相一致的方式来排列问题的布局。例如，如果你在调查某个特定的产品，你可以先问识别度，其次是期望，再次是购买决策，然后是对产品的反应，最后是再购倾向。当你询问人们问卷阅读起来是否感觉舒适自如时，也可以顺便问一下问卷是否流畅。

5. 消磨你的热情的成本几乎总是很高

调查就是你在向人们索求他们最宝贵的财富之一——时间。如果他们感觉你问得太多了，他们会选择中途停止并离开或者开始几乎不假思索地快速回答问题，这是在感觉有义务完成问卷却又不想付出更多的时间和精力之间令人厌恶的妥协。

因此，完成一份问卷所花费的时间应当是合理的。一个关键的决定因素是应答者的卷入度。例如，同样是相对较长的问卷，当你采访骑摩托车的人时，你询问有关哈利·戴维森的问题就比问有关牙膏的问题更容易成功。

另一个关键的决定因素是完成问卷的难易程度。如果问卷逻辑流畅，没有棘手的补丁，没有什么需要烦恼的问题或者令人沮丧的应答者，那么耗时15分钟的问卷刚刚好。然而，如果有不够清晰的问题，包含对一个过长的属性清单进行评级和排序的问题、重复性问题及无实际意义的问题，那么即使15分钟也会显得很长，而且应答者也会做出相应的反应。

问题：
1．问卷设计完成后还详细说明调研目标会导致什么问题吗？为什么？
2．为什么问卷长度是问卷设计中的一个重要问题？

10.2.2　确定数据收集方法

我们已详细讨论了可以获得询问数据的多种方法——互联网调研、电话访问、邮寄调研与自我管理问卷调研。每一种方法对问卷设计都有影响。事实上，在街上进行拦截访问比互联网调研有更多的限制，街上拦截访问有时间上的限制；自我管理问卷调研则要求问卷设计得非常清楚，而且相对较短，因为访问人员不在场，应答者没有澄清问题的机会；电话访问经常需要用丰富的词汇来描述一种概念，以确定应答者理解了正在讨论的问题。相比而言，互联网调研更便于为应答者展示图片、录像或示范概念。

10.2.3　确定问题的回答形式

一旦数据收集方法确定下来，实际的问卷设计过程也就开始了。这一阶段首先应该关心的是询问中所使用的问题类型。市场调研中有3种主要的问题类型：开放式问题、封闭式问题和量表应答式问题。

1．阶梯图有时很有用

英菲尼迪因其全视野监控（Around-View Monitor，AVM）最近赢得了流行科学（Popular Science）的"Best of What's New"奖。装置在汽车每一个侧面的摄像机会反映该汽车周围的物体或其他汽车。AVM以汽车仪表盘上摄像机的复合鸟瞰视野展示周围的环境。AVM系统是英菲尼迪的开发者在其发布前4年内所研制的25项先进技术之一。

在采用了一种被称为阶梯的技术并进行了几乎数百个小时的研究之后，研究者终于做出了实现这种功能特征的决定。通过探究隐藏的、潜意识的影响购买的因素，阶梯会谈通常用来加深对消费者如何与品牌相联系的理解。这项技巧想要获得的结果通常是能够支持品牌识别开发和向驱动策略提供基于情绪指导的信息（见图10-3）。

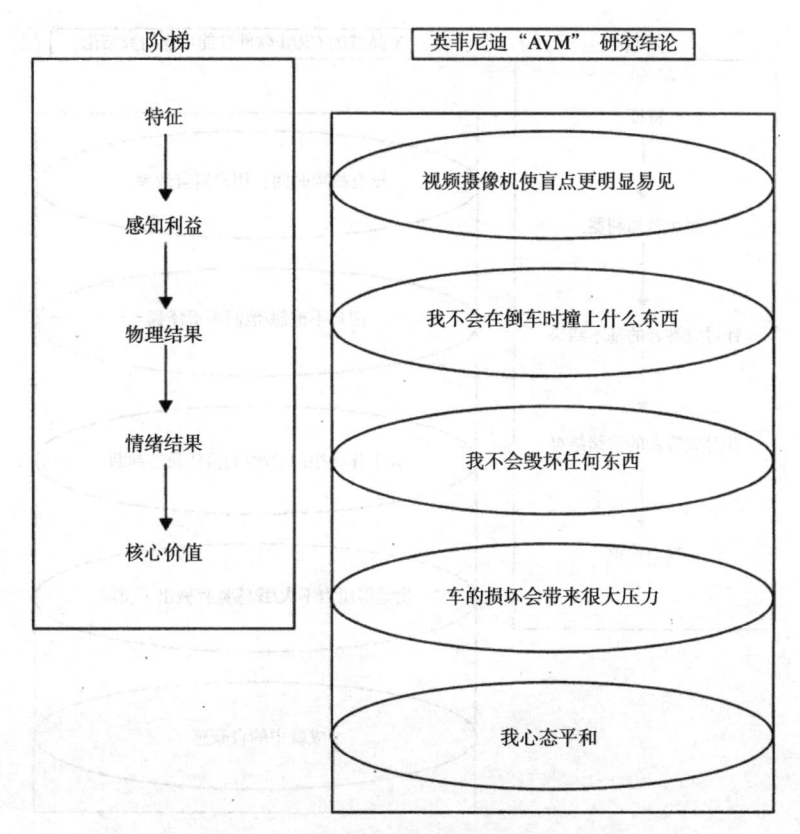

```
       阶梯                      英菲尼迪"AVM" 研究结论

       特征
         ↓                  ┌─────────────────────┐
       感知利益               │ 视频摄像机使盲点更明显易见 │
         ↓                  │                      │
       物理结果               │   我不会在倒车时撞上什么东西 │
         ↓                  │                      │
       情绪结果               │     我不会毁坏任何东西    │
         ↓                  │                      │
       核心价值               │    车的损坏会带来很大压力  │
                            │                      │
                            │       我心态平和        │
                            └─────────────────────┘
```

图 10-3　英菲尼迪全视野监控的阶梯图

资料来源：改编自 Matt Schroder,"Laddering Showed Infiniti How Drivers Viewed Its Around-View Monitor Technology" Quick's Marketing Research Review, 2009 年 10 月，P26。

　　研究者通过定性研究开发阶梯图，然后在定性研究中得到更多细节方面的检验。阶梯图可以作为设计调研问题的指南来应用。在英菲尼迪的案例中，阶梯是评价其近年来技术展示的优先性的工具。在这个项目中，目标是在英菲尼迪品牌已知核心价值的前提下识别个性技术特征的核心价值。

　　当然，阶梯只有在工具和调研项目能列队比较的情况下才有用。不是所有的调研目标都能试图发现核心价值。在英菲尼迪的例子中，能够轻易发现调研目标是如何列成梯形的，而这反过来又指导了问卷的开发。图 10-4 是一个关于 B2B 调研的阶梯例子。阶梯图也能应用于其他调研目标上，然后作为指南服务于问卷开发。

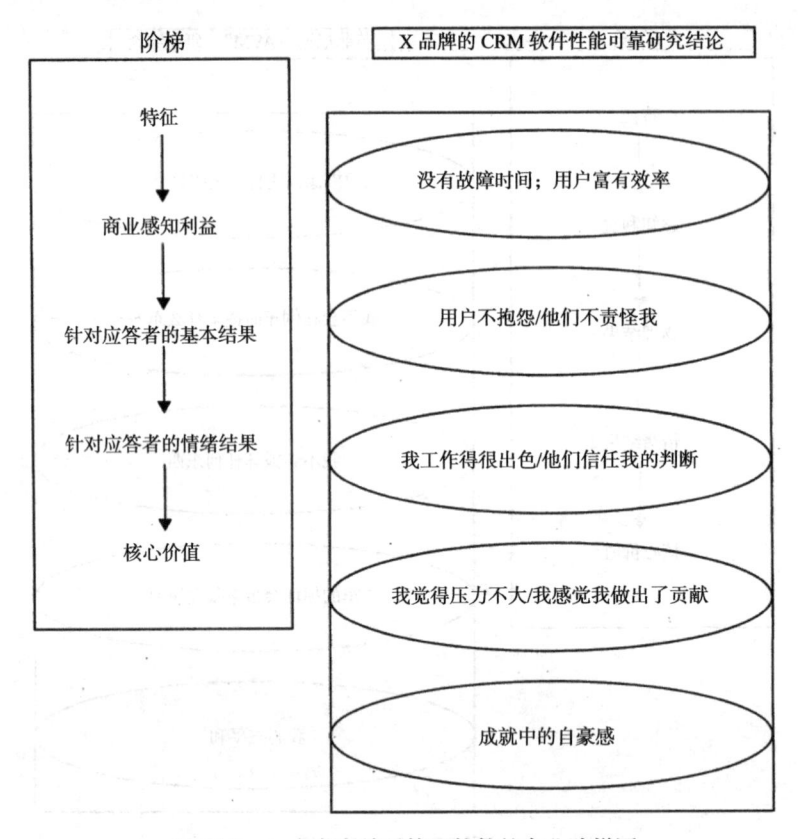

```
    阶梯                          X 品牌的 CRM 软件性能可靠研究结论

    特征                              没有故障时间；用户富有效率
     ↓
   商业感知利益                       用户不抱怨/他们不责怪我
     ↓
 针对应答者的基本结果                 我工作得很出色/他们信任我的判断
     ↓
 针对应答者的情绪结果                 我觉得压力不大/我感觉我做出了贡献
     ↓
    核心价值                              成就中的自豪感
```

图 10-4　一个客户关系管理软件的商业阶梯图

2. 开放式问题

开放式问题是一种应答者可以自由地用自己的语言来回答有关想法的问题类型。也就是说，调研人员没有对应答者的选择进行任何限制。

开放式问题对调研人员来讲有几个优点。第一个优点是，它可以使应答者给出他们对问题的一般性反应。开放式问题如：

1）你认为利用邮寄目录公司订购比本地零售有什么优势？（追问：还有什么）
2）你为什么宁愿请专业清洁公司来清洗你的地毯而不愿自己或家人在家清洗？
3）机场最需要改进什么？
4）产品色彩中哪类颜色是你最喜欢的？（追问：你最喜欢什么颜色）
5）你为什么认为某种品牌（你最常用的）更好？

以上问题都是从不同的全国性询问调查中抽选出来的，涉及 5 种产品和服务。注意，第 2 个问题和第 4 个问题的开放式问题是跳问的一部分。例如，在第 2 个问题中，应答者已经表示他们选择专业地毯清洁服务而不靠家庭成员来清洗。

第二个优点是，它能为研究者提供大量、丰富的信息。应答者是以自己的参照框架来回答问题的，他们可能用生活中的语言而不是用实验室或营销专业术语来讨论有关问题。这样有助于帮助设计广告主题和促销活动，使文案创作更接近于消费者的语言。即使在计算机辅助访谈和互联网调研中，开放式问题也能得到大量的丰富信息。

第三个优点是，对开放式问题回答的分析也能作为解释封闭式问题的工具。在封闭式反应模式后进行这种分析，经常可在动机或态度方面有出乎意料的发现。在五种产品特性的5种重要性中，知道颜色排在第二位是一个方面，但知道为什么颜色排在第二位也许更有价值。例如，最近一项关于流动人口暂时居住地的研究揭示了许多对垃圾清理不满的问题，而对开放式回答的深层次分析发现了以下的原因：邻居的狗到处乱跑而打翻了垃圾包。

第四个优点是，开放式问题也许会为封闭式问题提出额外的选项。例如，以前没有认识到的邮购订购目录的优点，可能从第1个问题中揭示出来。这个优点可能在用封闭式问题调查时会被忽略掉。

本书作者提供咨询服务的一家企业总是用以下问题结束一份有关产品订购的问卷："对于你在过去3个星期中所试用的产品，你还有其他意见向我们反映吗？"这样的问题可能为研究人员获得最后的珍贵信息提供额外的视角。

开放式问题也不是没有缺点。第一个缺点是，在编辑和编码方面费时费力。对开放式问题的回答进行编码需要把许多回答归纳为一些适当的类别并分配给号码。如果使用了太多的类别，每种类别的出现的频率可能很小，从而使解释变得很困难；如果类别太少，回答都集中在几个类别上，信息又会变得太一般，重要的信息就会丢失。即使使用了适当的类别，编辑人员仍不得不判断访问人员已经给出的记录数据应归为某一类。

通常，开放式问题需要进行追问。追问指采访人员鼓励应答者详细阐述或者继续讨论。有力的追问能够迅速地推进讨论进程，使回答从第一提及的答案和直觉性的答案上递进到能挖掘更深层信息的讨论上，以洞察驱动行为的深层思维。

追问分为有明显区别的三种类型：预见性的、反应性的和无意识的。无意识的追问也叫"自然追问"，因为调研人员知道需要鼓励应答者表达更深层次的见解，而它只是突然出现在调研人员的脑海中。例如，一名应答者说："如果结账台前排了很长的队，我会觉得很烦扰。"则自然的追问就会是："什么烦扰？"

相比之下，预见性的追问是指提前设计好的追问。举例如下：

最初的问题可能是："你在购买最近的这辆车时，对你来说最重要的几个关键因素是什么？"预见性的追问可能是："请回顾一下那些关键因素，影响购买决策的至关重要的因素是什么？"通过提前设计一系列追问可以把讨论引向更丰富的层次，以实现调研目标。而且有时，一组预见性的追问中也会产生"自然的"追问。

反应性的追问类似"自然追问"，但是它更加符合"膝跳反射"。最常见的例子是"为什么这么说呢"或者"你持有那个信念的基础是什么"。这种追问更侧重询问应答者基础思维而不是依赖行为报告。以下是一些追问的例子：

要求详细阐述："跟我多讲讲那个吧。""给我举个关于……的例子吧。"

要求词义联想："你说……是什么意思？" "术语……对你来说意味着什么？"
要求说明："它和……有什么区别？" "在什么样的情境下你……"
要求比较："……和……有什么样的相似之处？" "哪一个更贵，X 还是 Y？"
要求分类："……适用于哪里？" "在……这一类别中还有什么？"
"沉默"追问：指不用言语的追问，特点是会有抬眼或手势等行为，如横摇一下右手意味着"多告诉我一些"。

表 10-1 中列举了其他追问的例子。

表 10-1　追问的细微差别

追问因素	例　子
理解或解释	术语门诊病人对你来说意味着什么？
	你怎么定位自己——作为病人还是门诊病人？
改述	你是否能用自己的话重复我刚刚问你的问题？
信任或评价	你是否确定你的健康保险能同时覆盖药物和究竟治疗？
回忆	你昨天刷了几次牙？
	后续追问：你每次刷牙的原因是什么？
	6 月你去银行进行了几次个人存款业务？
	后续追问：6 月是否具有代表性？如果是，是以什么方式？如果不是，原因是什么？
评估"自我对话"	在回答之前你有所犹豫……在犹豫的片刻，你在想什么？
评估"价值观/信仰"	什么因素使你认为癌症是美国最严重的健康问题？

资料来源：Naomi Henderson, *Marketing Research*, Winter 2007, p.38。

对开放式问题进行编码可以部分克服这些问题。假设在一项食物调研中有这样一个问题："如果可以任意添加调料，那么你在家准备墨西哥卷饼时，除了肉以外，你还会加什么？"对这个开放性问题的编码可能如下：

回　答	编　码
鳄梨	1
乳酪（Monterrey Jack, Cheddar）	2
Guacamole	3
莴苣	4
墨西哥热酱油	5
橄榄（黑色或绿色）	6
洋葱（红色或白色）	7
胡椒（红色或绿色）	8
辣椒	9

续表

回　　答	编　　码
酸奶	0
其他	×

　　以上可能的答案先列在问卷上，还应在最后栏内留一定的空间给其他可能事先未想到的答案。在电话访谈中，因为应答者看不到编码种类，而采访人员又不得泄露，问题仍将以开放式进行回答。当然，预先编码要求对以前类似性质的研究足够熟悉，以便对应答者的回答做出正确预期；否则，则要做相当于大样本的预先测试。

　　开放式问题的第二个缺点是，开放式问题可能导致向外向性格的、善于表达自己意见的应答者发生倾斜。一个能够详细阐述自己的观点并且有能力表达自己意思的应答者，也许会比一个害羞、不善言辞或畏缩的应答者有更多的信息输出。然而，他们可能都是产品的潜在购买者。

　　如果编辑发现下面的回答——"我通常多加绿色鳄梨味的热酱油"，或"我少加莴苣和菠菜的混合物"，或"我是个素食者，我从不加肉，我的 taco 只加 guacamole"，你将如何编码呢？

　　因此，开放式问题的关键在于解释处理的范围。为此，调研人员必须进行两个阶段的判断。首先，研究者必须确定一套合适的分类，然后评价每一个答案各归属哪一类。

　　开放式问题的最后一个缺点是，它们不适合使用在一些自我管理问卷上。如果没有访问人员在追问，一个肤浅的、不完整的或不清楚的回答可能记录在问卷上。如果上述"taco"问题使用在自我管理问卷之中，而没有预先编码的选择答案，则得到的回答可能是"我每样都加一点"或"与饭店添加的一样"等这类对调研人员来讲没有多大价值的答案。

3. 封闭式问题

　　封闭式问题是一种需要应答者从一系列应答项中做出选择的问题。封闭式问题的优点主要是避免了开放式问题的缺点。封闭式问题可以减少访问人员误差，因为访问人员只需在选项上打"√"或画圈，记录下编码或按一下键。应答者读出选项（或出示印有选项的卡片）也许提醒了应答者的记忆，从而使其提供一个更实际的应答；同时，因为应答者无须对有关主题进行解释，从而避免了向那些善于表达自己意思的人偏斜的倾向。最后，编码与数据录入过程由于采用了软件系统而大大简化了。

　　调研人员应当认识到预先编码的开放式问题与多项选择题之间的差异。一个预先编码的开放式问题允许应答者随心所欲地回答，访问人员不过根据他们的回答在记录单上打一个钩或画一个圈。使用追问但列出的答案从来不读出来也不给应答者看，如果应答者给出的一种回答没有预先编过码，则要在其他栏内逐字记下。相应地，封闭式问题要向应答者读出选项或给他们看。

　　传统上，市场调研人员把封闭式问题分成二项选择题与多项选择题。

（1）二项选择题

　　在二项选择题中，回答类别有时是暗示的。例如，"上星期你为汽车购买汽油了吗？"很显然，暗示的选项是"是"或"否"。尽管事实上有时候的回答是"我上星期租了一辆车，他们替我加满了油，那算不算"，这类问题仍被归类为二项选择题。下面是一个例子：

1）你在抽丹麦卷烟时要加热吗？ 　　　　是　　　　1 　　　　否　　　　2 2）联邦政府并不关心像我这样的大众，你怎样认为？ 　　　　同意　　　1 　　　　不同意　　2 3）你认为今年的通货膨胀比去年严重还是缓解了？ 　　　　严重　　　1 　　　　缓解　　　2

　　这里，应答者被限于在两个固定选项中进行选择，这容易管理。应答者也可以快速方便地回答问题。很多时候要加上中立的或无意见/不知道，以兼顾这些情况。即有时问卷中未给出中立选项，采访人员会潦草地写上 DK 表示"不知道"或 NR 表示"无回答"。尤其是在电话访问向互联网调研转移时，"不知道"选项更值得关注。

　　二项选择题易于产生大量测量误差，因为选择答案处于两个极端，略去了两极之间大量可能的答案。这样，问题的用语对于得到准确答案就非常关键了。用肯定的形式表述与用否定形式表述的问题，其结果可能也是相反的。例如，对上例中第 3 个问题的回答取决于先列出"严重"还是"缓解"。当然，这个问题可以使用折半技术来克服，问卷中的一半首先列出"缓解"这个词，另一半则首先列出"严重"这个词，这将有助于减少潜在的误差。

　　二项选择题带来的另一个问题是不能了解应答者感知的程度。一些情况下，如刚才提到的汽油购买的例子就不能得到事件的程度。但在另一些情况下，消费者的一些强烈感知被遗漏了。如果汽油购买调研继续这样询问："如果向你保证每加仑汽油能行驶的路程是现在的 2 倍，你会以比当前贵 1 美元每加仑的价格购买汽油吗？"那么，应答者的感知程度可能就从"不，绝对不会"变成了"当然"。

（2）多项选择题

　　与开放式问题相比，多项选择题需要编码且只能提供有限的信息。多项选择题要求被调研人员给出一个正确表达了他的意见的选项，或者在某些情况下标明所有合适的选项。下面是多项选择题的例子：

1）请你回想一下你最近买过的任何一类鞋子，我将读出所列举的鞋类，希望你告诉我它属于哪一类（读列举项并检查合适的种类）： 　　适合礼服和/或正式场合　　　1 　　休闲　　　　　　　　　　　2 　　体操训练帆布鞋类　　　　　3 　　运动专用鞋类　　　　　　　4 　　靴子类　　　　　　　　　　5 2）（出示回答卡片）请你在看过此卡片后告诉我哪一个字母代表了你所属的年龄组：

续表

A. 17岁以下	1
B. 17~24岁	2
C. 25~34岁	3
D. 35~49岁	4
E. 50~64岁	5
F. 65岁以上	6
3）在过去的3个月中，你用过Noxzema护肤品吗？（选出所有合适的项）	
用于洗面	1
用于润肤	2
用于去斑	3
用于清洁皮肤	4
用于护理干燥皮肤	5
用于柔软皮肤	6
用于防晒	7
使皮肤更光滑	8

第1个问题中可能没有涵盖所有的选项，这样就可能得不到真实的回答。例如，采访人员在哪里记录工作鞋。同样的问题存在于第3个问题中。选项不可能包括所有可选择的答案，而且应答者无法详尽地表述答案。这个问题中的部分问题可通过增加"其他（逐字记下）_____"选项来克服。

多项式封闭问题还有两个缺点。一是调研人员必须花许多时间来想出一系列可能的答案，这一阶段也许需要焦点小组访谈的录音分析、头脑风暴和二手数据调研。二是调研人员需要决定可能的选项范围。如果列出的选项太长，应答者可能被搞糊涂或失去兴趣。与上面问题相关的是次序误差。在其他因素不变的情况下，应答者一般对排在前面和最后的答案有优先选择的倾向。当互联网问卷软件和CATI系统被采用后，通过自动改变选项顺序的方式彻底解决了次序误差的问题。

4．量表应答式问题

量表应答式问题可捕捉应答者感知的程度。举例如下：

1）既然你已试用了该产品，那么会购买它吗？（选一个）
　　_____是的，会购买
　　_____不会购买

2）既然你已试用了该产品，你认为将……（选一个）
　　_____肯定购买
　　_____可能购买
　　_____也许会也许不会

续表

| _____可能不会购买 |
| _____肯定不会购买 |

第 1 个问题不能体现强度，它只是决定了方向（买与不卖），在完整性与反应强度上不如第 2 个问题。第 2 个问题后者本质上也是顺序性的。

量表应答式问题的一个主要优点是可以对应答者回答的强度进行测量；另一个优点是许多量表应答可以转换成数字，并且这些数字可直接用于编码。另外，对量表应答式问题，调研人员可以使用一些更高级的统计分析工具。这一部分将在第 14 章中讨论。

有的时候，量表应答式问题对达成调研目的并没有帮助。例如，考虑一个如下发问的 10 级量表："请从 1 到 10 评价报告的时间性。"调研人员应当如何说明 6、7、8 呢？一个简单的完成调研目的的方式是问"你对所收到的报告的时间性满意吗"（是或否）。这个数据才会给调研目的提供清晰的答案。

10.2.4　决定问题的措辞

一旦决定了问题的内容和回答的形式，下一步就是实际设计问题。对调研人员来讲，在特定问题的措辞上总要花相当多的时间，除非使用问卷软件或者调研网站。在每一个问题的措辞与安排上，记住以下 4 条一般的指导原则是有用的。

1. 用词必须清楚

如果调研人员认为问题是绝对必要的，那么问题的表达对每个人来说必须意味着同样的意思，应当避免使用含混不清的词语。比如，"你住的地方离这里是只有 5 分钟的路程吗？""你通常在哪里买衣服？"第 1 个问题的回答有赖于来这里的方式（应答者可能是步行也可能是开车来的）、路上走（或开车）的速度、对消逝的时间的感受和其他一些因素。慎重的做法是向应答者出示描绘该地区的某种地图，然后再问他们是否住在某一地区。第 2 个问题的回答有赖于对服装的式样、场合、家庭成员和词语"哪里"的理解。

清楚也意味着使用合理的用语，问卷不是词汇测试，应当避免专业术语。用语要适合目标听众。像"请说一下你最常用的洗碗剂的功效如何"这样的问题，可能不少人会拒绝回答。更简单的问法是，"你对现有品牌的洗碗剂：① 非常满意；② 有些满意；③ 不满意。"最好的用词是具有准确的意义、经常使用及不是含糊其词的表达。当应答者不能明确问题的意义时，拒答的现象将增多。

问卷的语言表达应根据应答者进行调整，不管应答者是律师还是建筑工人。这一建议执行起来似乎很痛苦，但由此导致的失败案例还是刻骨铭心的。例如，在一个有关瓶（或听）的使用中有这样一个问题——你"一般每周喝几瓶啤酒"。在南方的一些州里，啤酒装在 32 盎司、12 盎司、8 盎司、7 盎司、6 盎司甚至 4 盎司的瓶子里卖。所以，能喝 8 瓶的"嗜酒者"可能每周只喝 32 盎司的啤酒（8×4 盎司）；形成鲜明对比的是一个只能喝 3 瓶的"不善饮酒者"却喝了 96 盎司的啤酒（3×32 盎司）。

访谈开始时，可以通过说明调查的目标来提高透明度。通常，应答者应该了解研究的性质，以及谁来主持该调研项目，这能帮助受访者以恰当的观点回答问题。

有时问题也会以没有完全相互分离开的组出现。例如：

你税前的年家庭总收入是多少？

1）40 000 美元以下

2）40 000～60 000 美元

3）60 000～80 000 美元

4）80 000 美元以上

那么，如果一个应答者的家庭收入是 60 000 美元，他应当选择第 2 个答案还是第 3 个答案呢？

下面是一个有矛盾的问题：

请选择你最经常使用的产品，选出所有合适项。

1）手机

2）烤箱

3）微波炉

4）真空吸尘器

在这个问题中，"最经常使用"和"选出所有合适项"是相冲突的。

调研人员在决定何时使用多项选择时也应当谨慎。下面这个关于互联网调研的问题虽然允许单项答案，但应当"选出所有符合项"。

你喜欢在一天中的哪个时段检查电子邮件？

1）早上

2）中午

3）傍晚

4）晚上

5）每周一次或更少

6）不使用电子邮件

调研人员必须允许应答者选出所有有效的答案，下面的这个例子就很明显。但有些情况下，答案的分类会更加精细：

你最喜欢的颜色是什么？

1）红色

2）绿色

3）蓝色

提高透明度还要避免一个句子中出现两个问题，有时又称为"双向式"问题。例如，"你认为咖啡蛋糕的味道和原料如何？"此问题应当分为两个问题：一个有关味道，另一个有关原料。每个问题应当只阐明一个方面。

2．选择恰当词语以避免引起误差

"你常在像肖普商店（Super Shop）这样的低档店购物吗"及"你曾在过去的6个月购买过任何高质量的百得工具（Black & Decker）吗"这样的问题都会引起误差。有些问题可能是诱导性的，如"你对昨晚在假日酒店得到的服务满意吗？"遗憾的是，有些误差可能比这些更严重。

调研项目的发起者在访问过程中过早地被识别出来，也会使回答发生扭曲。例如，"我们正在进行一项关于东北国家银行的信贷质量的研究，想问你几个问题。"这样的开头语应是被禁止的。类似地，如果询问了3个问题后，每个问题都与米勒啤酒有关，那么应答者就会很容易地意识到这是关于米勒啤酒的调查。

3．考虑应答者回答问题的能力

在某些场合，应答者可能对回答问题所需的信息一无所知。问一位男士他的妻子最喜欢哪一种牌子的缝纫线通常属于这种类型，问应答者从来没有遇到的品牌或商店也会产生同样的问题。以这样的方式表述问题隐含着认为应答者能够回答这些问题的意思，然而此时得到的答案除了瞎猜外，没有什么价值，于是便产生了测量误差，因为所记录的答案没有意义。

遗忘也是一个问题。例如，"你最近在剧场里看到的一部电影的名字是什么？""谁是主角？""你吃爆米花了吗？""容器里能装多少盎司？""爆米花的价格是多少？""你还买了其他的小吃吗？""为什么买或不买其他小吃？"应答者一般记不住这些问题的正确答案。但是，Mar有限公司的品牌经理很想知道应答者上次购买糖果时考虑了哪些品牌，购买的是什么品牌，以及什么因素导致他们选择该品牌。因为品牌经理想知道这些问题的答案，所以市场调研人员这样问了，但却产生了测量误差。应答者经常会给一个名声响亮的名字，如m&m或金帝；在另一种场合，应答者会提一个他经常购买的品牌，但很可能不是最后一次购买的品牌。

为了避免应答者记忆力差的问题，时间期限应当保持相对短些。例如，"在过去的7天里，你购买过糖果吗？"随后可继续问关于品牌和购买倾向的问题。"在过去一年中，你使用家中的DVD租看了多少部电影？"这是一个较差的提问，可被随后的几种问法来取代。

> 问法1：你在过去的1个月内使用家中的DVD租看了多少部电影？
>
> 问法2：你在过去的1个月内使用家中的DVD租看了更多、更少或平均数的电影（如果回答"更多"或"更少"，再询问"问法了"中的问题）？
>
> 问法3：你所说的每月租看电影的平均数量是多少？

下面是实际调查中的两个提问，其中一个来自邮件调查，另一个来自电话调查。

> 问题1：在过去的3个月内，你为在报纸上登载广告的电影花费了多少？
>
> 除了从未看过电影的人，绝大多数人对3个月内的花费毫无记忆，他们也记不得电影是否登过广告。但是，如果他为所有家庭成员支付了电影票，情形又将如何呢？
>
> 问题2：回忆你最近10次喝过的苏格兰威士忌，多少次是在家喝的？多少次是在朋友家喝的？多少次是在餐馆喝的？多少次是在酒吧喝的？
>
> 一位较少喝酒的人可能要为此回忆2年的时间，除非他写了喝酒日志，而这样做简直很荒谬。

上面都不是好的问题，但是下面这份真实的邮件调查中的问题，是由一个粗心的问卷设计者或者与我们生活有很大不同的人设计的。问题：你平均每天使用你的止汗香体剂多少次？每天1~2次？每天3~4次？每天5~6次？每天超过6次？问题：你平均每天洗几次澡？每天1次？每天2次？每天3次？每天4次？每天5次或更多？好的修饰是很重要的，但是这些问题也许有些太不贴合实际了。

4. 考虑应答者回答问题的意愿

对于有些东西，应答者可能记得很清楚，然而他们也许不愿意给出真实的回答，或故意朝合乎社会需要的方向歪曲。例如，有关性的问题，以及敏感的、有威胁或有损于自我形象的问题，要么得不到回答，要么朝符合社会准则的方向回答。

涉及诸如借钱、个人卫生、性生活及犯罪记录等尴尬话题，问题必须小心表达以减少测量误差。一种处理技术是用第三人称方式提问，如"许多人的信用卡都透支，你知道是什么原因吗"。通过问其他人而不是受访者自己，调研人员也许能够更多地了解对有关信贷和债务问题的个人态度。

另一种处理尴尬问题的方法是，在问问题前先说明某种行为或态度是平常的，如"许多人患有痔疮，你或你的家庭成员有这一方面的问题吗"。这种技术被称为对等误差表达，它使应答者用平常心来讨论尴尬问题。

10.2.5 确定问卷流程和编排

在系统阐述问题后，下一步就是将其排序并形成问卷的版面编排。问卷不能随便编排，问卷每一部分的位置安排都具有一定的逻辑性。其逻辑性的描述如表10-2所示。有经验的市场研究人员很清楚问卷制作是获得访谈双方联系的关键。联系越紧密，访问者越可能得到完整彻底的访谈结果，同时应答者的答案可能思考得越仔细、回答得越仔细。研究人员经过总结已形成关于问卷流程的一般性准则。

表10-2 问卷的编排

位　　置	类　　型	例　　子	理论基础
过滤性问题	限制性问题	"过去的12月中，你曾滑过雪吗？""你有雪橇吗？"	为了辨别目标回答者
最初的几个问题	调节性问题	"你拥有何种品牌的雪橇？""你已使用几年了？"	易于回答，向回答者表明调查很简单
前1/3的问题	过渡性问题	"你最喜欢该雪橇的哪些特征？"	与调研目的有关，需稍费些力气回答
中间1/3的问题	难于回答的复杂问题	"以下是雪橇的10个特征。请用量表分别评价你的雪橇的特征。"	应答者已保证完成问卷并发现只剩下几个问题

续表

位　置	类　型	例　子	理论基础
最后 1/3 的问题	分类和个人情况	"你的最高教育程度是什么？"	有些问题可能被认为是个人问题，应答者可能留下空白，但它们的位置在调查的末尾

1．运用过滤性问题以识别合格应答者

许多市场研究都运用某种配额抽样方法来进行。只有合格应答者被访问，才能得到每类合格应答者特定的最小数量（配额）。有关食品生产的研究一般都有具体品牌使用者的份额，杂志调研要筛选读者，化妆品研究也要筛选出对品牌知晓的应答者。

过滤性问题可能出现在问卷上，或者每个被调研人员都需要回答过滤性问题。这样，所得到的人口统计资料提供了与对符合全部要求的人进行对比的基础。过滤性问题（或问卷）太长会大大增加调研费用，因为这意味着你要从每次访问中得到更多的信息。但是，它可能会提供针对被调研的产品和服务、有关未使用者、初次使用者及不知晓者特征的重要数据。较短的过滤性问题（见表 10-3）可以很快排除不合格的受访者并使采访人员可以立即转向下一位潜在应答者。

表 10-3　挑选每周至少使用刀片剃刀刮脸 3 次的 15 岁及其以上男性的过滤性问卷

你好！我来自数据事实调研公司。我们在进行一项针对男性的调查，我希望可以问你几个问题。	
1）你或你的家人中是否有人就职于广告公司、市场调查公司或者生产、销售修面用品的公司？	
（结束）	是（　）
（继续）	否（　）
2）你的年龄？你……（阅读清单）	
（结束）	15 岁以下（　）
（检查配额控制表格——如果有配额，继续；如果没有配额，结束。）	15～34 岁（　）
（检查配额控制表格——如果有配额，继续；如果没有配额，结束。）	34 岁以上（　）
3）你上次刮脸的时候，用的是电动剃刀还是刀片剃刀？	
（结束）	电动剃刀（　）
（继续）	刀片剃刀（　）
4）在过去的 7 天内，你刮了多少次脸？	
（3 次以内结束，3 次及以上，请继续主问卷）	

最重要的是，过滤性问题提供了估算调查费用的基础。在其他条件都一样的情况下，一个所有人都适合接受访谈的调查会比有 5% 不合格率的调查费用低很多。许多调查都为每一份完成的问卷设置了平均服务率。此比率以一个既定的"平均访谈时间和不合格率"为基础。过滤性问题用来确定特定城市中实际的不合格率是否真实这一问题。如果不真实，该比率要相应地做出调整。

2．在得到合格的应答者后以一个能引起应答者兴趣的问题开始访谈

在介绍性引导语和经过滤性问题发现合格的访问人员后，最初提出的问题应当简单、容易回答、令人感兴趣，并且不存在任何威胁。用收入或年龄问题作为起初的问题也许是一大错误，因为这些问题经常被认为具有威胁性，并且立即使应答者处于防卫状态。起始问题应易于回答，不需进行事先考虑。

3．先问一般性问题

在开始的"热身"性问题后，问卷应当按一种合乎逻辑的形式进行。一般性问题首先出现，以使人们开始考虑有关概念、公司或产品类型，然后再问具体的问题。例如，有关洗发水的问卷也许会这样开始："在过去的6个星期里，你曾经购买过洗发水、护发素和定形剂吗？"这促使人们开始考虑有关洗发水的问题。然后，问及有关洗发水的购买频率、在过去3个月里所购品牌、对所购品牌的满意程度、再购买的意向、理想洗发水的特点、应答者头发的特点等问题。最后，问一些有关年龄、性别等人口统计方面的问题。

4．需要思考的问题放在问卷中间

起初，应答者对调查的兴趣与理解是含糊的。而培养兴趣的问题为访问过程提供了动力和承诺。当访问人员转到量表应答式问题时，应答者受到鼓励并去理解回答的类别与选择。另外，部分应答者身上，会有一些问题需要回忆，已建立起来的兴趣、承诺和与采访人员间的融洽关系保证了对这部分问题的回答。

5．在关键点插入提示

当应答者的兴趣下降的时候，优秀的访问人员能及时发现并努力重新培养应答者的兴趣。对问卷设计者而言，在问卷的关键点插入简短的鼓励也是值得的。"下面没几个问题了"或"下面的问题会更容易一些"，这样简单的提示也许就能重新唤起应答者的兴趣。"既然你已帮我们提出了以上的意见，我们想再多问一些问题"，这样的插入可以为介绍下一部分内容开个好头。

6．把敏感性问题、威胁性问题和人口统计性问题放在最后

正如前面所提到的，当调研目标要求应答者回答一些感到为难的问题时，可以把这些问题放在问卷的最后。这样做可以保证大多数问题在应答者出现防卫心理或中断应答之前得到回答。并且，此时应答者与访问者之间已经建立了融洽的关系，增加了获得回答的可能性。把敏感性问题放在结尾的另一个理由是，此时应答模式已经重复了许多次，访问人员问一个问题，应答者答一下，当问及尴尬性问题时，应答者会条件反射地做出回答。

7．说明文字要大写

为避免混淆问题，所有说明文字都应是大写，如"IF 'YES' TO QUESTION 13, SKIP TO QUESTION 17"。大写说明更能引起应答者的注意。

8．使用适当的说明和结束语

每份问卷都要有说明和结束语。营销和理念调研公司（Council for Marketing and Opinion Research,CMOR）基于众多研究已经提炼出了如下问卷说明和结束语的示范形式。

> **问卷说明示范**
> - 为了赢得应答者的信任，调研人员应提供自己的姓，名字可有选择地提供。但我们建议对于 B to B 调研或医药领域的某些专家的调研应提供自己的名字。
> - 提供调研公司的名字，并在可能情况下提供客户的名字。
> - 解释调研题目的本质。
> - 早在会见开始就要声明本次调研并非向对方推销产品。
> - 应答者应被告知填写问卷的时间长短。
> - 建议在得到双方允许下进行访谈记录或录音。
> - 强调会为应答者付出的时间给予回报。
> - 邀请应答者参与调研，判断访谈时间是否方便；如果不方便，另选时间。
>
> 你好，我的名字叫_____，来自_____公司，今天给你打电话是为了向你了解关于_____的看法，我们并非向你推销产品。本研究大概会占用你_____时间，并且本次调研将会被录音。我们会对你付出的时间表示感谢。我可以问你问题吗？
>
> **结束语示范**
> - 调研结束语中应对应答者付出的时间表示感谢。
> - 了解应答者的调研体验和再次接受调研的愿望。
> - 提醒应答者已将他的观点做了记录。
>
> 感谢你的合作及为此次调研付出的时间。我希望这是一次愉快的体验，希望你愿意参与到其他的市场调研项目中。我们将你的观点都记录在案，午/晚安。
>
> 另一种收集应答者的满意度数据以提高调研质量的结束语示范如下：
>
> 感谢你为本次调研付出的时间，由于你的回答对我们具有较高的价值，我们希望你再次思考刚刚进行的调研。10级量表，10代表"我刚才付出的时间有价值"，1代表"付出的时间价值不大"。请你在 1~10 选出最能代表你的调研体验的数字。好，所有的问题都结束了。请记住，你的观点我们都记录在案，午/晚安。

10.2.6 评估问卷

一旦问卷草稿设计成功，问卷设计人员应再回过来做一些批评性评估。如果每一个问题都是深思熟虑的结果，那么这一阶段似乎是多余的。但是，考虑到问卷所起的关键作用，这一步还是必不可少的。在问卷评估过程中，下面一些原则应当考虑：问题是否必要；问卷是否太长；问卷是否提供了调研目标所需的信息。

1. 问题是否必要

问卷评估方面最重要的标准可能是所有的问题都是必要的。有时，研究人员和品牌经理询问问题，是因为"我们上次的调查中也包括类似问题"或"了解是有好处的"。过多的人口统计问题很普遍，有关教育、各年龄层次儿童的人数和有关配偶的广泛的人口统计数据并不适合许多研究。

每个问题都是有目的性的。除非是过滤性问题、兴趣激发问题或跳转问题，否则都要直接或间接地与特定调研目标相关。任何与目标无关的问题都应当删去。

2. 问卷是否太长

研究人员应该利用志愿人员充当应答者以判断回答所需的时间。尽管没有一定的规定，完成问卷花费的时间应取 5 次最短时间的平均数。街上拦截访问或电话访问中使用的问卷如果访问长度超过 20 分钟，就应当考虑删减。如果有比较有吸引力的刺激物，问卷可稍微长一些。大部分互联网调查应该在 15 分钟内结束。

一般的刺激物有电影票、钢笔、铅笔盒、现金或支票。使用刺激物实际上可以降低调查成本，因为回答率会增加，访问过程中的中止会减少。如果用支票代替现金，利用兑现的支票可制作下次被调查对象的名单。

一项可减少问卷长度的技术称为分割问卷设计（Split-questionnaire），被用于问卷过长或样本容量过大的情况。如果问卷被分割成一个核心成分和一些子成分，应答者只需回答核心成分的问题和随机的一个子成分的问题。

3. 问卷是否提供了调研目标所需的信息

调研人员必须确定问卷中包含足够数量和类型的问题，以满足管理者决策的信息要求。一个建议的程序是，先仔细回顾一下所确定的调研目标；接着，调研人员检查问卷，在特定问题所完成的调研目标旁写下该问题的题号，如问题 1 用于目标 3、问题 2 用于目标 2 等。如果有些问题没有与具体目标相联系，调研人员应当判定目标是否都已完成。如果都完成了，问题应当删去；如果检查了所有问题，有的目标旁没有列出问题，或有些目标旁虽有一些问题但目标并不能完成，那么应当在问卷中加上适当的问题以保证完成该目标。

10.2.7 获得各方的认可

问卷设计进行到这一步，可以说问卷的草稿已经完成。草稿的复印件应当分发到直接有权管理这个项目的各个部门。实际上，营销经理在设计过程中可能会多次加进新的信息、要求或关注。不论营销经理什么时候提出新要求，经常的修改都是必需的。即使营销经理在问卷设计过程中已经多次加入问题，草稿获得各方面的认同仍然是重要的。

营销经理的认同表明了他想通过具体的问卷来获得信息。如果问题没有问，数据将不能被收集到。因此，问卷的认同心照不宣地再次确认了决策所需要的信息，以及它将如何获得。例如，假设新产品的问卷询问了形状、材料、最终用途和包装等问题，一旦该问卷得到认同，意味着新产品开发经理已经知道"什么颜色要用在产品上"或"这次决定用什么颜色并不重要"。

10.2.8 预先测试和修订

当问卷已经获得管理层的最终认可后，问卷还必须进行预先测试。在没有进行预先测试前，不应当进行正式的询问调查。此外，预先测试并不意味着一个调研人员向另一个调研人员实施调查，理想的预先测试是对调研的目标应答者实施调查。在预先测试中，调研人员应该寻找问卷中可能引起误解的地方、不连贯的地方、不正确的跳跃模式，并为预编码或封闭式问题寻找额外的选项，还要观察应答者的一般反应。预先测试也应当以与最终访问相同的形式进行。也就是说，如果此次调研是互联网调研，那么预先测试也应当是互联网调研。

10.2.9 准备最终的问卷文本

即使最终的问卷文本已经确定，调研人员仍不应松懈。精确的访谈指南必须安排好，如访谈地点、目标应答者及什么时候向应答者出示测试题（如可选择的产品设计）。在邮寄调研中，应答者的重视程度乃至应答率受问卷的正规性影响。与之相对应，在电话访问中，可直接从计算机屏幕上读出文件副本；支持访问的在线软件可自动设计出问卷的背景、结构等。

市场调研实践

制作优秀问卷的建议

如果你曾把自己认为的"最终"问卷提交给一个市场调研供应商，结果它却被退回来了，上面还满是用词更改、删除及其他编辑评论，但你不是唯一一个遇到这种情况的人。乍看起来，制作问卷似乎并不是很困难的任务：只要弄明白你想知道什么，然后再设计获得其信息的问题。尽管制作问卷比较容易，制作优秀问卷却并不容易。下面是制作问卷时一些应该做的事和不应该做的事。

1）避免使用目标受众可能不理解的缩写词、俚语或者少见的词语。例如，"你对PPOs的意见是什么"这个问题就设计得不好。因为不是每个人都知道PPO代表首选供应商（Preferred Provider Organization，PPO）。如果问题是以一般大众为目标的，那么调研人员可能就会遇到问题了。另一方面，如果问题是针对医师或者医院管理人员的，那么首字母缩略词PPO就可能被接受了。

2）问题要保持明确具体。含糊不清的提问会产生含混不清的答案。例如，对于"你的家庭收入是多少"这个问题，因为应答者对这个问题的理解不同，他们会给出各种各样的答案——税前收入、税后收入等。再如，在过去的1年中，你参加体育赛事的频率是多少？① 从不；② 很少；③ 偶尔；④ 经常。应答者对这个问题的理解也是多种多样的。根据人们对"体育赛事"的不同理解，答案也不同。而"经常"是指每周、每月、还是其他，这也是一个问题。

3）不要做得过分。如果问题太精确，人们也无法回答。他们或者会拒绝或者会进行猜测。例如，"去年"你读了多少本书？你需要给出一些范围：① 一本也没有；② 1~10本；③ 11~25本；④ 26~50本；⑤ 50本以上。

4）确保问题易于回答。要求过高的问题也会导致拒答和猜测。例如，请根据买新车时对你的重要性，对以下20个项目进行排序。这样，你是在请应答者做大量的计算。正确的做法是，不要让他们对20个项目进行排序，而是请他们挑选出最重要的5个。

5）不要做太多假定。设计问题的人常常会对人们的知识、态度或行为进行推测，这是个很常见的错误。例如，你是否同意总统在枪械控制上的立场？这个问题假定应答者意识到总统在枪械控制问题上持有某一立场并且知道这个立场是什么。为了避免这类错误，问题设计者必须接受一些培训。例如，"总统最近就枪械控制问题表明了立场。你知道他已经在这个问题上表态了吗？"如果答案是肯定的，那么继续问，"请用你自己的话描述你对他在枪械控制问题上所持立场的理解。"最后再问，"你是否同意他的立场？"

6）注意双重问题和双重否定问题。合并问题或者使用双重否定会使问题和答案模棱两可。例如，"你赞成大麻在私人住宅而不是公共场合的使用合法化吗？如果这个问题精确地描述了应答者的立场，那么对肯定答案的解释是很容易的。但是，否定答案意味着应答者赞同在公共场合使用而不在私人住宅使用，或者两者都不赞同，或者两者都赞同。相似地，这里有一个双重否定的问题："警察局局长不应该直接地对市长负责吗？"这个问题很模糊，几乎任何答案都会更加模棱两可。

7）检查偏见。有偏见的问题会影响人们用不能精确表明其立场的方式来回答问题。在以下情境下可能会导致问题带有偏见。一是暗示应答者应该从事某种特定行为。例如，"今年，看电影 *XYZ* 的人比看任何其他电影的人都多，你看这部电影了吗？"为了不显得"与众不同"，应答者可能在没有看这部电影的情况下回答"看过"。问题应该是这样的："你看过电影*XYZ*了吗？"二是使答案选项不平衡。如"目前我们国家每年在对外援助上的花费是××亿元。你认为这个数量应该：增加；保持；减少一点；稍微减少一些；大幅减少。"这一组答案鼓励应答者选择"减少"，因为有3个减少选项而只有一个增加选项。

预测试：调查前的调查

所有的重新改写和编辑都不能保证问卷设计成功。然而，预测试是确定问卷调研项目成功的成本最低的方式。预测试的主要目的是确保问卷向应答者给出了清晰、可理解的问题，并会引导出清晰、可理解的答案。

预测试完成后，需要进行必要的改动。然后，在进行更进一步的行动之前需要重新获得管理者的批准认同。如果根据初始预测试的结果需要拓展设计和改变问题，那么还要进行二次预测试。

10.2.10 实施调研

问卷填写完后，就为从市场获得所需决策信息提供了基础。许多调查访问由专业调研机构进行，完成访谈且将访谈结果返回给研究人员是专业机构的职责。从本质上说，专业调研机构是市场调研产业的一线生产者。问卷可以根据不同的数据收集方法并配合一系列的形式和过程，以确保数据可以正确地、高效地、以合理的费用收集。受数据采集方式影响，这些过程包括管理者说明、采访人员说明、过滤性问题、记录单和可视辅助材料。

如之前提到的，许多调研都是由专业调研机构进行的，这就使管理者说明成为必要。管理者说明向专业调研机构阐述了研究的性质、开始和完成日期、配额、报告次数、装备和需要的设备、抽样说明、需要的采访人员人数和批准过程。此外，任何口味测试都需要关于食物准备的详细说明，包括食品数量的测量和烹饪都是用精密的测量技术和装置来完成的。

管理者说明是任何研究中极重要的一部分，它为研究设立了标准。如果没有清晰的说明，10 个城市中的访谈就可能以 10 种方式进行。管理者说明样表如表 10-4 所示。

表 10-4　减肥软饮料口味测试的管理者说明样表

目　　的	确定减肥软饮料使用者区分 3 种减肥 Dr.Pepper 样品的能力，并给出对两种样品的意见，以及偏爱哪一种
工作人员	每班 3～4 个有经验的采访人员
位　　置	一个繁忙的中上等经济水平地区的购物中心；购物中心最繁忙的营业时间由双班的采访人员工作 在购物中心设置 3~4 个访问观测点，以及 1 个方便产品储存和准备的冷冻设备
配　　额	完成的 192 次访谈分配如下： • 最少 70 个减肥 Dr.pepper 饮料的使用者 • 最多 122 个其他品牌减肥饮料的使用者
项目材料	为了进行此项调研，提供给你以下材料： • 250 份过滤性问卷 • 192 份研究问卷 • 4 张卡片 A
产品/准备	• 为了此次调研，我们的客户向你们的冷冻设备运送了 26 箱软饮料产品，每箱容纳 24 瓶 10 盎司的饮料，312 个瓶盖的编码为 F，312 个瓶盖的编码为 S • 每天你将从冷冻设备中取大约 2～4 箱产品，每个编码 1～2。产品必须冷却运输并冷冻储藏。它应保持在大约 42 华氏度 • 在购物中心，你要取一半编码为 F 的产品并在瓶子上贴 23 号标签。另一半标有 F 的产品应贴 46 号标签 • 对产品 S 也应同样处理—— 一半被编码为 34 号，另一半被编码为 68 号。管理者应在访谈开始前做这项工作。采访人员会根据编码选择产品，编码标签即为此工作而贴 • 每一位应答者将像问卷中设计的那样检验 3 种产品样品。采访人员将到厨房选择 3 个设计好的瓶子，打开并将每种产品中大约 4 盎司注入标有相关号码的杯子中。倒完并用一只浅盘盛给应答者 3 杯产品后，采访人员应盖好并冷冻剩余产品

10.2.11　现场调研公司

如今进行现场工作比以前些年容易得多。陈旧的"厨桌"式实地服务正在成为历史，取而代之的是专业现场调研公司。像 QFact、On-Line 沟通和 Direct Resource 等现场调研公司通常提供问卷格式、过滤性问题的撰写、开发说明和辅助材料、运输、实地预算和所有数据收集的协调、编码和项目需要的监督服务。研究完成后，它们会提供合并的单一收据。一般来说，这些公司依靠员工提供客户所需服务，而不试图与具有设计和分析能力的提供全面服务的公司和调研委员会成员相竞争。

实际上，很多提供全面服务的公司和专业定性分析人员也已发现，可让现场调研公司接收更多的项目，而自己使用更少的内部资源，这样可以有效地提高生产力。一些从事定性研究的研究人员已与现场调研人员建立了持续的业务关系。作为咨询公司的外部成员，现场调研公司可以承接项目，帮助研究人员指导焦点小组访谈、撰写报告和与客户协商。

当然，像调研产业的其他机构一样，现场调研公司也有其自身的局限性。顾名思义，实地调研公司一般不具备设计和分析能力。这就意味着它们的客户可能偶尔会需要其他调研公司来满足其全面服务的要求。此外，作为调研行业一个相对较新的部分，经验、服务和标准在各公司间有很大差异。明智的做法是认真筛选待选公司，查找参考资料。尽管现场调研公司有其局限性，但它还是提供了一个让研究人员提高其生产力同时能够以低成本维持公司决策和判断所需信息质量的机会。

10.3　互联网对问卷发展的影响

正如市场调研的其他许多方面一样，互联网也从不同的角度影响着问卷的开发和使用。比如，问卷设计者可以创建问卷并通过 E-mail 发送问卷以获得修改意见和批准。一旦问卷被批准，还可以将它放在客户服务器上做网上调查。与其他互联网企业合作并最终完成调研也是一种方式，如与伯尔修斯（Perseus）、因奎斯特（Inquisite）、斯维亚（Surveyor）、SSI 等合作完成调研。

伯尔修斯是一家领先的自我服务构建问卷的网站，它能够使市场调研人员快速地创建在线调研，并随时随地看到实时的调研结果。其最大的优点是调研客户不需要安装任何软件，也不用进行相关管理，所有过程均通过伯尔修斯网站自动完成。这一过程包括调研设计、邀请应答者、数据收集、分析和报告结果。

10.4　问卷开发辅助软件

锯齿软件公司（Sawtooth Software，SSI）在世界范围内提供最广泛使用的数据分析和问卷开发软件，系统功能强大并且容易使用。SSI 在线访问产品被称为 SSI Web。表 10-5 说明了如何通过 SSI 网站构建问题。

表 10-5　通过 SSI 网站构建问题

1. 单选题（单选按钮） 如果你有机会访问以下城市，你会选择哪一个？ ○ 西雅图 ○ 香港 ○ 迈阿密 ○ 巴黎 2. 多选题 请选择你喜欢的活动：

续表

☐购物　☐保龄球　☐游泳　☐皮划艇　☐赏鸟
☐散步　☐滑水　☐高尔夫　☐其他　☐以上均不是

3．单选题（利用 combo box 组件）
你最喜欢哪个节日？
　　　　　　　[　　　↓] （节日在下拉菜单中显示）
数值问题（答案要求在 0~100）
你多大年龄☐　填写 0~100 中的数值。
开放式问题
你在哪儿长大（开放题多留些行）

```
┌──────────────────────────────────────┐
│                                      │
│                                      │
└──────────────────────────────────────┘
```

4．栅格问题类型（通过按钮选择）
请告诉我们在今后 3 个月里你是否喜欢参加下列活动：

	不喜欢	有些喜欢	很喜欢
购物	○ ○	○ ○	○
保龄球	○ ○	○ ○	○
游泳	○ ○	○ ○	○
皮划艇	○ ○	○ ○	○
赏鸟	○ ○	○ ○	○

5．栅格问题类型（可进行不同类别选择）
请就如下电子产品回答问题：

你拥有哪个产品	☐	☐	☐	☐
你最喜欢哪个	○	○	○	○
你愿意为每种产品花多少钱	$	$	$	$

6．排序题
请为你最喜欢的 3 个活动排序：
☐购物　☐保龄球　☐游泳　☐皮划艇　☐赏鸟

7．常量结果问题
如果有 3 000 美元预算，请说明为每个节日花费多少：
☐复活节　☐独立日　☐万圣节　☐感恩节　☐圣诞节　☐新年　☐总计（计算机自动生成）

8．自动格式问题类别，调研人员可根据自己的 HTML 文件创建问题
姓：＿＿＿＿＿＿
名：＿＿＿＿＿＿

续表

家庭地址：_____   城市：_____ 州：_____ 区号：_____   性别：○男　○女   兴趣：□散步　□跑步　□远足　□游泳　□吃饭   资料来源：Sawtooth Software, Inc。

另外，SSI 网站还具有其他功能：
- 容易使用，可以在调研人员个人 PC 上进行模板式创作。
- 随机的页数、问题和应答选择。
- 数据传送。
- 构建清单。

SSI 最强大的功能之一是能让顾客自行构建选项清单。这些清单按照顾客设计的规则列出，并为每位应答者进行定制化设计。下面是一个例子：

你去过哪个城市？   　　☒ 西雅图　　　　　□ 波特兰   　　☒ 圣地亚哥　　　　☒ 丹佛　　　　　　□ 达拉斯   在你去过的城市中，你最喜欢哪一个？   　　○ 西雅图　　　　　○ 圣地亚哥　　　　○ 丹佛

- 这意味着应答者能够收到只包含了适用于他们的问题的集合，而且可以跳过不相关的页面。
- 问题相应自动证实。在移至下一个问题前，该问题必须给出答案。
- 强大的逻辑跳转功能。SSI 使调研中的逻辑跳转轻松实现，应答者只需回答为他们提供的子问题集，可以轻松跳转无关选项。
- 配额控制。
- 外语支持。
- 在本地 PC 上进行问卷回顾和测试。
- 使用 HTML 或其他格式创建问题。
- 可插入 HTML、JavaScript 或 Perl。
- 应答者重启动。
- 多窗口浏览。
- 应答者密码自动生成或从 text 文本导出。
- 连接到或连接于其他在线访问系统或网站。
- 在线实时报告、下载和数字管理。
- 输出 Excel、SPSS 等格式和标签。

在 2010 年年末，Facebook 发布了 Facebook 提问功能。用户可以根据他们所选择的主题发布调查和提问，向他们的朋友或者整个 Facebook 社区寻求信息和意见。目前，这项服务已经通过了测试版，并且会根据测试组的反馈进行进一步的开发。

Facebook 提问是否能成为调研的非正式形式，或者更具娱乐性的"X 播放的是什么歌"，或者"哪双鞋子和这个腰带搭配起来更好看"，这还有待确认。但是，公司和品牌的 Facebook 页面也有能力预测消费者对新产品或潜在发布的产品会有什么样的感知，同时建立论坛，使用户和品牌粉丝以自己的 Facebook 配置的舒适程度为依据的意见可以得到表达。

Facebook 提问会出现在用户的配置文件上，也会出现在用户朋友的动态消息上，这样回复就是个性化的并且和问题发布者相关。如果用户试图识别什么，也可以添加图片，如他们花园里某品种的花。

Facebook 提问功能的"社交性"表现为提问建议的形式及有帮助的或无帮助的复选框。无论何时，一旦问题被回答了，用户就可以把它们发布在自己或朋友的个人档案中。而如果一个用户看到了一个他的某个朋友可能会有答案的问题，则用户可以像他的朋友"建议"那个问题。Facebook 提问也有类似掘客、亚马逊网站和雅虎问答的性能，不论它们发现某个回答者的答案有用或无用，用户对问题的浏览和回应都能被标志。最有用的答案会被置顶。用户也可以"跟踪"问题，这样当另一个用户对问题进行回复时就会有通知发送给他。

如今，全球营销者向世界范围内的顾客输送各种各样的产品。很多情况下，一种新品同时在多个国家进行实验，所以需要多种语言的问卷。

10.5 成本、收益和问卷

如果不提及问卷对成本和利润的影响，那么对问卷的讨论将是不完整的。具有代表性的情况是市场调研企业与其他研究机构为客户的项目而投标。如果过高估算了费用成本，调研提供者通常会输给一个低成本的竞争者。在所有询问调研中，问卷和拒答率（参见第 5 章）是估计一个项目成本的核心因素。美国最大的一家调研公司检查了它的成本并投标中心场所电话访谈项目。该公司发现，在最近一年半内，它将这一时期的项目成本高估了 44%。而正是由于出价过高，才造成了上百万美元的销售机会损失。

为了避免过高出价，管理者必须更好地了解问卷成本费用。MARC 是一家大型国际营销研究公司，它发现在一个 50%发生率（50%的人适合被访问）的 CLT 研究中，平均时间为 15 分钟。其中只有 30%的数据收集费用是问问题的费用，而 70%的数据收集费用是获得合格应答者的费用。

表 10-6 中给出的例子描述了一个采访人员完成一次完整访谈时可能遇到的困难。为了完成一次访谈，所列出的每项困难都增加了成本。MARC 已发现，只给问卷简单地加上一个保护性过滤问题就会增加 7%的访谈成本。

表 10-6　在中心地区电话访谈中寻找合格应答者的困难

1）联系不上
- 繁忙
- 没回答
- 电话录音回应
- 占线
- 打电话/语言问题
- 线路中断

2）合作问题
- 应答者不在家
- 拒访

3）过滤性问题确定出应答者不适合
- 安全性试验失败（被调研人员工作于市场调研公司、广告公司或咨询公司）
- 不使用该产品
- 个人情况不合适（不合适的性别、年龄等）
- 配额满员（调查需要用汰渍洗衣粉的 500 个使用者和用其他品牌洗衣粉的 500 个使用者中，采访人员已经获得 500 个汰渍使用者，而目前的应答者也用汰渍）

4）应答者在访谈中终止

　　询问调研中的另一类费用主要取决于访谈时回答何时终止。人们终止访谈的主要原因有 4 类：受访者因素、多余的或难于理解的问题、问卷长度和在一次访谈中改变题目。也许人们喜欢谈论某些题目而不喜欢其他的。关于口香糖的访谈没问题，但清洁牙齿就会导致许多访谈终止。图 10-5 所示的一次 203 分钟的有关口香糖的访谈极少导致访谈的终止（实际数据）。然而，许多人会在 2 分钟内或 19～22 分钟内终止一次清洁牙齿的访谈。除非访谈时间达到 20 分钟，终止关于休闲旅游的访谈不是一个严重的问题。当然，终止意味着必须重新做访谈，而且所有花在访问该应答者上的时间都白费了。然而，探索性调研已发现，重新访问那些中途拒答者有时会完成一次完整的访谈；而对最初就拒答的人重新进行相同的调研，效果就不太好。

　　一旦管理者更好地了解了其收集数据的实际成本，他们就应使成本估算的准确度达到更高水平，使自己在竞标调研项目时处于更有利地位，这样做可以最大限度地避免过高出价，从而更多地赢得合同。

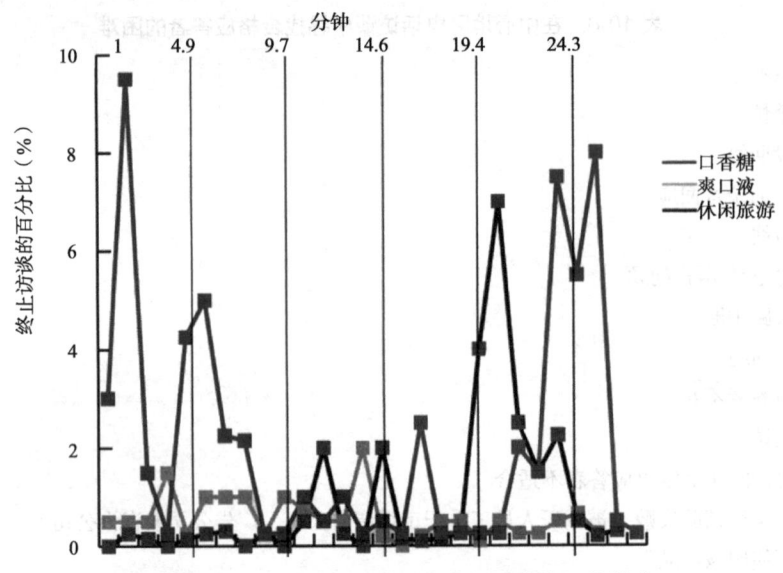

图 10-5 在 3 种不同产品类别中实际访谈终止的模式

小结

问卷在数据采集过程中扮演着重要角色。一份好问卷的标准包括：提供了必要的决策支持信息；适合应答者；符合编辑、编码和数据处理过程的要求。

问卷设计是一个连续的过程：
- 确定调研目的、来源和限制因素。
- 确定数据收集方法。
- 确定问题的回答形式。
- 决定问题的措辞。
- 确定问卷流程和编排。
- 评估问卷。
- 获得各方的认可。
- 预先测试和修订。
- 准备最终的问卷文本。
- 实施调研。

此外，本章还特别分析了 3 种不同类型的问题（开放式、封闭式和量表应答式），以及每种问题的优缺点。在决定问题措辞和在问卷中安排问题位置上，调研人员必须确保用词清楚、不会诱导应答者产生误差、应答者能够回答并且愿意回答问卷中的问题。

在实施调研时，调研过程必须确保数据收集的正确性、有效性及成本的合理性。这些也包括准备管理者说明、采访人员说明、访谈记录单和可视辅助材料等问题。我们还注意到，许多调研机构现在正求助于各类现场调研公司做实际访谈。

软件和互联网对问卷设计有重要影响。调研人员可以在 Vovici Web、SSI Web 和其他一些网站上建立网上调查。

本章还讨论了问卷在调研成本中的作用。如果一个调研机构高估了数据收集费用，可能会将项目输给其他的调研提供者。大部分数据收集的费用并不是进行实际访谈的费用，而是寻找合格应答者的费用。调研题目的性质也会影响到应答者终止访谈的倾向，从而增加访谈费用。

关键术语及其定义

问卷（Questionnaire） 为达到调研目的和收集必要数据而设计好的一系列问题。

询问调研的目标（Survey Objectives） 通过问卷调查来寻求制定决策所需的信息。

开放式问题（Open-ended Questions） 一种应答者可以自由地用自己的语言来回答问题和解释有关想法的问题类型。

封闭式问题（Closed-ended Questions） 一种需要应答者从一系列应答项中做出选择的问题。

二项选择题（Dichotomous Questions） 要求应答者在两个固定答案中加以选择的问题。

多项选择题（Multiple-choice Questions） 要求应答者在多于两个固定答案中加以选择的问题。

量表应答选择题（Scaled-response Questions） 所选答案的设计能够抓住应答者回答强度的多项选择题。

厘清措辞（Clarity in Wording） 通过避免模糊不清的术语，使用合情理的、与目标群体相适应的方言，及每次只问一个问题实现措辞清晰。

应答者偏差（Respondent Biasing） 放弃了调研目标和主办人特征的引导性问题。

应答者回答问题的能力（Respondent's Question-answering Ability） 影响该能力的因素包括缺少必要信息、健忘或不完整的回忆能力。

应答者的回答意愿（Respondent Willingness to Answer） 尴尬、敏感或威胁性问题，或者和应答者自我形象相背离的问题，可能会使应答者拒绝回答。

过滤性问题（Screeners） 用以识别合格应答者的问题。

台词提示（Prompters） 保持应答者兴趣的简短的鼓励性陈述。

必要问题（Necessary Questions） 直接和调研目标相关的过滤性的、激发兴趣的或过渡性的问题。

管理者认可（Approval by Managers） 问卷起草后需要管理人员进行复查和认可，以防止错误的启动和过后改写的昂贵成本。

预先测试（Pretest） 问卷的试运作。

管理者说明（Supervisor's Instructions） 指导专业调研机构如何进行调查的书面说明。

现场调研公司（Field Management Companies） 提供诸如问卷格式、过滤性问题的撰写，以及所有数据收集等支持性服务的全面调研公司。

问卷成本和收益（Questionnaire Costs and Profitability） 影响成本和收益的因素包括估价过高、出价过高、发生率、完成采访的障碍和不成熟的采访终止。

复习思考题

1. 解释问卷在调研过程中的作用。
2. 应答者是如何影响问卷设计的？请举些例子，如为工程师、领取福利者、棒球运动员、军队中的将军和流动的农场工人设计的问卷。
3. 讨论开放式问题和封闭式问题的优缺点。
4. 概括问卷设计的步骤。假设你正为麦当劳的一种新三明治制作问卷，请利用这一假定情况讨论问卷设计的过程。
5. 举几个措辞不佳的问卷的例子，说说这些问卷的不足之处在哪里？
6. 问卷设计好后，投入使用前还要考虑哪些其他因素？
7. 为什么预先测试问卷很重要？是否存在可省略预先测试的情况？
8. 设计 3 个开放式问题和 3 个封闭式问题来测量顾客对宝马汽车的态度。
9. 以下问题有何不足？
    a. 你认为这种高质量麦氏咖啡的口味如何？
    b. 你认为这种 Sara Lee 咖啡蛋糕的口味和原料的构成如何？
    c. 我们正在进行关于 Bulova 表的调研，你认为 Bulova 表的质量如何？
10. 你认为利用现场调研公司的主要优点是什么？缺点是什么？
11. 基于网络的问卷有何优缺点？
12. 把一个班分成 4 个组或 5 个组。将这些组均匀地分成供应商和客户，并将一个客户组和一个供应商组搭配。每一个客户组选择大学的一些方面，如学生公寓、学校交通、体育、男女联谊会、校园食物或者学生生活的其他方面。接下来，客户组应该为自己的话题设立 4 个管理目标并为这些目标撰写一份问卷。这份问卷应该包括以下几个人口统计特征：年龄、性别、专业和其他一些由老师决定的问题。客户组核对好问卷之后，要和供应商组的每个成员完成 10 份访谈。最后，将结果提交到班上。说明：这些数据可以做成 SPSS 格式。SPSS 格式将在下一章做更详细的分析。

网络在线

1. 访问网站 www.vovici.com，完成一系列的免费在线调查并评价其流程、问题、方法、假设和结论。注意，Vovice 的前身是 Perseus。
2. 登录网站 www.surveymonkey.com 和 www.inquisite.com，思考他们的在线投票软件是否适合 iPhone 新顾客的市场调研活动。
3. 观察作为在线调研的接收端是什么状态，在网站 www.greenfield.com 上做 1~2 个测试并点击"做测试"。

市场调研实践

引诱美国人购买新产品

结合美好家园（Better Homes）和庭院最好新产品奖（Gardens Best New Product Awards），立足于多伦多的 BrandSpark International 公司就"经济衰退期的购物行为、健康饮食、未来优先支出、自有品牌与优质品牌的对抗、有机食品和天然食品、环境责任及储蓄策略"等主题对超过 50 000 位美国消费者展开了调研。

"我们可以感受到最近的经济衰退在人们对环境和健康问题的态度上造成的影响——丧失了范围和重要性。"BrandSpark International 的董事长兼 CEO、最好新产品奖（Best New Product Awards）的创始人罗伯特·莱维在新闻发布中这样说。"人们做出了一个重大转变，他们选择更多地在家里就餐，因此就会在食品杂货商店花费更多的时间和金钱。所以，寻找真正具有交付意义的新产品比以往任何时候都更加重要，尤其是在购物者要求更大的货币价值的时候。"

BrandSpark 美国购物者研究包括产品独特吸引力、再购意愿、消费者信息水平相关的问题，以及未来消费习惯预期和其他主题。

获胜的一些最好新产品有：健康和美丽方面的玉兰油专业 Pro-X 抗皱紧肤霜协议；食物饮品类的 Yoplaits 奶昔。完整的获奖清单可以在 www.bestnewproductawards.biz 找到。

对消费者来说，驱动其购买意愿的前 5 个因素是什么呢？

食物饮品类：
1）味道
2）价格
3）新鲜度
4）看起来很好吃
5）闻起来很好

健康和美丽类：
1）价格
2）验证有效
3）使用方法简单
4）信赖的品牌
5）过敏测试

家政产品类：
1）彻底清洁
2）价格
3）效率
4）按时交付
5）工作第一

调研同时也收集了关于另外两个经常讨论的主题的意见：绿色营销和有机食品。"在过去的这几年中，环境责任已经逐渐成为美国消费者关注的一个主要问题。"莱维说。77%的美国人仍旧认为企业在利用绿色声明为营销服务。包装仍然是消费者关心的头等环境问题，75%的消费者认为在减少包装数量这一问题上，制造型企业还有很长的路要走。52%的美国人认为新产品对环境有益是很重要的。

在持续关注有机食品的同时，消费者也在评估那些不添加人工香料和色素的食品的价值。被调查的消费者中有一半人相信 "新产品是由纯天然原料制成的这一点是很重要的"，37%的人相信"对我来说产品是天然的而不是有机的更加重要"。

莱维把这种情况部分地归因于消费者的怀疑态度。在不购买有机产品的消费者中，39%的人说他们"不相信所有贴着有机标签的产品事实上确实是有机的"及"对有机这个术语事实上保证的东西很迷惑"。"似乎在天然和有机的辩论中，需要更进一步的消费者教育。"莱维这样说。

问题：
1. 可以使用什么样的调查研究方法来获得这些数据？你推荐哪一种？为什么？
2. 仔细阅读该案例，罗列所有可能用来收集这些数据的问题类型。
3. 创建一个能提供案例中所讨论的信息的问卷。

第 11 章

基本抽样问题

> **学习目标**
> - 掌握抽样的概念。
> - 学习开发抽样计划的步骤。
> - 明确抽样误差和非抽样误差的概念。
> - 明确概率抽样与非概率抽样的区别。
> - 了解互联网样本的含义。

11.1 抽样的概念

抽样指从大的群体（全人类或人群总体）的一个子集中获得信息的过程。市场调研通过样本结果估计总体特征。抽样过程追求更快速和更低的成本。人们已经证实，从人类总体中获取较少比例的样本同样能够得到精确的估计。举个我们大家都比较熟悉的总统选举的例子，通过 1 000～1 500 个样本预测几千万名选民的选举行为，事实证明预测结果相当准确。

较少样本能够准确预测较大总体的关键是选取样本的方式。选择样本时应采用科学方法确保样本是有代表性的，保证它是人类总体的缩影。较大群体中所包含的不同兴趣的人群应以相同的比例抽取出来作为样本。这看似简单。如果仅仅作为一个概念，确实比较简单，但要保证抽样达到这一目标却不是容易的事。

11.1.1 总体

在抽样领域，总体和全域是可以相互代替的。但在这里，我们将选用"总体"这个术语。总体或同质总体是指能提供所需信息的人的全体。分析人员的首要任务是定义同质总体，这又经常涉及对产品和服务目标市场的界定。

举例来说，一个研究人员正在为一种新型非处方感冒药（如康泰克）进行产品创意测试，他也许会认为同质总体包括每个人，因为每个人都会有患感冒的可能性。即便如此，并非每个患者都会选择这种非处方药。这种情况下，调查过程中的重要任务是确定哪些人是目标总体，这就要看他们感冒时是否选购或使用这种或其他品牌的药。只有那些购买或使用该药的人们，才应包含在同质总体内。

为同质总体下定义是抽样调查中关键的一步。为达到研究目的，究竟谁的观点才是我们真正需要采纳的呢？定义同质总体没有一定之规，需要研究人员有良好的辨别和判断能力。通常，对总体进行定义是以现有顾客或目标顾客的特征为基础的。

11.1.2 抽样与普查

"普查"这一概念用于描述获取同质总体中每个成员的信息。市场调研中并不经常用到普查，因为其同质总体一般情况下包括成千上万的个体，这样大规模地进行普查在成本和时间上的耗费都是巨大的，以至于在通常情况下是不可行的。事实已经不止一次地证明，一个相对较小但精心选择的样本能准确地反映出所抽查的总体的特征。一个样本是总体所有成员的一个子集。从总体的一个子集获得的有关信息，可以用来估测总体的特征。理想的情况是，子集能够代表总体的各个部分。

尽管普查可能很具吸引力（因为一般认为普查与抽样相比具有更大的准确性），但有时并非如此。例如，做人口普查时，试图从总体的每个成员中获取信息，事实上存在很多障碍。这些障碍包括我们不能取得总体中每个成员完整、准确的资料，或者也许总体中某些成员会拒绝提供信息。考虑到这些障碍，即使涉及的总体规模较小，也很难进行普查。

11.2 开发抽样计划的步骤

开发一个具有可操作性的抽样计划大致需要 7 个步骤，如图 11-1 所示。这些步骤是定义总体、选择数据收集方式、选择抽样框、选择抽样方法、确定样本容量、制定选择样本单位的操作程序及抽样计划的实施。

11.2.1 定义总体

为了满足研究目的的需要，必须详细说明可提供信息或与所需信息有关的个体或实体（如公司、商店等）所具有的特性。总体可以从以下几个方面进行描述：地域因素、人口统计因素、产品或服务使用情况、认知度等。有关定义总体的因素可参看表 11-1。在调查中，从调查表开始部分的过滤性问题，可以看出某个体是否属于总体。即使有总体和样本清单，仍有必要使用过滤性问题识别合格的应答者。表 11-2 所给出的实例中列出了简单的过滤性问题。

第 11 章 基本抽样问题

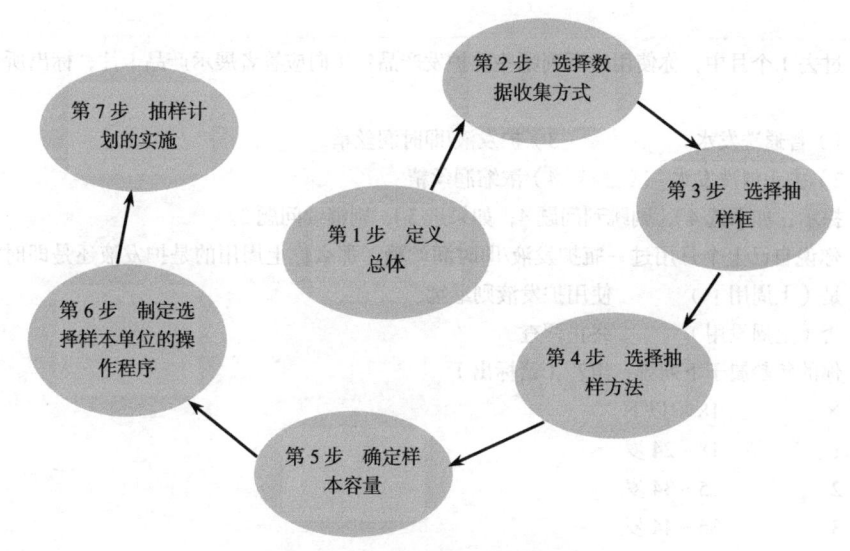

图 11-1 开发抽样计划所需的步骤

表 11-1 定义总体的因素

因　　素	详　　述
地域因素	在哪里进行抽样？抽样的地域经常是指顾客活动的范围，可能是一个城市、一个县、大城市地区、州、几个州、全美国或者一些国家
人口统计因素	考虑到调查目标和产品目标市场，哪些人的观点、反应等是至关重要的？18 岁以上的妇女，18~34 岁的妇女，还是 18~34 岁的有学龄前儿童、家庭年收入超过 35 000 美元的职业女性？哪个才是我们所感兴趣的信息来源呢？
产品或服务使用情况	除了上述因素外，同质总体通常还根据产品或服务的使用情况来定义。一般通过一定时间内消费者是否使用和使用频率来描述。例如： • 在 1 个星期内，你是否会喝 5 瓶或 5 瓶以上的软饮料？ • 近 2 年内，你曾经去欧洲度假或经商吗？ • 近 2 年内，你或你的直系亲属是否有住院超过一天的情况呢？
认知度	对于那些注意到公司广告的人，我们希望探究广告所传达的产品或服务信息

表 11-2 为确定应答者是否合格而设置的过滤性问题的实例

你好！我是_____调研机构的_____。我们正在实施一项关于家庭使用产品情况的调查。我可以问你几个问题吗？

1. 在过去 3 个月中，你接受过关于任何产品或广告的访谈吗？

　　　是　　　　　　　　　　　终止访谈
　　　否　　　　　　　　　　　继续

续表

> 2. 过去1个月中，你使用过下列哪些洗护发产品？（向应答者展示产品卡片，标出所有提及的产品）
>   1) 普通洗发水　　　　　　3) 护发液/即时润丝精
>   2) 去头屑洗发水　　　　　4) 浓缩润丝精
>   提示：如果选4），则跳到问题4；如果选3），则继续问题3。
> 3. 你说自己上个月用过一瓶护发液/即时润丝精，那么你上周用的是护发液还是即时润丝精？
>   是（上周用了）　　　使用护发液则继续
>   否（上周没用）　　　终止调查
> 4. 你的年龄属于下列哪一组？（请标出）
>   ×　　　　　18岁以下
>   1　　　　　18～24岁
>   2　　　　　25～34岁
>   3　　　　　35～44岁
>   ×　　　　　45岁以上
> 5. 以前的调查显示，某些职业的应答人对某一产品的反应与其他人不同。你或你的家庭成员现在为广告代理商、市场调研公司、咨询公司或制造和销售个人护理产品的公司工作吗？
>   是　　　　　　　　终止
>   否　　　　　　　　继续
>   （如果应答人同意，邀请她参与并在下格中签名）

　　另外，为了确定总体包括哪些人，通常重要的是确定那些应排除在外的人的特征。例如，大部分商业市场调查就因为一些所谓的安全性问题而排除了某些个体。一般情况下，问卷调查表上的第一个问题就是询问采访对象或其家庭成员是否从事市场调查、广告或生产与调查内容有关产品的工作（见实例中第5个问题）。如果采访对象指出他们从事其中某项工作，那么就不必采访他了。这就是所说的安全性问题，因为这样的采访对象不保险——他们也许是竞争对手或为竞争对手服务。所以，不能给予他们关于我们打算干什么的暗示。

　　此外，排除某些个体还有其他原因。比如，多派普公司（Dr Pepper）宁愿采访一些在1个星期内饮用5瓶或5瓶以上软饮料但不喝多派普的人。因为公司要加深对这些不喝多派普而又大量饮用软饮料的人的了解，因此就会排除那些过去1周内经常喝多派普的人。

11.2.2　选择数据收集方式

　　数据收集方式对抽样过程具有重要影响。
　　1) 邮件调查的缺点是拒答率高（之后会有详细论述）。
　　2) 电话访问在拒答率上没有什么大问题，但其不足是缺乏识别潜在应答者的过滤性技巧，以及有些人只有移动电话。

3）互联网调研的问题在于存在专业应答者，以及所使用的邮件列表并不能提供有关总体的准确答案。

11.2.3 选择抽样框

开发抽样计划的第 3 步就是选择抽样框。以往，我们把抽样框定义为总体的数据目录或单位的名单，从中可以抽出样本单位。理想的情况是，我们有一个完整和准确的名单。遗憾的是，这样的名单通常是不存在的。例如，在一项调查中，调查的总体是那些在过去的 1 周内在互联网花费了 2 小时或以上的人。但是，可能根本就没有这样的完整名单。在不存在传统意义的抽样框的情况下，我们需要依据能够产生具有希望特征的样本个体的程序来反映抽样框。

例如，电话号码本就可能是电话调查的框架。这个例子也说明了在抽样框和同质总体间很少有极好的对应关系。在问卷中，同质总体很可能是城市中的所有居民，但是电话号码本就不包括那些没电话的居民和那些没有公布他们号码的居民。一些潜在的因素证明，公布电话的居民和不公开电话号码的居民在一些重要的特征方面具有很大的区别。很明显，那些不主动提供电话号码的居民很有可能是房客，他们居住在城市中心、最近刚搬家或人口多、孩子小、收入低。在某些产品的购买、拥有和使用方面，两种类型的人具有很显著的差别。

在西部、大城市、非白人和 18～34 岁的人中，不公布自己电话号码的人一般是比较多的。这项发现已经被一系列的调查所证实。这个发现的意义很明显，即当样本单位是从电话调查中获得时，还应该包括那些不公布电话号码但却适合被采访的城市居民。这个问题可通过图 11-2 中的资料显示出来。

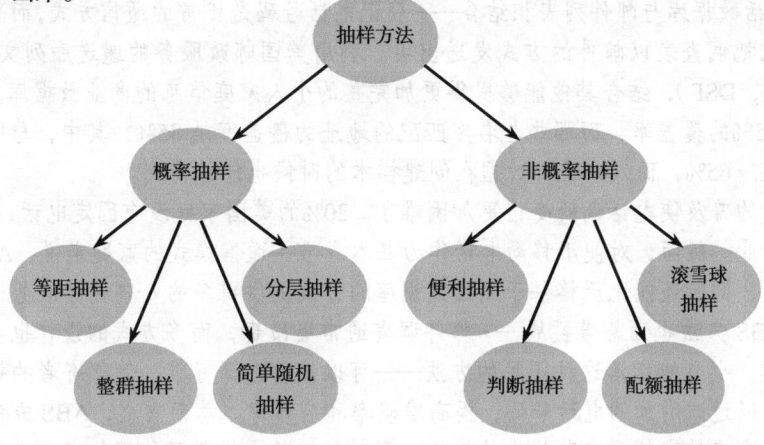

图 11-2 抽样方法分类

这种情况下，可以使用一种程序来产生样本的名单。随机电话抽取就是通过随意抽取电话号码产生样本名单的。这种程序可能是较复杂的。幸运的是，一些公司（如调查抽样公司）可以以比较低廉的价格提供随机号码样本。它们使用的方法的细节可参见 www.surveysampling.com/products_samples.php。在抽样领域，形成一个适当的抽样框架经常是调研人员面临的最具挑战性的问题之一。

11.2.4 选择抽样方法

开发样本计划的第 4 步是选择抽样方法。选择哪种抽样方法取决于研究目的、经济实力、时间限制、欲调查问题的性质等。可供选择的重要抽样方法可以分为两大类：概率抽样与非概率抽样。

1. 概率抽样

概率抽样指总体中的每个单位被抽中的可能性是同等的。简单随机抽样是一种众所周知并广为使用的概率抽样。在概率抽样法中，调查员必须严格遵守正确的选择程序，即要求避免武断或偏见地选择样本单位。当严格执行这些程序时，概率论中的法则都是有效的。这就是说，对于预测的范围来说，样本中的数据可以被认为是不同于总体数据的，其差异称为抽样误差。

市场调研实践

使用基于地址的抽样方式如何实现样本全覆盖

基于地址的抽样方法（Address-Based Sampling，ABS）与严格基于电话的方法相比有潜在的优势。电话可以实现美国家庭 75% 的覆盖率，而通过无线装置与人们接触的过程相当复杂。然而，市场调研公司 SSI（Survey Sampling International）发现，使用 ABS 方法几乎可以完全填补那个缺口。

SSI 将电话数据库与邮件列表相结合——登记电话号码是正常的通信方式，而登记唯一拥有的住址则可以把调查表以邮件的方式发送出去。利用美国邮政服务的递送序列文件（Delivery Sequence File，DSF），结合其他能够提供更加完整的个人家庭信息的商业数据库，SSI 能够实现邮政家庭 95% 的覆盖率，而那些与名字匹配的地址的覆盖率是 85%，其中，与电话号码匹配的概率为 55%~65%，而人口统计数据在创建样本的时候也能够得到。

移动电话的普及使电话调研变得更加困难了。20% 的美国家庭没有固定电话，对 20 岁的人群来说尤其如此。然而，对使用移动电话作为基本或唯一通信模式的家庭来说，ABS 方法仍然可以实现覆盖，同时还能比严格基于无线数据库的方式提供更多的人口统计信息和选项。

然而，ABS 方法也面临着挑战——邮件调查通常更昂贵，而多方式的设计也会导致不同的应答率。当然，也有能抵消这种不足的方法——可以修改选择标准，使邮寄者的投递效率达到最大值；也可以过滤附加的电话号码，提高准确率和应答率。总而言之，ABS 方法能够帮助调研实现获得更高应答率的更完整样本的目标，同时给应答者提供了使用他们更喜欢的回答方式的选项。

问题：

1. 你能想到使用 ABS 方式难以获得的人口统计因素吗？
2. 调研人员可以用来缓解增多的邮件调研成本的方式是什么？

2. 非概率抽样

非概率抽样指从总体中非随机地选择特定的要素（单位）。根据简便易行、减少开支的原则选择总体中的某些要素（单位），会导致非随机性。有目的的非随机抽样可能会系统地排除或过分强调总体的某些部分。例如，一项对所有 18 岁以上女性意见的调查若在周一至周五的白天通过电话进行，显然会系统地排除了所有职业女性。这可参照上面的"市场调研实践"。

与非概率抽样相比，概率抽样具有以下几个优点：

1）调研人员可以获得被抽取的不同年龄、不同层次的人们的信息。
2）能估算出抽样误差。
3）调查结果可以用来推断总体。例如，在一项使用概率抽样法的调查中，如果有 5% 的被调研人员给出了某种特定回答，那么调研人员就可以以此百分比再结合抽样误差，推及总体情况。

概率抽样也有一些弊病。在大多数案例中，同样规模的概率抽样的费用要比非概率抽样高。通常，精挑细选的做法不仅增加了调研费用，而且要有专门的时间对样本进行复核修改。

11.2.5 确定样本容量

一旦选定抽样方法，下一步就要确定合适的样本容量。对于非概率抽样，我们通常仅依靠可得预算、抽选规则、子集量分析来决定样本容量。然而，对概率抽样而言，则需要在允许误差的目标水平（抽样结果和总体指标的差异）和置信水平（置信区间涵盖总体真值的概率，置信区间是样本结果加减允许误差）下，计算样本容量。如前所述，基于样本结果推测总体情况是概率抽样的主要优势。

11.2.6 制定选择样本单位的操作程序

无论使用概率抽样还是非概率抽样，在一个项目的数据收集阶段必须指定和明确选择样本单位的操作程序。对于概率抽样的成功来说，这个程序更为重要，必须详细、清晰，不受采访人员的干扰。若不能制定合适的选择样本单位的操作程序，则整个抽样程序就会陷入困境。表 11-3 提供了一个适于操作的抽样计划。

表 11-3 适于操作的抽样计划

以下指南是有关你在某个街区访问时应走的路径。在城市中，这可能是一个城市街区；在农村，街区可能是一块被道路包围的地块。

1）如果在你的路线中遇到死胡同，继续沿这条路、街或道的另一面向反方向走。在可能的地方右拐，每隔两户住家访问一户。

2）如果你沿街区走了一圈，又回到了出发点而没有完成列出的电话簿上家庭的 4 次访问，那么可以试着访问起点的那一家。（很少用到这一方法）

3）如果你调查了整个街区，还是没有完成所要求的访问，则继续从街（或乡间小路）对面最近的第一个住户开始。只要这个地址在你的纸上的一个"×"旁出现，就把它当作你所在区域的街道中的另

续表

一个地址，并访问这一家。如果不是，就访问这家左边的一家。记住，永远遵守右手法则。

4）如果这一地区街对面从第一号开始都没有住户，在第一号对面的街区转一圈，并遵循右手法则（这意味着你将按顺时针方向在街区转一圈），然后沿路线每隔两户访问一户。

5）在起始门牌号对面邻近的街区绕过一圈后，如果你没有完成所需的访问，就按顺时针方向，在下一个街区访问。

6）如果第三个街区的住户数不够完成你的任务，就再做几个街区直到要求的户数完成为止；要按顺时针方向绕原有的街区来找。

资料来源：摘自 Belden Associates Interviewer Guide，经许可复制。全书共 30 多页，包括地图和其他为访问者提供的辅助材料。

11.2.7 抽样计划的实施

开发抽样计划的最后一步是抽样计划的实施。这一步需要充分的检查以确定规定的过程都被执行了。

市场调研实践

一个单独的在线应答者抽样框能产生具有真实代表性的样本吗

在线调研程序通常通过从多样的应答者抽样框中建立样本的方式获益。由于多种原因，获得具有真实代表性的样本很困难。如果样本来源单一，即使调研人员使用多种验证方法、人口统计配额和其他策略来创建一个假定代表性的样本，选择方法本身也会产生性质上的差异。这种差异也许会随时间而发展。而已经成形的在线社区或应答者抽样框所产生的参数也面临同样的问题。每个在线社区的内容都是独特的，其成员和访客选择参与进去是因为他们偏爱的网站提供者的个人经验。同样，随着网站成员分享更多的相似经验，各个网站之间的差异开始固化，而网站社区内部的异质性则会减少。

同样地，调研人员并不能确信任何给定的在线应答者抽样框都能提供关于成年美国人或互联网群体的准确概率样本。结果，本质的（人格特征、价值观、控制点等）和非本质的（座谈小组任期、调研参与率等）差异都会将变化归因于应答者群体的应答测量分布。为了在有随机的非本质特征的情况下尽可能地控制本质特征的分布，调研人员需要从多样化的应答者抽样框中随机选择样本。

纽约的 GfK 优秀调研中心为了观察应答者抽样框之间本质的和非本质的个人差异分布情况而进行了一项调研。调研中，应答者选自 5 个不同的在线应答者抽样框，每一个抽样框都采用不同的方法来获得调研应答者。使用类别回归方法，根据应答者的互联网使用驱动属性将他们划分为 5 个基本的消费者种类。

然后，调研人员测试哪种本质特征会在不同的种类中出现。结果显示，没有变量出现在 3 个以上的种类中，而且每个种类的中心都随着作为样本来源的 5 个应答者抽样框的变化而显著变化。

在种类内部，变化发生在人口统计分布上。5 个中的 1 个基于性别有显著的偏斜；另外 2 个种类显示出不同的年龄集中度，其中一个向更年轻的应答者偏斜，而另一个向相对年长的应答者偏斜。

总体而言，GfK 的研究显示出了不同来源应答者抽样框的多种变化。随着研究的继续和目前所发现的建议，调研人员必须意识到这些趋势，尤其是在选择成员的获得和保留策略上，以及在决定从哪些应答者抽样框选择样本和从多少个应答者抽样框中选择样本上。

问题：

1. 如果 1 个应答者抽样框并不足够，你认为需要使用几个抽样框才能获得一个具有真实代表性的样本？
2. 在创建样本的时候，考虑到非本质特征的类型，你会如何计划？

11.3 抽样误差和非抽样误差

请假想一种情景：我们的目标是想确定一个特定群体成员的平均总收入。如果可以获得总体中每个人的确切信息，我们就可以计算出该群体的平均总收入参数。总体的参数是总体真实特征定义的数值。假设 μ（总体参数，平均收入）为 42 300 美元。如前所述，要调查整个总体中的每个人是不可能的。但是，研究人员会抽取样本，并根据样本的调查结果对总体的特征（参数）进行推测。在这个例子中，研究人员将从 25 万人的总体中抽取 400 个样本单位，估计的总体平均年龄（$\bar{X}$）要从样本数据中计算出来，结果样本平均收入为 41 100 美元。同样可以在总体中抽出第二个 400 人为样本，再计算其平均数，结果是 43 400 美元。另外，也可以选择其他样本并计算平均数。研究人员可能发现，不同样本会计算出相当接近但不完全等同于总体参数的样本平均数。

样本结果的准确性受到两种误差的影响：一种是抽样误差，另一种是非抽样误差（测量误差）。下列公式描述了估计总体平均数时的两种误差：

$$\bar{X} = \mu \pm \varepsilon_s \pm \varepsilon_{ns}$$

式中　$\bar{X}$——样本平均数；

μ——真正的总体平均数；

ε_s——抽样误差；

ε_{ns}——非抽样误差或测量误差。

抽样误差是指所选样本的结果不能完全代表总体而导致的误差。抽样误差包括两类：随机抽样误差和管理上的抽样误差。管理上的抽样误差涉及抽样执行中的问题，即样本的设计和执行中有缺陷，导致样本不能代表总体。这类误差能在样本设计和执行中通过小心谨慎而避免或使之极小化。随机抽样误差是由于偶然事件引起的，是无法避免的。这类误差只能依靠增加样本容量使之缩小，但不能完全消除。

非抽样误差或测量误差是由于研究过程中计算的不准确和偏见等原因产生的不同于抽样误差的各种误差。

11.4 概率抽样方法

如前所述，人群中的个体都有相同的可能性被选为样本。随机抽样方法有 4 种，分别为简单随机抽样、等距抽样、分层抽样和整群抽样。

11.4.1 简单随机抽样

简单随机抽样是最完全的概率抽样方法。在简单随机抽样条件下，抽样概率公式为：

$$抽样概率 = \frac{样本单位数}{总体单位数}$$

例如，如果总体单位数为 10 000，样本单位数为 400，那么抽样概率为 4%。其计算过程为：

$$\frac{400}{10\ 000} = 0.04$$

如果一个抽样框（列出所有的总体单位）是可以得到的，那么调查人员可以选择简单随机抽样方法。其具体步骤如下：

1）对总体的每个单位进行编号，总体单位数为 10 000 的总体单位可编号为 1~10 000。

2）在随机数字表中从任意的一个编号数开始向上数或向下数或跳跃数选择编号，在 00 001 和 10 000 之间选出 400 个（样本单位数），在有明确总体单位的数字表中选出的数字将包括在样本中。

简单随机抽样的优越性在于，它看起来简单，并且满足概率抽样的一切必要的要求，能够保证每个总体单位在抽选时都有相等的被抽中的机会。简单随机抽样以一个完整的总体单位表为依据，现实中编制这样一个完整的表是极其困难的，也是不可能做到的。简单随机抽样可以通过电话随机拨号功能来完成。简单随机抽样也可以从计算机档案中挑选调查对象，现成的计算机软件（程序很容易写出）也可以帮助我们选出符合要求的样本。

11.4.2 等距抽样

等距抽样经常作为简单随机抽样的代替物使用。由于其简单，所以应用相当普遍。等距抽样得到的样本几乎与简单随机抽样得到的样本相同。

使用这种方式获取样本，必须获得一份总体单位表，这一点与简单随机抽样方式一样。调查人员必须决定一个间隔，并在此间隔基础上选择样本单位。样本距离可通过下列公式确定：

$$样本距离 = \frac{总体单位数}{样本单位数}$$

假设你在使用本地电话本获取样本并确定样本距离为 100，那么就应该在 100 个中取 1 个样本。使用这个公式可以保证覆盖整个单位表。

等距抽样方式可以随意用一个起点。例如，如果使用电话本获取样本，则必须随意取出一个号码决定从该页开始翻阅。假设从第 53 页开始，则必须在该页上另任选一个数决定从该行开始。假定选择从第 3 行开始，还要在该行任选一个数，这就决定了实际开始的位置。假定从第 17 个数开始，那么以此为起点，样本距离就确定下来了。

等距抽样方式相对于简单随机抽样方式最主要的优势就是经济性。等距抽样方式比简单随机抽样更为简便，花的时间更少，并且花费也少。使用等距抽样方式最大的缺陷在于总体单位的排列。一些总体单位数可能包含隐蔽的形态，调研人员可能会因为疏忽而把它们带进样本中。然而，这种缺陷在使用字母表时可以被消除。

11.4.3 分层抽样

分层抽样通过以下具体程序实现：

1）把总体各单位分成两个或两个以上的相互独立的完全的组（如男性和女性）。
2）从两个或两个以上的组中简单随机抽样，样本相互独立。

总体各单位按主要标志加以分组。尽管一些作者指出，分层抽样的要求没有指明分组标志，但是根据常识的判断，分组的标志常常与我们关心的总体特征相关。例如，如果你正在进行一次政治性民意调查，要预测选举结果。结果表明，男性和女性投票的方式大不相同，那么性别就是划分层次的适当标志。如果不以这种方式进行分层抽样，分层抽样就得不到什么效果，花再多时间、精力和物资也是徒劳。前面的例子中，第一步是将性别作为分层抽样的标志，可以得到男、女两组，各组相互完全独立。在任何一组中（男性组或女性组），都要保证每个总体单位有被选的机会，没有哪些总体单位是没有可能被抽中的。第二步就是进行简单随机抽样，这要在每个组中独立进行。

分层抽样与简单随机抽样相比，人们往往选择分层抽样，因为它有显著的潜在统计效果。也就是说，如果我们从相同的总体中抽取两个样本，一个是分层样本，另一个是简单随机抽样样本，那么相对来说，分层样本的误差更小些。如果目标是获得一个确定的抽样误差水平，那么更小的分层样本将达到这一目标。由于排除了一种变差的来源，所以分层抽样在统计上更为有效。

你也许会问："如果分层抽样统计效果更好，为什么不一直使用这种方式呢？"原因有两个。首先，将样本适当划分层次所需的信息常常是得不到的。例如，几乎没有人知道某种特殊产品的消费者的人口统计特征。注意，我们强调的是"适当"分层。要适当分层并得到分层的好处，必须选择各层次间存在明显差异的因素作为分层的基础。其次，即使必要的信息是可以得到的，但是从所得信息的价值看，分层抽样所需的时间和费用不划算。

对于简单随机抽样，调研人员完全依照随机原则抽取总体中有代表性的样本；对于分层抽样，调研人员按各组总体单位数占全部总体单位数的一定比例来抽取样本，这在某种程度上更具有代表性。例如，调研人员可能了解到，尽管男性和女性同样有可能是某种特殊产品的使用者，但是女性更有可能成为产品的主要使用者。在设计一个方案来分析产品消费情况时，抽取的样本中如果女性不具更大的代表性，将会导致片面的设计方案。假定女性占总体的60%，男性占总体的40%，即使每件事都做得完全正确，简单随机抽样的程序也可能会抽取到这样的样本：女性占55%，男性占45%。这种结果是由于样本的波动导致的。我们将一枚硬币掷10次时也会有这种误差。正确的结果将是5次正面和5次背面，但是大部分情况下我们得到的结果不是这样。同样，即便正确设计和操作简单随机抽样，也不可能从女性占60%和男性占40%的总体中恰好抽取到一个含60%的女性和40%的男性的样本。然而，对于分层抽样，调研人员可以控制样本含60%的女性和40%的男性。

实现正确的分层抽样有3个步骤。

第一步，辨明突出的（重要的）人口统计特征和分类特征。这些特征与所研究的行为相关。例如，研究某种产品的消费率时，按常理认为男性和女性有不同的平均消费比率。为了用性别作为有意义的分层标志，调研人员肯定能够拿出资料证明男性与女性的消费水平明显不同。用这种方式可识别出各种不同的显著特征。调查表明，一般来说，识别出6个重要的显著特征后，再增加显著特征的辨别对于提高样本代表性就没有多大帮助了。

第二步，确定样本在每个层次占总体的比例。例如，性别已被确定为一个显著的特征，那么就要确定总体中男性占多少比例、女性占多少比例。利用这个比例，可计算出样本中每组（层）应调查的人数。当然，在做最终决定之前，还要确定是否按总体比例或不按总体比例分配样本各组单位数，以达到最佳样本。

成比例的分配，即样本各组比例与总体各层比例等同。使用成比例方法，从每层中抽取的比例为n/N，其中n为样本量，N为总体单位数。

不成比例分配或最佳分配能产生最有效的样本，并能为样本量提供最精确的和最可靠的估计。这种方法需要一个双重方案。在这种方案下，从既定的层中选取的样本单位与相关的层的容量是成比例的，与该层中所有单位的特征分布偏差标准也是成比例的。使用这种方案有两个原因。① 每一层的容量都是很重要的，容量大的层在决定总体均值时更重要，所以这样的层在推导总体参数的估计值时权重应更大。② 它使得这样的做法有意义，即相对而言标准偏差更大的层应选取更多的样本单位，而标准偏差相对更小的层应选取更少的样本单位。把相对更多的样本分配到潜在的抽样误差（标准偏差）更大的层中，不仅更划算，也提高了估计的准确性。如果总体各层之间变异（标准差）相同，不成比例抽样则没有太大意义。

第三步，从每层中独立地按简单随机抽取。这一过程同传统的简单随机方法有些不同。假定分层抽样计划要求访问240位女性和160位男性，则样本应该从包括男性和女性的总体中抽取，访问过程中还要对被访的男性和女性的人数进行跟踪。在访谈过程中的某个时点，可能访问了240位女性和127位男性。自此以后，只需访问男性，直到达到160人的目标。按这种方式，样本中男性和女性的比例将与第二步中的要求一致。

分层抽样在市场调研中用得并不很频繁，因为我们往往预先得不到给样本分层的必要信息。分层不能建立在猜测或预感的基础上，而应建立在对总体特征及其内部变量关系和所调查行为的充分认识的基础上。分层抽样经常被用在政治选举和大众媒体的研究。在这些领域，研究者更情愿也更容易掌握分层的必要信息。

11.4.4　整群抽样

迄今为止，我们所讨论的抽样类型全部是按单位抽取的，即按样本单位数，一个单位一个单位地分别抽取。在整群抽样中，样本是一组单位一组单位地抽取。这里分为两个步骤：

1）总体被分为相互独立的完全的较小子集。
2）随机抽选子集构成样本。

如果调研人员在抽中的子集中抽取全部单位，我们就有了一级整群样本。如果在抽中的子集中再以概率方式抽取部分单位，我们就有了二级整群样本。

分层抽样和整群抽样都要将总体分为相互独立的、完全的子集。它们的区别是，分层抽样的样本是从每个子集中抽取的，整群抽样则是抽取部分子集。在整群抽样中，先抽取部分子集，再在被抽中的子集中抽取部分单位，取得二级样本。

所有概率抽样法都需要列举或提供一些已组织好的关于目标总体所有单位的统计表。在整群抽样中，研究人员开发出了不需列举所有单位而只需列举子集的抽样框。抽取子集后，再列举其内部单位统计表，最后取得样本。

地理区域抽样是整群抽样的典型方式。挨门挨户去调查一个特定城市的调查人员也许会随机抽选一些区域，较集中地访问一些群体，从而大量减少访问的时间和经费。整群抽样被认为概率抽样技术，因为它会随机抽出群和随机抽出单位。

在整群抽样下，我们假定群中单位像全部总体一样存在异质性。如果一群中各单位的特征非常相似，那么就违反了这个假定。在上面的例子中，由于共同环境使群内差异小而群与群之间差异大。一般来说，要解决这个问题，可以扩大群数，然后从各群中抽取少量单位数，以保证样本的代表性。

多级区域抽样或多级概率抽样也许有着更多的步骤。这种类型被应用于覆盖区域广阔的全国性调查。在这种抽样方法下，调研人员将随机抽取相对较小的区域。

从统计效率的立场看，通常整群抽样的效率没有其他类型高。换言之，一组一定大小的整群样本，将比一组简单随机样本或一组同样大小的分层样本有更大的抽样误差。我们用下面的例子来说明这种方法的高成本效率及低统计效率。比如，我们需要在某个特定的城市选取一个由200个家庭组成的样本来进行家访。如果这200个家庭是通过简单随机抽样抽取的，则它们会散布在整个城市之中，但通过整群抽样可以抽取城市中20个住宅区并从每个住宅区中抽取10户人家来采访。显而易见，整群抽样可以大幅度降低费用，采访人员将不必花费大量时间穿梭于各个被采访的对象之间。然而，简单随机抽样的抽样误差却小一些，因为散布在整个城市的200户人家提高了得到一组涉及各个方面被调研人员代表性的可能性。相反，如果采访仅仅在城市中选定的住宅区中进行，那么就有可能错过、夸大或降低某些宗教、社会或经济团体的代表意义。

如前所述，整群抽样没有简单随机抽样具有统计效率。简单随机抽样也可视为一种特殊的整群抽样，其中样本量与群数相当，从每群中选一个样本单位。在这一点上，整群抽样的统计效率和简单随机抽样相同。从这一点开始，我们减少群数并增加每群样本单位数，整群抽样的效率就会衰减。另一种极端情况是，我们只选择一个群并从中抽选所有的样本单位。例如，可以在城市中选一个相对小的地区，在那里访问200人。如果这种方式能抽出代表整个城市居民的样本，那么工作也太容易了！

11.5 非概率抽样方法

一般而言，任何不满足概率抽样要求的抽样都被归为非概率抽样。非概率抽样的缺点是不能计算其抽样误差。这意味着评估非概率抽样的总体质量有很大的困难。我们知道这些抽样不满足概率抽样所必需的标准，但问题是它们脱离标准有多远？数据的使用者必须对非概率抽样进行评估。评估应该建立在对非概率抽样方法仔细评价的基础上。那么，使用的方法是否能够覆盖目标总体的各个部分，或者样本是否倾向于一些特殊方面，这些都是具体评估时必须考虑的。经常使用的非概率抽样有4类：便利抽样、判断抽样、配额抽样和滚雪球抽样。

11.5.1 便利抽样

顾名思义，便利抽样被应用是因为它便利，如菲多利公司（Frito-Lay）的研究开发部门经常让员工对其开发的新产品进行初步测试。这个方法看上去有很大的偏差，但是它不要求雇员评估现有的产品或与竞争对手的产品进行比较，而是要求雇员提供总的感觉（如成色、脆度、油腻度）。类似情况下，便利抽样是获取必要信息的有效而实用的方法。进行试探性调研中，既缺乏经验又急需真实数据的近似值时，这种方法很实用。

有人认为，与概率抽样相比，便利抽样应用比率增长很快。其原因是由于在低发生率和难以分类情形下消费者资料库的可获性。例如，一家公司开发出了一种新型脚癣治疗仪，并且需要在苦于疾病困扰的人中做一次调查。结果发现，这些人仅占人口的4%。这表明在电话访问中，调查员在找到一个忍受脚癣痛苦的人之前，不得不与25个人交谈。一个变通的办法是努力取得一个已知目标者（忍受脚癣痛苦者）的清单。这样，调查成本和所需时间就会大大减少。尽管一个名册中也许会包括那些购买产品时使用优惠券的人，公司仍甘愿以低成本快速获得低质量的样本。

11.5.2 判断抽样

判断抽样适用于调查员基于选择标准抽取典型样本的任何情形。购物中心进行的大部分市场或产品测试调查基本上都属于判断抽样。就市场测试而言，是选择一个市场还是几个市场取决于它们能否代表全部总体。为调查产品品位而选择购物中心取决于调查人员的判断。特殊的购物中心会吸引不同阶层的消费者，而这些人恰好是某种被调查产品的既定调查群。

11.5.3 配额抽样

配额抽样是根据一定标志对总体分层或分类后，从各层或各类中主观地选取一定比例的调查单位的方法。因此，很多人把配额抽样和分层抽样相混淆了。不过，两者存在两点重要的区别。首先，配额抽样的被调研人员不是按随机原则抽出来的，而分层抽样必须遵守随机原则。其次，在分层抽样中，用于分类的标志应联系研究的目标来选择，而配额抽样无此要求。配额抽样中的人口统计或兴趣的划分因素来自调研人员的判断。

11.5.4 滚雪球抽样

滚雪球抽样是指通过使用初始被调研人员的推荐来挑选另外的被调研人员的抽样程序。这种方法用于低发生率或少见的总体中进行抽样。低发生率或少见的总体是指全部总体中所占比例很小的那一部分。要找到这些少见总体中的个体，代价是很大的。这使得调查人员因为费用的原因，不得不使用诸如滚雪球抽样那样的技巧。例如，某保险公司可能想得到在过去6个月中从健康保险转入康复组织的全国性个体样本。为了找到符合条件的1 000个样本，可能需要在全国范围内进行大量的调查。然而，若先取得特征总体中200个最初样本单位，平均从每个最初调研人员那里得到另外4个人的名单，以此来完成这1 000个样本单位就经济多了。

滚雪球抽样调查的优点是调查费用大大减少，然而这种成本的节约是以调查质量的降低为代价的。整个样本很可能有偏差，因为那些个体的名单来源于那些最初调查过的人，而他们的特征可能十分相似。结果，样本可能不能很好地代表整个总体。运用这种方法时，从初始调研人员那里获得的推荐应答者的数量应该加以限制。此外，如果被调研人员不愿意推荐别人接受调查，那么这种方法就会受阻。

11.6 互联网抽样

互联网访问具有显著的优势：

1）应答者能够在方便的时候填写问卷——深夜、周末或其他方便的时间。

2）数据收集经济合算。一旦管理费用和其他固定成本确定，访谈则是成本大户。数千个访问能够以低于1美元的成本收集，这种低成本甚至能够抵消付给应答者的刺激礼品。而一个10分钟的电话访问可能要支付15美元。同时，运用互联网访问，由于应答者直接输入了数字，使得数据录入和处理成本大大降低。

3）访问能由软件自动管理。

4）访问能在瞬时完成。成百上千的访问能在一天内完成。

遗憾的是，不像其他的数据收集方法，目前还没有科学的方法处理网络样本的选择问题。谨慎评价互联网调研的人更关心网络空间上的人并不能准确代表一般大众这个问题。互联网上的样本倾向于更富有的人、更多白人、更多男士和拥有更高的知识的人。虽然随着各比例的人群加入互联网，这种偏差正在缩小，但互联网样本的偏差问题在一定时间内还是存在的。同时，尚没有一个全面可信的邮箱数据库也加重了这一问题的存在。

最后，像调研样本公司（Survey Sampling）这样的调研企业，它们宣称已经开发了回应其恳求和接受在线调研的大容量小组。

某些情况下，由于互联网的内在优势，可能产生优秀的样本。这一优势主要指顾客或调研人员掌握了所有特定人群的邮箱地址。例如，像德克萨斯仪器公司（Texas Instrument）这样的高技术企业可能拥有购买者的清单，而这些购买者极可能也是互联网的嗜好者。如果是这样，则挑选一个随机样本是件很容易的事。只需最低的成本，这些人会收到调研邀请。针对这种类型的调研，应答率通常高于70%，特别是在有高额奖金刺激的情况下更是如此。新兴的互联网调研方式必将成为未来调研的主导方式，它的众多优势是显而易见的。然而，在样本代表性问题解决之前，互联网调研的结果还会饱受质疑。

市场调研实践

怎样建立混合样本才能帮助改善调研结果

大多数调研人员喜欢从单一的来源中建立样本。然而，很多情况下，运用单一的来源建立一个真正具有代表性的样本变得越来越困难了。SSI 已经在采用混合样本方法了，样本来源包括座谈小组、网络交流和兴趣一致的团体，并且发现使用这种方法获得的数据质量高于单一来源样本。

使用混合样本来源有两种优势：一是它能帮助获得那些不会加入座谈小组的人们的意见；二是它增强了异质性。然而，随着来源范围的增加，识别每一来源的独特偏差并对其加以控制以确保样本的高质量就很重要了。达到这种平衡的唯一方法就是理解偏差的来源。例如，通过使用唯一的座谈小组，你可能就排除了那些不愿意参与座谈小组却持有宝贵意见的个人。

调研人员也需要确定样本是一致的并是可预测的。研究证明，仅仅控制人口统计和其他传统平衡因素并不总是能对不同样本来源的显著特征差异做出解释。人口统计配额可能有效，但前提是所选出的分层与问卷主题直接相关。把来源和外部标准相比较也能提高一致性，但是那些标准通常并不容易获得。

SSI 关于数据来源间变化的研究说明，心理图解的和神经图解的变量比传统的人口统计变量更能影响不同来源间产生的差异。尽管如此，这些变量也不能对所有可能的变化做出解释，所以调研人员必须继续测试以确定混合样本方法中的一致性。

SSI 针对创建混合样本提供了以下建议：
- 考虑包含刻度的问题。即为你的调研主题寻找现存的外部标准。
- 理解用来创建样本的样本混合技术。即告诉样本提供者所采用的使样本来源平滑化和质量控制的方法是什么。
- 了解样本来源。即询问样本提供者样本质量是如何维持的。
- 提前计划。即从一开始就把混合样本加入样本计划中。
- 确保应答者对调研经历感到满意。这需要意识到显著的高拒答率和未完成率会产生偏差。

问题:
1. 除了上面讨论的变量，你还能想到其他在创建混合样本时可能相关的变量吗？
2. 你认为混合样本有用吗？如果有用，你想要尝试它吗？你认为有没有哪种情境下单一来源样本会更加有效？为什么？

小结

　　总体或全域是指能提供所需信息的一群人的总和。普查指从总体的所有个体中收集令人满意的信息。一个样本，仅仅是总体的一个子集。开展抽样调查计划的步骤如下：定义总体；选择数据收集方式；选择抽样框；选择抽样方法；确定样本容量；制定选择样本单位的操作程序；抽样计划的实施。样本框是指列出总体中的个体名单，样本就是从中抽出来的。

　　概率抽样法是按随机原则抽选样本的，以致总体中的每个单位都可以按已知非零的概率被抽中。非概率抽样法包括按非随机原则从总体中选择特定单位的各种方法。概率抽样法有一些非概率抽样法所没有的优点，包括：信息来源于总体中具有代表性的各层次，抽样误差可被计算出来，可以用调查结果来估计总体。然而，概率抽样法的费用比非概率抽样法高，并且通常需用更多的时间来设计和实施调查。

　　抽样调查结果的准确度是由抽样误差和非抽样误差决定的。抽样误差是因为样本不能理想地代表总体特征造成的。有两种形式的抽样误差：随机抽样误差和管理上的抽样误差。随机抽样误差是因为偶然事件产生的，不可避免，只能通过增大样本容量来减少误差。

　　概率抽样法包括简单随机抽样、等距抽样、分层抽样和整群抽样。非概率抽样包括便利抽样、判断抽样、配额抽样和滚雪球抽样。

关键术语及其定义

抽样（Sampling）　从一个整体的子集中获取信息的过程。

总体（Population）　获取所需信息的全体。

普查（Census）　从同质总体的每一个单位中获取资料。

样本（Sample）　同质总体的子集。

抽样框（Sampling Frame）　一个总体中各单位的名单，从中抽选一部分单位作为样本。

样本容量（Sample Size）　样本中单位个体的数量。

随机数字拨号（Random-digit Dialing）　随机列出电话号码表的方法。

抽样误差（Sampling Error）　样本值与总体平均数的真值之间的差。

非抽样误差（Nonsampling Error）　抽样误差之外的一切误差

总体参数（Population Parameter）　规定总体的真实特征的值。

概率抽样（Probability Sample）　总体的每一个单位都有已知非零的概率被抽中。

非概率抽样（Nonprobability Samples）　包括在不遵守随机原则的情况下从总体中选择指定调

查单位的所有方法。

简单随机抽样（Simple Random Sampling） 总体的每个单位都有相等的机会被抽中。

等距抽样（Systematic Sample） 是对有限总体的一种概率抽样法。其原理是先将总体全部单位排队编号，通过跨越等距离的方法抽取样本单位。

分层抽样（Stratified Sample） 一种确保样本更具代表性的概率抽样。

按比例分配（Proportional Allocation） 根据总体中各类型比例来决定样本中各类型比例的抽样方法。

非比例或最佳分配（Disproportional or Optimal Allocation） 每一类型中抽取的样本单位数要与该类型的相对容量及特征标准差成正比。

整群抽样（Cluster Sample） 在总体中以群为单位，随机抽取一些群，对中选群的所有个体进行全面调查，以此减少收集资料的费用。

便利抽样（Convenience Samples） 主要是因为便利的原因而采用的抽样法。

判断抽样（Judgment Samples） 基于个人主观判断选择具有代表性的总体单位进行调查的非概率抽样法。

配额抽样（Quota Samples） 在总体各层中，限定配额的非概率抽样。

滚雪球抽样（Snowball Samples） 这种抽样法中，附加的被调研人员是以最初调研人员提供的名单为基础选择的。

复习思考题

1. 哪些情况下，普查优于抽样调查？为什么人们通常选择抽样调查而不选择普查？
2. 设计一个抽样方案，调查商科大学生对于互联网广告的态度。
3. 给出一个理想抽样框的例子。说说为什么一个具体城市的电话号码簿常常不能作为满意的抽样框。
4. 区分概率抽样和非概率抽样。它们各有哪些利弊？为什么在市场调查中非概率抽样受欢迎？
5. 区分等距抽样、整群抽样和分层抽样。各举一例。
6. 分层抽样和配额抽样有哪些不同？
7. 美国国家银行有 1 000 个客户，经理想从中抽取 100 个进行抽样调查。如果用等距抽样，应该怎样去做？如果名单是按平均存款额有顺序排列的，这对这种抽样技术有影响吗？如果有，是什么影响？
8. 假定电话簿是可接受的抽样框，你认为等距抽样会有什么问题吗？
9. 什么是滚雪球抽样？举例说明可能用这种抽样方法的情景。这种抽样存在什么问题？
10. 为以下的总体写一些可能的抽样框：
    a. 寿司店的顾客
    b. 高价香烟的吸烟者
    c. 滑雪者
    d. DVD 播放机的拥有者
    e. 在过去的 1 年中到一个或更多欧洲国家旅行过的人
    f. 在过去的 2 年中移民到美国的人
    g. 过敏的人

11. 找出下面的样本设计:
   a. 从过去 1 个月中到过游乐场的游客名单中抽出 200 名顾客的名字,做一份以他们为对象的调查问卷。
   b. 一个电台谈话节目主持人请听众打进热线,并对是否应该禁止手枪投票。
   c. 一个狗粮制造商想要测试一种新的狗粮,要选 100 个用罐头食品喂狗的人、100 个用干粮喂狗的人、100 个用半潮湿食物喂狗的人。
   d. 对打高尔夫的男士进行一个预测总统竞选的民意测验。

网络在线

1. Toluna 提供快速调研,快速调研是一个可以使你快速、简单、低成本地操作市场调研的自助服务工具。你可以:
   - 创建一个最多有 5 个问题的调查。
   - 最多在全国范围内选择 2 000 个代表性被测试者。
   - 使用信用卡或者支付宝在线支付。
   - 即使遵循在线结果并在 24 小时内完成(不同国家的完成速度可能不同)。

利用这个系统,当你创建了调查之后,它会自动出现在 Toluna 上的特定目标区域——一个提供超过 4 000 万名成员根据各种话题互动并互相调查论坛的全球社区网站。访问 www.toluna-group.com 可以观看快速调研的演示视频。

2. 2008 年,知识网络公司和美联社以及雅虎合作,就可能的选举结果和政治倾向问题重复调查了 2230 人(来自随机的电话样本)。访问网站 www.knowledgenetworks.com 并评价其方法和最终测量精度(或不精确度)。

市场调研实践

新墨西哥国家银行

新墨西哥国家银行(New Mexico National Bank, NMNB)在新墨西哥州的 23 个城市和城镇中都有分支机构。该银行提供了一整套的金融服务,包括维萨和万事达信用卡。全州有 53 400 人使用 NMNB 的信用卡。以这些人的原始申请为基础,银行可获得他们的可靠信息,包括姓名、地址、邮政编码、电话号码、收入、教育和资产。NMNB 想要确定信用卡消费量与持卡人的人口统计特征之间是否有什么关系,如本州某一特定区域的人更有可能还是更少可能是信用卡的重度使用者、一个人的收入和他所使用的信用卡登记之间是否有关系、个人的教育水平和信用卡使用之间是否有关系等如果发现了显著的关系,则通过邮件发送的数据能够更有效地帮助定位。NMNB 的调研主管 Paul Bruney 正在为此调研开发计划。如果你是 Paul Bruney,你会如何回答下列问题。

问题：
1．你怎么定义这个调研的总体？
2．你会为这个项目使用什么抽样框？
3．你会使用什么程序来从上面的抽样框中选择简单随机样本？
4．在这种情况下使用分层样本有意义吗？为什么？你会怎么设计从你选择的抽样框中开发分层样本的过程？
5．你能使用抽样框进行整群抽样吗？怎样操作？这样做有什么意义吗？
6．前文中提到的3种概率抽样方法中，你会选择哪种进行这次的调研？为什么？

第 12 章

样本容量的确定

学习目标

- 了解样本容量确定过程中的财务和统计问题。
- 寻求确定样本容量的方法。
- 理解正态分布。
- 理解总体、样本及抽样分布。
- 区分点估计和区间估计。
- 认识抽样平均值和抽样比例问题。

12.1 确定概率样本的样本容量

在确定概率抽样样本容量的过程中需要涉及财务、统计和管理3个方面。在其他条件相同的情况下,样本越大,抽样误差就越小。但样本越大,耗费的资金也越多,而一个项目可支配的资金毕竟是有限的。而且,虽然抽样成本随着样本容量的增加呈线性递增(样本容量增加1倍,成本也增加1倍),抽样误差却只以相当于相应样本容量增长幅度的平方根的速度递减。换句话说,如果样本容量增加到原来的4倍,数据收集成本也将增加到原来的4倍,但抽样误差将只减少1/2。

样本容量的计算过程中还必须考虑管理问题:要求多高的估计精确度;总体实际值在所选定的置信区间内的置信度是多少。这就存在多种可能性。某些情况下,需要非常精确(抽样误差很小)的估计值,并且要求总体值在很小误差范围以内的置信度很高。另一些情况下,则不需要这么精确。

12.1.1 可支配预算

某一项目的样本容量常常是由可支配的预算额决定的。因此,样本容量实际上通常是反向推算出来的。例如，某品牌经理如果有50 000美元预算可用于某项市场调研，那么除去其他项目成本（如调查方案和问卷的设计、数据的处理和分析等）后，剩下的那部分预算额就决定了被调查样本的样本容量的大小。如果可支配的资金太少，可以确定的样本容量太小，这时就必须做出决策：要么补充更多的资金，要么放弃这一项目。

虽然这种方法看起来缺乏科学性且过于武断，但这在企业里是一个事实，即可能进行的调研的规模是以财务资源的预算为基础的。财务上的限制向调研人员提出了挑战，要求他们的设计方案能够利用有限的资源提供有利于决策的高品质的数据资料。这种"可支配预算"法使调研人员不得不寻求多种可选择的数据收集方案，并谨慎衡量信息的价值及其成本。

12.1.2　单凭经验的做法

某些调研委托方也许会在他们的项目方案要求中明确规定样本容量为200、400、500或其他具体数目。样本容量的确定有时出于对抽样误差的考虑，有时则只依据以往的经验和过去进行的相似调研中采用的样本容量。这样的判断归结起来只能说是"一种强烈的感觉"，认为某一特定的样本容量是必要的或适当的。

如果调研人员觉得指定的样本容量不符合要求，则他有职责向客户提出扩大样本容量的建议并让客户做出最后的决定。如果扩大样本容量的建议遭到否决，调研人员可以拒绝提交调研计划，因为他认为样本容量不符合要求会严重影响调研结果。

12.1.3　分析的子群数

在任何确定样本容量的问题中，调研人员都必须认真考虑整个样本中所要分析的子群的数目和各个子群的预期容量。例如，一个容量为400的样本整体上看来很符合要求，但若要分别分析男性和女性被调研人员，并且要求样本中男性与女性各占一半，则每个子群的预期容量仅为200。那么，这个数字是否足够大到可以保证分析人员做出关于这两个组的特征的统计推断呢？再如，若要按性别和年龄对调查结果进行分析，问题就变得更加复杂了。

假设为了便于分析，很有必要将整个样本按以下方式划分为4个子群：35岁以下的男性、35岁及以上的男性、35岁以下的女性、35岁及以上的女性。如果预计每组（子群）的容量约占整个样本容量的25%，那么在400样本中每一子群中将只有100位被调研人员。然而，样本量越小，误差就越大。我们很难断定两组之间的差异是真实的还是由于统计误差导致的。

在其他条件相同的情况下，所需分析的子群数越多，所要求的总样本容量也就越大。一般认为样本容量要大到使每个主子群的容量至少为100，而每个次子群的容量至少也有20～50。

12.1.4　传统的统计方法

你可能在其他课程中已学到了针对简单随机样本决定样本容量的方法。我们会在本章后面的内容中提到这种方法。另外，针对样本的统计结果还需要以下3条信息：

- 总体标准差的估计值。

- 可接受的抽样误差范围。
- 抽样结果落入总体实际值的某一特定范围（抽样结果±抽样误差）内的预期置信度。

有了以上3条信息，我们就可以计算简单随机抽样所需的样本容量了。

12.2 正态分布

12.2.1 总体特征

在古典统计推断中，正态分布居于特别重要的地位。这有以下几个方面的原因。首先，市场人员遇到的许多变量的概率分布都接近正态分布。例如，软饮料消费者消费掉的以罐、瓶或玻璃杯计量的软饮料的数量，爱吃快餐的人平均每月去快餐店的次数，每星期看电视的平均小时数，这些变量的概率分布都接近正态分布。其次，正态分布在理论上是重要的。例如，根据中心极限定理，对于任何总体，不论其分布如何，随着样本容量的增加，样本平均值（$\bar{X}$）的分布趋近于正态分布。本章后面将详细说明这一定理的重要性。再次，许多离散型概率分布也近似于正态分布。例如，将大量的美国男性的身高值标在一张图表上，就会得到类似于图12-1所示的分布图。这种分布就是正态分布。它有以下几个重要特征：

1) 正态分布呈钟形且只有一个众数。众数是集中趋势的一个计量，是发生频率最高的那个值。两峰（两个众数）的分布有两个峰值。
2) 正态分布相对于其平均值来说是对称的。也就是说，它不是偏斜的，它的集中趋势的3个计量指标（平均值、中位数和众数）都等于同一个值。
3) 一个具体的正态分布由其平均值和标准差决定。
4) 正态分布曲线下方的总面积等于1，即它包括了所有的观察值。
5) 正态分布曲线下方任意两个变量值之间的区域的面积，等于从该分布中随机抽取一个观察对象，其值在这两个变量值之间范围内的概率。例如，从图12-1所示分布中，一次抽取到一名男性，其身高在5'7"~5'9"的概率为34.13%。

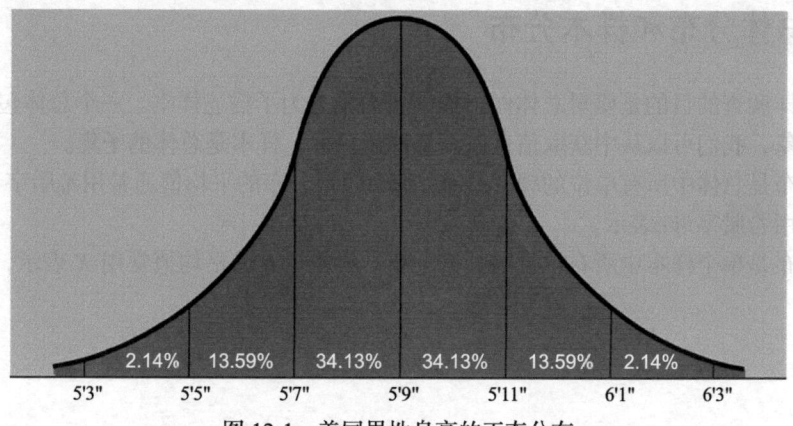

图12-1 美国男性身高的正态分布

6）所有的正态分布在其平均值±给定个数的标准差之间区域的面积都相同。也就是说，在平均值±一个标准差范围内的面积占曲线下总面积的68.26%，或者说占全部观察值的68.26%。这被称作正态分布的比例特性。这一特性为本章将要讨论的大部分统计推断提供了基础。

12.2.2 标准正态分布

任何正态分布都可以转化为标准正态分布。标准正态分布具有任何正态分布的一般特征，只不过标准正态分布的平均值总是等于0，标准差总是等于1。任意正态分布的任一变量值 X 只需通过一个简单的转换公式就能变换成相应标准正态分布中的 Z 值。这种转换是以正态分布的比例特性为基础的。

$$Z = \frac{变量值 - 变量平均值}{变量标准差}$$

用符号表示为：

$$Z = \frac{X - \mu}{\sigma}$$

式中 X ——变量值；
　　　μ ——变量平均值；
　　　σ ——变量标准差。

标准正态分布曲线下不同 Z 值（标准差）对应的面积（占全部观察值的百分比）如表12-1所示。图12-2表示标准化后的正态分布曲线。

表12-1　Z 值（标准差）为1、2和3时标准正态曲线下方的面积

Z 值（标准差）	标准正态曲线下方面积（%）
1	68.26
2	95.44
3	99.74

12.3　总体分布和样本分布

进行抽样调查的目的是要对总体做出推断，而不是为了描述样本。一个总体包括所有可能的个体或对象，我们可以从中获取信息以满足调研目标。样本是总体的子集。

总体分布是总体中所有单位的频率分布。这一频率分布的平均值通常用希腊字母 μ 表示，分布的标准差用希腊字母 σ 表示。

样本分布是单个样本中所有单位的频率分布。样本分布的平均值常用 $\bar{X}$ 表示，标准差用 S 表示。

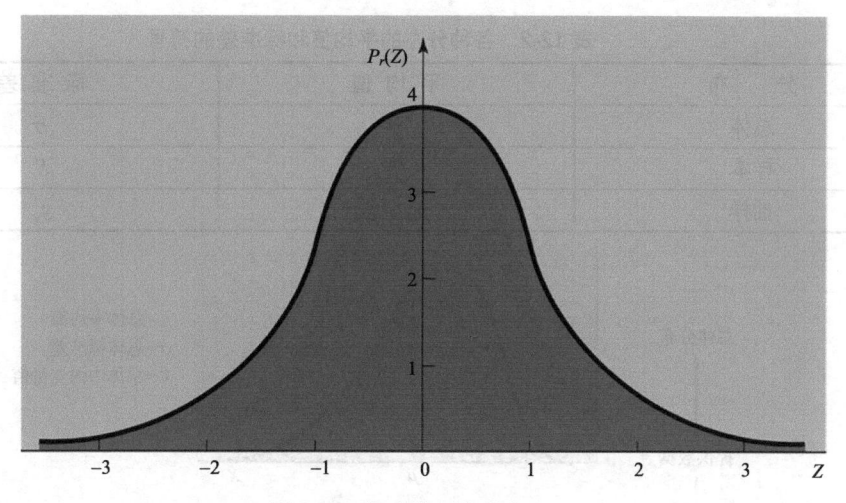

图 12-2 标准化正态分布

注：$P_r(Z)$ 表示"Z 的概率"。

12.4 平均值的抽样分布

这里有必要介绍一下第 3 种分布，即样本平均值的抽样分布。理解这一分布对于理解在简单随机抽样中抽样误差的计算依据十分关键。样本平均值的抽样分布是指从特定总体中抽取的给定容量的所有可能的样本的平均值的一个概念上和理论上的概率分布。虽然人们很少计算这种分布，但它的特性具有很重要的实际意义。为实际获得一个样本平均值的分布，首先要从一个特定总体中抽取某一容量的大量样本（如 25 000 个样本），接着计算出各样本的平均值并排列成频率分布。因为每个样本是一个不同的样本单位子集，因此样本平均值不会都完全相同。当样本的容量足够大且样本具有足够的随机性时，样本平均值的分布近似于正态分布。这一论断的基础是中心极限定理。该定理说明，随着样本容量 n 的增加，从任一总体中抽取的大量随机样本的平均值的分布接近正态分布，且平均值等于 μ，标准差（称之为标准误差）等于 $S_{\bar{x}}$。标准差的计算公式为：

$$S_{\bar{x}} = \frac{\sigma}{\sqrt{n}} \quad (n \text{ 为样本容量})$$

平均值的标准误差就是样本平均值分布的标准差。平均值的标准误差（$S_{\bar{x}}$）之所以按前面所示的方法计算，是因为一个特定样本平均值分布的方差或离散程度会随着样本容量的增加而减少。由常识可知，样本容量越大，单个样本的平均值就越接近总体平均值。

值得注意的是，中心极限定理的成立不考虑样本所属总体的分布形状。也就是说，无论总体分布如何，样本平均值的分布均趋近正态分布。

常用来表示总体分布、样本分布和抽样分布的平均值及标准差的符号如表 12-2 所示。图 12-3 表明了总体分布、样本分布和平均值的抽样分布之间的关系。

表 12-2　各种分布的平均值和标准差的符号

分　布	平 均 值	标 准 差
总体	μ	σ
样本	$\bar{x}$	S
抽样	$\mu_{\bar{x}} = \mu$	$S_{\bar{x}}$

总体分布 → 提供数据

μ = 总体平均值
σ = 总体标准差
X = 总体中的变量值

可能的样本分布 → 提供数据

$\bar{x}$ = 样本分布的平均值
S = 样本分布的标准差
X = 样本值

样本平均值的抽样分布

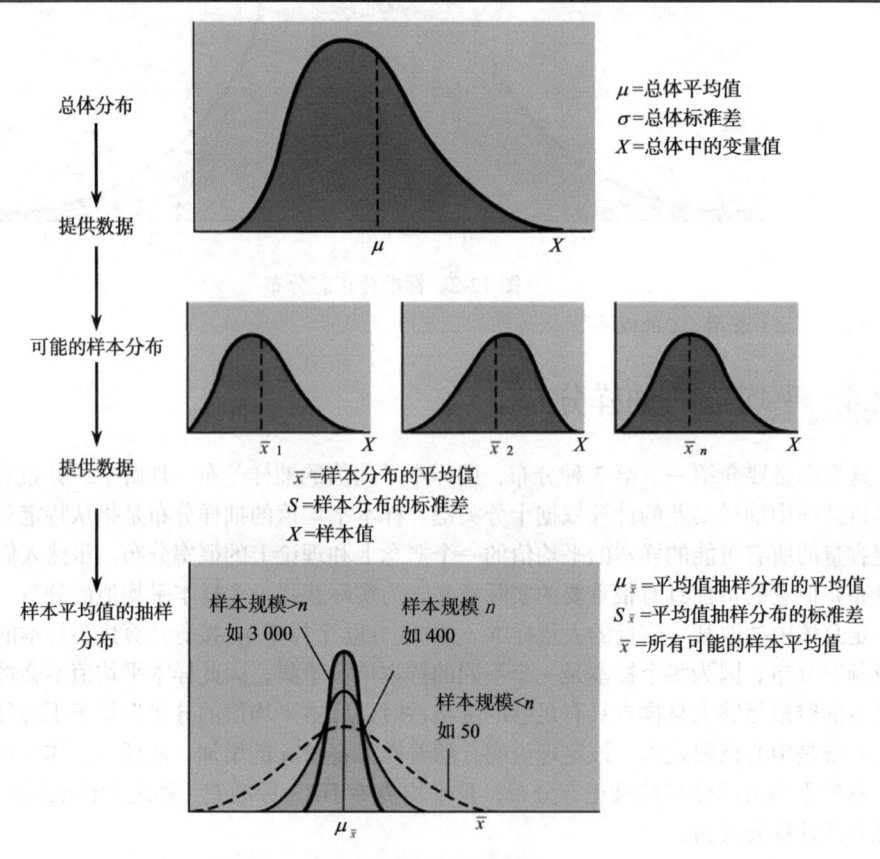

样本规模 > n 如 3 000
样本规模 n 如 400
样本规模 < n 如 50

$\mu_{\bar{x}}$ = 平均值抽样分布的平均值
$S_{\bar{x}}$ = 平均值抽样分布的标准差
$\bar{x}$ = 所有可能的样本平均值

图 12-3　3 种基本分布的关系

资料来源：Adapted from Statistics, A Fresh Approach, 4th ed., by D.H. Sanders et al. 1990 McGraw-Hill, Inc. Reprinted with permission of the McGraw-Hill Companies。

12.4.1　基本概念

这里先考虑一个抽样案例：一位调查人员以在最近 30 天内至少去快餐店吃过一次快餐的所有顾客为总体，从中抽取了 1 000 组容量为 200 的简单随机样本。调查目的是要估计这些人一般 1 个月内去快餐店吃快餐的平均次数。

如果调查人员计算出这 1 000 个样本中每一样本去快餐店的次数的平均值，然后把这些平均值按其相对大小划分成区间，整理后便可得到如表 12-3 所示的频率分布。图 12-4 以直方图的形式表示了这些频率，并且直方图上方被加上了一条曲线，这条曲线十分接近正态曲线的形状。如果我们抽取足够多的容量为 200 的样本，再计算出每一样本的平均值并描绘在图中，由此得到的分布将会是一个正态分布。图 12-4 中的正态曲线就是这项调查中平均值的抽样分布。简单随机抽样中大样本（观察个数≥30）平均值的抽样分布具有以下特征：

1）是正态分布。
2）分布的平均值等于总体平均值。
3）分布的标准差，称为平均值的标准误差，等于总体标准差除以样本容量的平方根，即

$$\sigma_{\bar{x}} = \frac{\sigma}{\sqrt{n}}$$

将该统计量称作平均值的标准误差而不是标准差，目的是要指出它适用于样本平均值的分布，而不是总体分布或样本分布的标准差。应该记住，这种计算只适合简单随机样本，而不适合其他类型的样本。其他类型的概率样本（如分层样本和整群样本）要用非常复杂的公式计算标准误差。请注意，该公式并不能解释所有偏差，包括拒答率偏差。

表 12-3　1 000 个样本平均值的频率分布：最近 30 天内吃快餐的平均次数

次　　数	发生频率
2.6 ~ 3.5	8
3.6 ~ 4.5	15
4.6 ~ 5.5	29
5.6 ~ 6.5	44
6.6 ~ 7.5	64
7.6 ~ 8.5	79
8.6 ~ 9.5	89
9.6 ~ 10.5	108
10.6 ~ 11.5	115
11.6 ~ 12.5	110
12.6 ~ 13.5	90
13.6 ~ 14.5	81
14.6 ~ 15.5	66
15.6 ~ 16.5	45
16.6 ~ 17.5	32
17.6 ~ 18.5	16
18.6 ~ 19.5	9
总计	1 000

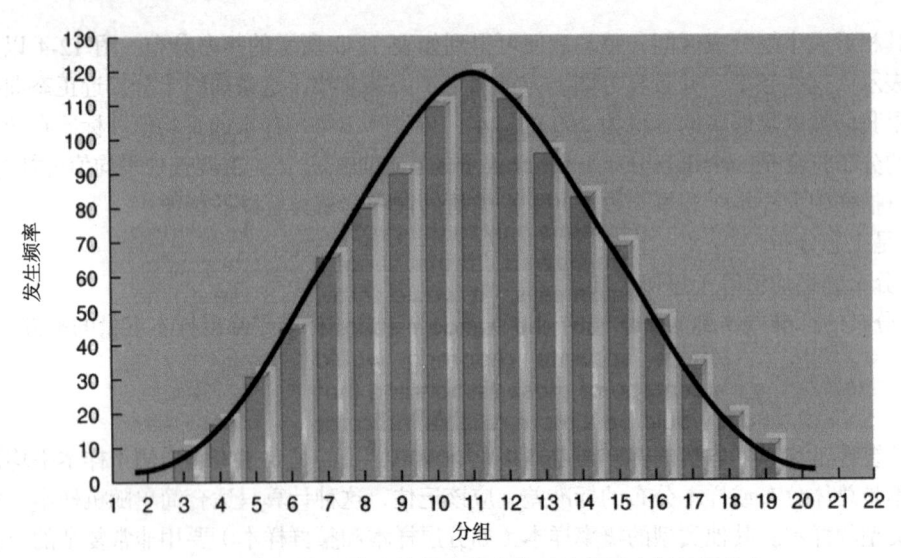

图 12-4　过去 30 天内去快餐店的次数平均值的实际抽样分布

12.4.2　根据单个样本做出推断

在实际操作中，人们往往不愿从一个总体中抽出所有可能的随机样本，以列出类似上述的频率分布表和直方图。人们一般希望只抽取一个简单随机样本，然后据此对样本所属总体做出某种统计推断。然而，由任一特定容量的简单随机样本产生的对总体平均值的估计值落入范围（总体实际平均值 ± 1 个标准误差）之内的概率究竟为多大呢？根据表 12-1 所提供的信息，答案为 68.26%，因为所有样本平均值的 68.26% 都在此范围内。同样可知，由任一特定容量的简单随机样本产生的对总体平均值的估计值，落入范围（总体实际平均值 ± 2 个标准误差）之内的概率为 95.44%，落入范围（总体实际平均值 ± 3 个标准误差）之内的概率为 99.74%。

12.4.3　点估计和区间估计

利用抽样结果对总体平均值进行估计时有两种估计方法：点估计和区间估计。在点估计中，样本平均值是总体平均值的最好估计。点估计是对与一总体值的某一特定估计值有关的抽样误差的推断。某一特定的抽样结果，其平均值很可能比较接近于总体平均值。但是，这个样本平均值也可能是样本平均值分布中的任一个值。有一小部分的样本平均值与总体实际平均值有相当大的差距。样本平均值与总体实际平均值之间的差距就叫抽样误差。

抽样结果的点估计只在很少的情况下完全准确，因此人们更偏向于区间估计。所谓区间估计，就是对总体值落在某范围内的可能性的推断。区间估计要对变量值（如总体平均值）的区间或范围进行估计。区间估计中除了要说明区间大小外，习惯上还要说明总体平均值的实际值在区间范围以内的概率。这一概率通常被称为置信度，区间则被称为置信区间。

平均值的区间估计按以下步骤推导。首先从我们感兴趣的总体中抽出一个给定容量的随机样本，然后计算出该样本的平均值。由此可知，这个样本的平均值位于所有可能的样本平均值的抽样分布中的某一处，但确切位置不清楚。此外，我们还知道，这个样本的平均值在范围（总体实际平均值±1个标准误差）内的概率为68.26%。根据这些信息，可以做出如此表述：调查人员有68.26%的把握确信总体实际值等于样本值加上或减去1个标准误差，用符号表示如下：

$$\bar{X} - 1\sigma_{\bar{X}} \leqslant \mu \leqslant \bar{X} + 1\sigma_{\bar{X}}$$

同理可知，总体实际值等于样本估计值加上或减去2个标准误差（严格上是1.96，但为了计算简便通常用2）的置信度为95.44%；总体实际值等于样本值加上或减去3个标准误差的置信度为99.74%。

以上都假设总体标准差已知，但大多数时候，情况不是这样的。如果总体标准差已知，由定义可知，总体平均值也是已知的，那就没必要事先抽取样本了。由于缺乏关于总体标准差的信息，总体实际值就必须通过样本标准差去估计。

12.4.4 比例抽样分布

除了估计平均值外，市场调研人员经常会感兴趣于比例或百分比方面的估计。下面是一些常见的例子：

- 知道某一广告的人占总人口的百分比。
- 每周接触1次以上互联网的人口比例。
- 最近30天内曾光顾快餐店4次及4次以上的快餐用户占所有快餐用户总体的百分比。
- 观看某个电视频道的人占总人口的百分比。

上述情况下，总体的比例或百分比是受关注的因素，因此有必要介绍比例抽样分布。从一特定总体中抽出若干给定容量的随机样本，这些样本的比例的相对频率分布就是比例的抽样分布。它具有以下特征：

1）近似于正态分布。
2）所有可能的样本的比例的平均值等于总体比例。
3）比例的抽样分布的标准误差可以按下列公式计算：

$$S_P = \sqrt{\frac{P(1-P)}{n}}$$

式中　S_P——比例的抽样分布的标准误差；
　　　P——总体比例的估计值；
　　　n——样本容量。

考虑一下，如果需要估计最近90天内曾在网上购物的成人比例，那么就要像得到平均值的抽样分布的过程一样，首先从所有成人总体中选取1 000组容量为200的随机样本，计算出这1 000组样本的每一样本中最近90天内在网上购物的人口比例，然后把这些比例值排列成频率分布图，这一频率分布将趋近于正态分布。这一分布的估计的比例标准误差可以用前面提供的比例标准误差公式来计算。

学习下一部分内容后，你就会明白，市场调研人员倾向于把计算样本容量问题看作估计比例而不是平均值的问题，这是有原因的。

12.5 样本容量的确定

12.5.1 关于均值问题

回顾前面那个估计平均 1 个月内快餐用户吃快餐次数的案例。这个案例中，管理层需要对顾客平均光顾快餐店的次数做出估计，以便决定是否实行正在拟定的新促销计划。为了得到这个估计值，市场调研经理打算从所有快餐用户总体中抽取一个简单随机样本进行调查。问题是，为确定本调查项目的适当的样本容量，经理需要什么信息。首先，对于估计平均值问题，计算其所需样本容量的公式为

$$n = \frac{Z^2 \sigma^2}{E^2}$$

式中　Z——以标准误差表示的置信度；
　　　σ——总体标准差；
　　　E——可接受的抽样误差范围（允许误差）。

为计算所需的样本容量，必须回答下面 3 个问题：

- 可接受的或允许的抽样误差的具体范围（E）是多少？
- 以标准误差表示的可接受的置信度（Z 值）是多少？即总体平均值包括在指定置信区间内的可靠程度是多少？
- 所需的总体标准差（σ）的估计值是多少？

置信度 Z 与误差范围 E 必须由调研人员及其客户商讨决定。如前所述，置信度与误差范围的确定不仅要根据统计原则，同时要顾及财务与管理方面的要求。理想的情况下，我们总是希望置信度很高，误差很小。但这是一个商业决策，必须考虑成本问题，因此必须在准确度、置信度与成本之间进行权衡。有的时候，调研不要求很高的精确度与置信度。例如，在探索性调研中，调研委托方也许只想大体了解一下消费者对某一产品的态度是正面的还是负面的，这里精确度就显得不太重要了。但如果是一项产品概念测试，就需要精确得多的销售额估计值，以便管理层做出是否向市场推出某种新产品的暗含高成本和高风险的决策。

估计总体标准差是一个更麻烦的问题。我们在前面说过，如果总体标准差已知，那么也就能知道总体平均值（计算总体标准差要用到总体平均值），这样就没必要抽取样本了。但问题是，调研人员如何在抽取样本之前就估计出总体标准差。综合使用以下 4 种方法可以解决这一问题。

1）利用以前的调查结果。许多情况下，公司曾经进行过类似的调查，这时可以利用以前的调查结果作为本次总体标准差的估计值。

2）进行初步调查。如果调查对象规模太大，可以投入一定的时间和资源对总体进行小规模

的初步调查。根据调查结果估计总体标准差，以确定样本容量。

3）利用二手数据。二手数据有时容易得到；二手数据可用来对总体标准差做出估计。

4）运用判断。如果其他方法都不行，还可以完全依靠判断来估计总体标准差。比如，可以从各方管理人员那里寻求判断。这些管理人员将会做出关于所需总体参数的有根据的猜测。

调查完成后，样本平均值和样本标准差就会被计算出来，这时调查人员就可以对用以计算所需样本容量的估计的总体标准差的准确性做出评估了。如果需要，可以调整抽样误差的最初估计。

我们再来关注一下关于估计快餐用户平常每月吃快餐的平均次数问题。

1）与公司的管理者进行磋商后，市场调研人员认为有必要对快餐用户光顾快餐店的平均次数进行估计。考虑到公司管理者对精确度具有较高要求，调研人员认定估计值与总体实际值的差距不得超过 0.10（1/10）。这个值（0.10）将作为 E 值代入公式。

2）市场调研人员还认为，综合考虑各方面的因素后，需要把总体实际平均值（样本平均值 $\pm E$）（E 是上面刚定出的）在区间以内的置信度定为 95.44%。而若要置信度为 95.44%，总体实际平均值就必须在 2 个标准误差范围内（严格说是 1.96）。因此，2 将作为 Z 值代入公式。

3）确定公式中的 σ 值。幸好公司以前曾做过类似的调查，即调查变量为最近 30 天内消费者光顾快餐店的平均次数。在那次调查中，该变量的标准差是 1.39，这是可得到的对 σ 值的最好估计。因此，把 1.39 作为 σ 值代入公式，计算过程如下：

$$n = \frac{Z^2 \sigma^2}{E^2} = \frac{2^2 \times 1.39^2}{0.10^2} = \frac{4 \times 1.93}{0.01} = \frac{7.72}{0.01} = 772$$

通过计算可知，一个样本容量为 772 的简单随机样本可以满足上面提出的要求。

12.5.2 关于比例问题

这里，我们考虑关于估计在过去 90 天中有过互联网消费的成人所占比例的问题。其目标是从所有成年人总体中抽取一个简单随机样本，估计其比例是多少。

首先，像快餐消费者的问题中关于根据抽样结果估计总体平均值一样，确定可接受的 E 值。假设认为可接受的误差范围为 34%，那么将 0.04 作为 E 值代入公式。

其次，假设调研人员要求样本估计值在实际总体比例 34% 的范围以内的置信度为 95.44%，那么把 2 作为 Z 值代入公式。

最后，在一年前进行的一次类似调查中，调研人员发现有 5% 的被调研人员表示在过去的 90 天中有通过互联网购物的历史。我们可以用 0.05 作为 P 值代入公式。

这一计算过程如下：

$$n = \frac{Z^2 [P(1-P)]}{E^2} = \frac{2^2 \times [0.05 \times (1-0.05)]}{0.04^2} = \frac{4 \times 0.0475}{0.0016} = \frac{0.19}{0.0016} = 119$$

根据要求，调查需要一个包括 119 名被调研人员的随机样本。需要要注意的是，与确定估计平均值所需的样本容量的过程相比，调研人员在确定估计比例所需的样本容量时有一个主要优势：如果缺乏估计 P 的依据，可以对 P 值做所谓的最悲观或最坏情况的假设。给定 Z 值和 E 值，P 值为多大时要求的样本容量最大呢？当 $P=0.50$ 时，"$P(P-1)$"有极大值 0.25 存在，即如此设定 P 值，样本容量最大。而给定 Z 值和 E 值，对于与平均值估计所需样本容量有关的 σ 值就没有相应的最悲观的假设。

12.5.3 确定分层样本和整群样本的容量

本章所列的计算样本容量的公式只适用于简单随机样本。当然，也有适用于其他类型的概率样本（如分层样本和整群样本）的确定所需样本容量和抽样误差的公式。虽然本章提到的许多一般性概念对这些样本同样适用，但具体的计算公式要复杂得多，并且这些公式中要用到的数据往往难取得。确定其他类型概率样本的样本容量问题超出了本书的介绍范围。对确定分层样本和整群样本的样本容量问题感兴趣的读者，可以参考关于抽样方面的高级教材。

12.5.4 定性研究的样本容量

通常，当需要决定传统焦点小组、个人深入访谈或者在线（电子公告）焦点小组的数量时，就会出现定性研究的样本容量问题。考虑到我们在定性研究中有意识地采用小容量样本，所以本章所讨论的样本容量计算方法类型无法回答这个问题。在经验和分析的基础上，专家发现，定性研究中，采访过 20~30 人之后，答案的一般路径才会开始稳定。

12.5.5 总体容量和样本容量

你也许会注意到，计算样本容量的公式中没有一个用到总体容量。学生（或经理）经常发现这一点容易造成混淆。表面上看来，总体容量越大，要抽取的样本容量也应该越大。其实不然。通常，总体容量与为在一定误差范围内和一定置信度下估计总体参数所需的样本容量之间没有直接的关系。实际上，总体容量只有当样本容量相对它而言过大时才会有影响。根据经验，当样本容量超过总体容量的 5% 时，就需要调整样本容量了。一般假设样本单位的抽取是相互独立的（独立假设）。这一假设在样本相对于总体来说很小时是成立的；而当样本容量占总体比例相对较大（5% 及以上）时就不成立了，因此我们必须调整一下标准公式。比如，前面给出的计算平均值的标准误差的公式是

$$\sigma_{\bar{x}} = \frac{\sigma}{\sqrt{n}}$$

当样本容量占总体 5% 及以上时，就要推翻独立假设，然后做出调整。调整后的正确公式是

$$\sigma_{\bar{x}} = \frac{\sigma}{\sqrt{n}} \sqrt{\frac{N-n}{N-1}}$$

其中，$(N-n)/(N-1)$ 被称为有限总体修正系数（Finite Population Correction Factor, FPC）。

当样本较大（占总体的 5%及以上）时，调研人员可以通过 FPC 来适当减少所需的样本容量。这可以通过下面的公式来计算：

$$n' = \frac{nN}{N+n-1}$$

式中　n'——修正后的样本容量；
　　　n——原样本容量；
　　　N——总体容量。

如果总体有 2 000 个样本单位，原样本容量为 400，则

$$n' = \frac{400 \times 2\,000}{2\,000+400-1} = \frac{800\,000}{2\,399} = 333$$

可见，经过 FPC 的调整，需要的样本容量由原先的 400 变成了 333。

问题的关键不是样本容量大小与总量大小的关系，而是所选取的样本是否能真正代表总体。经验表明，经过仔细挑选的样本，尽管容量相对较小，却也能十分准确地反映总体特征。许多著名的全国性调查和民意测验所依据的样本，其容量都不超过 2 000。盖洛普民意测验和哈里斯民意测验都是很好的例子。这些例子表明，即使调查对象是数千万人的行为，也可以通过相对于总体来说显得微乎其微的样本进行非常准确的预测。

12.5.6　决定需要多少个样本单元

不管样本容量为多少，调研人员还面临着需要多少样本单位这样的实际问题，如需要多少电话号码或地址等。例如，如果最终确定的电话访谈样本容量为 400，则我们就需要超过 400 个电话号码的样本单位才能够完成这次调研。

电话清单上的一些号码是无法联系的，还有一些人由于不符合调研条件而不能应用在调研中，另外还有人会拒绝调研，这些因素都会影响最终的调研数量，并最终影响调研公司的预约样本数量。这一数字应尽量准确，因为调研人员都不愿为过多的样本数量支付额外的费用，也不愿由于样本数量不够而花时间等待新的样本。

市场调研实践

精确估计需要多少电话号码

计算项目中需要多少电话号码似乎是一个困难的任务，但遵循一些基本原则可以使它变得简单。SSI 使用的计算样本容量的公式包含 4 个因素：所需的完整访谈的数量；可获得的电话比率；发生率；接触率或完成率。

（1）完整访谈的数量

完整访谈的数量来自简单随机样本的样本容量计算公式。这是你想要实现的最终的样本容量。

（2）可获得的电话比率

可获得的电话比率随着抽样方法的改变而改变。一个 SSI RDD（Random Digit Dialing，RDD）样本的可获得电话比率是60%。这是估计公式中可使用的足够数量。

（3）发生率

发生率是指有访谈资格的接触比例。换言之，发生率是指接电话（或回复你的电子问卷）的人中有多大比例的人能通过过滤性问题。精确的发生率数据对决定适用的样本容量至关重要，过高的发生率会导致调研实际操作中产生样本不足的问题。

（4）完成率

SSI 把完成率定义为获得访谈资格的人中同意完成访谈的人的比例。合理估计完成率时需要考虑几个重要因素：

- 接触率。
- 访谈时间。
- 话题敏感性。
- 处在一年的哪个时段。
- 尝试/回复的数量。
- 实际调研的时间长度。

假如访谈时间很短（少于10分钟）、访谈主题本质上不敏感、安排了足够的回复电话，而且实际调研中有充足的时间，那么 SSI 估计的完成率是30%。完成率应根据每个调研的具体说明进行调整。如果主题具有敏感性或者访谈很长，那么完成率应该相应降低。如果实际调研中所用的时间少于1周，则 SSI 推荐至少把样本容量提升20%。

这里举一个有关精确估计电话号码的例子。

假设你想在英国完成300次访谈。使用随机拨号样本的话，可获得的电话率为60%。用你需要的完成率300除以可获得电话比率0.6，可以得到数字500。你需要接触重度软饮料使用者（17%的成人），而且你估计所接触的人中有30%的人愿意完成访谈。用500除以调研群体的发生率0.17，再除以完成率0.30。计算结果显示，你需要9 804个电话号码来完成这项调研。

12.6 统计功效

尽管在市场调研中使用本章所介绍的公式计算样本容量是十分标准的做法，但这些公式只承认第 I 类错误（不存在差异时推断差异存在而产生的错误）。它们没有明显考虑第 II 类错误，即当实际存在差异时认为没有差异而产生的错误。不发生第 II 类错误的概率叫统计功效。计算样本容量的标准公式默认统计功效为50%。举个例子，如果我们要确定两种产品中哪种对目标顾客群更有吸引力，并且希望探测出在愿意购买各产品的目标顾客百分比上存在5%的差异，这时标准样本容量公式要求每项产品测试所需的样本容量大约为400。通过这一计算，我们默认了一个事实，即我们错误地推断出两种产品具有同等吸引力的可能性为50%。

表 12-4 中列出了当 α 为 0.25、统计功效和两个独立比例之间的差异为不同值时要求的样本容量。对于各种置信度，都有公式用来计算统计功效。但公式很复杂，而且也不是解释统计功效这个基本概念所必需的。互联网上有专门进行这些计算的程序，其中一个程序可从 http://www.dssresearch.com/KnowledgeCenter/toolkitcalculators/statisticalpowercalculators.aspx 上获得。

表 12-4 α 为 0.25，在不同统计功效下测量独立样本比例间差异所需的样本量

要测量的差异	统计功效					
	50%	60%	70%	75%	80%	90%
0.01	19 205	24 491	30 857	34 697	39 239	52 530
0.05	766	977	1 231	1 384	1 568	2 094
0.10	190	242	305	343	389	518
0.15	83	106	133	150	169	226

我们需要在网上重新计算一下表 12-4 中的数据。其具体计算过程如下：
1）点击样本容量下方的 Two-SampleUsing Percentage Values 选项。
2）向右栏内输入样本 1 的百分比和样本 2 的百分比，这样输入的数字就能反映你要探测的差异，并且这些值是在预期范围之内的。这些数字被设定在估计的比例值为 50% 的水平下。
3）在这些栏内键入 Alpha 和 Beta 错误水平。功效等于 1-beta。
4）点击屏幕下方的计算样本容量按钮，计算结果。

小结

确定样本容量要考虑财务、统计和管理 3 个方面的要求。其他条件相同的话，样本容量越大，抽样误差就越小；相反地，调查费用随着样本容量的增大而增加。

确定样本容量的方法很多。一种是根据可支配的资金来确定样本容量。简单地说，就是根据预算来确定样本容量。这种方法尽管看上去不够科学，但它在市场调研领域里是经常用到的。第二种是所谓的经验法则，即主要凭一种感觉或平时的经验来确定样本容量。在项目方案要求中，常指定样本容量为 300、400 或 500。还有一种是根据要分析的子群数目来确定样本容量。一般来说，需要分析的子群数目越多，所需的样本容量就越大。

除了以上 3 种方法外，还有许多传统的统计技术可用以确定样本容量。计算样本容量需要 3 条数据：总体标准差的估计值；调研人员或调研委托方能够接受的抽样误差范围；总体值不超过可接受范围的置信度。

统计抽样理论中最重要的一个概念是正态分布。正态分布呈钟形，只有一个众数，关于其平均值对称。标准正态分布具有正态分布的一般特征，只是标准正态分布的平均值等于 0，标准差等于 1。通过转换公式可以将任何正态分布的 X 值转换成相应的标准正态分布的 Z 值。中心极限定理的内容是，从任一总体中抽取的大量随机样本，其平均值的分布趋近于正态分布，

且分布的平均值等于 μ，标准差等于 $S_{\bar{x}} = \dfrac{\sigma}{\sqrt{n}}$。样本平均值分布的标准差叫作平均值的标准误差。

利用抽样结果估计总体平均值有两种方法：点估计和区间估计。点估计就是把样本平均值作为总体平均值的最好估计。区间估计是对变量值的区间或范围做出估计。除了表述区间的宽度，我们也表述总体平均值的实际值包含在区间范围内的概率，即置信度。这个区间也称为置信区间。

要进行比例估计，调查人员可以利用比例的抽样分布。它是从总体中抽取了大量相同容量的样本后，这些样本比例的相对频率分布。该分布的标准误差计算公式如下：

$$S_p = \sqrt{\dfrac{P(1-P)}{n}}$$

计算样本容量时，需要确定 3 个数值：① 规定可接受的抽样误差范围 E；② 规定以标准误差表示的允许置信度，即 Z 值；③ 估计总体标准差。

估计平均值时，计算所需样本容量的公式是

$$n = \dfrac{Z^2 \sigma^2}{E^2}$$

估计比例时，计算所需样本容量的公式是

$$n = \dfrac{Z^2[P(1-P)]}{E^2}$$

所计算的样本容量可以通过考虑不发生第 Ⅱ 类错误的概率而增加。前面说过，标准样本容量公式默认统计功效为 50%。统计功效的大小可根据具体问题进行适当的变动。

关键术语及其定义

正态分布（Normal Distribution） 一种钟形的相对于其平均值对称的连续型分布，其平均值、中位数和众数相等。

中心极限定理（Central Limit Theorem） 大量样本平均值或样本比例的分布，不论它们的总体分布如何，都趋近于正态分布。

标准正态分布（Standard Normal Distribution） 平均值为 0、标准差为 1 的正态分布。

正态分布的对称特征（Proportional Property of the Normal Distribution） 所有正态分布均以均值为中心，左右给定的标准方差内图像是相同的。

标准差（Standard Deviation） 标准差是衡量离散程度的一个指标。用一组变量值中的每个值减去该组平均值，将所得差平方后相加，再除以项数−1，最后开平方，便可以得到标准差。

总体分布（Population Distribution） 总体中全部单位的频率分布。

样本分布（Sample Distribution） 单个样本中所有单位的频率分布。

样本平均值的抽样分布（Sampling Distribution of the Mean） 从一个特定总体中抽取的许多样本，它们的平均值的频率分布叫作样本平均值的抽样分布。它是正态分布。

平均值的标准误差（Standard Error of the Mean） 样本平均值分布的标准差。

点估计（Point Estimate） 对与一总体值的某一特定估计值有关的抽样误差的推断。

区间估计（Interval Estimate） 对总体值落在某范围内的可能性的推断。

置信度（Confidence Level） 总体实际值在一特定信区间范围内的概率。

置信区间（Confidence Interval） 在特定置信度下，包含总体真实值的区间。

比例抽样分布（Sampling Distribution of the Proportion） 从一特定总体中抽取的若干样本的比例的频率分布。它是正态分布。

允许抽样误差（Allowable Sampling Error） 调研人员愿意接受的抽样误差的大小。

总体标准差（Population Standard Deviation） 代表整个总体的一个变量的标准差。

独立性假设（Independence Assumption） 假设样本单位个体独立地被选出。

有限总体修正系数（Finite Population Correction Factor） 当预计样本占总体5%及以上时，对所需的样本容量做出的调整。

统计功效（Statistical Power） 不发生第Ⅱ类错误的概率。

复习思考题

1. 解释样本容量的确定与财务、统计和管理3个方面都有关的原因。
2. 讨论并举例说明确定样本容量的3种方法。
3. 一名分析快餐业情况的市场调研人员发现：在加利福尼亚，人们在快餐店的平均消费为3.30美元，标准差为0.40美元；而在佐治亚州，人们在快餐店的平均消费为3.25美元，标准差为0.10美元。通过这些统计数据，你该如何分析两个州各自的快餐消费情况？
4. 区分总体分布、样本分布和抽样分布，并说明区分这些概念为什么很重要。
5. 什么是有限总体修正系数？使用它的目的是什么？在什么情况下使用它？
6. 假设上面的快餐店调查表明，有80%的顾客喜欢法式炸薯条。调查人员希望对法式炸薯条消费估计的误差低于6%，置信度为95%。请计算所需的样本容量。
7. 假如你负责筹划一次辣椒烹饪比赛，你必须保证有足够的小组参赛。具体要求如下：误差范围是每个烹饪小组不超过4盎司辣椒，置信度为99%。去年的烹饪比赛中，烹饪出的辣椒数量的标准差是3盎司。请计算所需的样本容量。
8. 调研委托方要求置信度为99.74%，允许抽样误差为2%，按此要求计算所需的样本容量为500。这需要委托方支付调查费用20 000美元，但委托方用于此项目的预算只有17 000美元。请问有没有其他方案可供选择？
9. 一个市场研究者必须决定，为了完成ATM使用者的调查到底需要预约多少个电话调查。目标是完成400个电话访问。根据以往的经验，估计所提供的号码中大约60%为办公电话，目标符合率（被调研人员为ATM使用者）大约为43%。最后，市场研究者估计，大约有35%的被调研人员会同意完成调研。此时，应预约多少个电话访问呢？

市场调研实践

健康生活

健康生活是向财富500强公司提供雇员身心健康计划的领导者。它的计划设计主旨是提高雇员的身心健康,目标是使员工更健康、更快乐、更具生产力。此外,该计划还减少了客户的医疗支出。考虑到几乎所有的客户关于医疗福利都是自主投保的,这一点就显得非常重要。公司推出了一组计划,并且可以根据每个客户的需求进行定制。健康生活已经着手策划第二次品牌形象运动了。

公司计划投资350万美元来提升其服务在财富500强企业和员工间的知名度和形象。这样做的原因在于,随着近些年雇员健康意识的增强和市场上更多竞争者的进入,其服务市场上的竞争日趋激烈。

在第一次品牌运动中,健康生活花费了300万美元,目标也是塑造品牌和提升知名度。为了验证品牌运动是否成功,公司实施了电话追踪调研——分别在品牌运动前进行了预测试、在运动结束时进行了后续测试。调研旨在测量在财富500强企业决策者中健康生活的知名度和品牌形象。健康生活估计每家企业关于是否购买其服务的决策中平均有20位高管参与,或者说目标应答者的总数在10 000左右。而预测试和后续测试间的差异被归因于广告运动的效果。广告运动过程中,该市场策略的其他任何因素都没有改变。

知名度中的第一提及率(当提到提供集体健康护理的公司时,你能想到哪些公司)从预测试的21%提高到后续测试的25%。在预测试中,42%的应答者表示对健康生活持有正面的品牌形象印象,该数字在后续测试中提高到了44%。尽管两项关键测量的百分比都提高了,两项测试的样本容量却相对较小。两项测试中使用的决策制定者样本容量都是100。知名度测量的95%的置信度的抽样误差是±8.7%。相比而言,品牌形象测量的抽样误差是±9.9%。公式中使用的p值是后续测试的结果。因为抽样误差相对较大而品牌形象和知名度的变动相对较小,健康生活只能说在95%的置信度下,后续测试的知名度值是25%±8.7%,或者在范围16.3%~33.7%。至于品牌形象测量,只能说目标决策者中对健康生活持有正面印象的比例在后续测试中是44%±9.9%,或者在34.1%~53.9%。鉴于知名度和正面品牌形象的变动较小而测量的抽样误差较大,健康生活难以确定地下结论说两个测量确实发生了变化。

健康生活的CEO关心的是花费在广告上的资金数量,以及广告运动是否达到了期望达到的效果。她想要一个更加灵敏的测试,以便可以得到关于广告效果的决定性结论。

问题:

1. 后续测试的抽样误差是如何计算出来的?
2. 如果CEO想要确定知名度和正面品牌形象估计值在95%的置信度下是真实值±2%,那么样本容量应是多少?
3. 利用与问题2相同的信息,如果CEO想要的置信度是99.5%,则样本容量应是多少?
4. 如果目前执行电话调研的预算是20 000美元,每个访谈的成本是19美元,那么健康生活能达成问题 3 中的目标吗？如果两项测试的预算都是 20 000 美元，那么允许的误差水平是多少？要达成问题 3 中的目标所需要的预算是多少？

SPSS 练习

练习 1：用 SPSS-H1 中的样本均值方法确定样本容量

1）到 Wiley Web 网站 www.wiley.com/college/mcdaniel 下载 Segmenting the College Student Market for Movie Attendance 数据库到 SPSS。使用 Segmenting the College Student Market for Movie Attendance 数据库，假设调查中最重要的项目在问题 5，其中应答者给出了相对重要的 9 个电影样本值（下载一个 Segmenting the College Student Market for Movie Attendance 问卷的复制版本）。注意，计算机的每一个变量编码，和 SPSS Data Editor 选项中的 variable view 是相同的。

2）确定样本容量的样本均值方法由以下内容组成：
   a. 要求的置信度（z）
   b. 允许误差（e）
   c. 估计的总体方差（σ）
   d. 估计的样本容量（n）
   e. 公式：$n = \dfrac{z^2 \sigma^2}{e^2}$

3）在各种确定样本容量的方法之中，估计总体标准差可以利用以前的研究、专家判断或初步调查的方法。我们用初步调查的方式估计总体标准差。此时，你只要使用 Segmenting the College Student Market for Movie Attendance 数据库中前 200 个样本值。援引 Data/Select Cases 连续地选出数据库中的前 200 个样本值。我们假设这些就是初步调查的结果，将用它们估计需要的样本容量。

4）使用 Analyze/Descriptive Statistics/Descriptive 为变量 $Q5a$–$Q5i$ 计算标准差。我们假设考虑研究目标时，9 个变量中的每一个都是同等重要的。

5）根据你对确定样本容量的了解，你应该知道为确定样本容量选择的变量是标准差最大的那个。然后选择那个变量。

回答下面的问题：
1）9 个电影院样本值中哪一个有最大的标准差？＿＿＿＿＿＿＿
2）引用确定样本容量中样本均值的方法为下面的每一项做必要的计算：
   a. 根据下面的条件计算样本容量：
      ⅰ. 要求的置信度水平（Z）是 95.44%
      ⅱ. 允许误差（e）是 0.1
      ⅲ. 标准差（σ）=＿＿＿＿＿＿＿
      ⅳ. 样本容量（n）=＿＿＿＿＿＿＿

b. 根据下面的条件计算样本容量：
　　ⅰ．要求的置信度水平（Z）是 99.72%
　　ⅱ．允许误差（e）是 0.1
　　ⅲ．标准差（σ）=_____
　　ⅳ．样本容量（n）=_____

3）用 Segmenting the College Student Market for Movie Attendance 数据库所有的样本值如何计算上面的问题？_____

4）我们假设调查的目的是关于学生去电影院的问题，它能用二分法表示。举例来说，一个组比另一个组多去过多少次电影院无所谓，但是要找到谁去得最多。为完成这个任务，我们采用稍微简单一些的抽样比例公式。假设我们没有以前的研究，因此在抽样比例公式中 P=0.5，（1−P）=0.5。

你不需要 SPSS 帮助你进行这个计算。

a. 根据下面的条件计算样本容量：
　　ⅰ．要求的置信度水平（Z）是 95.44%
　　ⅱ．允许误差（e）是 0.05
　　ⅲ．标准差（σ）P=0.5，（1−P）=0.5
　　ⅳ．样本容量（n）=_____

b. 根据下面的条件计算样本容量：
　　ⅰ．要求的置信度水平（Z）是 99.72%
　　ⅱ．允许误差（e）是 0.03
　　ⅲ．标准差（σ）P=0.5，（1−P）=0.5
　　ⅳ．样本容量（n）=_____

练习 2：确定样本结果的信度和效度

1. 下面练习的目标不是确定需要的样本数量，而是估计源于整体 Segmenting the College Student Market for Movie Attendance 数据库的结果的信度水平。为了估计这种类型的信度，可以使用样本均值公式，求解 Z 代替 n。因此，使用公式 $Z^2 = n \times e^2 / \sigma^2$。接下来计算 Z^2 的平方根。到课本附录中的标准分布表中确定与数据库相联系的置信度水平。对于样本比例公式，用公式 $Z^2 = (n \times e^2) / [P(1−P)]$ 求解 Z，然后对 Z^2 开平方。

2. 考虑研究目标时，我们再次假设问题 5 是问卷中最重要的问题。使用 Analyze/Descriptive Statistics/Descriptive 为变量 $Q5-Q5i$ 计算标准差。我们假设考虑研究目标时，9 个变量中的每个都是同等重要的。同样，选择标准差最大的变量输入分析。

3. 计算 Segmenting the College Student Market for Movie Attendance 数据库相关的置信度水平。

1）条件：
　a. 允许误差是 0.1
　b. 样本容量=500

c. 标准差_____
2）置信度水平=_____%。
3）上面2）中的结果和两种确定样本容量问题中的结果相比有什么不同？
4）样本比例公式。
　　根据下面的信息，计算 Segmenting the College Student Market for Movie Attendance 数据库相关的置信度水平。你不需要 SPSS 帮助你进行这个计算。
　　a. 允许误差是 0.05
　　b. 样本容量=500
　　c. 标准差 $P=0.5$，$(1-P)=0.5$
　　d. 置信度水平=_____%
　　这个问题的结果和第 3 题中的 2）的置信度水平相比有什么不同？

第 *13* 章

数据处理、基本数据分析和差异统计检验

> **学习目标**
> - 理解质量控制检测的重要性及性质。
> - 掌握数据录入过程及方法。
> - 学习将调查数据制成图表及交叉分组列表的方法。
> - 懂得如何建立假设及检验假设。

13.1 数据分析的整体过程

数据收集工作完成后，摆在调研人员面前的将是一大堆填完的问卷。这些问卷有几百份到几千份之多，每份问卷也有几页到 20 页甚至更多。由本书作者最近完成的一项研究涉及了 1 300 份长达 10 页的调查问卷，这些总计 13 000 页的问卷堆起来将近 3 英尺高。调查人员怎样才能把包含在这 13 000 页已完成的问卷中的所有信息转化为进行具体分析所需的总结性图表呢？最笨的办法是调查人员阅读所有的问卷，一边读一边做笔记，从中提取各种结论。但这显然是愚蠢的行为，专业调查人员不会采用这种不正规的、低效率的方法，而是将遵循一个 5 步的程序进行资料的整理和分析：

第 1 步，确认有效性与编辑整理。
第 2 步，编码。
第 3 步，数据录入。
第 4 步，数据自动清理。
第 5 步，制表和统计分析。

13.2 确认有效性与编辑整理

这一步的目的是确保所有的调查（包括电话调查、入户调查、购物中心的拦截调查或其他

形式的个人调查）都是按指定的方式进行的（有效性检验），并且所有的调查问卷都被正确完整地填写了（编辑）。研究人员必须确信要用来提出建议的调查结果真实地反映了目标顾客的回答。

13.2.1 确认有效性

第一步的目的是尽可能确保每份调查问卷都是有效性问卷。这里所用的术语"有效性"与第9章中的"效度"有着不同的含义。在第9章中，"效度"被定义为实际测量反映拟测量内容的程度；而这里的"有效性"指的是访谈已按适当的方式进行，目的是查明采访人员有没有作假，或者在访谈时是否遵循了特定的关键程序。所谓确认，就是查明调查访谈确实是按指定的方式进行的过程。在本书介绍的各种调查问卷实例中，差不多总有一个位置用来记录被调研人员的姓名、地址及电话号码等。这些内容通常对数据的分析毫无用处，但为市场研究人员确认调查提供了基础。

职业调查人员知道，采访人员说谎的现象相当普遍。许多研究都有有关采访人员欺骗行为的记载。因此，确认调查问卷是否有效在营销调查项目的数据处理阶段是一个内在的、必不可少的步骤。

所有调查结束后，调研企业的代表要通过电话对每位采访人员所调查的被调研人员做一定比例的复查。复查的比例通常为10%~20%。如果一项特定的访问调研了50个人，而调研公司通常按10%的比例复查，那么就要对有5个被调研的应答者进行电话确认。电话确认一般包括4个方面的内容：

1）确认此人是否真的接受了调查。
2）根据调研的过滤性问题，确认被调研人员是否符合条件。
3）确认调查是否按要求的方式进行。例如，购物中心式调查应在指定的购物中心进行，那么就应确认被调研人员是在购物中心接受的调查，还是在其他地方（如餐馆或某人的家里）接受的调查。
4）确认调查是否完整。采访人员有时会发现被调研人员很忙，没有时间完成整个调查过程，所以需要确认被调研人员完成了整个调查。

如前所述，有效性检验的真正目的是确认调研管理准确而完整，调研人员一定要确认调研结果反映了目标顾客的合理响应。

13.2.2 编辑整理

确认是指对采访人员的欺骗行为及调查是否严守程序而进行的核实。编辑是对采访人员和应答者的错误进行的检查的过程。编辑过程由人工操作，包括对下面一系列问题的查验。

1）确定采访人员是否没有问某些问题或者没有记录某些问题的答案。例如，在表13-1所示的问卷中，问题19的答案没有被记录。根据该份问卷的结构，所有的被调研人员都应该被问及这一问题。还要注意，在这个例子中，被调研人员的名字没有显示出其性别。第一次编辑（现场编辑）的目的是识别这类问题，及时与被调研人员取得联系，并且获得那些没有回答的问题的适当答案。这些工作也可以在第二次编辑（由市场调研公司做的编辑）中来做。但是，许多情形中，这时已经没有时间再与被调研人员联系了，因此这份调查结果可能只好被放弃。

2）核实问卷，以保证遵循了规定的跳答模式。例如，"移动电话调查问卷"中的问题2，依照跳答模式，如果这个问题的回答是"很不可能"或"不知道"，那么采访人员就应询问问题16。确信采访人员遵照程序来做是非常必要的。有时，特别是在项目开始的头几次调查中，采访人员很容易混淆问题，跳过了实际应该问的问题，或者没有跳过不要求作答的问题。

3）检查开放式问题的答案。市场研究人员及他们的委托人通常对开放式问题的答案很感兴趣。回答的质量是反映采访人员工作优秀程度的标志。这通常要求采访人员逐字记录答案，而不以任何方式重新释意、表达或插入自己的语言。

做编辑工作的人必须对开放式问题的不太合格的答案做出判断，判定对某一特定问题的回答在哪些方面有局限性以致毫无用处。如有可能，与被调研人员再次接触并再次提问那些其答案被认定为无用的问题。

编辑过程是极其冗长乏味且浪费时间的。设想一下，在前面所引的例子中，读完那13 000页调查问卷将需要多少时间。不过，编辑工作却是整个数据处理过程中重要的一步。

表13-1 问卷范例

移动电话调查问卷

Long Branch-Asbury.N.J.
(1-3)—001

时间：__2001-9-5__

被调研人员电话：__201—555—2322__

你好，我是电信调查员__莎莉__，我可以和你家的主人通话吗？

（如果无人，将姓名或回话信息记在样表中。）

（当主人接电话时）你好，我是电信调查员__莎莉__，你的电话号码是随意挑选的，我并不打算向你推销产品，我只想就一种新型的电信服务问你几个问题。

1. 通常情况下，你一天会打多少次电话？　　　　　　　　　　　　　　　　（04）

    0～2次 1
    3～5次 2
    6～10次 ....③
    11～15次 4
    16～20次 5
    20次以上 6
    不知道 7

现在让我告诉你一种新的无线移动电话服务。你可以要一部放在大衣口袋里随身携带的便携式型号，也可以要一部能装备在任何交通工具上的型号。无论你在哪里，都可以用它来接收或拨打电话。虽然移动电话是无线的，但声音质量与你目前的电话不相上下。这项新的业务可以节省时间，便于家庭使用。

续表

这项新的移动电话服务很快将在你所在的地区推出。

2. 现在让我向你介绍这项无线服务的费用。通话费为每分钟26美分，另加正常收费。另外，使用这种服务的最低费用为每月7.50美元，移动电话的月租金是40美元。当然，你可以以购买代替租用。按照这个价格，你认为自己很有可能、有可能、不大可能或非常不可能成为这种新的电话业务的用户吗？

（05）

      很有可能..1
      有可能..②
      不大可能..3
      非常不可能........（回答问题16）..............4
      不知道................（回答问题16）..............5

如果回答"很不可能"或"不知道"，接下来请回答问题16。

3. 你认为你的雇主会为了工作给你配备一部这样的电话吗？

（06）

      不会................（回答问题5）..................1
      不知道............（回答问题5）..................2
      会....................（继续）........................③

如果回答"不会"或"不知道"，请回答问题5，否则继续。

4. 如果你的雇主已经为你配备了一部无线电话，你还会再购买一部供家庭使用吗？

（07）

      会....................（继续）........................①
      不会................（回答问题16）..............2
      不知道............（回答问题16）..............3

5. 请给出你最希望供你的家庭使用的移动电话的数量（不知道请写"DK"）。

      数量_____01_____（08~09）

6. 给定平日拨打或接收电话的费用为每分钟26美分加正常收费，你希望在一日中平均拨打多少次电话？

      记录数字_____06_____（10~11）

7. 一周中，你每次通话平均大约需要多少分钟？

      记录数字_____05_____（12~13）

8. 给定周末拨打或接听电话的费用为每分钟8美分加正常收费，你希望在周六或周日平均拨打多少次电话？

      记录数字_____00_____（14~15）

9. 在周六或周日，你每次通话平均大约需要多少分钟？

      记录数字_____（16~17）

10. 你可能记得我先前提到的移动电话的两种类型，汽车电话可以安装在任何交通工具上，而便携式电话完全可以随身携带——放入公文包、钱包或大衣口袋里。完全便携电话会比汽车电话多花25%

续表

的费用，而且在某些地区比汽车电话传输范围小。如果你选购这项服务，你更喜欢便携式电话还是汽车电话？

（18）
便携式电话 1
汽车电话 .... ②
两者都喜欢 3
不知道 4

11. 请你告诉我，假如你在下列地方使用移动电话，平均使用的次数为每周1次、低于1次还是高于1次？

	低于 每周1次	每周1次	多于 每周1次	从不	
Monmouth County	1	2	③	4	（19）

（如果回答"从不"，请跳至问题16）

Sandy Hook	1	2	3	④	（20）
Keansubrg	①	2	3	④	（21）
Atlantic Highlands	①	2	③	4	（22）
Matawan-Middletown	①	2	3	4	（23）
Red Bank	①	2	3	4	（24）
Holmdel	1	2	③	4	（25）
Eatontown	1	②	3	4	（26）
Long Branch	1	2	3	④	（27）
Freehold	1	2	3	④	（28）
Manalapan	1	2	3	④	（29）
Cream Ridge	1	2	3	④	（30）
Belmar	1	2	3	④	（31）
Point Pleasant	1	2	③	4	（32）

下面我为你介绍一些有关移动电话的特色服务。对于一部电话来说，每项特色服务的月收费一般均不超过3美元。请告诉我你对这些服务是否很有兴趣、有兴趣或不感兴趣。

	很感兴趣	感兴趣	不感兴趣	
12. 电话转接（将任何打入你移动电话的 　　电话转入其他电话机）。	①	2	3	（33）
13. 无应答转接（如果你的电话无应答，这 　　项服务便将电话转到其他号码上）。	1	2	③	（34）
14. 电话等待（你使用电话时如有人打 　　入则将信号显示给你）。	1	②	3	（35）

续表

15. 语音信箱（允许将接入的电话转入录音机，其内容可在以后转给你。这项服务每月收费5美元）。	1　　　2　　　③	（36）
16. 你的年龄？		（37）
	25岁以下	1
	25~44岁	②
	45~64岁	3
	65岁及以上	4
	拒绝、不回答或不知道	5
17. 你的职业是什么？		（38）
	经理、官员或企业主	①
	职业人员（医生、律师、建筑师等）	2
	技术人员（工程师、程序员、绘图员等）	3
	办公人员或书记员	4
	销售人员	5
	技工或工头	6
	无技术工人	7
	教师	8
	家政人员、学生、退休人员	9
	失业人员	X
	拒答	Y
18. 2008年你的家庭总收入是多少？		（39）
	15 000美元以下	1
	15 000~24 999美元	2
	25 000~49 999美元	3
	50 000~74 999美元	4
	75 000美元及以上	⑤
	拒绝，不回答，不知道	6
19. （采访人员记录被调研人员性别）：		（40）
	男	1
	女	2
20. 我能知道你的姓名吗？我的办公室将抽出大约10%的人进行资料核对。		
	给出姓名	①
	拒绝回答	2

姓名　乔丹·比斯利

谢谢你。祝你愉快！

13.3 编码

编码是指对一个问题的不同回答进行分组和指派数字代码的过程。调查问卷上的大多数问题是封闭式的，并且已预先编码。这意味着调查问卷本身已设定了不同答案的数字代码。所有封闭式问题都应该预先编码，如表13-1所示的问卷中的第1个问题。注意，每个答案的右侧都有1个数字编码，如0～2次为编码1、3～5次为编码2等。采访人员通过在数字上画圈快速记录答案，如回答者的答案为每天打7个电话，则圈上编码3。

开放式问题则是另一种情况。它们之所以被称为"开放式问题"，是因为调研人员不知道预期的答案，或是想获得比封闭式问题更加详尽的回答。

13.3.1 编码过程

对开放式问题的回答进行编码需要采用以下几个步骤。

1）列出答案。调研企业的编码员需要准备一份列出每个开放式问题答案的清单。在有几百名被调研人员的调研中，所有的答案都应列出。在大型抽样调查中，可以只列出某个样本的回答。

2）合并答案。表13-2提供了一个对开放式问题答案的列表范例。从中可以看出，一些（形式上不同的）回答在本质上是一致的，因此它们可以被适当地合并为一类。完成合并过程后，就会得到如表13-3所示的内容。

表13-2　开放式问题答案范例

问题：为什么你喜欢喝那个牌子（前一问题中提到的品牌）的啤酒？

回答范例：
1. 因为它口味较好。
2. 它具有最好的味道。
3. 我喜欢它的口味。
4. 我不喜欢其他啤酒太重的口味。
5. 它最便宜。
6. 任何促销的啤酒我都买，这种啤酒大部分时间都在促销。
7. 它不像其他牌子的啤酒使我的胃不舒服。
8. 我喝了其他牌子的啤酒会头痛，这个牌子却不会。
9. 我总是选择这个品牌。
10. 我一直喝这种啤酒，已经喝了20多年了。
11. 它是大多数同事喝的品牌。
12. 我的朋友都喝它。
13. 这是我妻子在食品店中买的牌子。
14. 这是我妻子/丈夫最喜欢的牌子。

续表

15. 我没有想过。
16. 不知道。
17. 没有特别的原因。

表 13-3　对啤酒调查的开放式问题的合并答案分类和编码

回答类别描述	表 13-2 中的回答	指派的数字编码
口味好，喜欢该口味，比其他口味好	1、2、3、4	1
低或较低的价格	5、6	2
不会引起头疼、胃不适	7、8	3
长时间喝，习惯	9、10	4
朋友喝，受朋友影响	11、12	5
妻子或丈夫喝、买	13、14	6

3）设置编码。该表单的每个答案类别都分配有数字编码。对啤酒调查样本的数字编码如表13-3 所示。

4）标出编码。这是编码过程的最后一步，涉及编码的实际记录。它包含以下几个分步骤：
a. 阅读问卷调查表上每个开放式问题的答案。
b. 把每一回答与在步骤 2 中得到的合并列表中的答案类别相匹配，即把每个具体回答的数字编码填入相应的类别中。
c. 在调查表的适当地方，注明每个回答所属类别的数字编码（见表 13-4）。

表 13-4　开放式问题的问卷例子

37. 为什么你喜欢喝那个牌子（前一问题中提到的品牌）的啤酒？

（48） 2

因为它便宜。（P）没有。（AE）没有。

下面的内容是本过程的一个例子，请参考表 12-1 和表 12-2 的结果进行阅读。
a. 回到第 1 个问题，阅读关于以下问题的回答。"你为什么喜欢喝那个牌子的啤酒？""因为它便宜。"
b. 通过表 12-1 比较该回答并决定归类于"低/较低的价格"一类，数字编码是 2。
c. 在问卷适当的位置标明 2。

13.3.2　自动编码系统

使用 CATI 或互联网调研，针对非开放式问题均能自动编码并录入。然而，当遇到开放式问题时，同样需要进行编码。如今，计算机辅助编码系统已经取得一些进展，并有望取代枯燥的人工编码过程。

SPSS 的 TestSmart 模块就是自动编码系统的例子之一。以符号学为基础的演算方法是这种系统的核心，并且为加速编码过程、降低成本及增强客观性展现了美好的前景。从根本上说，这些算法利用计算机的力量，以特定关键字或关键词来寻找开放性问题或群组性答案的类型。

13.4 数据录入

一旦问卷完成有效性确认、编辑整理和编码，数据分析就将进入数据录入过程。这里所采用术语"数据录入"是指把信息转化为计算机能够阅读的过程。这一过程需要数据录入装置，如计算机终端或个人计算机及存储媒介（如磁盘、软盘或硬盘等）。

13.4.1 智能录入

大多数数据录入是通过智能录入系统进行的。数据录入系统能通过编程避免在数据录入时出现某些类型的错误，即录入无效的或太广的编码及违背跳答模式。

考虑一下表13-1中的问题2，5个有效答案对应的数字编码为1~5。有效编码编制的数据录入程序，只允许输入人员在为这个问题答案预设的字段中输入编码1~5。如果输入的不是这几个数字，机器就会以某种方式告知数据输入人员出现问题了。例如，数据输入装置可能发出"嘣嘣"声，并在屏幕上显示编码无效的信息，同时不进行下一字段的处理。当然，这种情形下，可能会错误地输入"3"而不是正确的"2"。我们再看问题2，如果答案是"很可能"或"不知道"，那么页面就会直接跳到问题16。智能数据录入装置会自动完成这一跳跃。

13.4.2 数据录入过程

当调查表被确认为有效并完成编辑与编码后，即可转交到数据录入员的手中。数据录入软件系统已经为有效录入编好了程序。通常，数据将根据调查表直接录入。一般来说，专业市场调查人员不会把数据从调查表上转录到计算机编码表上。因为实践证明，这种转录过程中会产生大量的错误，而将数据从调查问卷上直接转入数据录入装置和相关存储介质会更精确、更有效。为更好地理解这一处理过程，请再次参照表13-1中的调查问卷，并考虑如下几点：

1）问卷的右上角，写着数字001，这个数字独一无二地标明了这份问卷，而且这将是第一份被数据录入人员输入的问卷。这个编号很重要，因为如果能确认错误是发生在对001号问卷的数据录入过程中，那么这一编号将允许数据录入人员回过头来找到原始输入文件。

2）001旁边是用括号括起来的1~3，它告诉数据录入员，001应被输入到数据记录的字段1~3中。还要注意，整个问卷调查表中，括号内的数字均表示每一问题的画了圈的代码或答案在数据记录中的适当位置。对问题1来说，括号中的数字04与代表该问题答案的编码相对应，这一问题的答案将被输入数据记录的字段04。关于开放式问题（见表13-4），注意带括号的48旁边的数字2。与封闭式问题一样，括号内的数字指的是数据记录中的字段，该问题答案的编码应被录入此条数据记录中。例如，2应被输入到对应这份问卷的数据记录的字段48中。

表13-1清楚地阐明了问卷表上的编码（与问题的不同答案相对应的数字）和字段（数据记录中放置答案编码的地方）与计算机数据记录中的编码和字段之间的关系。

13.4.3 光学扫描

大家都知道，数十年前就出现了成绩单自动扫描录入技术。现在，这项技术已被学校广泛使用，用来记录考试中多选项的答案。然而，直到最近，它在市场营销调查方面的使用受到了限制。这种限制主要归于两个方面的原因：安装费用和记录答案时要用软铅笔的要求。安装费用包括对用于印刷的特殊纸张和特殊油墨的需要，以及答案空白位置的精确设置。利用盈亏平衡分析的话，数据录入上节约的费用与安装费用持平的范围大约在 10 000～12 000 份问卷。因此，对大多数调查来说，这种方法不可行。

不过，扫描技术的发展和个人计算机的普及已经改变了这种状况。现在，由文字处理软件准备的调查问卷，不管激光打印还是普通打印，不管用什么纸，都能通过使用合适的软件和连接在个人计算机上的小型扫描仪进行随时随地的扫描。而且，最新技术允许被调研人员使用几乎任何形式的书写工具（铅笔、圆珠笔、转动笔和钢笔等）来填写问卷调查表。这就消除了向被调研人员提供软铅笔的必要，从而大大简化了邮寄调查问卷的过程。另外，由于使用了最新技术，被调研人员就没有必要仔细涂抹与其所选答案紧挨的整个圆圈或方框。他们可以把代表他们所选答案的圆圈或方框涂黑，也可以在圆圈或方框里打对号、打叉号或画其他类型的记号。

由于上述几个方面的发展，可扫描调查问卷的使用得到大幅度增长。在你想完成 400～500 份以上的问卷时，可扫描调查表在成本上是合算的。

尽管没有可靠的数据，但是数据处理电子化的调研数量正在增加已经是公认的事实了。例如，电子化的数据处理已经被应用在计算机辅助的电话访问、互联网调研和触摸屏调研中。

13.5　数据自动清理

完成光学扫描过程后，所有问卷中的数据就都已经被输入并存储在计算机中了。在对调查结果进行图表化和统计分析之前，必须再做一次最后的错误检查。多数大学都有用于制表和数据统计分析的一种或多种统计软件包。统计分析系统（Statistical Analysis System，SAS）或社会科学统计软件包（Statistical Package for the Social Sciences，SPSS）已被证明是最受欢迎的计算机统计软件包。许多大学都有 SAS 和 SPSS 的个人计算机版本，作为其他个人计算机统计软件包的补充。

无论使用哪种软件包来图表化数据，首要的一步是对错误进行最后的检查，有时称这一步为数据自动清理，即对数据进行最终的计算机化的错误检查。错误检查程序和边际报告可以完成这项任务。

一些计算机软件允许用户编写错误检查程序。这些程序包括一组对不同的逻辑错误进行检查的描述。例如，如果数据记录中的某一字段应该只有 1 或 2 这样的数字，那么逻辑描述可以检查这个字段中是否存在其他数字。一些更为复杂的软件包可以报告某一特定条件被违反了多少次，并列出它在哪条数据记录中被违反了。通过该列表，使用者可以参考原始问卷以确定恰当的值。

这一步是对错误的最后检查。完成这一步后，计算机数据文件应该就可以进行图表化处理和数据分析了。

市场调研实践

Q 数据分析软件：一个非常实用的选择

澳大利亚的软件设计公司——国际数据最近发布了一款被称为 Q 的新数据分析程序。Q 给调研人员提供了大量先进的统计测试和模型工具，甚至使那些非统计分析专业的人也能在学习任何版本的调研数据时获得有意义的结论。

尽管 Q 的部分性能要求完全被领会，但它是以大量的能够帮助调研人员启动的工具为支撑的。60 页的快速启动指导提供了包括表格、功能和模型工具在内的综述，而即时启动指导将这些总结在了一页的参考目录上。同时，软件还包括帮助功能、辅助和在线培训工具。

与其他很多分析软件包不同，Q 可以使调研人员快速直接地获得基本数据，还可以通过分析过程使他们和数据保持同步。市场调研公司斯维尼调研悉尼营业处的总经理 Erik Heller 已经采用 Q 并获得了巨大成功。他评价说，"Q 和其他诸如 SPSS 等工具不同的地方在于它能够使人们本能地、简单地投入到数据中。"

大多数分析功能是通过向下展开的菜单和工具条来实现的，用户可以在主视图中操作数据。Q 的工具也能实现显著的分析深度。对那些只需要数据基本报告的人来说，Q 可以提供直接的交叉制表，同时也有先进的多元分析来满足更加深刻和复杂的用户需求。当采用这些高卷入度的多元方法时，Q 总是在相同水平的基本数据上启动调研人员，并由此建立分析过程。调研以渐进的能被证实的结论为基础。当调研人员在进行调研时，Q 能够帮助生成表格、进行数据设置分析、结束时帮助打包并发送结果。Heller 说，"即使不怎么接触数据分析的人，利用这些数据并生成一些附加交叉表格也是很容易的事情。"Q 还提供免费的阅读软件，即使分析功能有限，它也可以使用户轻松地浏览和使用这些报告。

这款软件的一个小缺陷是它的输出功能有限——不支持 Excel 和 PowerPoint 格式，图表也受到限制，因此 Q 能够生成的最终报告与其他数据分析软件相比缺乏生动性。Q 目前的版本也不是时间系列分析和系列实验调研项目的理想选择。总之，它最大的不足可能是仅仅过分地强调功能而忽视了风格设计。

问题：

你熟悉其他可以应用在市场调研中的分析软件包吗？如果熟悉，Q 与其相比如何？

13.6 制表和统计分析

完成了以上 4 个步骤，调查结果就已经被存储在计算机文件中了。数据分析的下一步就是将调查结果图表化。

13.6.1 单向频次表

统计分析最基本的图表是单向频次表。表 13-5 中列出了这种表的一个例子。单向频次表显示了对每一问题做出每种可能回答的人的数量。此表中，有 144 人（占 48%）说他们会选择福特沃斯的医院，有 146 人（48.7%）说他们会选择达拉斯的医院，有 10 人（占 3.3%）说他们不知道选择哪家医院。计算机输出资料将会显示调查中每一问题的单向频次表。大多数情况下，这份表是调查分析人员看到的统计结果的首次概括。除频次外，单向频次表通常还指明给出每一可能答案的被调研人员人数的百分比。

表 13-5 单向频次表

问题 30	如果将来你或你的某位家庭成员需要入院治疗，并且只能在福特沃斯或达拉斯的医院住院，你会选择哪个地方？	
	总计	300
		100%
	福特沃斯的医院	144
		48.0%
	达拉斯的医院	146
		48.7%
	不知道/未回答	10
		3.3%

使用单向频次表时需要解决的一个问题是选择百分比的基数。这个基数有 3 种：

1) 全部被调研人员人数。如果总共调查了 300 人，并决定把全部被调研人员人数作为计算百分比的基数，则每张单向频次表的百分比都将以 300 作为基数。

2) 需回答特定问题的人数。问卷一般都有跳答模式，即不是所有的被调研人员都被询问全部的问题。例如，一项调查的问题 4 也许会问被调研人员是否有狗或猫，其中回答有的为 200 人，而问题 5 和问题 6 是专门问这 200 人的。这种情况下，用 200 作为单向频次表中问题 5 和问题 6 的百分比基数较为恰当。

3) 做出回答的人数。在单向频次表中计算百分比的另一个可选择基数是实际回答了特定问题的人数。例如，300 人被问及某个特定问题，但 28 人表示"不知道"或没有回答，则要以 272 作为百分比的基数。

一般以上述第二种基数作为制表中计算所有百分比的基数。但也许在一些特殊场合，使用其他的基数会更合适。利用 3 种不同基数计算百分比的例子如表 13-6 所示。

表 13-6 使用被调研人员总数、要求回答指定问题的人数及实际回答问题的人数（除去回答不知道的人数）计算百分比的单向频次表

问题 35 你为什么不打算去福特沃斯进行入院治疗?	被调研人员人数	被问者人数	回答者人数
总计	300	64	56
	100%	100%	100%
它们不好或服务质量差	18	18	18
	6%	28%	32%
福特沃斯缺少一些达拉斯有的服务项目或设备	17	17	17
	6%	27%	30%
福特沃斯太小了	6	6	6
	2%	9%	11%
公众形象差	4	4	4
	1%	6%	7%
其他	11	11	11
	4%	17%	20%
不知道/未回答	8	8	
	3%	13%	

注：总共调查了300人，只向64人问了这个问题。因为在先前的问题中，除了64人的其他人说不打算去福特沃斯的医院就医。只有56个应答者给出了不是"不知道"的答案。

一些问题，由其本身的性质，要求被调研人员给出多个回答。例如，某问题要求被调研人员列出所有记忆中的真空吸尘器品牌，多数人会列举不止一个品牌。因此，对这些回答进行制表时，答案的数量会超过被调研人员人数。如果200名被调研人员中，平均每位列出3个品牌，则200名被调研人员会给出600个答案。问题是，单向频次表中的百分比应以被调研人员的人数为基数还是以答案的数量为基数。表13-7展示了两种计算比例的基数。市场调查中，一般的算法是以被调研人员的人数为基数计算百分比，因为我们对给出某一答案的人数比例更感兴趣。

表 13-7 单向频次表中的百分比基数示例

问题 34 你会选择下面哪个地方住院治疗?	应答者人数	应答数量
总计	300	818
	100%	100%
明尼阿波利斯	265	265
	88.3%	32.4%
圣保罗	240	240
	80.0%	29.3%

续表

问题 34 你会选择下面哪个地方住院治疗？	应答者人数	应答数量
伯明顿	112	112
	37.3%	13.7%
罗切斯特	92	92
	30.7%	11.2%
米尼特卡	63	63
	21.0%	7.7%
亿甘	46	46
	15.3%	5.6%

13.6.2 交叉分组表

交叉分组表可能是统计分析的下一步骤。许多市场调查，或许可以说是绝大多数市场调查，它们在分析上都只进行到交叉分组表。交叉分组表是一种易理解且有效的分析工具。其基本思想是，结合对其他问题的回答来考查对某一问题的答案。一个简单的交叉分组表如表13-8所示。我们可以从表中考查那些愿意住院治疗的消费者所选城市（医院所在地）与其年龄间的关系。这张交叉分组表列出了频次和百分比，而且百分比是以列总数为基数统计的。数据显示了年龄与选择明尼阿波利斯还是圣保罗的关系。年龄大的消费者更喜欢选择圣保罗，而年龄低的更愿意选择明尼阿波利斯。

表 13-8 样本交叉分组表

问题 30 如果你或家人考虑就医，你将会去明尼阿波利斯还是圣保罗？			年 龄		
	总 数	18~34 岁	35~54 岁	55~64 岁	65 岁及以上
总计	300	65	83	51	100
	100%	100%	100%	100%	100%
圣保罗	144	21	40	25	57
	48.0%	32.3%	48.2%	49.0%	57.0%
明尼阿波利斯	146	43	40	23	40
	48.7%	66.2%	48.2%	45.1%	40.0%
不知道或无响应	10	1	3	3	3
	3.3%	1.5%	3.6%	5.9%	3.0%

关于交叉分组表的建立和百分比的计算，有许多因素应该考虑，这里将其中一些较重要的因素总结如下：

1）前面关于合适的百分比基数的选择及多答案问题的百分比计算的讨论也适用于交叉分

组表。

2）在交叉分组表中，可以为每一单元计算3种不同的百分比：列百分比、行百分比、总的百分比。列百分比以列总和为计算基数，行百分比以行总和为基数，而总的百分比以表的总和为基数。表13-9中列出了一个带有频次的交叉分组表及为每一单元列出的3种百分比。

表13-9　使用行、列和总的百分比的交叉分组表*

问题34　你考虑去下列的哪个城镇就医？

	总　　数	男	女
总计	300	67	233
	100%	100%	100%
	100%	22.3%	77.7%
	100%	22.3%	77.7%
圣保罗	265	63	202
	88.3%	94.0%	86.7%
	100%	23.6%	76.2%
	88.3%	21.0%	67.3%
明尼阿波利斯	240	53	187
	80.0%	79.1%	80.3%
	100%	22.1%	77.9%
	80.0%	17.7%	62.3%
布鲁明顿	112	22	90
	37.3%	32.8%	38.6%
	100%	19.6%	80.4%
	37.3%	7.3%	30.0%

3）建立交叉分组表的通常做法是设计一个表，在表的各列列出各种不同因素（如人口统计和生活方式特征），它们可以作为各行所列因素（如心理、行为或意愿）的预测指标。在这样的表中，百分比通常以列总和为基数进行计算。采用这种方法可以简单地比较各种关系，如生活方式特征及性别或年龄这样的预测指标之间的关系。例如，表13-8中的数据就显示了不同年龄段的人在某些要考察的方面有什么不同的例子。

交叉分组表为总结和分析调查结果提供了一种强大而易懂的方法。然而，假如不进行仔细设计，则很容易由于计算机输出的大量数据而造成混乱。设计交叉分组表时必须牢记调研目标和事先的基本假设。

13.7　数据的图形化

你也许听过这样的俗语："一图抵千字。"图形描述使用"图"而不是"表"来展示调查的结果。调查的结果，特别是重要的结果，可以用图形更充分、更有效地进行表达。这有助于我们识别重要的发现，图形则是将那些发现提供给客户的最好方法。

市场调研人员可能一直都很明白，交叉分组表和统计分析识别的重要发现最好用图形来表示。然而，直到几年前，图表的准备仍是乏味、困难和耗时的。如今，个人计算机的普及及图表软件和激光打印机的出现改变了这一切。所有主要的电子图表软件（Excel）都具有强大的图形处理能力，用于演示的程序（PowerPoint）也可使用户轻松地制作花样繁多且质量很好的图形。有了这些程序，就可以轻松地完成以下工作：

- 快速生成图形。
- 在计算机显示器上展示图形。
- 改变图形和重新显示。
- 使用激光打印机打印出最后的稿样。

这一部分显示的图形都是用个人计算机、激光打印机和图表软件包制作的。

13.7.1 线形图

线形图或许是所有图形中最简单的一种，尤其适用于显示在不同时点上进行的测量。图 13-1 显示了女子泳衣零售商 Just Add Water 于 2001—2002 年的月销售纪录。从图中可以看出，这两年的销售形态非常类似，6 月是最高峰，1～3 月和 9～12 月是淡季。Just Add Water 正在根据这些销售数据来分析可能增加的产品线，以便改进淡季的销售状况。

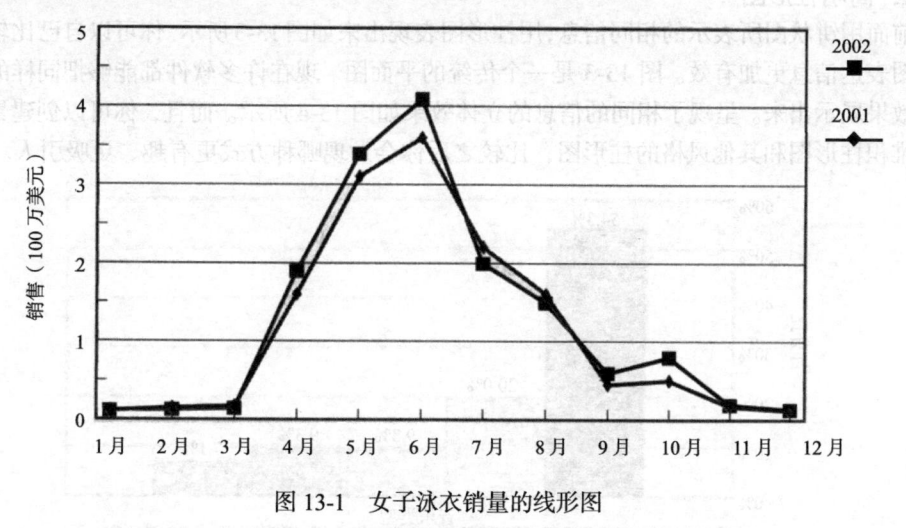

图 13-1 女子泳衣销量的线形图

13.7.2 饼状图

饼状图是另一种较常用的图形，适用于许多情形。一项有关路易斯安娜、密西西比和阿拉巴马海湾沿岸主要城市地区居民对电台音乐偏好的调查结果如图 13-2 所示。请注意图中由软件生成的三维效果。

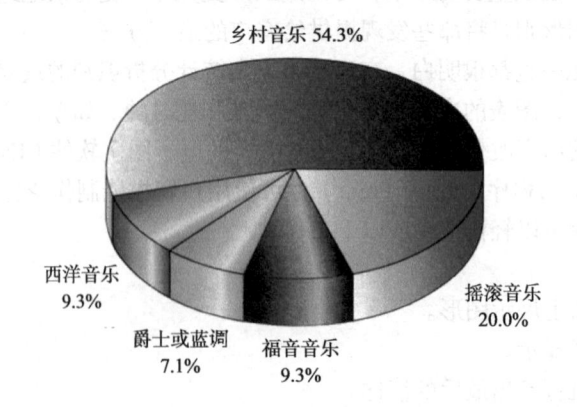

图 13-2 最常听的音乐类型的三维饼状图

13.7.3 柱形图

柱形图是这一部分讨论的 3 类图形中最灵活的形式，任何可在线形图、饼状图中表现的数据结果均可在柱形图中表达。而且，许多用其他类型的图表不能表达或不能有效表达的结果，也能用柱形图方便地表达出来。下面介绍两类柱形图。

1．简明柱形图

前面用饼状图所表示的相同信息，用柱形图表现出来如图 13-3 所示。你可以自己比较一下，哪种图表达信息更加有效。图 13-3 是一个传统的平面图。现在许多软件都能够把同样的信息用立体效果展示出来。呈现了相同的信息的立体效果如图 13-4 所示。而且，你可以创建聚类柱形图、堆积柱形图和其他风格的柱形图，比较之后你会发现哪种方式更有趣、更吸引人。

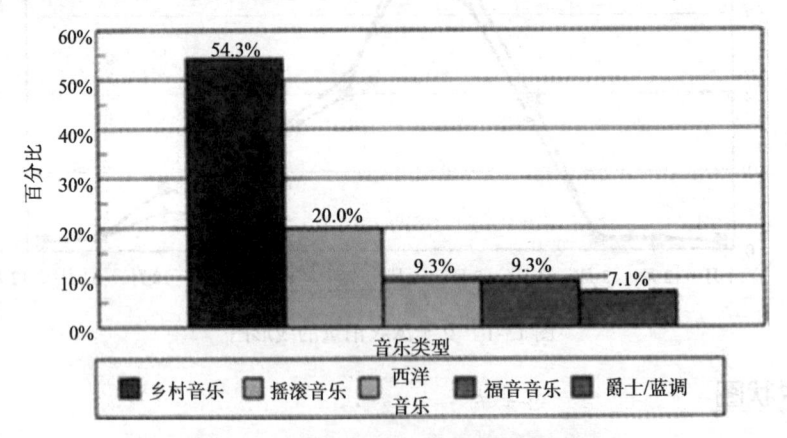

图 13-3 最常听的音乐类型的简明柱形图

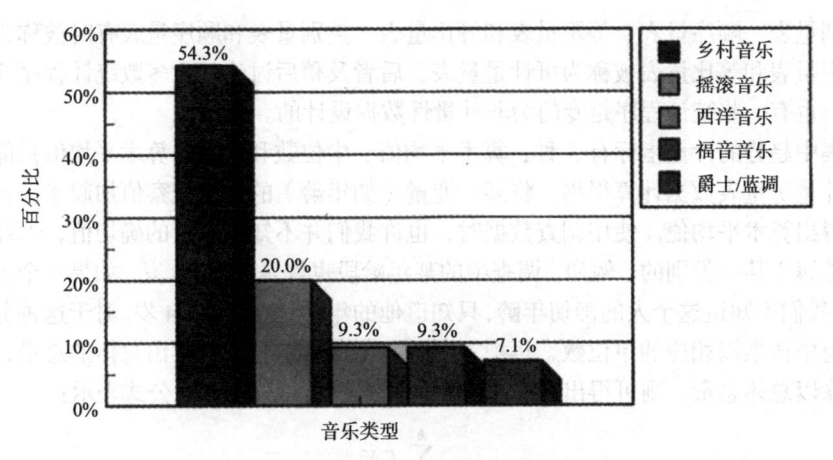

图 13-4　最常听的音乐类型的简明三维柱形图

2. 多行三维柱形图

我们认为，多行三维柱形图是表达交叉分组表信息的最具视觉吸引力的形式。按年龄分组的最常听的音乐类型的多行三维柱形图如图 13-15 所示。

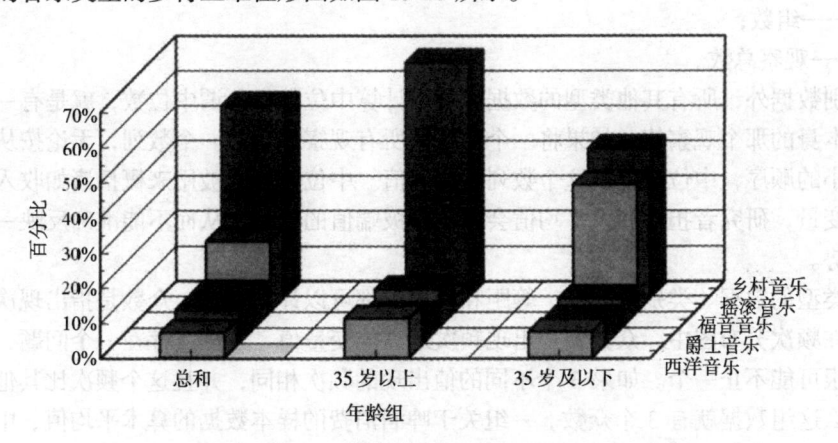

图 13-5　按年龄分组的最常听的音乐类型的多行三维柱形图

13.8　描述性统计

描述性统计是一种能更有效地概括大规模数据特征的方法。在数据分析中，分析人员可算出一个或几个能揭示大规模数据特性的数字。

13.8.1　集中趋势的计量

在开始介绍本节内容前，我们先复习一下第 9 章中数据量表的种类。基本的数据量表共有

4种：类别量表、顺序量表、等距量表和等比量表。类别量表和顺序量表有时被称为非计量量表，而等距量表和等比量表被称为可计量量表。后者及稍后讨论的大多数统计程序要求数据是可计量的，也有一些统计程序是专门为非计量性数据设计的。

反映集中趋势的计量指标有3种：算术平均值、中位数和众数。算术平均值只能由等距或等比（可计量）量表数据计算得出。将某一变量（如年龄）的所有观察值加起来，再除以观察次数，即得出算术平均值。使用调查数据时，也许我们并不知道变量的确切值，但却知道这一变量的值是属于某一类别的。例如，调查中的某年龄段也许是18~34岁。如果一个人恰好属于这一类别，我们不知道这个人的确切年龄，只知道他的年龄是在18~34岁。对于这种分组数据，把各组的组中值乘以相应的单位数，再把求出的各组的总量相加，得出总体的总量，然后用总体单位数除以总体总量，则可得出算术平均值。这个过程可以用下列公式表示：

$$\bar{X} = \frac{\sum_{i=1}^{h} f_i X_i}{n}$$

式中　f_i——第i组的频数；
　　　X_i——第i组的组中值；
　　　h——组数；
　　　n——观察总数。

除类别数据外，所有其他类型的数据都可以计算中位数。所谓中位数，就是有一半的观察值小于它本身的那个观察值。如果将一个变量的所有观察值排成一个数列，无论按从小到大还是从大到小的顺序，中位数都是这个数列的中间值。中位数经常被用来概括诸如收入等变量。对于这些变量，研究者担心算术平均值会受一些极端值的影响，从而不能准确反映一组变量值的集中趋势。

各种类型的数据（类别、顺序、等距和等比）都可以计算众数。众数是指出现次数最多的变量值。在频次分布图中，众数就是出现频次最高的变量值。这样就存在一个问题，即一组数据的众数很可能不止一个。如果3个不同的值出现的频次相同，并且这个频次比其他值的频次都高，那么这组数据就有3个众数。一组关于啤酒消费的样本数据的算术平均值、中位数和众数如表13-10所示。

表13-10　算术平均值、中位数和众数

一次购物中心拦截调查共访问了10位喝啤酒者（平均每天喝1听、瓶、杯或以上）。他们被询问一般每天喝多少听、瓶、杯啤酒。他们的回答概括如下。

被调研人员	每天喝的听、瓶、杯数
1	2
2	2
3	3
4	2

续表

被调研人员	每天喝的听、瓶、杯数
5	5
6	1
7	2
8	2
9	10
10	1

算术平均值=3 听、瓶、杯

中位数=2 听、瓶、杯

众数=2 听、瓶、杯

13.8.2 离散程度的计量

经常使用的反映离散程度的计量指标包括标准差、方差和全距。集中趋势的计量指明了一个变量的典型的值，而离散程度的计量指出了数据的分散程度。只依赖集中趋势计量可能是危险的，这一点可从表 13-11 所示的例子中看出来。注意，啤酒的平均消费量在两个市场是相等的，但市场 2 中的标准差明显大，即数据的离散程度较高。虽然均值相等，但方差的不同意味着二者是有区别的。

表 13-11 离散程度计量和集中趋势计量

考虑表 13-10 中提到的啤酒饮用者，假定在两个市场进行调查，结果如下：

被调研人员	听、瓶、杯数量 市场 1	听、瓶、杯数量 市场 2
1	2	1
2	2	1
3	3	1
4	2	1
5	5	1
6	1	1
7	2	1
8	2	3
9	10	10
10	1	10
算术平均值	3	3
标准差	2.7	3.7

注：啤酒的平均消费量在两个市场是相同的。然而，市场 2 的标准差大于市场 1，这表明市场 2 在数据上更为分散。虽然两个市场的平均值是相同的，但我们可以从标准差提供的附加

信息中看出它们是不同的。

一个调查样本的标准差的计算公式如下：

$$S = \sqrt{\frac{\sum_{i=1}^{n}(X_i - \bar{X})^2}{n-1}}$$

式中　S——样本标准差；
　　　X_i——第 i 个观察值；
　　　$\bar{X}$——样本算术平均值；
　　　n——样本容量。

去掉标准差公式中的平方根符号后得到的是方差。全距等于变量的最大值减去变量的最小值。

13.8.3　百分比及统计检验

从基本数据分析的角度看，调研分析人员面临着是用集中趋势计量（即取平均值、中位数、众数）还是用百分比（指用单向频次表或交叉表）进行数据分析的决断。调查中，被调研人员对问题的回答可以是类别变量也可以是连续变量。职业就是一种类别变量（其中 1 代表专业人士和管理人员，2 代表白领阶层，3 代表蓝领阶层，4 代表其他人士）。对于这种变量，我们唯一能做的就是对各类别做频次和相对百分比的分析。有些变量（如年龄）可以是类别的或连续变化的，这取决于信息资料获取的方式。例如，我们可以问一个人的实际年龄，也可以问他属于哪个年龄段（如 35 岁以下，35 岁及 35 岁以上）。有了实际年龄资料，就可以计算出年龄的平均值。如果用年龄段进行统计，显而易见，使用单向频次分布图或交叉分组表将是最好的选择。不过，连续数据也可以转化为类别数据，而类别数据的平均值可以通过前面提到的计算分组数据平均值的公式估算出来。

统计检验能够告诉我们，两个平均值或两个百分比值的差异是否是偶然因素（抽样误差）造成的（如快餐店中男性和女性的平均消费水平），或者在同一交叉表中两个变量间是否有着显著的关系。

13.9　估计差异和变化

测量是否发生了关键的改变，这一问题是引起调研管理者兴趣的课题。下面是管理者的一些疑问：

1）后测试的品牌认知度比先测试的略高，那么品牌认知度真的提高了吗？或针对这种提高有其他的解释吗？我们应当解雇代理人还是表扬代理人？

2）我们的整体满意度从 3 个月前的 92%提高到目前的 93.5%，这意味着满意度真的提高了吗？我们该庆祝了吗？

3）达拉斯公司的顾客满意度比辛辛那提公司的满意度提高了 1.2%，这说明达拉斯公司的顾客满意度更高吗？辛辛那提的服务主管该被换掉吗？达拉斯的主管该获得奖励吗？

4）最近的一次产品测试中，19.8%的消费者愿意购买该产品。这个结果好吗？这比去年所做的一次类似调研的结果更好吗？这样的结果建议推行新品吗？

5）一个市场细分调研建议，年收入在 30 000 美元以上的顾客平均每月吃 6.2 次快餐，而低于 30 000 美元年收入的顾客会吃 6.7 次快餐。这有区别吗？数字到底告诉了我们什么？

6）在一个认知度调研中，28.3%的应答者听说过我们的产品。这是一个好的结果吗？

这些都是营销人员和市场调研人员永恒的话题。虽然有些厌倦，但统计假设检验对于接近以上问题的最终答案是非常重要的。我们这里说"接近"，是因为这些问题永远不能得到确定的答案。

13.10　统计显著性

统计推断最根本的目的是从抽样调查的结果中归纳出总体特征。统计推断的基本信条是，在数学意义上不同的数字在统计学意义上可能并没有显著的不同。例如，调查人员要求喝可乐的人蒙上眼睛品尝两种不同的可乐并说出自己更喜欢哪种。结果表明，51%的人倾向于被试验产品中的一种，49%的人倾向于另一种。这里有一个数学上的差别，但这种差别极小且并不重要，可能在我们准确判定自己口味偏好能力的误差之内，但它在统计意义上可能并不显著。关于差异有 3 个不同的概念：

1）数学差异。由其定义可知，如果几个数字不完全相同，它们就有差异。然而，这并不能说明差异的重要性及差异在统计上的显著性。

2）统计显著性。如果某一差异大到不可能是由于偶然因素或抽样误差引起的程度，那么这个差异在统计意义上就是显著的。

3）管理意义上的重要差异。如果结果或数字的差异程度从管理角度看是有意义的，那么我们可以说这个差异是重要的。例如，在有关顾客对两种不同包装的反应的调查中，其差异在统计上也许很显著，但却可能小到没有实际意义及管理上的重要性。

下面我们将介绍几种检验调查结果是否具有统计显著性的方法（见市场调研实践）。

市场调研实践

统计精密度是否能验证结论？

市场调研分析中，统计显著性可能具有迷惑性。统计显著性并不意味着这种差异有任何实际意义上的显著性。除了大样本容量之外，还有其他潜在的错误来源可能给调研人员在识别统计显著性差异的时候带来问题。

通常，随机误差和系统误差都会影响统计测量的验证。随机误差引入了误差方差，但是它在应答者中随机发生时并不会给数据带来统计偏差。系统误差始终随应答者而存在，在数据中产生能察觉到的或不能察觉到的误差。产生系统误差的原因有两类：一是抽样误差，它是在选择样本框的过程中产生的；一是测量误差，它是由问卷构建的方式产生的。

（1）抽样误差

抽样误差的3种主要来源是不在有效范围内、拒答和自主选择。

1）不在有效范围内。指某个特定的细分群体不具有足够的代表性。

2）拒答。这种结果产生的原因是不愿意的那部分群体参与了调研项目。

3）自主选择。这种情况产生的原因是应答者控制了调研的完成。比如，在线调研座谈小组成员感到厌倦了，在调研结束前选择了退出。

（2）测量误差

以下6种测量误差会导致随机误差或系统误差：

1）问题解释。应答者可能对含混不清的问题做出不同的解释。

2）应答者假设。暂不论问题的措辞，应答者也仍旧会把个人假设带进去，包括影响他们理解问题的各种变化的外部因素。

3）问题顺序。根据问题在调研中出现的位置不同，应答者也可能会有不同的答案，因为他们的观点可能会受到附近其他问题的想法的影响。

4）方法差异。调研人员必须认识到调研采用的方法可能会带来的潜在问题。

5）归属性用语。调研归属的描述方式可能会引导应答者给出不同的答案。

6）遗漏重要问题。系统误差发生的原因，最常见的是一组问题中至关重要的变量没有被充分覆盖。缺失的变量会对数据分析的结果产生显著影响。

调研人员必须仔细区分随机误差和系统误差，而且必须意识到统计精密度并不是能必然地验证结论。调研人员不应将精力聚焦在统计显著性自身上，他们更需要识别具有管理上的显著性的结论——与战略决策过程相关的结论。比如，给定一个足够大的样本，任何零假设都可能被低估或忽视，而且两个平均值可能在统计意义上不同。一个统计显著性的缺失可能正与任何一个已被论证的统计显著性一样重要。同样地，统计检验应该被用来作为发现实际洞察力的工具，而不是对它们进行定义。

问题：

1．以上描述的误差产生的可能原因中，你认为最容易识别的是哪个？最难识别的是哪个？解释原因。

2．你是否能想到一些方法，帮助调研人员判断研究中出现的统计显著性是否具有管理上的显著性？

13.11　假设检验

假设可以定义为一位调研人员或管理者对被调查总体的某些特征所做的一种假定或猜想。营销调研人员常常要面临这样的问题，即调查结果是否与标准有很大的差别，以便决定公司营销策略的某些方面是否需要改变。让我们看看下面几种情形：

1）一项跟踪调查的结果表明，顾客对产品的了解程度比 6 个月前所做的类似调查中显示的要低。这是否说明结果明显降低？是否低于需要改变广告策略的程度？

2）一位产品经理认为其产品购买者的平均年龄为 35 岁。为检验其假设，他进行了一项调查，结果表明购买者的平均年龄为 38.5 岁。调查结果与经理观点的差别是否足以说明此经理的观点是不正确的？

3）一家快餐连锁店的营销部主任认为她的顾客中 60% 为女性，40% 为男性。对此，她进行了一项调查。调查发现，顾客中 55% 为女性，45% 为男性。调查结果与她原来假设的差别是否足以让她得出"她原来的假设是错误的"这一结论？

所有这些问题都可以通过一定的统计检验来评估。假设检验中，调研人员需要测定一个关于总体特征的假设是否有可能成立。如果假设确实正确，统计假设检验便可以让我们计算出观察到的某一特定结果的概率。

对于一项特定调查结果与假设值之间的差异有两种基本解释：假设是正确的，差异很可能是因为抽样的错误造成的；假设很可能是错误的，真正的数值是另外的值。

13.11.1 假设检验的步骤

检验一个假设主要有 5 个步骤。第一，假设必须被明确。第二，选择适当的统计方法来检验假设。第三，判别标准必须明确，并作为决定是否拒绝或不拒绝（Fail To Reject，FTR）原假设 H_0 的基础。请注意，我们不说"拒绝 H_0 或接受 H_0"，这看似很细微的区别实际上却很重要。我们在后文中进一步论述这一区别。第四，计算检验统计量的值并进行检验。第五，从初始调查问题的角度陈述结论。

1. 陈述假设

假设主要用两种形式表示：原假设 H_0 和备择假设 H_a。原假设 H_0（有时也叫零假设）在检验时和备择假设（有时也叫调查兴趣假设）是相对的。例如，伯格城（Burger City）的经理认为他的服务流程将会使顾客在汽车购物窗前等待 2 分钟。他在随机选取的时间和随机选取的商店对 1 000 名顾客进行观察研究，观察到顾客的平均等待时间为 2.4 分钟。则原假设和备择假设可以表述如下：

原假设 H_0：标准等待时间 ≠ 2 分钟
备择假设 H_a：标准等待时间 = 2 分钟

需要注意的是，这样表示的原假设和备择假设不会都是正确的。调研人员需要用可靠的证据来确定哪种假设更可能是真实的。

2. 选择适当的检验统计量

正如你将在本章后面所看到的，分析人员必须根据调查情况的特征选择适当的统计检验方法。本章将讨论几种不同的统计检验方法及它们适用的情况。表 13-12 为在不同的情况下选择适当的检验方法提供了一定的指导。表中涉及的所有检验方法将在本章中详细论述。

表13-12 统计检验方法及用途

应用范围	子群或样本	测量层次	检验	具体要求	例子
关于频次分布的假设	1个	类别	χ^2	随机样本	对3种不同促销方式反应的差别是否可能归于偶然
	2个或更多	类别	χ^2	随机样本 独立样本	男性和女性对于某种促销方式的反应的差别是否可能归于偶然
关于平均数的假设	1个（大的样本）	计量的（等距或等比）	1个平均值的 Z 检验	随机样本 $n \geq 30$	样本估计平均值与标准的或期望的平均值之间的差别是否可能归于偶然
	1个（小的样本）	计量的（等距或等比）	1个平均值的 t 检验	随机样本 $n<30$	举例同上
	2个（大的样本）	计量的（等距或等比）	1个平均值的 Z 检验	随机样本 $n \geq 30$	观察到的两个子群平均值之间的差别（男性和女性平均收入）是否可能归于偶然
	3个及以上个（小的样本）	计量的（等距或等比）	单向方差分析	随机样本	3个或更多子群（高、中、低收入人群的平均娱乐开销）间平均值的差别是否可能归于偶然
关于比例的假设	1个（大的样本）	计量的（等距或等比）	1个比例的 Z 检验	随机样本 $n \geq 30$	样本估计比例（购买人比例）与标准值或期望值之间的差别是否可能归于偶然
	2个（大的样本）	计量的（等距或等比）	2个比例的 Z 检验	随机样本 $n \geq 30$	两子群间估计比例（大学文化程度的男性和女性的百分比）的差异是否可能归于偶然

3. 确定判定规则

从前面关于样本平均值分布的讨论中可以发现，抽样调查结果与总体参数完全相等的情况几乎是不可能发生的。关键问题是要确定如果统计假设正确，实际样本平均值和假设平均值之间的差异或差别是否是偶然发生的，如100例中只会出现5例。这就需要一个判定规则或标准来决定是否拒绝或不拒绝原假设。统计学家用显著水平来说明判定规则。

显著水平（α）在选择原假设和备择假设的过程中是很关键的。显著水平是指概率太低以至于不能判定原假设可接受，如0.10、0.05或0.01。

如果我们决定检验一项显著水平为0.05的假设，这意味着如果检验表明观察结果（如抽样平均值与期望值之间的差异）由于偶然或抽样误差而发生的概率小于5%，那么我们将拒绝原假设。拒绝原假设等同于支持备择假设。

4. 计算检验统计量的值

这一步中需要做下列工作：

1）运用适当的公式计算所选检验的统计量的值。

2）根据所选的判定规则，把计算出的值（前面的）与统计量的临界值（从适当的表中查得）相比较。

3）依据比较，得出是否拒绝原假设 H_0 的结论。

5. 表述结果

从初始研究问题的角度表述你的结论，以总结检验结果。

13.11.2 假设检验中的错误类型

假设检验中易犯两种类型的错误，它们一般被称为第Ⅰ类错误和第Ⅱ类错误。第Ⅰ类错误发生在如下情形中：调研人员拒绝了零假设，而实际上这样做是正确的，即拒绝正确。调研人员得出这种不正确的结论也许是因为样本与总体值之间的差异是由抽样误差造成的。调研人员必须决定在多大程度上愿意认同第Ⅰ类错误。认同第Ⅰ类错误的可能性被认为是 α 水平。相反地，如果在事实上正确的时候，我们没有拒绝原假设，那么 $1-\alpha$ 将是得出正确结论的概率。

第Ⅱ类错误发生在如下情形中：原假设错误，而调研人员没有能够拒绝它，即接受错误。第Ⅱ类错误被认为是 β 错误。$1-\beta$ 的值反映了在原假设错误的时候，做出正确决定而拒绝它的概率。这些不同的概率如表 13-13 所示。

表 13-13 第Ⅰ类错误和第Ⅱ类错误

原假设的实际状况	不拒绝 H_0	拒绝 H_0
H_0 正确	正确（概率 $1-\alpha$） 没有错误	第Ⅰ类错误（概率 α）
H_0 错误	第Ⅱ类错误 （概率 β）	正确（概率 $1-\beta$） 没有错误

考虑假设检验的不同类型时，我们拒绝或不拒绝原假设的决定，从来都没有 100% 的确定性。我们的结论可能是正确的，也可能是不正确的。前面曾提到，α 的标准是由研究者自己规定的，但这种说法似乎过于简单。实际上，确定的标准时，研究人员必须与客户商讨，必须考虑到对此项目可用的资源，还必须考虑到犯第Ⅰ类错误或第Ⅱ类错误的含意。对 β 的估计比较复杂，已超出我们的讨论范围。而且，第Ⅰ类错误和第Ⅱ类错误并不是互补的，即 $\alpha+\beta\neq 1$。

13.11.3 接受 H_0 或不拒绝 H_0

调研人员经常不能严格区分接受 H_0 和不拒绝 H_0。实际上，这两个决定存在重要区别。检验一个假设时，在 H_0 没有被证明可能是错误的时，一般假定它是正确的。在任何假设检验的情况下,唯一可以被接受的假设是备择假设 H_a。可能有足够的证据支持 H_a(拒绝 H_0),也可能没有(不拒绝 H_0)。真正的问题是,数据中是否有足够的证据证明 H_a 是正确的。如果我们不拒绝 H_0,这只是说我们无法对 H_a 提供足够的支持,并不是说我们接受了 H_0。

13.11.4　单尾检验或双尾检验

选用单尾检验还是双尾检验取决于问题的性质及所要证明的内容。例如,一家快餐店的质量控制部要对刚从一个卖主手中接到的一批原装牛肉进行检测,需要测定其脂肪含量是否符合标准。这时单尾检验较合适,如果没有达到规格,这批牛肉就可以退货。同时,供方肉类公司的经理应该进行双尾检验以测定两个因素。首先,在装船之前必须保证产品达到顾客的最低要求。其次,测定产品是否超出规定的质量,因为超出规定的质量将给公司带来损失。如果公司不断提供超出合同中规定的质量水平的产品,这将会增加成本。

需要双尾检验的典型例子是对电路保险丝的检验。一方面,保险丝在达到预定的温度时必须松下来或断开,否则将会引起火灾。另一方面,不希望保险丝在达到预定的温度前断掉或在不必要的时候切断线路。因此,质量控制过程的检验必须是双尾检验。

13.11.5　独立样本与相关样本

有时,我们也许需要检验这样一种假设,即一个总体中的某变量值和另一个总体中的该变量值相等。这样,在选择合适的统计检验方法时,研究人员需要考虑这些样本是各自独立的还是彼此相关的。独立样本涉及这样的情形,即在一个样本中对我们感兴趣的某一变量的测定不影响在另一样本中对该变量的测定。这里不必进行两次不同的调查,只需要保证对一个总体中该变量的测定不会影响另一个总体中该变量的测定即可。而在相关样本中,对一个样本中我们感兴趣的变量的测定,将会影响对另一样本中该变量的测定。

例如,在一项关于外出就餐频率的调查中,如果分别对男性和女性进行采访,一个男人的回答绝不可能影响或改变一个女人对所调查问题的回答,这是独立样本的例子。又如,假如调研人员需要测定一项新的广告活动对消费者关于某品牌了解程度的影响。为了这个目的,调研人员可以在推出此项新广告活动前,随机地选择消费者进行调查;在新活动推出 90 天后,再调查同一消费者样本。那么,这些样本就不是独立的,因为 90 天以后的调查结果受第一次调查的影响。

13.12　P 值及显著性检验

在本章所讨论的不同检验中,我们都是先设立标准,即显著性水平和相应统计量的临界值,然后计算统计量的值并将其与统计量的临界值进行比较。如果计算所得的统计量的值超过临界值,那么就称被检验的结果在该水平上具有统计显著性。

然而,这种方法未说明计算所得的统计量是由偶然因素引起的确切概率。计算这种概率所需的计算过程是很冗长的。幸运的是,用计算机来处理这一过程就方便多了。这种概率通常被

称为 P 值。P 值是指根据计算所得的值所能满足的统计（而非管理意义的）显著性水平的最高标准。我们可以在计算机统计软件包输出结果中看到如下符号，这些符号用来识别可能由偶然因素引起的假设总体参数与观察到的检验统计量之间存在巨大差距的概率。

- P 值
- ≤PROB
- PROB=

P 值越小，观察结果是由偶然因素（抽样误差）引起的概率就越小。

小结

调查问卷回收完毕后，还要进行如下 5 个步骤：① 质量检控；② 编码；③ 数据录入；④ 数据自动清理；⑤ 制表和统计分析。这一过程中的第一步非常关键，必须确保调查资料的真实完整，否则就会应验那句老掉牙的谚语——"进垃圾出垃圾"。质量检控阶段首先要做的是确认问卷的有效性，也就是尽可能地确定每份问卷都是有效问卷。"有效"在这里指调查是以适当的方式进行的，因此确认的目的是检察采访人员是否有欺骗行为或是否严格遵循了调查程序。这项工作包括对每位采访人员所做的调查中一定比例的被调研人员进行回访。确认工作完成后，便进入编辑阶段。编辑涉及检查采访人员和应答者的失误、确保每个需要回答的问题都有答案、正确执行了跳答模式、对开放式问题的回答做了适当记录。

编辑工作完成后就要给开放式问题进行编码。调查问卷上的大部分问题是封闭式的且预先编过码的，也就是说对这类问题的不同答案事先设定了编号。至于开放式问题，调研人员事先并不清楚答案将会是什么，因此编码员必须通过列出开放式问题的真实答案并将其合并，然后为合并后的类别设定数字代码的方式为每一类答案设定数字代码。编码单创建好之后，所有的问卷都会以编码单上的类别为依据进行编码。

接下来是录入数据。当今绝大多数的数据录入都是通过能检验数据内部逻辑的智能数据录入系统完成的，数据一般直接由问卷录入系统。光学扫描技术的新进展，使数据自动录入方式对小型调查项目来说在成本上也是合算的。

数据的自动清理是最后的、计算机化的错误检查。错误检查程序和边际报告可以完成这项任务。错误检查程序检验是否遇到了特定条件。

整个过程的最后一步是根据数据制表。最基础的表格是单向频次表。单向频次表能显示出就每一问题被调研人员中给出每一个可能答案的人数。

统计计量对于数据分析而言更为重要。最普通的统计计量是对集中趋势的计量，包括算术平均值、中位数和众数。把某一特定变量的所有观察值加总，再除以观察的次数，就可得到算术平均值。它只适用于等距或等比数据。中位数是指处于中间位置的观察值，有 50%的观察值比它小。中位数适用于除类别数据外的所有类型的数据。众数是指发生频次最高的数据值，它适用于任何类型的数据。迄今为止，算术平均值是反映集中趋势的最常用的计量指标。

除了集中趋势外，调查人员也需要了解数据的离散程度。离散程度的计量指标有标准差、方差和全距。

做出统计推断的目的在于把样本结果推广为总体特征。与差异相关的3个概念是数学差异、管理意义上的重要差异和统计显著性。

假设是指研究人员或管理者对被调查总体的某些特征做出假定或设想。研究人员通过检验可以推断出与总体特征有关的假设是否有效。如果所陈述的假设是真实的，统计假设检验还能使研究人员计算出观察到的特定结果的概率。在假设检验中，首先要明确陈述假设，其次要选择合适的统计工具以检验假设，之后规定是否接受假设或拒绝假设的判定规则。假设检验主要有两类错误，分别叫作第Ⅰ类错误（α错误）和第Ⅱ类错误（β错误）。第Ⅰ类错误是拒绝了零假设，但实际上这样做是正确的；第Ⅱ类错误是没有拒绝零假设，但实际上备择假设是正确的。最后，计算检验统计量的值，并做出概括检验结果的结论。

关键术语及其定义

确认（Validation） 确定调查是否按事先规定程序进行的过程。

编辑（Editing） 确定所有的问卷都完整有效的过程。

跳答模式（Skip Pattern） 要求根据被调研人员对前面问题的回答而跳过某些问题。

编码（Coding） 为某一问题的不同答案分组并分配数码的过程。

智能数据录入（Intelligent Data Entry） 通过数据录入设施或与之连接的机器对录入数据的信息进行逻辑检查。

数据自动清理（Logical Cleaning of Data） 计算机对数据错误的最后清查。

错误检查程序（Error Checking Routines） 可接受用户指令检查数据逻辑错误的计算机程序。

单向频次表（One-way Frequency Table） 显示对某一问题每种回答出现次数的表格。

交叉分组表（Cross Tabulation） 检测对一个问题的回答与对另一个或几个问题回答之间的联系。

平均值（Mean） 把某一变量的所有观察值加总，再除以观察次数所得的值。

中位数（Median） 有一半的观察值小于它的观察值的那个数。

众数（Mode） 出现最频繁的数值。

数据录入（Data Entry） 把信息转为计算机能够阅读的过程。

扫描技术（Scanning Technology） 一种问项答案被数据录入设备自动读取的数据录入形式。

第Ⅰ类错误（Type Ⅰ Error） 拒绝了零假设，而实际上它是正确的。

第Ⅱ类错误（Type Ⅱ Error） 没有能够拒绝错误的原假设，但实际上备择假设是正确的。

假设（Hypothesis） 调研人员或管理者做出的关于被研究总体的某些特征的假定或设想。

独立样本（Independent Samples） 在一个样本中对某个总体变量的测量不会影响到在另一样本中对该变量的测量的样本。

相关样本（Related Samples） 对某一样本中某个总体变量的测量会影响到在另一样本中该变量的测量的样本。

P值（P value） 由于偶然因素引起的计算所得的检验统计量出现的概率。P值越小，被测观察结果随机出现的概率就越小。

复习思考题

1. 测量效度和采访验证有什么区别?
2. 假定采访人员史密斯完成了 50 份问卷的调查任务。调研公司对其中的 10 份调查问卷进行确认。通过与被调研人员电话联系,询问被调研人员一个有关态度的问题和两个有关人口统计特征的问题。有一份问卷,被调研人员称其年龄属于 30~40 岁这个年龄段,但调查问卷上标明的却是 20~30 岁这个年龄段。在第二份问卷上,当被调研人员被问及"市政府面临的最重要问题是什么"时,采访人员写的回答是"市政府急于提高税率"。当对这份调查问卷进行确认时,被调研人员说"该城市的税率过高"。作为一名审核人员,你认为该采访人员是否诚实?是否可以认为这 50 份问卷均有效并可以接受?如果答案是否定的,你将如何做?
3. 编辑过程是什么意思?如果开放式问题的信息不完全,是不是允许编辑把自认为被告知的答案的意思填上?为什么?
4. 请举一例有跳答式问题的问卷。为什么说严格遵循跳答模式是十分重要的?
5. 从一定程度上来说,开放式问题的编码是一项艺术。你同意这种说法吗?为什么?假如在对大量的问题进行编码之后,调研人员注意到许多答案都是"其他"。这意味着什么?怎么改正这个问题?
6. 数据自动清理的目的是什么?给出几个数据自动清理的例子。你认为自动清理数据费用昂贵且无必要进行数据自动清理吗?为什么?
7. 人们常说,有两个变量的交叉分组表比两个简单的单向频次表更能为调研人员提供丰富的信息。为什么这么说?请举一个例子。
8. 请举一个关于"单向频次表中各种选择百分比的基数"的例子,并解释选择各种基数的依据。
9. 解释平均值、中位数、众数,并举例说明。
10. 解释下列概念:① 数学差异;② 管理重要性差异;③ 统计显著性。你认为是否存在缺乏管理重要性但具有统计显著性的结果?为什么?
11. 列出假设检验的步骤,解释原假设和备择假设的区别。
12. 区分第Ⅰ类错误和第Ⅱ类错误,说明二者之间的关系如何。

网络在线

1. 访问网站 www.ats.ucla.edu/stat/mult_pkg/whatstat/default.htm,阅读在使用不同的统计软件包时,如何为特定问题选择正确的统计测试。

2. 许多统计程序都可以在 Excel 中完成。访问 http://pages.stern.nyu.edul~jsimonof/classes/1305/pdf/excelreg.pdf,其中有许多很好的例子。将其中一个例子应用于你已有的数据上,或者书中的数据、你自己编的数据,观察它是如何在特定问题上起作用的。

市场调研实践

精华护理

精华护理是俄亥俄州的哥伦布和托莱多市场上的一个由 12 家紧急医疗诊所组成的医疗集团。精华护理的管理层正在考虑一项沟通运动，旨在依靠无线广告来宣传它在市场上的品牌形象和知名度。广告代理商 Dodd and Beck 被选定来运作这项活动。目前，计划聚焦在精华护理富有经验的一线专业保健人员上。

目前正在考虑的广告主题有两个。一个主题（我们准备好了！）主要集中在精华护理员工的特殊培训上；另一个主题（所有专家——随时都在）主要集中在精华护理的理念上，即每个精华护理点都有最好的专家随时恭候。Dodd and Beck 的调研小组针对消费者进行了一项调查，以评估这两项活动的吸引力。总体结论和以性别、地点分类的结论如下表所示：

	总计	性别 男	性别 女	地点 哥伦布	地点 托莱多
总 计	400	198	202	256	144
	100%	100%	100%	100%	100%
更喜欢"准备"项目	150	93	57	124	26
	37.5%	47.0%	28.2%	48.4%	18.1%
更喜欢"随时"项目	250	105	145	132	118
	62.5%	53.0%	71.8%	51.6%	81.9%

问题：
1．总体上看哪一个主题更具吸引力？请说明原因。
2．活动的吸引力在男性和女性间有什么不同？你得出该结论的依据是什么？
3．活动主题对哥伦布和托莱多的居民是否具有相同的吸引力？为什么？

SPSS 练习

练习 1：数据的自动清理

1）到 www.wiley.com/college/mcdaniel 网站上下载"看电影的大学生市场细分"数据库到 SPSS 窗口。这个数据库有几个错误需要你进行改正。在 SPSS 数据编辑中，转到变量视图选项并留意每个变量的计算机编码。

2）从同样的网站上下载一份"看电影的大学生市场细分"问卷。和 SPSS 数据编辑中变量视图一样，注意每一个变量的计算机编码。这些信息对发现数据库中的错误非常重要。

3）在 SPSS 数据编辑里，按照分析—描述性统计—频率的操作顺序获得数据库中所有变量的频率。

4）从 SPSS 界面的输出过滤上，确定哪些变量有输入错误。使用下面的模板作为总结错误的指导。

| 问卷编号 | 含有错误的变量 | 错误值 | 正确值 |

回到 SPSS 数据编辑的数据视图界面。

5）另一个可能的错误源在你下载的问卷中的问题 8 中。在这个问题中，答案的总和应该是 100%。首先，为问题 8 创建一个求和变量（Q8a+ Q8b+ Q8c+ Q8d），按照转换—计算的操作顺序来检查错误。接下来，为 Q8 合计计算频率分布。若值不是"100"，则表明有输入错误。（这样的错误可能是由应答者整体百分比不足 100 引起的，但是在该项数据自动清理联系中，假定它是输入错误。）最后，用上面的模板总结错误。

6）在含有错误的变量总结完了以后，回到 SPSS 数据编辑的数据视图界面。把指针放在每一个含有错误的变量上，使用 Ctrl+F 功能来发现发生错误的问卷编号。这时，你需要修正后的数据库或者没有错误的数据库。你的老师有获得这个无错误数据库的权限。在拿到修正数据库之后，用正确值完成上面第 4 题的表。然后，改动你的数据库，以便有一个无错误的数据库。改正完错误之后，要确定你的数据库被重新保存了。

7）完成数据的自动清理后，重新运行分析—描述性统计—频率顺序，以获得修正数据库的频率分布。

8）在回答"练习 2"和"练习 4"的问题时，你将会用到该练习的结论。

练习 2：用频率分布分析数据

如果你没有完成"练习 1"，则需要从你的老师那里获取修正数据库。获得修正数据库之后，用分析—描述性统计—频率的顺序获得你的数据库中除问卷编号（QNO）之外所有变量的频率分布。

如果完成了"练习 1"，你就会得到一个修正数据库。该数据库由其中每个变量的频率分布所组成。

回答下列问题：

1）在过去 1 年中，所有应答者中有多大比例的人至少看了一次电影？

2）看电影时，所有应答者中从来不买食品的人的比例是多少？

3）生成一个表格，该表格表明了所有应答者中认为问卷中的问题 5——关于电影院条目的每一项都"很重要"的人的比例。请列出按降序排列的前 5 项电影条目（以回答非常重要的比例最高的电影条目为起点）。下表是一个例子。

电影条目	应答者比例
比例最高的电影条目	75.0%
比例第二高的电影条目等	39.2%

4）多大比例的应答者认为"报纸"是关于电影院放的电影的一个"非常重要"的信息来源？

5）多大比例的应答者认为"网络"是关于电影院放的电影的一个"非常重要"的信息来源？

6）通过观察 Q8a、Q8b、Q8c 和 Q8d 的答案分布，指出哪一个是电影票最受欢迎的购买选项？

7）生成一个表格，在其中降序列出认为每一个电影院信息来源（Q7）"非常重要"的应答者比例。下表是一个例子。

电影院信息来源	表明非常重要的应答者比例
网络	55%
报纸	31%

练习 3：用描述性统计分析数据

如果你没有完成"练习 1"或"练习 2"，则需要从你的老师那里获取修正数据库。这项练习的目标是使用集中趋势计量和离散计量分析数据。在分析均值和标准差时，按照分析—描述性统计—描述性统计分析的顺序进行。在分析中值和模式时，按照分析—描述性统计—频率的顺序进行，并选择统计。你会看到包含所有 3 个变量（均值、中值和模式）的集中趋势结果。

问卷中，问题 5 利用四级评定量表（如下图所示）。这是一个平衡量表，可以用来生成等距量表或数值型数据。根据之前所述，使用 SPSS 来计算问题 5（Q5a—Q5i）中所有变量的均值和标准差。

非常不重要	有点不重要	有点重要	非常重要
1	2	3	4

回答下列问题：

1）只对每个变量使用均值，哪一个电影院条目被认为是"最重要的"？

2）只对每个变量使用标准差，哪一个问题回答"同意"的人最多？（提示：关于电影条目回答的离散程度最低）

3）问题 4 和问题 6 使用了会生成非数值型数据的多选问题，但它是顺序量表。集中趋势分析对非数值型数据的适合测量值是中值和模式。

a. 考虑一个人在电影院中在食品或饮料上的花费，问题 4 的回答的中值是什么？

从来不在电影院买食品	花费 7.49 美元	花费 7.50～14.99 美元	花费 15 美元及以上
（0）	（1）	（2）	（3）

b. 考虑问题 6，即一个人会开车去看"大屏幕"电影的距离，对该问题回答的分布模式是什么？

0	1～9 英里	11～24 英里	25～49 英里	50 英里及其以上
（0）	（1）	（2）	（3）	（4）

4）这个问题的目的是比较 Q3 答案的中值和均值。

a. 回答的均值：_____

b. 回答的中值：_____
c. 标准差：_____
d. 回答的最小值：_____
e. 回答的最大值：_____

5）当对一个问题的回答含有极端值的时候，回答的平均值就会回答分布的上四分位或下四分位。这样的情况下，中值就会成为比均值更好的指示回答平均值选择。根据上面你所回答的问题 4 获得的信息，你认为均值或中值是否对 Q3 回答的平均值有更好的代表性？

练习 4：用图表分析人口统计数据的特征

如果你完成了"练习 1"或"练习 2"，你会获得完成该练习所需的信息。

如果你既没完成"练习 1"，也没完成"练习 2"，则需要从你的老师那里获得一个修正的软饮料数据库。获得数据库之后，按照分析—描述性统计—频率的操作顺序获得人口统计问题（问题 11~14）的频率分布。

回答下列问题：

1）展开表内 4 个人口统计变量中每个变量的人口统计数据。

2）针对每个人口统计变量，用数据的某种类型的图表代表性地阐明表中的结果。

提示：精通 Excel 的同学可能想把数据库粘贴到 Excel 电子数据表中，以生成人口统计变量的图表。

练习 5：用交叉分组表分析法分析数据

提示：如果你目前还没有完成第 13 章中的任何一项 SPSS 练习，则需要从你的老师那里获得一个修正后的数据库。

首先，按照分析—描述性统计—交叉表的操作顺序获得交叉分组的结果。接着，点击"单元格"图标，确定观测的、期望的、总计的、行和列都核对过了；然后点击"统计"图标并核对卡方检验。一旦开始运行分析，在卡方检验分析的输出上，你只需要皮尔森卡方检验统计来评估交叉分组的结果是否具有统计显著性。

在这个练习中，我们将对去电影院看电影的人在人口统计特征上是否和那些不去的人不同进行评估。按下面的变量分组运行交叉分组分析：

a. Q1&Q11
b. Q1&Q12
c. Q1&Q13
d. Q1&Q14

只利用样本数据回答问题 1~6，不要考虑卡方检验测试的结果。

1）不在电影院看电影的男性比例是多少？
2）在所有应答者中，是非裔美国人且不在电影院看电影的人的比例是多少？
3）不在电影院看电影的应答者中，19~20 岁的人的比例是多少？
4）哪个分组的人最喜欢在电影院看电影？

5）哪个年龄组最不喜欢到电影院看电影？

6）高加索人比非裔美国人更不喜欢去电影院吗？

对于问题 7，其目的是确定去电影院的人和不去电影院的人，以及他们的人口统计特征在统计学意义上是否显著不同。我们通过使用对个体样本的卡方检验测试结果来实现这个目的。

7）对交叉分组表的每一组进行卡方检验评估。构建一个表格来总结结果。下表是一个例子。

变量	皮尔森卡方检验	自由度	显著性	解释
Q1［去不去电影院看电影&Q12（性别）］	2.71	1	0.10	基于样本结论，在去不去电影院看电影的倾向上，男性和女性显著不同的信度是 90%

练习 6：独立样本的 t/z 检验

按照分析—均值比较—独立样本 t 检验的操作顺序完成这项练习。这项练习就用来寻找电影院的电影的信息来源对男性和女性进行比较。SPSS 使用了均值被计算为测试变量的变量和我们用来分类答案的分类变量。

提示：在统计中，如果一个样本的观测值少于 30，则我们会进行 t 检验。如果有 30 个或者多于 30 个的观测值，则我们进行 z 检验。因为 t 检验值和 a 检验值在实质上是一样的，所以 SPSS 只参考了 t 检验。

回答下列问题：

t 检验的结果会生成一个仅基于样本数据的组统计表格。t 检验生成的其他表格中有来自我们能够确定的样本结果是否能推广到样本数据来源的总体的统计数据上。如果 t 检验是显著的，则我们可以使用组统计来确定计算结果的细节。例如，一个显著的 t 检验可以告诉我们，男性和女性关于他们把报纸作为信息来源的重要性上的不同，但是组统计会告诉我们"谁"认为它最重要。

从样本数据中可以发现，在通过以下途径获取电影院的电影信息的不同来源的重要性认知上，男性和女性不同。我们是否可以通过这种说法把结论推广到总体上？

1）报纸（Q7a）？

2）网络（Q7b）？

3）打电话给电影院了解信息（Q7c）？

4）电视（Q7d）？

5）朋友或家人（Q7e）？

你可能会想使用下表所示的模板来总结 t 检验的结果。

变量	显著性差异的变量问题	显著性差异的均值问题	对结论的解释
Q12（性别）&Q7a（报纸）	0.000	0.035	基于样本结论，在把报纸考虑为获取电影院电影信息的来源的

续表

变量	显著性差异的变量问题	显著性差异的均值问题	对结论的解释
			重要性上（均值测试），男性和女性显著不同的信度是96.5%。在对每个性别的回答差异上，男性与女性显著不同的信度是100%

练习7：独立样本的ANOVA测试

按照分析—均值比较—单尾ANOVA测试的操作顺序生成ANOVA测试，以完成这项练习。这项练习对大一新生、大二学生、大三学生、大四学生和毕业生进行了比较，以测试他们对几个电影院条目重要性评价的回答的显著性差异。针对ANOVA测试，SPSS采用了均值被计算为独立变量的变量和用来分类答案的因子变量。点击选项图标并核对描述性统计分析，以便输出按照样本数据中的学生分组生成答案的均值。

正如t检验一样，ANOVA测试会基于样本数据生成一个描述性统计分析表格。如果ANOVA测试是显著的，则描述性统计分析可以用来确定哪个选项最重要，如哪个组的学生认为舒服的座位最重要。

回答下列问题：

在样本数据中，我们是不是可以说，学生分组在其赋予以下电影院条目的重要性上存在显著差异，并将这个结论推广到总体中？

1）电影院的电子游乐场（Q5a）。

2）软饮料和食品（Q5b）。

3）足够的休息室（Q5c）。

4）舒服的椅子（Q5d）。

5）礼堂式座位（Q5e）。

6）电影院的屏幕尺寸（Q5f）。

7）音响系统的品质（Q5g）。

8）一个电影院的屏幕数量（Q5h）。

9）干净的休息室（Q5i）。

10）只使用描述性统计分析，哪一个分组（Q13）对干净的休息室（Q5i）赋予了最小程度的重要性？

11）只使用描述性统计分析，哪一个分组（Q13）对音响系统的品质（Q15）赋予了最大程度的重要性？

用类似下面的表格来总结ANOVA分析的结论。

变　量	自由度	F 值	无意义概率	对结论的解释
Q5a（电子游乐场的重要性）&Q13（学生分组）	4.461	12.43	0.001	基于样本结论，在电影院里的电子游乐场的重要性上，学生分组间存在显著差异的信度是 99.9%

第 *14* 章

更加强大的统计方法

> **学习目标**
> - 理解更加强大的统计方法的本质。
> - 理解如何适当地应用本章介绍的统计程序。
> - 意识到每种程序的潜在缺陷。
> - 学会解释每种统计方法的结论。

计算机硬件和软件的进步,为相对容易地使用强大的统计程序来分析大量而复杂的数据这一卓越非凡的发展奠定了基础。本章所讨论的强大程序在数据分析的革命中意义重大。与掌握该领域技能的人们对口的工作市场的火热状况将会在接下来的"市场调研实践"中进行讨论。

市场调研实践

统计工作者:未来的热门职业

随着近年来数字化数据的快速发展,统计和数据分析领域的专业人员变得越来越受青睐。在谷歌和 IBM 这样的一流公司中,拥有统计学博士学位的新人可以获得起薪高达 125 000 美元的工作。在一个几乎任何事情都可以检测和度量的世界中,借由先进的数据分析技术而开发的应用程序创造了大量的市场机会。

这些专业人员中,最关键的是统计工作者。所有源数据,在其含义确定之前本质上都是无用的。这就是公司要求统计员将这些源数据埋藏的宝藏转化成可应用并随时备用的信息的原因。例如,谷歌雇用统计员来持续发现提高其搜索算法的新途径。统计分析师不断升级谷歌的爬虫软件,这些软件被用来更新谷歌的搜索索引。分析方法的改善有利于帮助软件更好地从休眠状态的网站中识别更加频繁更新的网站。因为谷歌的业务操作规模巨大(相同业务操作运行十亿或万亿次),即使渐进方式的提升改善也能产生显著的效果。

借助于其商业分析和最优化的服务部门,通过向其他公司提供数据挖掘和分析服务的方式,IBM 也在寻求利用该领域优势的方法。该部门起初由 200 名 IBM 的一流数学家、统计员和研究员组成,但公司计划通过培训和雇用新成员的方法将这支专业队伍扩充到了4 000人。

然而,像很多统计工作者所指出的那样,统计学的应用也充满挑战。如果分析不谨慎,则大量可获得的数据会推翻统计模型,甚至数据间的强统计相关却并不能有效表明因果关系。尽管如此,随着可获得数据剧增态势的持续,识别数据中数学意义上的不规则关系的能力也创造了大量的市场机会。但企业还是需要具备适当的解释这些异常状况的技能,这也是它们需要最优秀的分析师和统计员的原因。这些技能正在快速地变成致富的法门!

问题:

1. 你最近看到过统计和数据分析被应用在哪些你不曾预料到的地方吗?它是如何应用的?
2. 一流公司发现,许多有才能的分析师和统计员事实上拥有其他学科背景,如经济、数学、计算机科学等。你认为这些学科与数据分析有什么联系?

本章我们将讨论5种统计程序:
- 相关分析。
- 回归分析。
- 群分析。
- 因子分析。
- 联合分析。

你可能在统计学入门的课上学过回归分析。其他的程序相对而言更新、学习、使用的范围更小。这些统计程序的概要说明如表14-1所示。

表14-1 本章统计程序简要说明

相关分析	度量某一变量的变动程度与另一变量的变动程度之间的关联强度
回归分析	使研究人员能够基于多个自变量的水平预测某一自变量的重要程度
群分析	识别群体内均匀而群体间存在差异的小群体成员或物品的程序
因子分析	通过识别数据中的基础特征而允许分析师将一组变量减少成一组更小的因子或混合变量
联合分析	提供消费者把不同的产品特征和属性相联系并进行评价的基础

尽管对这些技能的认知还远远没到普遍的程度,但它们已经存在了数十年并被广泛地应用于各种商业活动中。Fair Isaac公司已经围绕这些技术的商业化使用开拓了广泛的业务。该公司及其客户都发现,它们可以准确地预测哪些人会按时付账、哪些人付账较迟及哪些人根本不付账。联邦政府使用基于该公司分析基础上的机密准则来识别逃税者。Fair Isaac同时表示它们的分析结果能够帮助识别最优销售预期。

14.1 统计软件

本章所讨论的各种程序对计算机要求非常多。作为一种实践,运行各种不同模式的分析方法提出了对计算机和适用软件的需求。直到20世纪80年代末,本章所讨论的分析方法中的大多数才实现了在大型主机和微型电脑上的运行，因为个人电脑在功率、内存、存储容量和可选用的软件范围上比较受限制。可喜的是，那些限制因素只存在于过去了。现在，个人电脑的功率足够处理一个市场调研人员可能会遇到的任何问题。大多数问题可以在几秒钟内解决，并且有大量可供选择的优秀 Windows 软件来满足先进统计分析的需求。其中，SPSS 是专业市场调研人员使用最为广泛的软件。

SPSS 包含了全系列的软件模块，包括集成数据库创建和管理、数据转换和操作、制图、描述性统计和多元过程。它拥有操作简单的图形化界面。SPSS 产品线的详细信息可以在 www.spss.com/software/statistics 和 www.spss.com/software/modeler 上找到。

14.2 相关分析

14.2.1 数值型数据的相关：皮尔森的积差相关

相关是指某个变量（自变量）的变化与另一个变量的变化在多大程度上相关联。当关联是在两个变量之间时，此时分析成为简单或二元相关分析（Correlation Analysis），而对于数值型数据则成为皮尔森积差相关（Pearson's Product-moment Correlation）。

在二元回归的例子中，我们使用决定系数（Coefficient of Determination）R^2 作为测量 X 和 Y 之间的线性关系强度的工具。另一种描述性的测量被称为相关系数（Coefficient of Correlationship）R，用来描述 X 和 Y 之间的关联程度。它是用适当符号（+或−）标注的决定系数的平方根。R 值在-1（绝对负相关）到+1（绝对正相关）之间变动。R 越接近 ±1，X 和 Y 之间的关联程度越强。如果 R 等于 0，则 X 和 Y 之间没有关联。

14.2.2 相关分析的例子

Stop 'N Go 最近进行了一项旨在测量经过一个特定的商店的车流量对该店年销售额的影响的调查。为了控制其他因素，调研人员确定了 20 家商店。经过这些商店的车流量比所有其他已知变量（如建筑面积、停车量、附近地区的人口统计因素）对商店销售额的影响都显著这个特定分析是 Stop 'N Go 为确定和量化影响商店销售额的不同因素的影响效应的总项目中的一部分。其最终目标是建立一个模型，该模型能够过滤潜在商店选址，并且能够基于实际购买和商店建设挑选出那些能产出最高销售水平的地点。

确定了这 20 家店之后，Stop 'N Go 连续 30 天跟踪了每家店每天的交通量，并且从内部记录来看，公司获得了这 20 家店每家前 12 个月的总销售额数据（见表 14-2）。

表 14-2 年销售额及平均日车流量

商店编号	以千计的日车流量（X）	以千美元计的年销售额（Y）
1	62	1 121
2	35	766
3	36	701
4	72	1 304
5	41	832
6	39	782
7	49	977
8	25	503
9	41	773
10	39	839
11	35	893
12	27	588
13	55	957
14	38	703
15	24	497
16	28	657
17	53	1 209
18	55	997
19	33	844
20	29	883

在这个案例中，相关系数 0.896 表明平均日车流量和年销售额之间正相关。换言之，连续的高水平的销售额与连续的高水平的车流量相联系。

完成书中提到的相关分析需要进行的步骤和输出过程如图 14-1 所示。使用 Correx 数据集，可以从本书网站上下载。

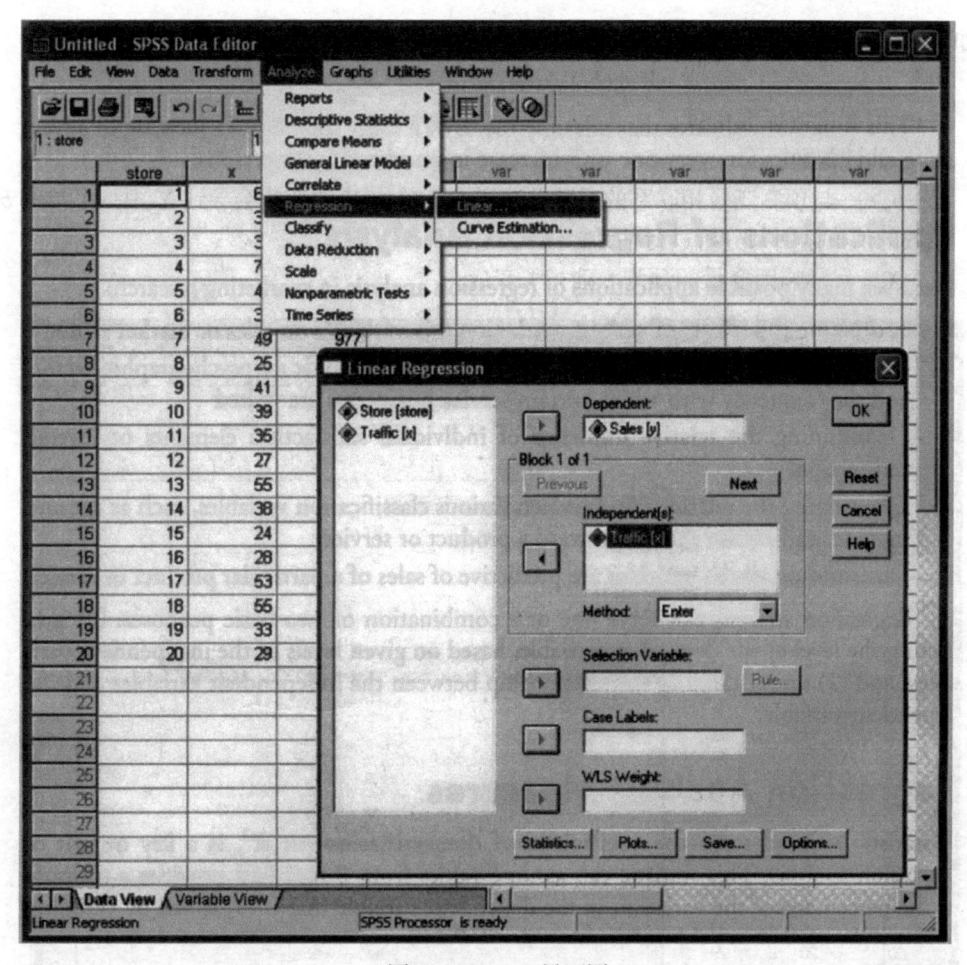

图 14-1　SPSS 界面图

SPSS 步骤：
1. 选择分析（Analyze）→回归（Regression）→线性（Linear）。
2. 把 y 移到因变量处。

14.3　回归分析

当研究人员的目标是检查两个或更多指标预测（独立）变量与一个度量因变量（标准变量）之间的关系的时候，通常使用回归分析。如本部分后面描述的那样，特定情况下，在作为二进制变量进行记录的时候，名义预测变量也可以使用。

回归分析是二元回归的延伸。多元回归分析适合多元情况下的观测，而不是二元情况下的线性观测。通过多元回归分析所获得的结果及其解释在本质上与二元回归相同。回归的一般方程式如下：

$$Y=a+b_1X_1+b_2X_2+b_3X_3+\cdots+b_nX_n$$

式中　Y——因变量或标准变量；

　　　a——估计常数；

　　　b_1—b_n——与预测变量相联系的系数，这样一个单位 X 的变化会导致 Y 中一个单位 b 的变化；系数的值根据回归分析进行估计；

　　　X_1—X_n——影响因变量的预测（独立）变量。

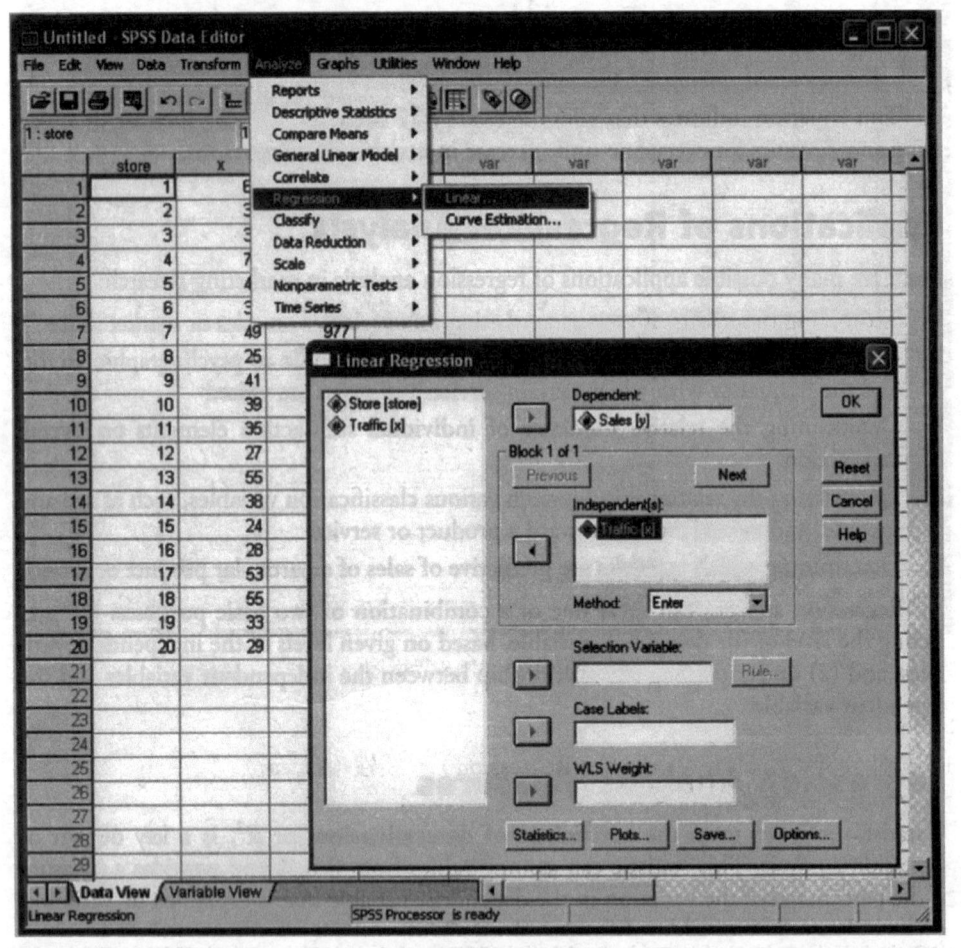

例如，考虑如下的回归等式（其中 a、b 的值已经通过回归分析的均值估算出来了）：

$$\hat{Y}=200+17X_1+22X_2$$

式中　$\hat{Y}$——估计的单位销售额；

　　　X_1——广告费用；

　　　X_2——销售人员的数量。

这个等式表明，广告费用每增加 1 个单位，销售额会增加 17 个单位；而销售人员的数量每增加 1 个单位，销售额会增加 22 个单位。

14.3.1 回归分析的应用

市场调研中，回归分析有多种应用方式：
- 估测各种营销组合变量对销售或市场份额的影响。
- 估测各种人口统计因素或心理变量和某种特定服务的购买频率之间的关系。
- 判断个体满意因素对整体满意的相对影响。
- 量化各种类型的变量间的关系，如年龄和收入，以及针对某产品或服务的大体态度。
- 判断哪些变量能够预测某特定产品或服务的销售额。

回归分析服务于一个或两个基本目标的组合：① 根据给定的自变量的水平预测因变量的水平；② 理解自变量和因变量之间的关系。

14.3.2 回归分析的方法

统计值决定系数或 R^2 是回归分析的核心产出。这种统计值可以假设取从 0 到 1 的值，反映了由自变量解释的变化在因变量变化中的比例。例如，如果一个给定的回归分析中 R^2 的值是 0.75，这意味着因变量中 75 的变化是由自变量的变化解释的。分析师总是喜欢趋近 1 的 R^2。通常，在一个回归模型中增加变量是为了观察它们对 R^2 的值有什么影响。

b 值或者叫回归系数（Regression Coefficients），是个体自变量对因变量影响的估计值。它适于确定每个单独的 b 值都是偶然的结果的可能性。这种计算是几乎所有的统计软件包都会提供的结果的一部分。这些数据包在拒绝零假设 $b_n=0$ 的前提下计算错误的概率。

14.3.3 虚拟变量

某些情况下，分析师需要把名义上按等级安排的自变量（如性别、婚姻状况、职业和种族等）统括在一个多元的回归分析中。虚拟变量（Dummy Variables）就是为此目的而创造的。二分名义上按等级安排的自变量可以通过给一个值编码 0（如女性）而给另一个值编码 1（如男性）的方式转化成虚拟变量。对假定有 2 个以上值的名义上按等级安排的自变量，就要求进行一些微调。这里考虑一个有 3 种可能性答案的种族群体问题：非裔美国人、西班牙人和高加索人。对答案的二元或者虚拟变量编码要求使用两个虚拟变量，即 X_1 和 X_2，具体编码如下：

	X_1	X_2
如果是非裔美国人	1	0
如果是西班牙人	0	1
如果是高加索人	0	0

14.3.4 潜在用途和解释问题

分析师必须对可能在使用和解释回归分析结论时遇到的某些问题足够敏感。下面对这些问题进行简要概述。

（1）共线性

回归分析的一个核心假设是自变量之间是非（线性）相关的。如果它们相关，则预测的 Y 值就是无偏差的，而估计的 B 值（回归系数）的标准误差会被夸大，B 值会变得不准确、不稳定。比预期系数更大的 b 值会被比预期系数更小的其他值所补偿。这就是为什么在共线的情况下我们仍然能获得可靠的 Y 的估计值和变号，以及大幅度波动的 b 值的原因。

检查共线性的最简单的办法就是检查表明分析中各变量间相关的矩阵。一种经验法则是寻找自变量间的相关系数是 0.30 或更大的矩阵。如果这个量级的相关系数存在，那么就需要检验 b 值是否失真。方法之一是先计算包含 2 个及以上的共线变量的回归，然后计算个体变量的回归。回归等式中包含所有变量的 b 值应该与分别计算变量的 b 值相似。

处理共线性的方法多种多样，最常用的有两种：一是如果两个变量之间高度相关，则放弃其中之一；二是用某种方式把这些相关变量进行组合，组成一个新的符合自变量，以便在之后的回归分析中使用。

（2）因果关系

尽管回归分析可以表明变量间是相互联系或相关的，但它并不能证明因果关系。因果关系只能用其他方式证明（见第 8 章）。自变量和因变量之间存在因果关系的证明必须有强大的逻辑和理论基础做支撑。然而，强大的逻辑基础和支持相关的统计学结论也不过是因果关系的指示器而已。

（3）缩放系数

只有在单位一致或者数据已经被标准化的情况下，与各自变量相关回归系数的量级才可以进行直接比较。考虑下面的例子：

$$\hat{Y} = 50 + 20X_1 + 20X_2$$

式中　$\hat{Y}$——估计的销售量；

　　　X_1——以千美元计量的广告费用；

　　　X_2——销售人员数量。

乍看上去，似乎广告费用的增加和销售人员数量的增加对销售量的影响是等价的。然而，事实却不是这样的，因为 X_1 和 X_2 是以不同的单位计量的。直接对回归系数进行比较要求所有的自变量都使用相同的单位进行测量（如美元和千美元）或者数据是标准化的。标准化是通过这样的方式实现的：首先把每个数字都放在序列中，用数字减去序列的均值，然后除以序列的标准差。这个过程把任一组数据转化成了一组均值为 0、标准差为 1 的新数据。其公式如下：

$$\frac{X_i - \bar{X}}{\sigma}$$

式中　X_i——序列中的单个数字；

$\bar{X}$——序列中的均值；

σ——序列的标准差。

（4）样本容量

R^2 的值受与样本容量相关的预测变量数量的影响。我们推荐使用一些不同的经验法则，这些法则建议，观察值的数量至少应该是预测变量数量的 10～15 倍。之前的例子中（销售额作为广告费用和销售人员数量的函数）有 2 个预测变量，则至少需要 20～30 个观察值。

例如，调整后的 R^2 值是 0.743，表明愿意为无线服务付费的消费者总数中有 74.3%的变量是被 5 个独立或预测变量中的变量解释的。

完成书中提到的回归分析需要进行的步骤和输出过程如图 14-2 所示。使用 Mulregex 数据集，可以从本书网站上下载。

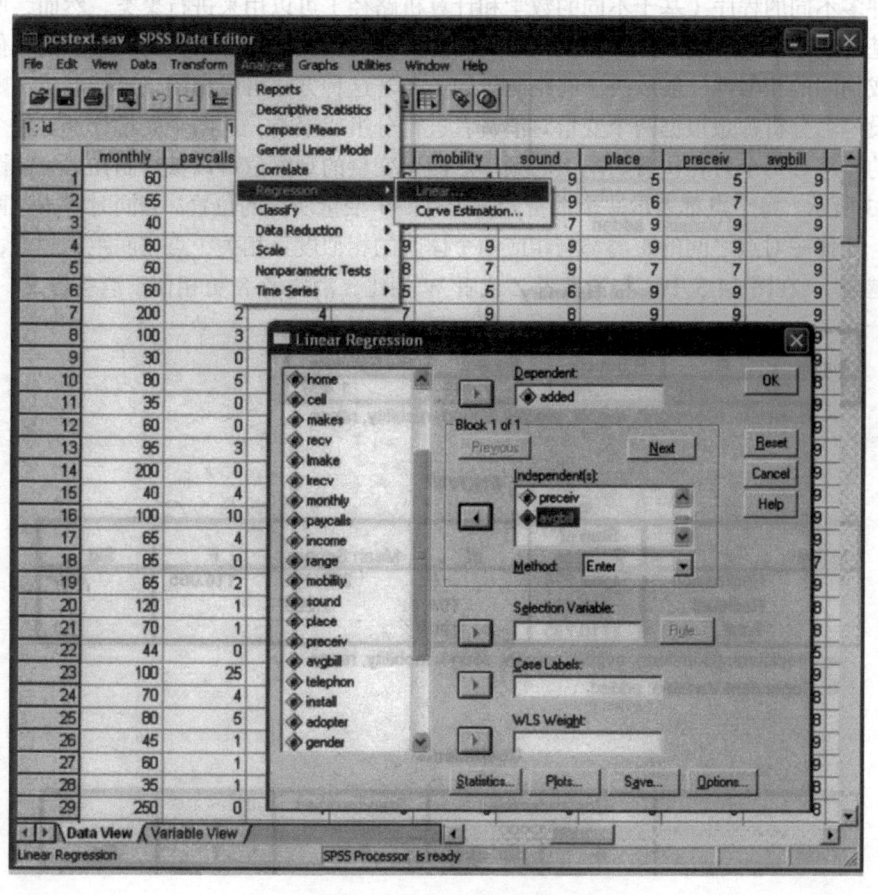

图 14-2　SPSS 界面图

SPSS 步骤：

1. 选择分析（Analyze）→回归（Regression）→线性（Linear）。

2. 把新增（Added）移到因变量处。

3. 把范围（Range）、移动性（Mobility）、声音（Sound）、认知（Perceive）和平均账单（Avgbill）移到自变量处。

4. 点击确认。

14.4　聚类分析

聚类分析通常指用来识别与某些变量或测量值相似的人或物的统计程序。聚类分析的目的是把人或物分类为一些数量的互斥并详尽的组，以便组内的个体彼此之间尽可能地相似。换言之，聚类应该是内部（组内）均匀而外部（组间）不均匀的。

有许多不同的程序（基于不同的数学和计算机路径）可以用来进行聚类。然而，所有这些程序的基础所运用的一般方法都包括测量人和物的值在相关的用于聚类的变量上的相似性。聚类的人或物间的相似性一般取决于间距测量的类型。这种方法可以用图式进行最生动贴切的阐述。假设一名分析师想根据两个变量对消费者进行分组或聚类，这两个变量分别是每个月在外面吃饭的频率和每个月在快餐店吃饭的频率。两个变量的观察值可以被绘制在二维的图表中，如图14-3所示。每个点都表示一个消费者关于这两个变量所处的位置。当同时考虑这两个变量的时候，任何一对点之间的距离都与相应的个体间的相似度正相关（点之间距离越近，个体相似程度越高）。在图14-3中，与消费者Z或者W相比，消费者X更相似于消费者Y。

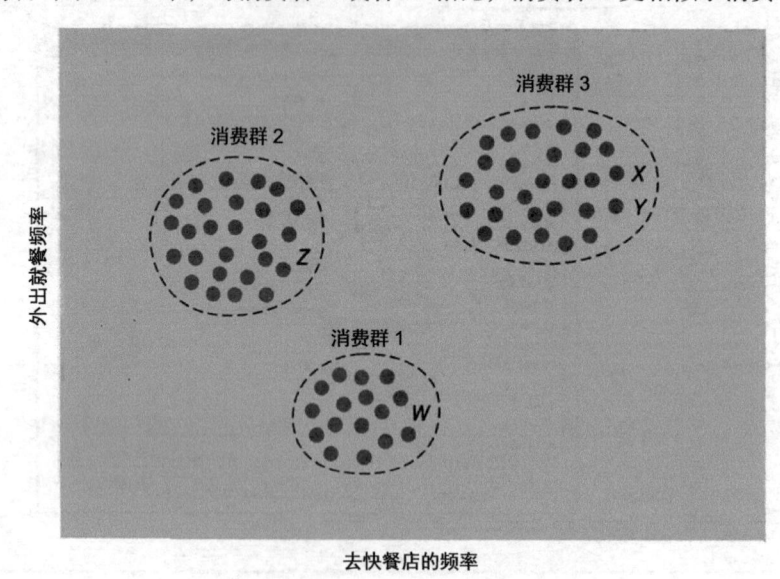

图14-3　基于两个变量的聚类分析

根据图14-3，以同时考虑每个月在外面吃饭的频率和每个月在快餐店吃饭的频率为基础，出现了3个明显的聚类：

- 聚类 1 包含了不经常在外面或快餐店吃饭的人。
- 聚类 2 包含了经常在外面吃饭但很少在快餐店吃饭的人。
- 聚类 3 包含了经常在外面吃饭同时经常在快餐店吃饭的人。

快餐公司发现，一般可以在那些经常在外面吃饭的人中间发现其消费者。为了向客户提供更深刻的见解，分析师应针对聚类 3 中的消费者进一步建立人口统计因素、心理因素和行为因素档案。

如图 14-3 所示，聚类可以从散点图中发展出来。然而，这种耗时的、需要反复试验的过程会随着用来聚类的变量数量或作为聚类对象的人或物的数量的增多而变得令人厌烦。该方法在使有 2 个变量而对象不超过 100 个的问题形象化时还可以使用。而一旦变量的数量增加到 3 个，观测值的数量增加到 500 甚至更多的时候，形象化就变得不可能了。幸运的是，计算机算法式可以处理这种更加复杂类型的聚类分析。这些算法式的结构非常复杂且超出了讨论范围。隐藏在它们背后的基本观念是，先找到一些任意的聚类边界，并对这些边界进行修改，直到找到一个点；在这个点上，类别内部的平均间隔相对于类别间的平均间隔要尽可能的小。

14.5 因子分析

因子分析的目标是为了使数据简单化。因子分析是指用简要的测量要素，即因子，总结被包含在大量测量标准（如等级量表）中的信息。正如聚类分析一样，因子分析中没有自变量。

对营销学者来说，很多感兴趣的现象事实上都是很多测量要素的复合体或组合体。这些概念经常通过对问题进行等级排序的方式来测量。例如，在估计消费者对一款新汽车的反应时，一个常用概念（如"舒适"）可能会通过要求测试者试根据诸如"运行安静"、"运行稳定性"或"舒服的车毯"等属性对车进行等级排序的方式来测量。产品设计者想要生产出一种被感知为舒适的汽车，他也知道这个常用概念可能是由一系列特征构成的，被排序的每一种特征都应当能够测量舒适的某一轻微不同的方面，这一组测量因素应当能够提供一个与单独对"舒适"进行整体排序相比更好的概念代表性。

一个概念的几个测量值可以被加总在一起，构建成一个复合得分或者计算这个概念的一个平均得分。表 14-3 中显示了 6 个消费者的数据，他们每个人都根据 4 个特征对汽车进行了等级排序。从表中可以看到，那些对"运行稳定性"排名更高的应答者对"运行安静"的排名也更高，在"加速性能"和"操作性能"的排序之间存在明显的相似路径。通过对排序的各组求平均值，这 4 种测量因素可以被组合成两种简要的测量因素。作为结果的简要测量因素可能是"舒适"和"性能"（见表 14-4）

表 14-3 舒适汽车特征重要性排名

应 答 者	运行稳定性	运行安静度	加速性能	操作性能
Bob	5	4	2	1
Roy	4	3	2	1

续表

应 答 者	运行稳定性	运行安静度	加速性能	操作性能
Hank	4	3	3	2
Janet	5	5	2	2
Jane	4	3	2	1
Ann	5	3	3	2
Average	4.5	3.83	2.33	1.5

表 14-4　两种因素的平均排名

应 答 者	舒 适	性 能
Bob	4.5	1.5
Roy	3.5	1.5
Hank	3.5	2.5
Janet	5.0	2.0
Jane	3.5	1.5
Ann	5.0	2.5
Average	4.25	1.92

14.5.1　因子得分

当应用于很多变量的时候，因子分析会产生一个或更多的因子，或者复合变量。因子，学术上定义为变量的一个线性组合。它是一组相关联变量的加权总分，与通过求测量值的平均值的方式得到的复合体相似。然而，在因子分析中，每一个测量因素首先会根据它对每个因子变化的影响程度进行加权。

在因子分析中，因子得分是对属于数据集合中每个主题的因子进行计算的。例如，在有两个因子的因子分析中，下列等式可能会用在因子得分的计算中：

$$F_1 = 0.40A_1 + 0.30A_2 + 0.02A_3 + 0.05A_4$$
$$F_2 = 0.01A_1 + 0.04A_2 + 0.45A_3 + 0.37A_4$$

式中　F_1-F_n——因子得分；

　　　A_1-A_n——属性等级。

利用这些公式，可以通过把已经给出的排序变量 $A_1 \sim A_4$ 分别代入每个等式中，以计算每个应答者的两项因子得分。等式中的系数是应用于每个应答者的等级排序的因子得分系数。例如，Bob 的因子得分可以计算如下（见表 14-4）：

$$F_1 = 0.40(5) + 0.30(4) + 0.02(2) + 0.05(1) = 3.29$$
$$F_2 = 0.01(5) + 0.04(4) + 0.45(2) + 0.37(1) = 2.38$$

在第一个等式中，A_1 和 A_2 的因子得分系数（0.40 和 0.30）较大，或者叫权重较大；而 A_3

和 A_4 的权重较小。A_3 和 A_4 权重较小表明这些变量对因子 1 的分值（F_1）变化影响较小。不论应答者对 A_3 和 A_4 的等级排序如何，它们对他或她在 F_1 的分值上都没有太大影响。然而，变量 A_3 和 A_4 对因子 2 的得分（F_2）有很大影响，而 A_1 和 A_2 的影响则相对较小。这两个等式表明变量 A_1 和 A_2 相对独立于变量 A_3 和 A_4，因为每个变量只在一个得分等式中具有较大的值。

另一个兴趣点是得分系数的相对大小。变量 A_1（权重为 0.40）对因子 1 变化的重要性比 A_2（权重相对较小，为 0.30）更大。在评估各种设计变动的卷入度时，这个发现对产品设计者可能非常重要。例如，产品经理可能想通过产品的重新设计或广告投入来提高汽车的感知舒适度。对此，产品经理基于其他调查研究了解到，在重新设计上的一定支出能将"运行稳定性"的平均等级排名从 4.3 提高到 4.8。研究可能还表明同样的支出能使"运行安静度"的排名提高到 0.5。而因子分析表明，在提高量一样的情况下，提高"运行稳定性"比提高"运行安静度"能在更大程度上增强感知舒适度。

14.5.2 因子负荷

由因子派生出来的性质可以通过测试因子负荷的方式来确定。使用前面提到的得分等式，可以计算出每个应答者的一组因子得分（F_1 和 F_2）。因子负荷是通过计算每个因子得分和每个变量的原始等级排名之间的相关关系（31~31）来确定的。每个相关系数都代表相关联的变量在特定因子上的负荷。如果 A_1 和因子 1 联系紧密，则负荷或者相关关系就会较高，如表 14-5 所示。因为负荷量就是相关系数，31 或 31 附近的值就表明了一种密切正相关或密切负相关的关系。从表 14-5 中可以看出，变量 A_1 和 A_2 与因子 1 的得分联系密切（高度相关），而变量 A_3 和 A_4 与因子 2 的得分联系密切。换言之，变量 A_1 和 A_2 对因子 1 高负荷并界定该因子；变量 A_3 和 A_4 对因子 2 高负荷并界定该因子。

表 14-5 双因子的因子负荷

变　　量	关　联　度	
	因子 1	因子 2
A_1	0.85	0.10
A_2	0.76	0.06
A_3	0.06	0.89
A_4	0.04	0.79

14.5.3 因子命名

当每个因子的典型变量被识别之后，下一步就是对因子进行命名。这是一个有些主观的步骤，它通过检查每个因子的高负荷变量来将直觉和有关变量的知识结合起来。通常，针对给定因子，符合量较高的变量间存在某种一致性。例如，发现"运行稳定性"和"运行安静度"的等级排序都负荷在相同因子上并不让人意外。尽管我们把这个因子命名为"舒适"，但是另一个分析师在看到同样的结果后可能决定把这个因子命名为"魅力"。

14.5.4 保留因子的数量

在因子分析中，分析师要决定保留多少因子。最终结果可以包含一个因子，也可以包含和变量数量一样多的因子。通常，通过考虑原始数据中被每个因子解释的变量的比例来决定要保留的因子数量。

在选择保留因子的数量上有很多不同的决策规则，最合适的决策规则可能是当添加的因子没有意义时就不再进行因子分解。最先提取的因子间要具有逻辑一致性；随后的因子通常很难进行解释，因为它们更可能包含了大量的随机变量。

14.6 联合分析

联合分析是市场营销人员用来辅助决定新产品或服务应当具有什么特征及如何定价的常用程序。有证据表明，联合分析变得普及的原因是它更加强大、更加灵活，而且通常在处理重要问题时比传统意义上的概念上的测试方法更加便宜。

联合分析并不是一个完全标准化的程序。典型的联合分析应用涉及覆盖了各种各样程序的一系列步骤，它不像回归分析那样是一个单独的程序。幸运的是，联合分析并不难理解，就像我们在接下来的关于高尔夫球属性的例子中展示的那样。

14.6.1 联合分析的例子

假设你是 Titleist（高尔夫球的主要生产商）的一位产品经理。通过最近举行的焦点小组访谈和过去各种各样类型的研究课题，以及作为一个高尔夫球手的个人经验，你了解到高尔夫球手倾向于以 3 个重要的特征或者属性为依据来评价高尔夫球。这 3 个属性分别为平均飞行距离、球平均寿命和每个球的价格。

同时，你也识别出一些针对每个特征或属性的合适的可能性。

（1）平均飞行距离
- 比高尔夫球手的平均水平远 10 码。
- 与高尔夫球手的平均水平一样。
- 比高尔夫球手的平均水平近 10 码。

（2）球平均寿命
- 54 洞。
- 36 洞。
- 18 洞。

（3）每个球的价格
- 2.00 美元。
- 2.50 美元。
- 3.00 美元。

从潜在购买者的视角考虑，理想的高尔夫球应具备以下特征：
- 平均飞行距离——比高尔夫球手的平均水平远 10 码。
- 球平均寿命——54 洞。
- 每个球的价格——2.00 美元。

从制造商的视角考虑，基于生产成本，理想的高尔夫球可能具备以下特征：
- 平均飞行距离——低于平均水平 10 码。
- 球平均寿命——18 洞。
- 每个球的价格——3 美元。

该高尔夫球分析从侧面反映了这样的事实：生产出飞行距离更短、寿命更短的球的成本更低。公司面临着一个永恒的营销困境：公司能销售出很多高尔夫球，但是如果生产并销售高尔夫球手眼中的理想高尔夫球则会走向破产。然而，公司只能售出很少的高尔夫球，如果它们生产并销售生产商眼中的理想高尔夫球。通常，商业视角中"最好的"高尔夫球介于两个极端之间。

运用传统方式解决这个问题可能会产生如表 14-6 中所示类型的信息。但是这种信息并不能提供关于应该生产哪种高尔夫球的新见解。偏好的飞行距离是比平均距离远 10 码的距离，偏好的球平均寿命是 54 洞，这些结论不用任何附加研究也很明显。

表 14-6 距离和球寿命属性的传统非联合排序

平均飞行距离		球平均寿命	
排　序	水　平	排　序	水　平
1	275 码	1	54 洞
2	250 码	2	36 洞
3	225 码	3	18 洞

而运用联合分析法，解决上述问题需要遵循如下步骤。

（1）联合地考虑特征

在联合分析中，分析师要求应答者联合地或用组合方式来评价特征，而不是让他们单独地对特征进行评价。要求两位高尔夫球手对"平均飞行距离"和"球平均寿命"的不同组合进行联合等级排序的结果如表 14-7 和表 14-8 所示。

表 14-7 高尔夫球手 1 距离和球寿命组合的联合排序

距　离	球 寿 命		
	54 洞	36 洞	18 洞
275 码	1	2	4
250 码	3	5	7
225 码	6	8	9

表 14-8　高尔夫球手 2 距离和球寿命组合的联合排序

距　离	球　寿　命		
	54 洞	36 洞	18 洞
275 码	1	3	6
250 码	3	5	8
225 码	4	7	9

和预期的一样，两位高尔夫球手对最喜欢和最不喜欢的球的意见一致。然而，通过对他们偏好排名第 8 的进行的第二项分析表明，高尔夫球手 1 愿意拿球寿命替换距离（为了更长的距离接受更短的球寿命），而高尔夫球手 2 愿意拿距离换更长的球寿命（为了更长的球寿命接受更短的距离）。

这种类型的信息是联合分析提供的专业见解的本质。该技术使市场营销人员能够发现，潜在消费者愿意用哪种产品属性或特征做交换以获得更多的另一种属性或特征。人们每天都会做出这种类型的购买决策，如他们为了购买的便利性可能会选择在当地市场用更高的价格购买某产品。

（2）估计效用

这一步用如下的方式分别为 3 个水平的价格、飞行距离、球平均寿命计算一组值，或者叫效用：当它们以一个特定混合的价格、球寿命和分型距离相组合时，则预测了一个特定高尔夫球手对此特定组合的等级顺序。高尔夫球手 1 的估计效用如表 14-9 所示。由表可知，这组数据准确地预测了原始等级排名。尽管它们的量级有些任意，但这些数据或效用间的关系是确定的。换言之，表 14-9 中显示的效用可以任何常量增加或减少，但仍旧能获得相同的关系结论。对这些效用进行估计的精确程序不在本章的讨论范围内。通常使用和回归、方差分析或线性规划有关的程序来计算它们。

高尔夫球手 1 愿意在"球寿命"和"价格"间做的交换如表 14-10 所示。这些信息可以用来对一组被添加到"球寿命"上的"价格"的效用进行估计，以预测高尔夫球手 1 的等级排名，如表 14-11 所示。

这个步骤针对成功捕获高尔夫球手 1 的权衡的三个属性或特征的所有水平产生了一组完整的效用。这些效用如表 14-12 所示。

表 14-9　高尔夫球手 1 的联合度量效用和排序（附带）——距离和球寿命

距　离	球　寿　命		
	54 洞 50	36 洞 25	18 洞 0
275 码	（1） 150	（2） 125	（4） 100

续表

距 离	球 寿 命		
	54 洞 50	36 洞 25	18 洞 0
250 码	（3） 110	（5） 85	（7） 60
225 码	（6） 50	（8） 25	（9） 0

表 14-10　高尔夫球手 1 价格和球寿命组合的联合排序

价　格	球 寿 命		
	54 洞	36 洞	18 洞
2.00 美元	1	2	4
2.50 美元	3	5	7
3.00 美元	6	8	9

表 14-11　高尔夫球手 1 的联合度量效用和排序（附带）——价格和球寿命

价　格	球 寿 命		
	54 洞 50	36 洞 25	18 洞 0
2.00 美元	（1） 70	（2） 45	（4） 20
2.50 美元	（3） 55	（5） 30	（7） 5
3.00 美元	（6） 50	（8） 25	（9） 0

表 14-12　高尔夫球手 1 的完整估计效用

距 离		球 寿 命		价　格	
水　平	效　用	水　平	效　用	水　平	效　用
275 码	100	54 洞	50	1.25 美元	20
250 码	60	36 洞	25	1.50 美元	5
225 码	0	18 洞	0	1.75 美元	0

（3）估计购买者的选择

因为各种各样的原因，公司可能只会针对 3 种属性的 3 种水平的每 27 个高尔夫球中生产 2

个，如图14-13所示。如果针对高尔夫球手1计算的效用适用于高尔夫球手2，则结果就会是如表14-14所示的总效用。这些结论表明高尔夫球手1偏爱寿命更长的球胜过距离更远的球，因为这样的球的总效用更高。分析人员只要针对高尔夫球手样本重复这个过程，就能估计两种球的潜在市场份额。除此之外，这样的分析还可以拓展以覆盖其他高尔夫球组合。

表14-13　模拟球档案

属性	距离球	长寿命球
距离	275	250
寿命	18	54
价格	2.50美元	3.00美元

表14-14　两个样本的估计总效用

属性	距离球 水平	距离球 效用	价格 水平	价格 效用
距离	275	100	250	60
寿命	18	0	54	50
价格	2.50美元	5	3.00美元	0
总效用		105		110

这里所讨论的3个步骤——收集权衡数据、利用这些数据估计购买者偏好结构、预测选择——是任何联合分析应用的基础。尽管权衡矩阵方法对解释联合分析来说简单而有用，并且对解决属性数量较小的问题很有效，但是目前并未被广泛应用。收集联合数据的一个更简单、耗时更少的方法是，使应答者在纸质问卷上或者使用计算机访谈软件（其原理是根据应答者之前的回答，利用某些规则来确定问题和产品描述针对每个应答者要呈现什么）对产品描述进行等级排序或评价。

和本章已经讨论的内容相比，联合分析还有更多的内容没有被提到。但是，如果你能够理解这个简单的例子，那么你就理解了作为联合分析基础的基本概念。

14.6.2　数据挖掘

数据挖掘是一个相对较新的领域，它利用统计学（包括本章所讨论的所有工具）、人工智能、数据库管理和计算机科学识别市场数据集的模式。在企业寻求有利于提高效率和效果的信息时，对把以指数方式增长的大量数字化数据转化为商业智能来说，它是一个日渐重要的工具。它被应用于广泛的领域中，但是我们对它在营销问题上的应用尤其感兴趣。如果把我们的意见进行扩展，那么在营销领域应用数据挖掘的主要原因可能是为了分析关于购买者行为的众多观测数据、调查数据和实验数据。

14.6.3 数据挖掘过程

预处理 在应用数据挖掘工具之前，我们必须收集与感兴趣的问题有关的目标数据集。数据挖掘只能发现我们输入的数据间的模式和关系。通常我们使用的数据集必须足够大，以囊括现实世界存在的所有模式，当然不是大到使收集成本太高或耗时太久。一旦收集完成，数据集就必须在一个程序中进行清扫。这个过程中，我们会清除那些包含了过多噪声或错误的观测值和缺失数据。

真实的数据挖掘过程通常包含以下 4 个层级的任务：

1) 聚类。这是一个发现数据中与某些选定变量组存在相似度的组群和结构。这些组群并不明显，而且并不是以一个单独的变量组或者仅仅几个变量组为基础的。通常，我们对许多聚类方案进行评估以决定采用哪个。聚类分析常被用来作为这种类型分析的工具。

2) 分类。在这一部分，我们把通过聚类分析或其他技术识别出来的结构应用于相同数据的另一个子集。例如，我们可能把在聚类过程中用数据的一组子集或来自调查的数据识别出来的消费者细分应用于整个消费者数据库。如果结论和我们在第一步获得的结论相似，那么我们就可以接着进行下一步了，否则就需要返回去进行再分析。

3) 建模。在这一部分，我们使用回归或相似的技术来模拟数据关系，或在我们识别出的成员关系时用来预测子群成员关系。我们追求高预测准确性，如果达不到则需要重复之前的步骤。

4) 应用。如果我们成功地完成了前面 3 个步骤，那么就可以把我们获得的信息应用到工作中，以提高营销工作的效率和效果。例如，如果我们拿到了一个销售咨询报告，我们可以从询问者那里获得足够的信息并将它们归类到市场细分中，然后提供该细分下的成员最喜欢的产品和服务的信息，强调最能与该细分成员产生共鸣的销售点等。

14.6.4 结果确认

从目标数据中发现信息并建模的最终步骤是，尝试在更广泛的数据集中核实由数据挖掘算法式产生的模式。不是每一个我们在之前的步骤中识别出来的模式和关系最后都能在现实世界中被证实是有效的。在评价过程中，我们使用了并不是用来开发数据挖掘算法式的测试数据集。我们识别或获得的模式被应用于测试数据，然后把产出的结果和希望获得的结果进行对比。例如，一个数据挖掘算法式被开发出来以预测那些最有可能对邮件进行回复的人，这个数据挖掘算法式是基于某些过去的邮件进行开发或训练的。一旦开发出来了，这个从测试邮件中开发出来的算法式就会被应用于其他那些在算法式开发过程中没有被使用的邮件中，或者被应用于由最近完成的邮件产生的真实结论上。如果这个数据挖掘算法式并不符合理想的准确度标准，那么就有必要重复之前的步骤以开发一个能够达到期望准确度水平的算法式或模型。

14.6.5 隐私问题和伦理

大多数人认为数据挖掘本身在伦理上是中立的。然而，数据挖掘使用的方式却产生了与隐私、合法性和伦理学有关的伦理性问题。例如，数据挖掘技术就为国家安全或法律实施目的的挖掘数据集带来了隐私问题。

14.6.6 商业数据挖掘软件及其应用

如今，越来越多的集成数据包被应用于数据挖掘中。它们包括：
- SAS 企业挖掘者（SAS Enterprise Miner）。
- SPSS 模型（SPSS Modeler）。
- STATISTICA 数据挖掘者（STATISTICA Data Miner）。

小结

回归分析使研究人员能够基于一个以上的自变量的水平预测一个因变量的量级。回归分析从多维角度考察观测值。从回归分析中得出的统计值被称为决定系数或 R^2。这个统计值在 0 到 1 之间变动。它提供了一个由自变量中的变量解释的变量在因变量中所占比例的测量值。b 值或回归系数，表明了个体自变量对因变量的影响。

聚类分析使研究人员能够识别人或物的子群，这些子群群内均匀而群间不同。聚类分析要求所有的自变量都是标准化的，但是对因变量却没有规定。聚类分析是实施市场细分概念的一种杰出方式。

因子分析的目的是简化大量数据。因子分析是指用较少数量的简要的测量要素，即因子，总结被包含在大量测量标准（如等级量表）中的信息。正如聚类分析一样，因子分析中也没有自变量。因子分析会产生因子，每个因子都是一组相关变量的加权综合。每个测量值都会根据其对每个因子变动的影响程度被赋予权重。因子负荷是通过计算因子得分和原始输入变量之间的相关关系来确定的。通过检查哪个变量在给定因子上是高负荷的，研究人员可以主观地命名该因子。

通过因子分析、多维等级、判别分析或一致性分析的方式可以建立感知地图。地图提供了有关品牌、产品、公司及其他事物在关键属性（如质量和价值）上相互之间是如何被感知的可视化陈述。所有方式都要求消费者依据某些核心特征的组合对被调查的事物进行评价或评级。

联合分析是一种可以用来测量潜在购买者基于他们可获得的每个产品或服务的特征所做出的取舍的技术。该技术允许研究人员决定每种特征的每个水平的相对值。这些估计值被称为效用。效用可以作为模拟消费者选择的基础。

数据挖掘利用统计学、人工智能和计算机科学来识别市场数据集中的模式。随着可获得数据的数量以指数方式快速增长，数据挖掘技术变得越来越重要了。

关键术语及其定义

相关分析（Correlation Analysis） 分析一个变量的变化与另一个变量的变化相关联的程度。

皮尔森的积差相关（Pearson's Product-Moment Correlation） 一种使用数值型数据的相关分

决定系数（Coefficient of Determination） 一个由自变量中的变量解释的变量在因变量中的比例的测量值。

回归系数（Regression Coefficients） 个体自变量对因变量的影响程度的估计值。

回归分析（Regression Analysis） 基于多个自变量的水平预测一个（标准）因变量的水平或量级的程序。

虚拟变量（Dummy Variables） 在回归分析中，一种代表两个组群的方式，通常通过把一组编码为0而另一组编码为1的方式按比例缩小自变量。

共线性（Collinearity） 自变量相互间的关联，能够给回归系数的估计带来偏差。

因果关系（Causation） 一个变量的变化会造成另一个变量的观察值发生变化的推测。

缩放系数（Scaling of Coefficients） 通过把自变量的回归系数按比例缩放为相同单位或把数据标准化的方式，直接对自变量的回归系数的量级进行比较的方法。

聚类分析（Cluster Analysis） 基于两种或更多类别变量，把人或物分类为一些组内均匀而组间不均匀的组的统计程序。

因子分析（Factor Analysis） 用识别数据的基础维度的方式，通过把大量变量减少成一组相对更小的因子以实现数据简化的程序。

因子（Factor） 一组相互关联的变量的线性组合。

因子负荷（Factor Loading） 因子得分和原始变量间的相互关系。

联合分析（Conjoint Analysis） 用来量化消费者赋予不同水平的产品或服务的属性或特征的值的程序。

效用（Utilities） 通过联合分析确定的属性水平的相对值。

复习思考题

1. 回归分析的目标是什么？举例说明在营销调研中它如何应用。关联确定的回归测量的优势如何？
2. 什么是虚拟变量？举一个使用了虚拟变量的例子。
3. 描述多元回归中共线性的潜在问题。研究人员应当如何测试共线性？如果共线性是个问题，调研人员应当做什么？
4. 一个销售经理检查了年龄数据、教育水平、一个表示内向或外向的性格因素和由公司120人组成的销售团队获得的销售额水平。使用的技术是回归分析。在数据分析之后，这位销售经理说："在我看来，一个销售员的教育水平越高，性格越外向，他的个人销售额水平就越高。这一点是很明显的。换言之，高教育水平和外向使一个人能销售更多产品。"你是否同意这位销售经理的结论？为什么？
5. 从因子分析中产生的因子和因子负荷的结果是数学结构的。从这些因子中发现意义是调研人员的任务。下面的表格中列出了从一项有线电视观众研究中产生的4个因子。你会对这4个因子的每一个因子如何命名？为什么？

	因子负荷	
因子1	我不喜欢有线电视电影频道一遍又一遍地重播电影	0.79
	有线电视电影频道应该把它们的电影展开（重播之间更长的时间间隔）	0.75

	我认为有线电视电影频道只是在一遍又一遍地播放同样的东西	0.73
	一段时间后，你就能看到所有的付费电影，那么为什么还要保留有线服务呢	0.53
因子 2	我喜欢看爱情故事	0.76
	我喜欢敏感而感动人的 TV 秀	0.73
	有时，当我看电视上的电影时会哭	0.65
	我喜欢看电视电影	0.54
因子 3	我喜欢看电视上的宗教节目（负相关）	−0.76
	我认为电视福音传播不好	0.75
	我不喜欢电视宗教节目	0.61
因子 4	我宁愿在家看电影也不去电影院	0.63
	我喜欢有线电视，因为我不用出去就能看电影	0.55
	我偏爱有线电视电影，因为电影院的电影太贵了	0.46

6. 下面的表格显示了两个因变量的回归系数。第一个因变量是为有线电视付费的意愿，自变量是对态度陈述的回应。第二个因变量是绝对不允许家中有有线电视的意愿阐述。通过检查回归系数，对于那些愿意为有线电视付费的人和那些不允许家中有有线电视的人，你有什么看法？

	回归系数
为有线电视付费的意愿	
在修理上不太在意的人	−3.04
有线电影看护者	2.81
喜剧看护者	2.73
早睡的人	−2.62
总是抱怨的人	2.25
失恋者	2.18
因修理问题心力交瘁的人	−2.06
绝对不允许家中有有线电视	
反对运动的人	0.37
反对性的人	0.47
有太多选择的人	0.88

网络在线

1. 访问 www.spss.com/spss/data_analysis.htm，可查阅使用可伸缩聚类分析算法进行两步聚类分析的说明。

2. 访问 http://core.ecu.edu/psyc/wuenschk/spss/SPSS-MV.htm，可以查阅一些关于多元分析的容易理解的和全面的信息。

市场调研实践

Custom 洗车系统

Custom 洗车系统公司在全美国境内提供洗车特许权。目前，872 家 Custom 特许的洗车店正在运营中。作为提供给特许经营人的服务的一部分，Custom 开展了一个全国范围的营销推广和广告运动。

Carl Bahn 是 Custom 负责营销的高级副总裁。目前，他正在设计接下来一年中的营销和广告运动。Bahn 认为现在正是 Custom 更加谨慎地考虑市场用户细分的时机。在其他分析的基础上，他和 Custom 的其他合伙人决定接下来的运动应该定位在重度消费者市场上。通过分析，Custom 将那些在洗车店平均每月洗车 3 次及以上的消费者定义为"重度消费者"。"轻度消费者"指那些每月在洗车店洗车不超过 3 次但至少每年 4 次的消费者。"不使用者"指那些每年在洗车店洗车不超过 4 次的人。

Bahn 和他的合伙人目前正在识别那些将重度消费者和轻度消费者区别开来的因素。在这项分析的第一阶段，Custom 在其 100 家营业点分别对 50 位消费者进行了访谈，访谈总数达 5 000 次。用使用频率对分类变量进行的交叉列表分析结果表明，有 4 个变量可以对使用程度做出预测，它们分别是汽车拥有者的年龄、汽车拥有者的年收入、汽车拥有者的车龄和汽车拥有者的社会经济地位（基于社会经济变量指标）。

Custom 雇用了一家叫作 Marketing Metrics 的营销调研公司为其做更进一步的分析。Marketing Metrics 对情况进行了评估，决定使用多重判别分析法对调查结果进行进一步分析，并确定 4 个变量中的每个变量在决定个体是重度使用者还是轻度使用者上的相对重要性。调研公司获得了如下结果：

$$Z = 0.18X_1 + 0.53X_2 - 0.49X_3 + 0.93X_4$$

式中　X_1——汽车拥有者的年龄

　　　X_2——汽车拥有者的年收入

　　　X_3——汽车拥有者的车龄

　　　X_4——汽车拥有者的社会经济地位（测量指标的得分越高，意味着地位越高）

问题：

1. 关于每个预测变量的重要性，你会告诉 Bahn 什么？

2. 基于 Bahn 对与重度消费者沟通的重视，关于 Custom 定位的消费者类型，你对他有什么建议？

SPSS 练习

练习 1：回归分析

本练习用回归分析来解释并预测 1 个人在 1 个月内看了几次电影。

1）在本书网站上下载电影数据库。

2）在 SPSS 中打开该数据库并在变量视图下浏览变量。我们将使用自变量 Q2、Q4、Q6、Q8a、Q8b、Q8c、Q8d、Q9、Q10、Q12 和 Q13 来预测因变量 Q3。

我们依照原样使用变量 Q4 和 Q6，这在严格意义上是否合适？你想通过什么方式进行替换？为什么？为什么你可能会决定使用一个替换变量？依照原样使用像 Q11 那样的变量是否合适？

3）转到分析→描述性统计→描述性统计分析，把 Q3、Q2、Q4、Q6、Q8a、Q8b、Q8c、Q8d、Q9、Q10、Q12 和 Q13 移动到变量框并点击"确定"。回归分析要求每个变量有一个合理值。如果一个应答者没有对每个问题都进行回答，则分析人员要么忽略该观测值，要么对缺失值赋予估计值。统计软件的缺点是它会自动忽略这样的观测值，我们在此不对这项练习进行非难。

    a. 该样本容量对回归分析足够大吗？

    b. 如果样本容量不够大，则可能会有什么问题？

    c. 每个变量的最大值和最小值是否在合理的范围内？超出范围的值或者会造成数据输入错误，或者会造成用户定义的缺失值，如"拒绝"或"不知道"。数据输入错误应该被纠正或者删除。用户定义额缺失值应该在 SPSS 中表明。

    d. 所有的变量都在合理的范围内吗？

4）转到分析→回归→线性。

    移动 Q3 到因变量中。

    移动 Q2、Q4、Q6、Q8a、Q8b、Q8c、Q8d、Q9、Q10、Q12 和 Q13 到自变量中。

    把方式切换为"逐步"。

    点击"确认"。

    a. 哪个自变量进行了逐步回归？为什么剩下的自变量没有进行逐步回归？

    b. 选择的每个变量都有效吗？

    c. 没有被选中的变量无关紧要吗？

    d. 模型有效吗？

    e. 该方法是否能保证你得到"最好的"模型？

5）转到分析→描述性统计→描述性统计分析，从变量框中移除 Q6、Q8a、Q8b、Q8c、Q8d、Q9、Q10 和 Q12，以便其中只有 Q3、Q2、Q4 和 Q13，然后点击"确定"。

现在的样本容量是多大？

6）转到分析→回归→线性。

把 Q3 移到因变量中。

从自变量中移除 Q6、Q8a、Q8b、Q8c、Q8d、Q9、Q10 和 Q12，只剩下 Q2、Q4 和 Q13。

把方式改为"加入"。

点击"确定"。

 a. 这个模型和基于逐步回归的模型有什么不同？为什么？

 b. 哪个模型更好？

解释：

1. 阐明重要性对一个人看电影的次数有怎样的影响？
2. 花钱买零食对一个人看电影的次数有什么样的影响？
3. 学生分类对一个人看电影的次数有什么样的影响？
4. 如果一名大学二年级学生认为看电影在一定程度上很重要，通常花费 12 美元购买在零食，基于这个模型，他一个月会看几次电影？
5. 根据结果，判断有没有哪些变量对一个人看电影的次数有影响？或者说是否有该调查没有涉及的其他因素是看电影的驱动因素？

练习 2：因子分析

本练习使用因子分析来探究调查的应答者如何考虑访问电影院的各个方面。

1）在本书网站上下载电影数据库。

2）在 SPSS 中打开该数据库并在变量视图下浏览变量。你要注意到问题 5 有 9 个重要性等级评定项目。

3）转到分析→描述性统计→描述性统计分析，把 Q5a 从 Q5i 移动到变量框并点击"确定"。

 a. 哪个条目最重要？

 b. 哪个条目最不重要？

因子分析要求每个变量都有一个合理值。如果一个应答者没有对每个问题都进行回答，则分析人员要么忽略该观测值，要么对缺失值赋予估计值。统计软件的缺点是它会自动忽略这样的观测值，我们在此不对这项练习进行非难。

 a. 该样本容量对回归分析足够大吗？

 b. 如果样本容量不够大，则可能会有什么问题？

 c. 有必要确定每个变量的最大值和最小值是否在合理的范围内。超出范围的值或者会造成数据输入错误，或者会造成用户定义的缺失值，如"拒绝"或"不知道"。数据输入错误应该被纠正或者删除。用户定义额缺失值应该在 SPSS 中表明。

 d. 所有的变量都在合理的范围内吗？

4）转到分析→描述性统计→描述性统计分析，把 Q5a 从 Q5i 移动到变量框并点击"确定"。

检查作为结果的相关关系矩阵。

 a. 除了矩阵主对角线的第一项，相关关系绝对值的最高值是什么？

b. 是否有和其他变量"不适应"的变量？
c. 某些条目中是否存在多重共线性？

5）转到分析→数据缩减→因子。

把 Q5a 从 Q5i 移动到变量框。

点击循环按钮，在"最大方差法"之前设置核对，点击"继续"。

点击"选项"按钮。

在"按容量分类"前设置核对。

在"去除绝对值小于"前设置核对并设定其值为 0.25。

点击"继续"。

点击"确认"。

SPSS 提供很多可输出因子分析，通过设置各种各样的子命令和选项可以产生远比我们现在生成的分析更多的输出结果。

a. SPSS 生成了多少因子？
b. 它为什么在那个数字那里停止了？
c. 你如何改变它的缺点以生成不同数量的因子？
d. 转到标题为"总解释变量的输出"上。这个因子分析中有多少变量被解释了？
e. 转到标题为"循环要素矩阵的输出"上。为什么矩阵中有些因素是空着的？
f. 这些要素或因子是否有意义？
g. 你能否为每个要素或因子定义一个共同的主题？

解释：

1. 这是一个优良的因子解答吗？为什么？
2. 你认为应该怎样生成一个更好的因子解答？
3. 关于常看电影的人如何感知他们的看电影经历，该分析帮助你获得了怎样的理解？
4. 基于该分析，你会向一位电影院的经理提出什么建议？

第 15 章

沟通调研结果和管理市场调研

学习目标

- 认识调研报告的主要作用。
- 学习如何组织和准备调研报告。
- 了解如何做个人陈述。
- 理解市场调研信息的有效运用与沟通。
- 了解客户的调研需求。
- 了解市场调研组织的一些管理功能。
- 了解市场调研外包概况。
- 洞悉运营公司市场调研部门中的独特管理问题。
- 观察市场调研部门在公司中起到的战略作用。
- 观察公司如何衡量市场调研对组织的贡献。

  这是一个困扰许多优秀的市场调研人员的问题：你的调研小组太成功了。你的调研部门已经出名一年多了，你便开始担心。自从你接手调研部门后，事情开展得都很顺利——也许太顺利了。你的前任认为调研有的时候是一种事后的想法，而你却很努力地使你的调研不可或缺。通过深刻的项目计划会谈和使用项目批准表格，你确定每个调研设计都符合客户的需要和目的。通过使用以艺术方式呈现的调研方法和最一流的供应商，你确定你的方法和分析是可能情况下最好的。通过培训你的员工和雇用掌握多种技巧的有经验人员，你的部门中有几个像咨询师那样思考和行动的高级人员，他们能够和客户一起制定调研目标，也能在调研结束时采取行动。

  越来越多的客户注意到了这种改善，然后他们要求越来越多的调研。事实上，你的调研量几乎已经比去年翻了1倍。你被邀请参加高层管理会议和公司战略计划。

  那么问题在哪里呢？有太多的工作要做，而可利用的资源太少了。你的员工的热情迅速燃尽，他们开始逃避员工会议，他们太忙了而不能彼此间或者和项目客户间建立关系。当你试图抽空参加会议时，你和你的员工发现大家在玩黑莓而不是建立关系、磨炼技巧。通过简化项目验收、使用偏爱的供应商、创建报告和陈述样板，以及把工作量制成蓝图，使你的基本调研流程流水线化，但是你的工作中已经没有什么可以删减的了。

客户不断地向你要求更多的调研，而当你礼貌地说自己现在已经在最大限度内工作的时候，他们回应说他们愿意为想要的项目支付费用。你已经淹没在工作中并且担心如果不尽快采取措施，你的工作质量将让人担心。

以上情境是由两个市场调研咨询公司描述的，它们迫切需要更好的管理。本章我们将探讨如何有效管理市场调研这一问题。探讨过程由调研结果的有效沟通开始，我们将先讨论这一重要话题，然后从调研提供者和合作调研部门的角度检视调研管理问题。

15.1 调研报告

书写报告的调研员应从接触项目开始到书写报告结束一直参与调研。报告的起源和调研人员的思想来自顾客在项目请求报告中的目标，调研人员应把顾客的思想和需要贯穿在报告中。例如，客户的组织面临着什么问题或机遇、哪些资源或能力能够克服这些困难或带来机会、客户面临什么决策、需要什么信息才能保证决策最有效，如果调研人员没有处理这些问题，那么调研报告就是失败的，调研人员也不会得到合作机会。

假如我们正着手写报告，我们需设想已经了解了顾客的需要，包括详细的方法论，并致力于与顾客达成共鸣。

调研目标、基于调研的决策及分析和报告的蓝图应指导调研人员从设计到实施的整个过程。对于一个问卷访问项目，调研问卷的开发应严格遵从于调研目标。如今，我们已经拥有了数据，应做出交叉报表和统计检验，实施广泛的统计分析，调研人员应花费时间把信息转变为与调研目标相关的决策。这一过程需不断地重复进行，但往往由于项目期限的影响，我们会仓促地得出结论。

调研人员拥有大量数据，包括堆积的交叉表、大量的统计分析、成吨的笔记及其他类别的信息。这给调研人员带来的挑战工作是，如何使用这些信息形成报告，并根据关键发现和决策建议与顾客进行有效的沟通。我们经常把这一过程比喻成如何讲故事。在故事开始之前，你就要想好故事应在哪里结尾。所有的分析都会指向那一个结论。一旦你了解或确信了关键点，就会很容易地向读者传达有关信息并把他们引导到相同的结论上来。

调研公司始终坚持的一致的报告风格很重要。这保证了所有的分析都是一种模式，所以哪怕只是瞥了一眼报告，客户也能知道它是由某个特定的调研公司做出来的。尽管如此，如果客户有关于报告的不同的内部标准，则有时也需要对报告做出调整，而不是坚持前面推荐的原则。一些情况下，客户甚至会要求调研人员根据客户自身的风格在客户的PPT模版基础上提供报告。

15.1.1 调研报告的组织格式

传统的调研报告格式如下：

1）标题页。标题页包括项目的标题，还包括客户名称、调研企业名称和报告日期等。

2）目录。目录不超过 1 页，要求列出报告的主要部分和起始页码，这使得阅读者能方便地找到相关信息。

3）实施总结。这可能是报告中最难做的部分，因为这一部分必须简洁地总结关键发现和建议。并不是所有报告都包括建议，是否包括建议取决于调研性质、调研企业的预期及研究中到底发现了什么。但是，所有报告中都应包括关键发现，这部分内容应尽量简短，最多 2~4 页。很多调研人员都觉得把如此多的信息总结为 2~4 页是比较困难的事。确实，扩展容易，但压缩难。实施总结不用说明每个发现，只需提及与调研目标有关的重要发现即可。

4）调研背景。这一部分包括相关背景信息、调研总目标、需要做的决策、公司完成调研的优势和劣势，以及其他相似信息。该部分内容不应超过 1~2 页。

5）方法论。这一部分应讨论调研是如何实施的，并解释为什么这样实施，还应包括访问谁、为什么访问这些人、如何访问这些人（如电话访问、邮寄访问、互联网访问等）、为什么采用这种访问方式、样本如何挑选、采用何种抽样方法、样本是否有代表性、样本规模多大、完成的问卷如何处理、使用了什么特殊统计方法及为什么使用那些方法等。这一部分内容也不应过长，以 1~2 页为宜。方法论涉及的一些技术问题可放到"附件"中。

6）调研结果。这是大多数报告最长的部分，它具体说明对每一问题的解答。

7）附件。大多数附件中都包括这么几项：调查问卷的复印件、交叉分组列表和调研技术涉及的支持性材料等。

15.1.2　解释发现

第一次撰写调研报告的人遇到的最大困难是，如何根据调研结果总结结论及如何依据结论提出建议。实施摘要是调研报告的一部分，它对调研中发现了什么、这些发现有什么意义及如果可能则根据该项调研应该采取什么行动等方面做出解释。考虑到市场调研人员总是被湮没在成堆的计算机打印文件、成摞的调查问卷、成捆的被调研人员访问单和回访单、大量的统计分析结果及记满了项目记录的便条簿中，这一过程中的困难是完全可以理解的。尽管如此，仍存在一个系统化的方法可帮助调研人员从浩如烟海的文件中得出结论。

调研伊始制定的调研目标提供了总体上的指导思想。这些调研目标在表述上要尽可能地明确，有时甚至要为不同的分目标划定明确的优先等级。同时，调查问卷的设计要服务于调研目标，但关于每一目标的特定信息是分散在整个调查问卷中的。计算机打印输出的信息通常是以统计顺序出现的，而不是以经理们使用资料的顺序出现的。因此，调研人员的首要任务是将分属于不同目标的打印输出文件和结果分别进行归类。

例如，假设汉堡王公司要研究它的早餐菜单，那么它的研究目标之一应该是"确定增添 3 种早餐的可行性"。这 3 种早餐分别是面包圈和脱脂奶酪、西式煎蛋及法国吐司"。所有与这些食品有关的交叉分组表和一维表格应放在一起。通常，调研人员首先考察一维表格，得到一个总的印象，即 3 种早餐之中哪一种最受偏爱；然后，分析交叉分组表，进一步理解所有资料，判断哪一年龄组的人更可能偏爱法国吐司。

结论是一种归纳和概括，是对调研目标所提出的问题的回答，或者为调研目标提供其他合造的支持。结论是通过归纳得出的。归纳就是对分散的信息进行概括的过程。调研人员应努力整合信息，并用简洁概括的语言总结出结论。简而言之，结论或概括是能够把研究结果有效地传达给读者的一句或一系列陈述，而不必包含从统计分析中得出的数字。

15.1.3　报告格式

最近15年，准备市场调研报告的方法已经发生了很大的变化。为寻求沟通调研结果的更有效方式，市场调研人员纷纷使用演示软件讲解他们的故事。PowerPoint是使用最广泛的软件。

一般的市场调研报告都用图表表达出来，这也是客户和调研企业都预期的一种方式。现在，调研委托方在方案要求中一般都会指明他们希望报告以图表为基础。过去一份有50多页文字说明的调研报告，现在可以用很少页数的文字说明加上图表来阐述。这使得忙碌的高层经理们能快速领会关键调查结果并提早考虑调研结论和建议。

图形、文字框、项目符号列表及类似元素被使用在各种图表的解释中。图15-1到图15-9是使用汇报软件制作报告的例子详解。

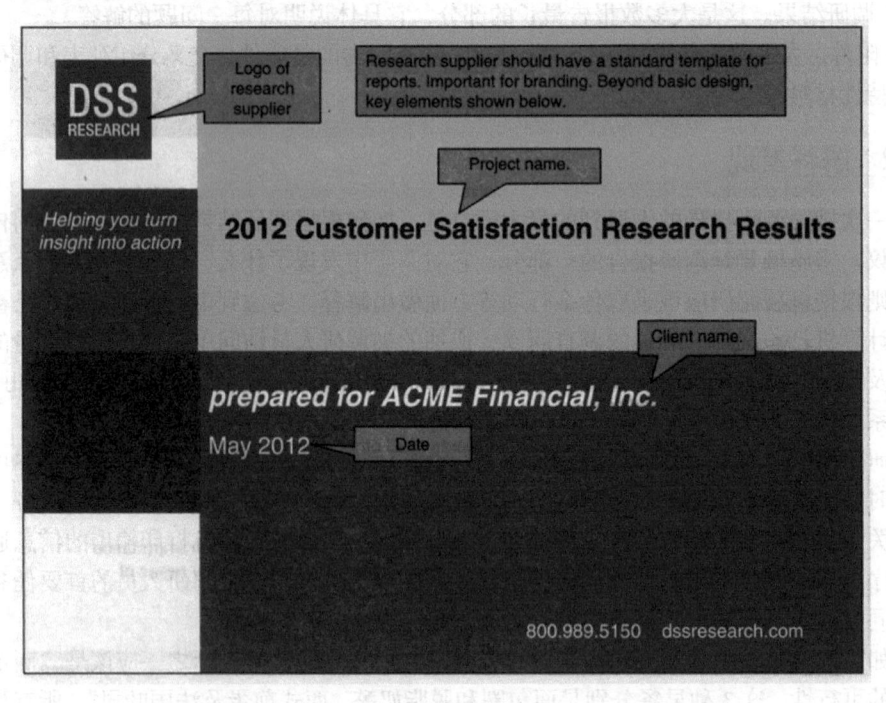

图 15-1

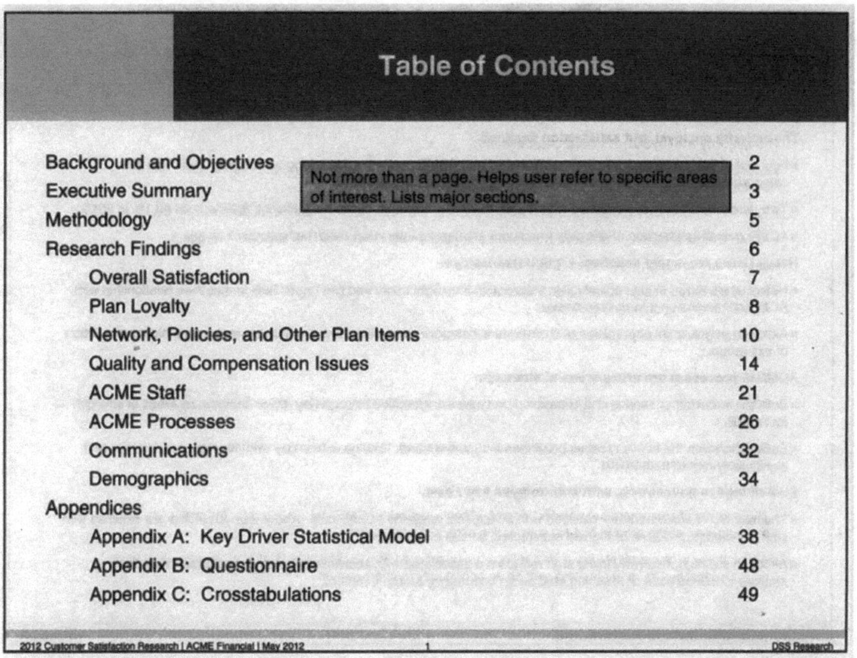

第 15 章 沟通调研结果和管理市场调研 355

Table of Contents

Background and Objectives	2
Executive Summary	3
Methodology	5
Research Findings	6
Overall Satisfaction	7
Plan Loyalty	8
Network, Policies, and Other Plan Items	10
Quality and Compensation Issues	14
ACME Staff	21
ACME Processes	26
Communications	32
Demographics	34
Appendices	
Appendix A: Key Driver Statistical Model	38
Appendix B: Questionnaire	48
Appendix C: Crosstabulations	49

Not more than a page. Helps user refer to specific areas of interest. Lists major sections.

图 15-2

Background and Objectives

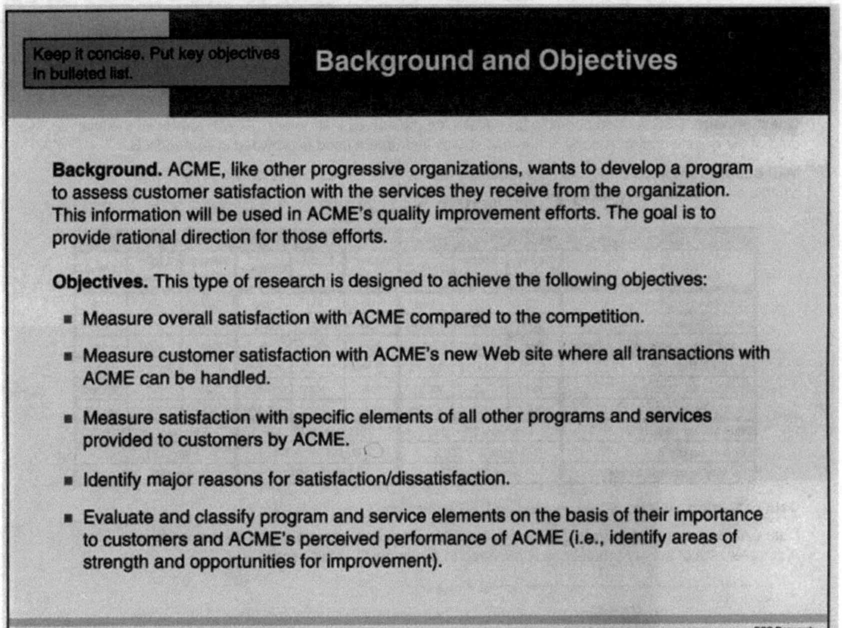

Keep it concise. Put key objectives in bulleted list.

Background. ACME, like other progressive organizations, wants to develop a program to assess customer satisfaction with the services they receive from the organization. This information will be used in ACME's quality improvement efforts. The goal is to provide rational direction for those efforts.

Objectives. This type of research is designed to achieve the following objectives:

- Measure overall satisfaction with ACME compared to the competition.
- Measure customer satisfaction with ACME's new Web site where all transactions with ACME can be handled.
- Measure satisfaction with specific elements of all other programs and services provided to customers by ACME.
- Identify major reasons for satisfaction/dissatisfaction.
- Evaluate and classify program and service elements on the basis of their importance to customers and ACME's perceived performance of ACME (i.e., identify areas of strength and opportunities for improvement).

图 15-3

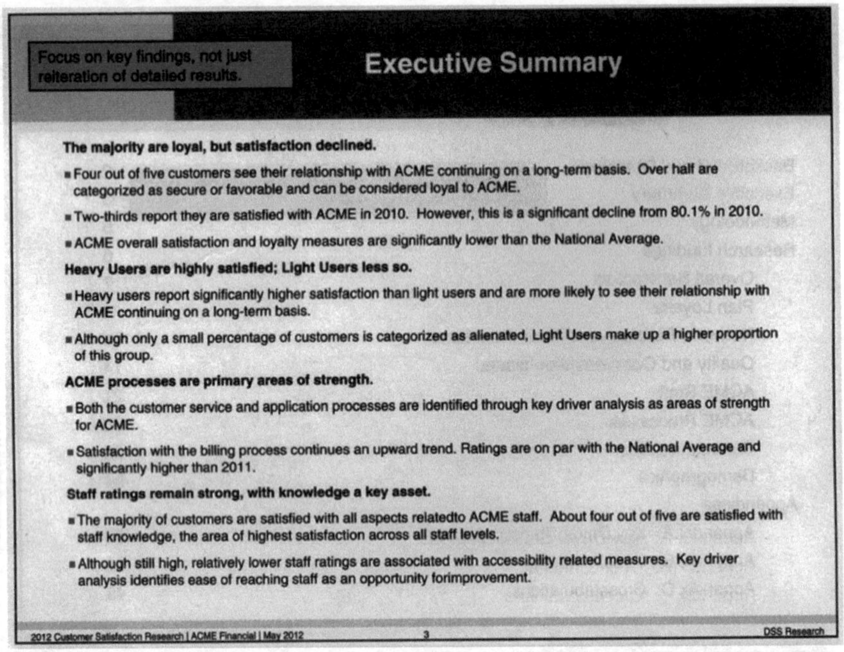

Focus on key findings, not just reiteration of detailed results.

Executive Summary

The majority are loyal, but satisfaction declined.

- Four out of five customers see their relationship with ACME continuing on a long-term basis. Over half are categorized as secure or favorable and can be considered loyal to ACME.
- Two-thirds report they are satisfied with ACME in 2010. However, this is a significant decline from 80.1% in 2010.
- ACME overall satisfaction and loyalty measures are significantly lower than the National Average.

Heavy Users are highly satisfied; Light Users less so.

- Heavy users report significantly higher satisfaction than light users and are more likely to see their relationship with ACME continuing on a long-term basis.
- Although only a small percentage of customers is categorized as alienated, Light Users make up a higher proportion of this group.

ACME processes are primary areas of strength.

- Both the customer service and application processes are identified through key driver analysis as areas of strength for ACME.
- Satisfaction with the billing process continues an upward trend. Ratings are on par with the National Average and significantly higher than 2011.

Staff ratings remain strong, with knowledge a key asset.

- The majority of customers are satisfied with all aspects relatedto ACME staff. About four out of five are satisfied with staff knowledge, the area of highest satisfaction across all staff levels.
- Although still high, relatively lower staff ratings are associated with accessibility related measures. Key driver analysis identifies ease of reaching staff as an opportunity forimprovement.

2012 Customer Satisfaction Research | ACME Financial | May 2012 3 DSS Research

图 15-4

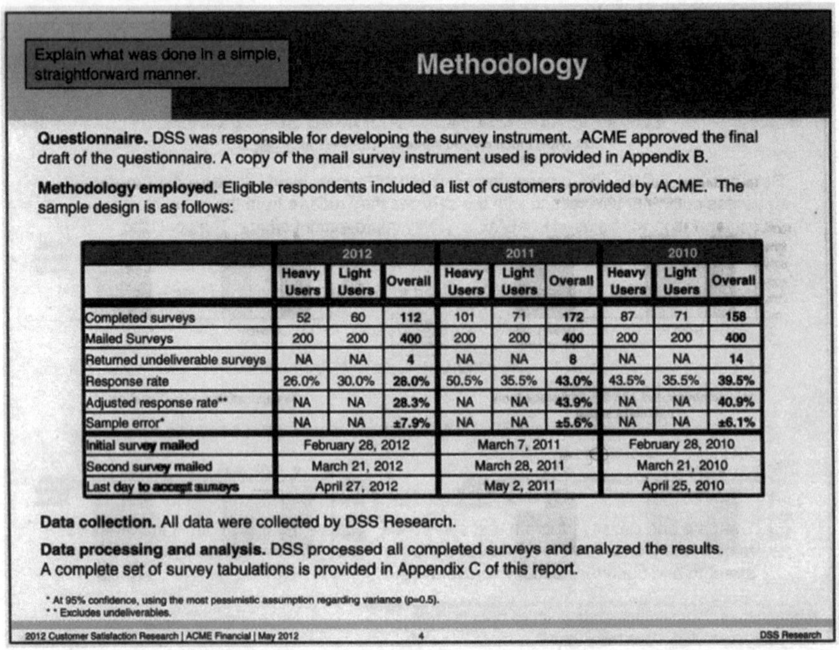

Explain what was done in a simple, straightforward manner.

Methodology

Questionnaire. DSS was responsible for developing the survey instrument. ACME approved the final draft of the questionnaire. A copy of the mail survey instrument used is provided in Appendix B.

Methodology employed. Eligible respondents included a list of customers provided by ACME. The sample design is as follows:

	2012			2011			2010		
	Heavy Users	Light Users	Overall	Heavy Users	Light Users	Overall	Heavy Users	Light Users	Overall
Completed surveys	52	60	**112**	101	71	**172**	87	71	**158**
Mailed Surveys	200	200	**400**	200	200	**400**	200	200	**400**
Returned undeliverable surveys	NA	NA	**4**	NA	NA	**8**	NA	NA	**14**
Response rate	26.0%	30.0%	**28.0%**	50.5%	35.5%	**43.0%**	43.5%	35.5%	**39.5%**
Adjusted response rate**	NA	NA	**28.3%**	NA	NA	**43.9%**	NA	NA	**40.9%**
Sample error*	NA	NA	**±7.9%**	NA	NA	**±5.6%**	NA	NA	**±6.1%**
Initial survey mailed	February 28, 2012			March 7, 2011			February 28, 2010		
Second survey mailed	March 21, 2012			March 28, 2011			March 21, 2010		
Last day to accept surveys	April 27, 2012			May 2, 2011			April 25, 2010		

Data collection. All data were collected by DSS Research.

Data processing and analysis. DSS processed all completed surveys and analyzed the results. A complete set of survey tabulations is provided in Appendix C of this report.

* At 95% confidence, using the most pessimistic assumption regarding variance (p=0.5).
** Excludes undeliverables.

2012 Customer Satisfaction Research | ACME Financial | May 2012 4 DSS Research

图 15-5

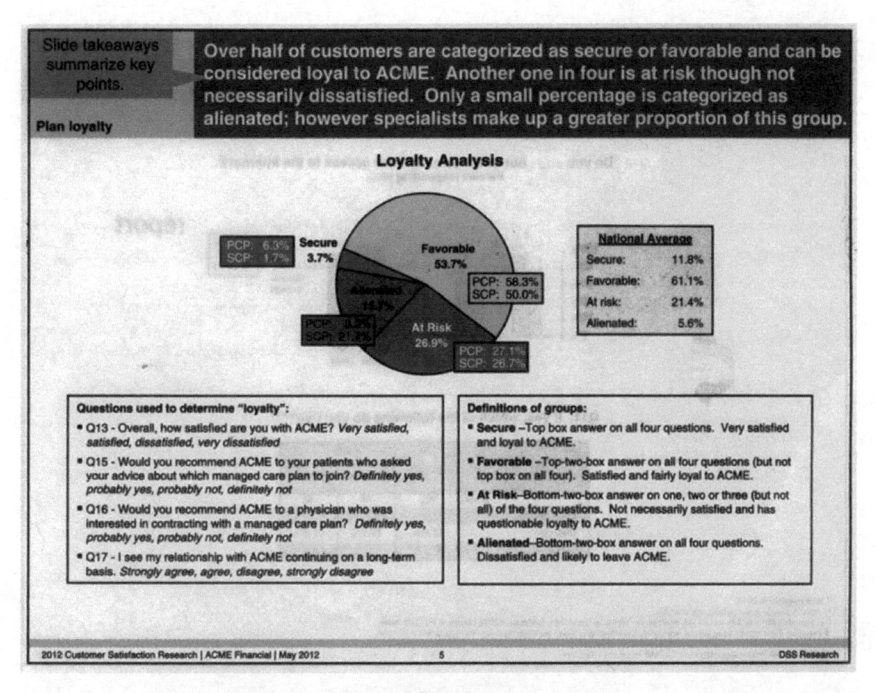

第 15 章 沟通调研结果和管理市场调研

图 15-6

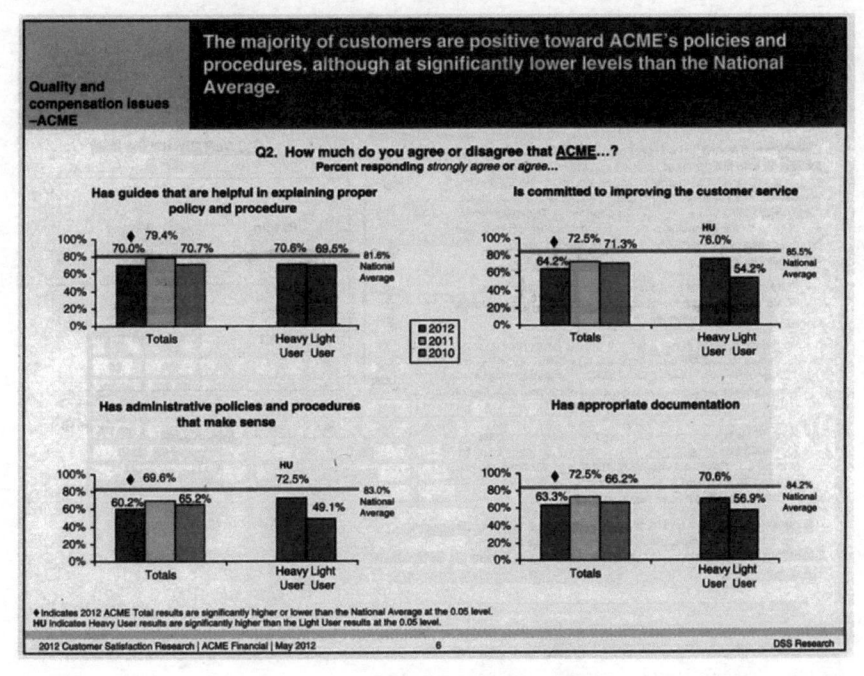

图 15-7

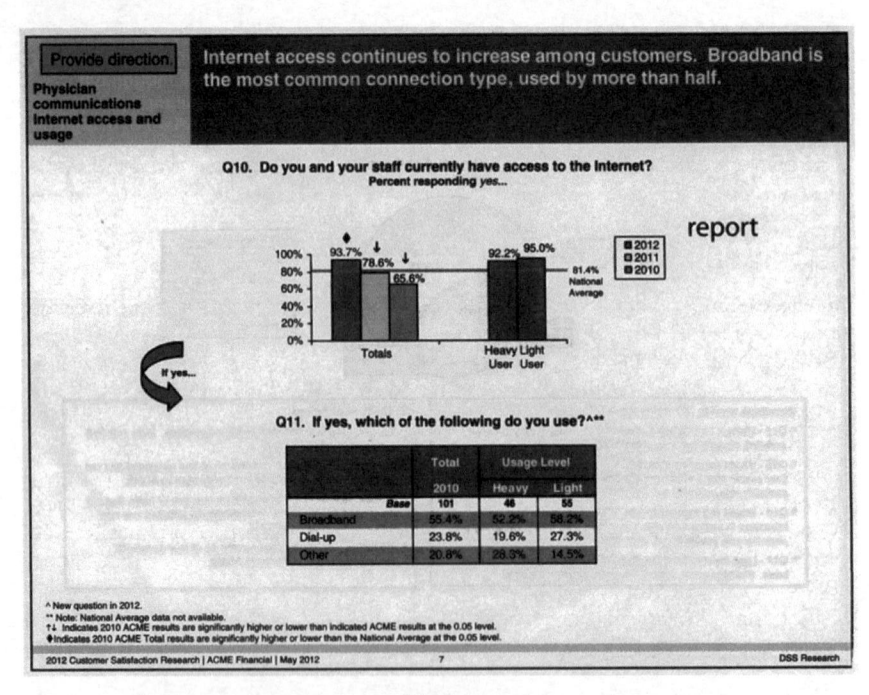

图 15-8

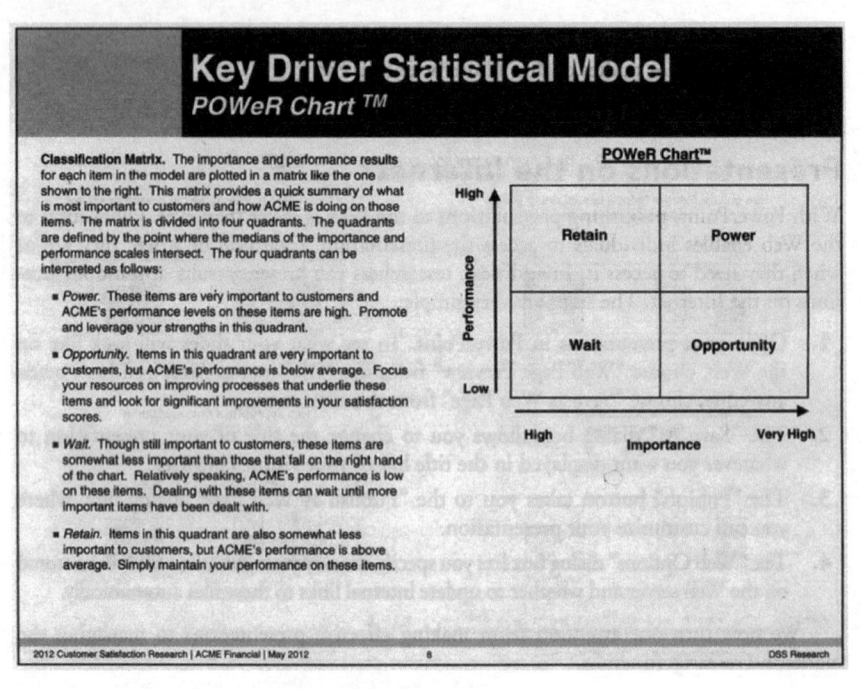

图 15-9

15.1.4 形成建议

建议是经过演绎推导得出的。调研人员希望把结论应用到市场营销战略或战术的特定领域，建议的焦点一般放在如何使调研委托方赢得差别优势上。差别优势是指一种潜在营销组合所提供的真实利益，这种真实利益是目标市场无法从其他途径得到的。例如，美国航空公司（American Airlines）在某一外国机场拥有独有的美国客机降落权。

某些情况下，市场调研人员必须避免做很确切的建议，取而代之的是一般化的笼统的建议。这通常是因为调研人员不了解委托公司或委托公司中指导调研的决策者的渊源和经历，也可能是因为调研人员已被告知具体的建议将由决策者确定。此时，调研人员仅仅提供结论即可。

最终的报告代表了调研努力的最终成果。报告的质量及其中的建议常常决定了调研使用者是否会再次委托同一调研企业。由公司内部的调研部门所准备的内部报告的影响力可能较小。但从个人利益角度考虑，一位调研部门的职员在调研报告方面的优秀业绩记录也许会为他带来薪水的增加和日后的升职，何乐而不为！

市场调研实践

迷失在解释中：调研人员在与客户沟通调研结论时面对的挑战

任何专业领域（如市场调研）的人都面临着一个共同的问题，即这些专业人员必须找到如何与缺乏专业知识的人沟通专业意见的方法。对市场调研人员来讲，即使长期合作的客户，有时也要求对调研人员的调研方法做出解释，但是这些方法通常很复杂。然而，在制定战略决策时，对这些信息进行准确的沟通对客户来说至关重要。

为了拿出能引起客户兴趣的调研报告，市场调研人员通常面临两大主要挑战。第一，他们必须使调研具备实践意义。第二，他们必须决定适用的合适分析水平。

当以纯理论视角或者一维、二维的视角审视研究方法时，面对第一个挑战，调研人员通常会犯错误。调研人员必须训练自己在多维的基础上分析调研数据的能力。由于市场的多样化，从单一维度审视市场趋势的研究人员很可能会遗漏特殊的机会。细分方法能帮助调研人员就客户希望识别的群体给出更加详细完整的阐述。

第二个挑战中的主要困难是分析的必要水平直接随数据理解程度的变化而变化。所以，分析发现越多的细节，想要看到更显著的结果就越困难。为了使调研更容易被客户理解，研究人员可能会冒险使数据和分析过于简单化，但这样只会产生单薄的、不可信的分析。而复杂的、充满术语的报告最终不能给客户提供任何见解。想要平衡这两个极端并不容易，所以理解客户需求及他们愿意支付什么是一个可靠的起点。一旦理解了客户期望，制定使比较深刻的分析更易于理解的战略就会变得显而易见了。

调研人员应当毫不犹豫地锻炼自己的能力。通过挑战既能够反映现实情况又具备清晰和深度的分析方法的报告，调研人员能够极大地帮助客户提高其赢利能力。

问题：
1. 你认为两个挑战中哪个更加困难？为什么？

2．在厘清客户的需求和期望上，你会怎么做？你会寻求什么样的结果？你会询问什么样问题？

15.2　口头汇报

调研委托方也许希望听到调研成果的口头汇报。口头汇报可以达到多重目的：可以将多个有关群体聚集在一起，使其熟悉调研目标和调研方法；可能从中发现一些意外的事情或结果。最重要的是，它能突出强调调研结论。事实上，对公司的某些决策者来说，口头汇报是了解调研结果唯一的途径，因为他们几乎从不阅读文字报告。其他一些经理也许只是在所听取的口头汇报的某些内容已记不太清时，才浏览一下书面报告。总之，口头汇报是实现有效沟通的重要一环。

15.2.1　进行口头汇报

有效的口头汇报应以听众为核心而展开。汇报者要充分考虑听众的偏好、态度、偏见、教育背景和时间限制，汇报时应选择听众容易理解的词语、概念和图表。良好的口头汇报还应在汇报最后留出时间供听众提问和讨论。

口头汇报失败的原因之一或许在于没有充分理解阻碍有效沟通的因素，原因之二是没有意识到或不承认调研报告的目的在于说服。对于原因之二，当然不是说要扩大或歪曲事实，而是要用调研中的发现来强调调研的结论和建议。在准备口头汇报的过程中，调研人员应时刻注意以下几个问题：

- 数据的真正含义是什么？
- 它们有什么影响？
- 我们能从数据中获得什么？
- 在现有信息条件下，我们需要做些什么？
- 将来如何才能进一步提高这类研究的水平？
- 如何能使这些信息得到更有效的运用？

15.2.2　通过互联网进行结果陈述

通过 PowerPoint，互联网陈述变得比以前任何时候都简单。人们可以通过互联网轻易地得到结果陈述文件，不管他们身在何处或何时需要。另外，调研人员能够把结果放在互联网的多个地方。这些步骤也很简单：

1）通过 PowerPoint 打开文件，寻找陈述文件可能放置的地方，通过"File"菜单选择"Web Page Preview"。做过编辑后，在相同菜单里选择"Save as Web Page"。

2）"Save as" 允许改变陈述文件的题目。

3）点击"Publish"按钮进行"Publish as Web Page"，你可以针对陈述进行定制化处理。

4）"Web Option" 使你明确文件存在网络服务器中并决定是否更改自动网络链接。

接下来，本章将讨论市场调研的功能管理。

15.3 市场调研企业的管理

15.3.1 客户想要什么

管理调研企业包括了解客户需求和预期、同客户保持良好沟通、有效管理调研进程，以及时间管理、成本管理和客户利益管理等。大企业的市场调研部门自行实施调研，同样会面对相同的管理问题。如果把调研项目承包出去，则良好的管理需要寻找正确的买主。调研部门不要成为"下单员"，而应在企业决策制定中起到重要作用。

堪萨斯市的市场方向调研公司（Market Direction），曾请美国的客户为一些关于调研企业的报告打分，回答来自广泛的行业，下面为提及的前10项内容：

1）保护客户隐私。
2）诚实。
3）准时。
4）具有灵活性。
5）依据工程说明传送信息。
6）提供高质量结果。
7）对客户需求有反馈。
8）有高质量的控制标准。
9）顾客导向的交互过程。
10）整个过程中与客户保持信息沟通。

如之前提到的那样，两个最重要的因素，即保密性和诚实是道德问题。剩下的因素与调研功能管理和保持良好沟通有关。

15.3.2 沟通

保持供应商与客户关系的关键是良好的沟通。每个项目都应有联络员负责供应商与客户的联系。在大企业中，这个人可能是财务主管或项目主管；而在小企业中，他可能就是企业的拥有者。但不管是谁，联络员都应准确、诚实、频繁地与客户沟通。

在项目开始之前，联络员应仔细回顾调研目标和调研方法，并确保双方无误解之处。客户应签署问卷，并同意完成该问卷以实现调研目标。

MARC调研公司副总经理约翰·克拉斯关于供应商与客户的沟通说过如下的话：

"当企业雇用一家调研企业进行调研设计时，供应商应把自己作为市场营销团队中的一部分。只有成为团队中的一员，供应商才能深刻理解这些市场问题。这种理解来自研究者、市场人员和供应商针对市场问题和企业决策的交互性对话。如此的对话使调研目标明确化并直接影响企业决策。"

联络员一定要确认客户多长时间想审阅一次报告，报告最少应每周提交一次。报告应包括工作进展、遇到的非正常问题及是否增加预算，或由于时间过紧导致的费用。成本增加经常出现在诸如通用食品这样的大企业的市场调研部门为另一部门实施的调研项目中。

15.3.3 管理调研过程

调研管理在良好沟通的基础上能实现6个重要的目标：构建有效组织、确保数据质量、坚持时间计划、成本控制、客户收益管理、人员管理与开发。

1. 组织调研企业

依照传统，绝大多数调研企业是根据功能组织起来的。例如，规模大的调研供应商，可能拥有独立的样本采集部门、问卷开发部门，以及调研、编码、指标、统计和销售等部门，甚至客户服务人员都有可能独立出来。每个部门都有一个主管，主管对部门的功能非常熟悉并管理部门内部人员。调研项目在部门与部门之间流动。

组织的功能形式允许技术人员进行秘密的数据分析等工作，同时允许不同的人处理调研管理和合同等。它提供知识性的监督过程，于是样本设计的新手在老手的指导下工作。组织的功能形式也允许良好工作过程的开发和质量标准控制，从而确保工作按一致的标准完成。它使工作的难点分配给富有技巧的人，日常工作则由初级人员完成。这种工作与人员的匹配保证了人员心情愉快，也使公司以较低的成本完成调研。

然而，功能性组织并不是没有问题。部门人员过于集中于某项工作的实施，从而导致整个过程受到损害。部门都有自己的标准和政策，这虽然有利于本部门工作的效率和质量，却使整个项目的及时完成变得困难。部门变成利益导向型单位，把顾客看成难题而不是企业生存的生命线。跨部门的沟通变得费时和无效，因为项目管理者或运行者与各部门主管沟通的是项目分工，这使各部门感觉到整个项目运作得非常完美，但实际上从外面看整个过程，却是僵硬的、官僚的和无效的。

为了应对这些问题，一些调研企业由团队组成。这打破了功能部门的概念并按照客户群和项目把人员进行重新分组。这些团队包括完成整个项目各个功能模块的人员，一个标准的小组包括一些客户服务和工程管理人员、现场督导、问卷设计人员和制表人员等。由于团队的多功能性，人员经常受到多领域工作的培训。团队主管通常是一位具有客户服务和工程管理背景的高级工作人员。

这种形式经常会有一些变化。在团队内部，工作可能保留专业性（只是某人负责制表），也可能具有广泛性（每人都制表）；一些高级功能（如统计分析等）只由1~2位专家完成，并为各个团队服务；混合过程也可能存在，即团队只完成某些功能，而其他功能（如现场管理）还是由独立的部门来完成。

这种组织的优点有以下几个：

1）由于每个团队控制自己的客户资源，制定规划与沟通会很简单。没有部门主管和其他核心计划，团队主管直接为工作制定优先顺序。

2）技术人员和运作人员会与客户保持近距离沟通并更能满足他们的需求。通过缩小工作人员和客户的组织距离，人员更容易察觉顾客的想法并尽力满足他们的需求。

3）工作人员能够建立更灵活和宽泛的技巧。当所有人都为某个项目服务时，跨领域的培训和工作的交叉任命就会变得更容易。

2. 数据质量管理

调研管理最重要的目标就是确保质量或正确整合数据的过程。你大概听过某位声明人宣讲："选票存在 3%的边际错误。"这句话本身就存在问题。首先，根据你在第 13 章学过的抽样错误知识，你会发现这种表述丢失了一定程度的置信度。换句话讲，民意测验专家到底在怎样的置信度下讲出这样的话；他们拥有 68.26%的置信度，还是 95.44%的或 99.74%的，或者其他水平的置信区间。其次，这句话并没有搞清楚边际错误仅仅是随机样本错误。也就是说，假设并没有其他的错误来源，错误的其他来源已经通过调研设计过程被处理了，或者被有效的随机化抵消了。通过限定，当在某一方向上拥有较多错误时，错误是随机的。调研管理者能通过政策确信高质量的数据并减少错误的来源（参见第 4 章）。

3. 时间管理

调研管理还要求调研准时完成。时间管理对调研企业非常重要，因为客户经常会提出一个严格的时间要求。例如，客户强烈提出调研结果应在 3 月 1 日前完成，以便在新产品季度例会上讨论，因为调研结果会影响该新品是否得到资金支持的重点开发。

有两个问题可能会影响时间进度，即错误的估计应答率及没有控制好访问时间。低于预期的应答率可能比原来约定的时限需要更长的时间以便获取新的调研对象。如果调研管理者没有现成的额外资源，则调研时间会更长。时间长于预期的访问也会导致同样的后果。

回忆一下，应答率是指在某一研究中，完全符合要求的调研对象占调研总体的比例。通常，估计应答率并不基于不可违逆的数据，而是基于不完整、被认为是不准确和陈旧的数字。应答率的问题不仅影响时间，还影响调研成本。

调研管理者应尽早了解信息来判断调研是否能够按期完成，如果存在问题，再看有无加速进展的方法。首先，对访谈人的培训能加速调研进程。其次，调研人员必须提醒客户，调研可能会延期，进而同客户协商延期是否可行，或为了保证调研按期完成，告诉客户应做哪些改变。例如，客户可能会降低样本容量或删除不重要的问题以减少访问时间。因此，调研人员和客户在调研开始就应对潜在的问题保持敏锐的警觉。

像成本管理一样，时间管理也需要一个系统来提醒调研能够按期完成，同时建立相关制度和程序来快速、高效地解决进程问题并随时把问题和可能的解决方案通知客户。

📖 市场调研实践

做高质量工作——准时

这里有 7 个关于市场营销管理项目调研主管进行时间管理的建议。

1）管理期望。许多项目主管的职位描述中都提到了写作技能、精通数学、组织能力及有演说经验,但是管理期望也许是需要掌握的最重要的技能。如果你十分确定工作在周四才能完成,那就不要争取周三就搞定。你最好在周五休息,并给自己一个成为英雄的机会。

2）考虑优先次序。当客户碰到危机时,你有时只需要放下所有事情去帮一把。客户毕竟是付给我们薪水的人。然而,即使没有危机,考虑一下优先次序也没有什么坏处。时间管理类书籍建议只重视最重要的事情上而忽视其他事情,知道它们也被列入了"最重要"名单。如果你不介意一张乱糟糟的桌子,这是个非常好的建议。

3）考虑杠杆效率。如果客户没有危机,但是你还有 10 件事要做,你该怎么办呢?你首先应该处理那些需要和他人共同完成的任务。因为如果访谈者在等待你的简要指示或者数据处理人员在等着你的编码,你不这样做就会耽误每个人的工作。

4）提供日常更新资料。有多少附语音邮件标签的游戏可以通过填一张简单的表格而避免?结果是令人吃惊的。建立一张每天可以传真或者发 E-mail 的表格,说明已经完成了多少访问、影响范围出自哪里、你在访问时间上怎么控制及其他任何客户要求的事项。如果你和其他 10 个专业人员一起进行某项研究,让他们也填写更新表格——这让你一天免去了另外 10 个电话。

5）留心可能出现的问题。一个我曾合作过的统计员常常这样说,"所有的清单都是坏的。"事实上,他用了一个更强烈的术语——"诡计是发现这张特定的清单为什么是坏的。"项目执行的过程是解决问题的过程。影响范围可能是错的,问卷可能太长,应答者可能不合作,或者清单可能是错的,这些都需要留心。在说明、简介上稍微多花点儿时间,那么今天的保险检查可能就减少了许多明天的额外工作。

6）发现问题时尽快让客户知道。你可以把问题掩盖一两天,但是问题自己不会得到解决。客户越快地知晓问题,他就能越迅速地调整计划和预算。以我的经验来看,你几乎可以总是回到客户那里去讨论说明书、计划和预算中的变动。但是,你需要尽早提出这些问题,在客户还有调整空间的时候。对任何人来,说最后关头的意外都是痛苦而耗时的。

7）提出问题时可以同时建议一些解决方案。建议的解决方案有助于快速有效地解决问题。通常,解决方案的范围并不难想到。下面这些问题应该包含了所有可能问题的 80%:

- 预定更多样本。
- 更换过滤标准。
- 提高奖励措施的标准。
- 再次提醒采访人员。
- 再次安排焦点小组。
- 减少采访数量。
- 延长采访计划。
- 增加预算。

此时面临的挑战是忽略谁应该被责备这个问题,以及决定哪个解决方案效果最好。

问题:

1．你希望成为项目经理吗?为什么?
2．你认为一个优秀项目经理的最重要的特征是什么?

4. 成本管理

与数据管理和时间管理相比，成本管理更加直接。调研企业只需坚持良好的企业惯例（如成本追踪和控制过程），就能做好成本管理。成本控制过程主要包括如下内容：

1）系统能够准确捕捉每日与调研有关的成本数据。

2）向联络人每日报告成本数据，理想的报告应显示出预算和实际成本支出。

3）调研企业内部的政策与管理应确保联络人把预算使用情况向客户和调研企业的高级管理者进行沟通。

4）快速识别超预算情况并发现原因和解决办法。

如果调研超过预算是由于客户提供错误信息导致的（如应答率、访问时间），那么应在调研开始就让客户做出选择——提高成本、缩小样本量、减少访谈时间或做出组合选择。如果调研企业直到调研快结束时才向客户提出这一问题，客户会说"你应早告诉我，现在我没办法了"。这种情况下，调研企业恐怕要自掏腰包弥补额外的损失了。

调研公司减少成本的方式之一是外包。本章所指外包是在其他国家拥有人事部门，以执行部分或全部的囊括在市场调研项目中的职能。如果一个调研公司设立了一个全资拥有的外国子公司，则被称为垄断外包。简单外包是指一家国内的调研公司和一家提供一系列市场调研服务的外国公司建立了合作关系。例如，印度孟买的 Cross-Tab Service 公司提供在线调研设计、数据处理、数据分析及其他服务，如果我国国内的一家调研公司与其合作，我们就说这是简单外包。其他开始外包的服务包括数据管理和座谈小组管理。进行外包需要考虑许多问题，如表 15-1 所示。

在市场调研外包公司中，印度很可能是世界领先者。在印度，超过 110 家市场调研外包公司雇员总数超过 9 000 人。到 2012 年，印度市场调研外包获益达到 8 亿美元。

表 15-1 外包问题

问 题	管理策略
机密性	需要和第三方提供者及外包中心的人事主管签订保密协议和数据安全协议。同时，建议频繁审计以确认承诺
基础设施	确定目的国家及在该国选择的城市有良好的基础设施很重要，如电力、宽带、和机场的良好联系、接待顾客的旅馆设备及有才能的工人
可交付成果的质量	准确的文件资料对在任何地点执行的项目来讲都很重要，但是对离岸外包来讲更加重要。同时，必须为客户国项目小组和承包国项目小组的沟通交流建立合适的系统和协议
知识范畴	确保离岸国项目小组里资深成员对市场调研有强大的专业理解能力，而不单纯只有 IT 或数据处理知识背景，这很重要
文化因素	有必要了解离岸国的文化和人们的敏感性。因为文化误解会导致担忧并影响工作质量

续表

问题	管理策略
客户所在国的失业率及代理机构相关的负面广告	优秀的人能被再培训，并在同一个代理机构内担任其他性质的工作，以此来刺激由成本节约带来的增长。而合适的公共关系能解释离岸经济为客户国带来的经济效益。（经济学研究证明，在长时期内，离岸经济能为客户国的经济带来更大的效益，并创造更多的就业机会。）
雇员责任	如果外包给第三方提供者，那么这个风险就不是问题。如果是垄断外包，那么认真研究目的国家的劳务法律以确定不会有法律冲突就很重要了

5. 客户收益管理

大企业的市场调研部门可能只需集中在内部客户的需求上，但市场调研提供商却要思考收益率问题。前人告诉我们，20%的客户往往为企业带来80%的收益。

明尼阿波利斯的顾客研究公司（Custom Research Incorporated，CRI）早就认识到，顾客虽多，但好顾客太少。基于对客户的感知价值，公司把客户分为4类（见图15-10）。由图可知，157位顾客中，仅仅有10位落入最理想顾客类别（产生高回报和高边际利润），其他的101位顾客贡献很少。总之，CRI把过多的时间和高价值员工投在了许多无收益的顾客身上。

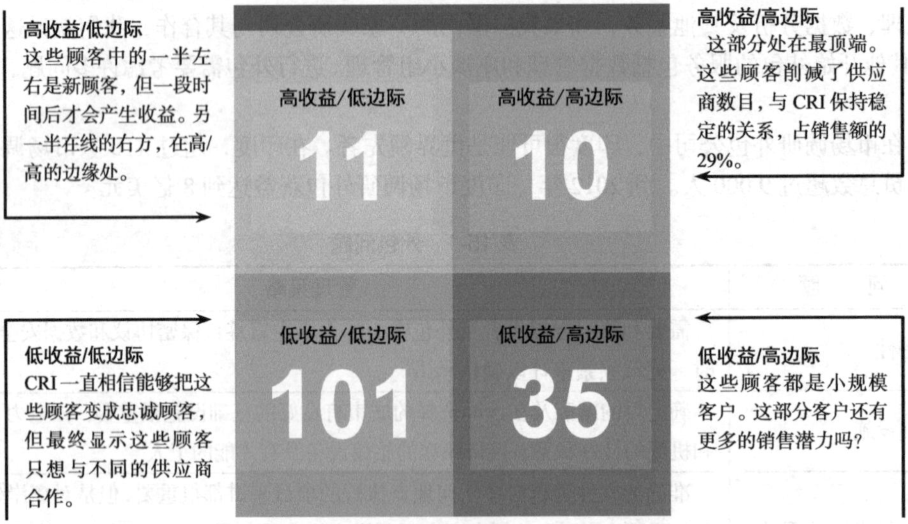

高收益/低边际
这些顾客中的一半左右是新顾客，但一段时间后才会产生收益。另一半在线的右方，在高/高的边缘处。

高收益/高边际
这部分处在最顶端。这些顾客削减了供应商数目，与CRI保持稳定的关系，占销售额的29%。

高收益/低边际	高收益/高边际
11	10
低收益/低边际	低收益/高边际
101	35

低收益/低边际
CRI一直相信能够把这些顾客变成忠诚顾客，但最终显示这些顾客只想与不同的供应商合作。

低收益/高边际
这些顾客都是小规模客户。这部分客户还有更多的销售潜力吗？

图15-10　CRI公司的顾客收益分析

为了判断同哪些客户保持关系，CRI用这些客户带来的总收益减去所有直接成本和销售成本，用其差额作为判断的依据。CRI自问："如果顾客离开，有哪些成本可以不发生？"这种取舍可能是主观的，它应与CRI的高利益和高边际收益的目标相一致。CRI决定需要舍弃一些老客户并自信地筛选新客户。CRI筛选新客户的方法如表15-2所示。

通过顾客分析，CRI 从拥有 157 名顾客获得收益 1 100 万美元转变为拥有 78 名顾客获得收益 3 000 万美元。重要的是，收益翻了 1 倍。管理者已经算清，他们需要从顾客中多获取 20%～30%的收益才能弥补两年内所放弃的 100 名顾客的损失。这需要通过建立更紧密的顾客关系系统来实现。这些流程包括为了充分理解客户需求的 CRI 行业调查、客户公司调查及其调研人员调查等。针对每位客户，CRI 创造了令人满意的计划，以向顾客传递额外的价值回报。例如，陶氏公司（Dow）从 CRI 获得了免费软件，这种 1 对 1 的关系营销是 CRI 成功的关键。

表 15-2　CRI 公司使用的筛选问题及每一个问题的基本原理

问　　题	基本原理
你如何听说我们公司的	糟糕的答案："我是在黄页上发现的。"与其他公司不同，CRI 不问这样的问题。"如果人们是通过黄页发现我们公司的，他们没有理由与我们合作。"CRI 的创始人朱蒂·克森解释到。好的答案应该是："我的一个朋友曾与你们合作过。"
你从事哪个行业	更多的情况是，答案揭示了访问者是否尝试做一个快速和准时的调研项目
你的预算是多少	这个问题同询问对方挣多少钱是一个性质，但通过对方的回答可以大概估计项目的成本，从而判断客户到底想花多少钱
你的决策标准是什么	CRI 要在招标或耗时较长的委员会中了解决策是非常困难的，于是对谁拥有决策权非常感兴趣，从而避免陷入应标大战
我们的竞争对手有哪些	CRI 喜欢听到主要竞争对手的名字，包括 M/A/R/C 集团、Market Fact 公司及 Burke 市场调研公司等
你为什么考虑改变合作者	"这是一把双刃剑。"杰弗·普夫解释道，"很难打入的客户是好客户，因为他们不会轻易改变。但你还是要进入。"每个月，20～30 个应标者中仅有 2～3 家能够正确地回答问题并赢得关注

（资料来源：Susan Greco, "Choose or lose", INC. (December 1998), pp.57-59, 62-66.）

6. 人员的管理与开发

任何一家调研公司最大的资产都是员工，虽然公司所拥有的技术和模型非常重要，但最终的成功还是要依赖于工作人员的专业性和所提交的高质量产品。因此，招聘和留住一名有能力的并富有热情的员工是至关重要的。

凯瑟琳·奈特是 BaiGlobal 调研公司的总裁，她为调研企业的人员开发提供了一些意见。

1）创造鼓励承担风险、敢于试验和承担责任的环境。调研公司的员工对诸如新服务开发、新技术和交易增长等工作都承担潜在的风险，雇员应能感觉得到了公司的支持，新理念和不同的交易过程需要得到尊重并给予发展机会。

2）培育赞赏和负责任的氛围。调研企业应识别员工努力并给予奖赏，最好的奖赏是公司的认可。企业还必须确保每个人都知道一项出色的工作是适合完成的，而且那种优秀很重要。

3）在特定环境下提供工作自治。市场调研是科学，与数字打交道；但它也是交易，通过交易挣钱。在这样的条件下，有许多不同的方法来完成工作。让雇员在项目中打上自己的烙印，会使他们感觉自己是工作中的主宰。

4）以企业家态度吸引和支持员工。调整企业目标和管理要素，使员工决定完成工作的方法。这使每个人都能够权衡自己的能力并取得最高水平的成功。

5）为交易提供奖励。为调研人员提供开放的财务数据会使人振奋。通常，有天赋的调研员对财务动态知之甚少，他们非常渴望了解财务情况。

6）打开你的财务记录。调研企业应为企业中的高级员工提供详细的财务信息，让他们了解数月或数年公司的状况。公开财务信息则为大家提供了一个共同的使命和组织目标。

7）为组织提供差异性。了解新产品、服务于新客户及与新的调研团队合作是有趣和令人激动的。赢得一个新的职位对员工做好工作具有极大的鼓舞作用。这种工作的改变会提供员工感知的满意度。如果关注员工并为其创造职业生涯道路，有天赋的员工就会留在企业。

8）提供清晰的发展路径。员工乐于知道他们如何被提升并且想要控制自己的职业发展道路。清晰的标准和期待能够长期使员工感到舒适。在市场调研交易中，最好的培训就是当学徒，与高级调研人员合作完成工作。高级管理人员是导师，低层管理人员需要学习，双方共同出色地完成工作会有益于每个人职业生涯的进步。

15.4 管理市场调研部门

一个公司的市场调研部门经理需要面对有关调研供应商的一系列问题。这些问题包括调研预算的有效使用、为公司评价项目优先性、技能员工的再培训、选择合适的调研供应商、使市场调研真正为决策制定起到作用及衡量市场调研的投资回报。

15.4.1 分配市场调研预算

不论谁控制调研项目预算，明智地使用金钱和（最重要的）研究人员的时间都很重要。当客户（新产品发展经理或品牌经理）为每一个项目投资并且不能理解为什么市场调研部门的职员没有时间做他们想做的事情的时候，这一点尤其重要。这种情况下，许多调研组长学习了如何评价项目优先性这一问题。为达成这一目标，几个有效的方法可以被使用。

一项近期的研究发现，只有20%的调研项目聚焦在战略性的重要问题上，其余80%的项目则聚焦在战术问题上（如定价、广告、产品渠道或者为现有产品增加新的特色）。研究者和客户都赞同在战略问题上花费更多时间，如识别新兴市场或者开发新产品和新服务。

例如，一个调研小组正在研究通过把市场调研部门、市场部、研究和发展部、生产部门及销售部门的专家集中在一起研究新的产品开发过程来完善公司现有的开发过程。

另一个调研小组组长学会了促进战略规划的方法，所以当需要跨职能行动时，她可以帮助她的执行小组制订计划。

几个调研组长说，他们试图每年和客户会面一次，在预算期开始讨论未来这一年对客户最重要的调研问题是什么之前，双方就未来一年的重要项目和分配给他们的时间及资金达成共识。

大家都承认未预料到的环境几乎总是迫使计划更改，而拥有一个年度计划则能使经理快速、灵活地调整计划。

许多部门领导认为重要项目享有自由支配预算对调研小组来说是很重要的。如果调研小组通常有客户投资，则这一点尤其重要。一个新的调研主管使用可自由支配预算，研究面对变化的行业背景，他们主要产品的需求似乎在下降的原因。另一个研究主管为商店设计投资，因为他认为现有设计可能会抑制销售——他是对的。还有另一个调研小组在学习方案规划，并将其应用在帮助客户挑选新产品测试的方案上。

15.4.2 评价项目优先性

评估调研项目的财务报告是一个使项目费用合理化的很好的办法，因为它提供了一种定量方法以帮助客户识别"必须"的项目和"有了也不错"的项目。它不仅是消除不必要工作的有效方法，而且能帮助企业强化客户关系，因为这表示调研人员也在考虑客户的效益。

15.4.3 技能员工的再培训

当调研人员感觉工作过度，并发现如果不牺牲他们的个人时间，那么要满足客户的需求是很困难的时候，他们就开始心力交瘁并考虑更换工作。失去一名技能熟练的员工会给调研小组带来伤害，因为这意味着剩下的员工要承担更多的工作，还可能给重要的客户关系带来不利影响。识别并奖励努力工作的员工特别重要。如何做到这一点呢？研究发现，市场调研部门的员工重视有趣的、能实现个人抱负的工作，希望在工作出色完成时得到认可及获得丰厚的报酬。

培训核心调研员工时可参考以下技巧：

1）定期回顾工作表现，对出色完成的工作给予持续的反馈或提供提升的方法。很多员工认为他们的老板在工作表现回顾时有偏好，因此部门领导要为每个职位制定清晰的工作标准，并对每个人进行客观的评价。

2）对优秀工作进行公开表扬和认可。具体做法包括在员工会议上提到优秀工作成果；在部门的"荣誉墙"上张贴客户评价；老板向员工发个人信件赞赏他们的工作；为超水平表现的团队举办比萨派对；部门主管在员工办公室门口稍作停留，向员工表示祝贺和感谢。

3）用有差别的薪水提升认同出众的表现。董事会上通常使用一致的薪水提升（因为对管理者来说这是最简单的），他们不对最优表现进行奖励，并且他们使表现较差者相信自己已经做了足够的工作。

4）使工作多样化。为了保证每个人的兴趣，一些调研小组认同了"一次性"项目做法，允许员工自愿参加。特殊项目的例子还包括这样一些项目：一个项目被加入公司的战略计划，形成了一支高度识别的跨部门团队；或者一个项目使用了一项新技术或就一个不同寻常的有趣话题进行了演讲。

15.4.4 选择合适的市场调研供应商

一旦调研项目的本质、范围和目标确定下来，接下来的任务就是估计供应商的能力。一些调研供应商在某些领域具有专长，有些公司专长于广告或满意度调研，有些公司在调研中可能擅长采用某一项技术（如联合分析或市场细分）或数据收集方法（如街头访问、邮寄调研或互联网调研）。

市场调研部门的管理者应意识到某些具有专长的调研企业可能把市场调研强制地转换为它们的特殊模型，而不是依据调研部门的特殊需要采取适合的方法。

市场调研部门的管理者也应想到供应商的规模。供应商的规模是合作决策的重要参考。不要把大量的调研项目强加给一家小企业完成；同样，小的调研项目也不会引起大企业的关注。

选择供应商最基本的原则是供应商的规模应与实施的项目范围相一致。超过供应商 30% 年收入的项目对它来讲可能过大，这会使它不能有效地处理。

部门管理者应事先为项目分配 1 名管理者，并且事先决定谁有能力针对项目进行全程管理。

应当提前决定谁负责项目的日常管理，即这个人是将项目"卖出去"的人还是几百公里外的项目总监？如果无法联系，那么是否有能胜任的支持人员？

部门管理者需要知晓供应商的底细。以下问题是必须要向供应商征询的，这是为了确保项目能够顺利完成。这些问题包括：

1）供应商在行业内做了多长时间？
2）调研企业还与哪些公司合作过？记住这些企业并进行核实。
3）参与项目人员的学术背景和经验如何？包括工程主管、现场主任、数据处理管理者等。团队管理者需要考虑成员组合是否兼顾了管理人员和技术人员。
4）项目是否被转包？如果供应商把项目的一部分转包出去，则务必识别转包商是否符合资质。

同样，调研部门管理者应检查每位潜在供应商的质量控制标准。调研结果的效度很大程度取决于供应商的质量控制。例如，对于电话调研来说，需要检测复查、监控和效度检验的过程。这里需要谨慎地排除不真正实施控制的企业。

除此之外，调研部门管理者还应考虑到公司的声誉。声誉很重要，但企业也不用为此支付巨额费用。然而，有些情况下则必须请富有声望的调研企业，这主要是因为公司可能要把调研结果出版，或把调研结果应用在广告中。好声誉实际上也是一种投资。例如，戴尔用 J.D. 公司的调研结果宣扬它的顾客满意度，取得了不错的成效。

最后，管理者应避免把价格作为选定供应商的唯一标准。在评定建议书时，价格应放在最后来考虑。

15.4.5 使市场调研真正为决策制定起到作用

市场调研部门面临的更具有战略意义的问题是，让市场调研真正为决策制定起到作用。调研人员的挑战是把长期坚持的传统作为支持功能，对新品开发等过程或调研请求做出反应，同时把工作重点放在生产的质量上而不是各行其是。

"针对调研提供的结果，调研人员认为与管理者的感知存在差异。"位于华盛顿州贝尔莱维市的哈特曼集团（Hartman）高级主管赖瑞·斯坦尼克说，"调研人员相信找到了决策制定的答案，管理者却把调研看成只是拥有了数据，但不能驱动企业决策。"

专家认为，为了获得管理高层的注意，调研人员的工作应不仅仅局限在处理数字和调研结论上，他们需要在紧要关头理解商业问题的基础，并调整他们收集的信息和分析信息的方式。他们也必须延伸到其他部门，与之建立关系并更好地理解公司的问题。"我们需要从做调研上升到提供洞察力，"Sunnyvale 的洞察力首脑 Peter Daboll 说，"如果你想参与谈判，你就必须成为有资历者。"成为有资历者"意味着从收集、整理和汇报到参与、调解和建议……高管们想要新奇的答案，而不是能找出答案的工具。"

专家还建议调研人员应在调研之前花更多的时间讨论决策问题，从而避免管理者最终说"这是很好的信息，但我真正需要的是其他信息。"当报告结果出来以后，调研人员应把数字翻译成建议，甚至把结论与管理者可能使用的其他数字相联系以便管理者做出决策。调研人员不仅需要强有力的数字分析能力，还需要一些软技巧，包括劝说、沟通和陈述等。

"我着重强调当调研管理者和合作人在市场调研部门的时候，应把自己看成企业团队中的一员。"美国市场调研公司主任戴瑞·派普说。派普的市场调研部门中的一半人员均来自营销领域的专家。他相信，让他的员工与市场调研专家坐在一起，能帮助部门建立具有交易导向的思维。

绝大多数企业依赖于市场调研部门为品牌营销和销售团队提供数据，使之能够在多个领域内取得成功，包括新品上市、品牌管理、市场运作的效率及广告效果等。在这样的背景下，市场调研人员和销售团队共同致力于完成企业的目标，公司的主要市场调研活动都可归于本类。在这一阶段，目标是否有利和明确已经被界定。市场调研人员帮助团队花费最少的资金、采用最有效的方法、为取得最佳的结果而制定决策。这不仅局限于新品启动，还可包括追踪研究、使用和态度研究、复制试验和广告研究、销售促进的评估、销售分析、战略定位等各方面内容。

为了使调研对高级管理者产生影响，调研员需要较好地完成调研任务并确保避免失败。当市场调研员的眼光超过现有的理念并超越了已有的产品、服务、广告或分销渠道的时候，他们的战略价值就会提升，这也会吸引管理者的关注。管理者会对这样的活动有较高的评价，因为公司需要增长，而这是很难达到的。最佳的结果是，市场调研人员通过得到的数据重新定义企业战略并创造持久的竞争优势。

为了在战略陈述时保持管理者的注意力，戴尔电脑的市场调研经理 Barry Jennings 提供了一条出色的建议。Jennings 说当他们把研究准确地以消费者的视角呈现出来时，研究人员就能很好地把他们的数据卖给高管们。"我们经常使用像'应答者'或'参与者'这样的词汇，但他们都是消费者。当你说'消费者说'这个或那个时，管理者就会听你说，因为他们要把资金投在上面……用管理者的语言陈述调研结果，会有很大很大的不同，"他说，"消费者需要在会议桌边占用一席之地。"

小结

当代市场调研报告的6个主要部分依次是目录、背景和目标、实施总结、实施总结用的调研方法、调研结果和含有支持性信息的附件。

市场调研报告的主要目标是解释调研的原因、陈述具体的调研目标、指明所采用的调研方法、汇报调研结果及提供结论和建议。所有这些组成部分都包括在实施总结中。结论就是概括与所陈述目标有关的结果，不必包含来自调研的统计数字。结论也不推荐应采取的行动，那是建议该起的作用。建议指导结论应用于市场营销战略或战术的具体领域，这些市场营销战略或战术可使调研委托方获得最有利的市场地位。

现今的市场调研报告大量利用图表来展示重要发现。对于大多数调研人员来说，PowerPoint是其制作报告的首选软件。从技术角度看，当今的报告尽量少地使用文字，利用声音和视觉效果向客户传递信息，即广泛使用项目图表、大量使用图形。除了书面报告，还经常要求对调研成果进行口头汇报。现在，人们常常在互联网上发布调研报告，这可以由调研委托方来发布，也可以由调研方按照委托方的要求去发布。在互联网上发布调研报告可使委托方在全世界范围内的雇员及时获得调研成果，而且互联网还能支持多个地点的调研成果在全世界范围内的同时展示。

调研管理在良好沟通的基础上能实现6个重要的目标：构建有效组织、确保数据质量、坚持时间计划、成本控制、客户收益管理和人员管理与开发。很多调研公司正在从传统的功能组织结构转变成以团队为基础的组织结构。市场调研经理可以通过减少错误来源以保证获得高质量的数据。调研人员也应当争取能够理解边际错误概念的更好的客户和应答者。时间管理需要建立能够快速有效地通报潜在问题的管理和解决问题的政策的系统。成本管理要求良好的成本追踪和成本控制过程。客户收益管理要求市场调研供应商决定每位客户为调研人员的总收益贡献多少。没有收益率的客户应该放弃；低收益的客户应该被发展成高收益客户或者放弃。供应商应该利用关系营销与被认定为是高收益的客户建立稳固的、收益持续增长的长期关系。人员管理和开发要求鼓励员工敢于冒险、培育负责任的氛围、对出色完成的工作给予认同、提供工作自治的环境、实施与业务结果挂钩的财务奖励、赋予员工新挑战及清晰的职业路径。

被调研人员和部门共同认可的新趋势是市场调研外包。外包不仅可以减少成本，而且可以节约时间。很多美国公司将业务外包给印度。外包公司提供规划、数据处理、数据分析、数据管理和座谈小组管理等工作。外包时需要考虑的重要问题包括机密性、基础设施、可交付成果的质量、知识范畴、文化因素、由失业引发的潜在负面公告和雇员责任等。

一个公司的市场调研部门经理需要面对有关调研供应商的一系列问题。这些问题包括调研预算的有效使用、为公司评价项目优先性、技能员工的再培训、选择合适的调研供应商、使市场调研真正为决策制定起到作用及衡量市场调研的投资回报。

评估项目优先性的一个技巧是先聚焦在战略项目上，然后才是战术项目。在分配项目预算时，这一点同样适用。有最高潜在ROI的项目应该得到投资。再培训核心员工的方式包括提供有趣并能实现个人抱负的工作、给出色完成工作的人以及时的肯定、提供有竞争力的薪水。

一个公司的调研部门经理必须锻炼选择正确的调研供应商的能力和技巧。这包括评估竞争供应商能力和检查每个供应商的质量控制。

关键术语及其定义

实施总结（Executive Summary） 调研报告的一个组成部分，它要对以下方面进行解释：为什么要做调查；调查中发现了什么；这些发现有什么意义；如果可能，管理层应采取哪些行动。

结论（Conclusions） 是一种归纳和概括，是对调研目标所提出的问题的回答，或者为调研目标提供支持。

建议（Recommendations） 是要应用到市场营销战略或战术的具体领域的结论，建议的焦点在于如何使调研委托方赢得差别优势。

调研管理（Research Management） 监视沟通系统、数据质量、时间计划、成本控制、客户收益和员工开发进展的过程。

外包（Outsouring） 让另一个国家的人事部门承担市场调研项目的部分或全部功能。

垄断外包（Captive Outsourcing） 一个调研公司为外包创建了一整套自有的外国设备。

复习思考题

1. 为什么很难在几页之内总结调研结论及其含义？指导这些过程的因素有哪些？调研报告有什么作用？
2. 为什么调研报告应该包括实施总结？实施总结应包括哪些内容？
3. 列出管理者可以做的有助于保证数据质量的 4 种方法。

网络在线

1. 访问 www.gallup.com，检查一些关于美国人观点的特殊报告，例如"社会议题与政治"栏目下的报告。这些报告是否符合书中提出的好的营销调研报告标准？为什么？

2. 访问 www.presentations.com，描述该组织可以帮助一个人成为更加有效的演讲者的不同方法。

市场调研实践

The United Way

基于不捐赠者拒绝捐赠的原因依赖于他们对 United Way 的感知的原理，United Way 对不捐赠者对该组织的态度十分关心。同时，他们试图获得有关能够使不捐赠者转变为捐赠者的信息。以下是调研报告的实施总结，每个标题及其内容文本都被列示在报告幻灯片上。同时，对这些问题进行调研的调研公司进行了汇报。

管理概要目标和方法论

1）该研究的总目标是确定不捐赠者对 United Way 的态度、评价不捐赠的原因，并探知可能影响不捐赠者在未来进行捐赠的因素。

2）研究以通过在线调查收集的基本数据为基础。

3）研究采用概率样本。

4）从 726 位应答者中获得了回答。

调查结果

1）对 United Way 持正面感知的比例大于负面感知的比例。然而，大部分人对 United Way 没有态度。

2）只有 5.2% 的人认为 United Way 在向需要的人提供帮助上是公平的或贫乏的。

3）尽管 80.6% 的人认为 United Way 在其管理费用上花费了超过 10% 的捐赠资金，但事实上 United Way 在管理费用上花费了 9%~10% 的捐赠资金。

4）不捐赠的主要原因是捐赠包括其他慈善机构或宗教组织、个人财务状况、捐赠资金使用情况信息缺失、个人信仰、没有最喜欢的慈善机构、捐赠压力及更偏爱捐赠次数而不是金钱。

5）对那些被请求捐赠的人，压力在某种程度上对影响他们是否捐赠的决策具有重要性。

6）对那些表示个人财务状况是影响其不捐赠决策的人中，35.6% 的人表示如果被请求则他们会向 United Way 进行捐赠。

7）其他慈善机构和宗教教派在捐赠上明显和 United Way 处于竞争状态。

8）很多应答者表示，在他们可以指定接收其捐赠的慈善机构，对 United Way 及其支持的慈善机构有更多的了解、被请求捐赠、捐赠压力较小、可以使用工资单扣除及可以随着时间散布捐赠的情况下，他们会进行捐赠。

9）对那些就职单位处在 United Way 活动范围内的人，有 49.6% 的人被请求捐赠但他们拒绝了。

10）工作地点活动影响到了大量高收入区域的高管人员和专业管理人员，但是没有影响到显著数量的服务部门人员和家庭人员。

结论

1）负面感知似乎不是影响不捐赠的主要原因。然而，正面感知也未必一定会转化成捐赠。

2）不捐赠者缺少关于 United Way 的足够信息以形成对该组织的准确感知。

3）不捐赠者缺乏关于 United Way 及该组织如何分配捐赠资金的信息。

4）应答者认为 United Way 在其管理费用上使用的捐赠资金比 United Way 真实使用的要多。

5）United Way 为争取有限数量的慈善捐赠资金而处于竞争之中。

建议

1）展开进一步的调研以确定不捐赠者对 United Way 的了解水平及 United Way 的服务目标。

2）增加对潜在捐赠者关于 United Way 目标、其支持的机构和 United Way 合理管理费用的教育。

3）提高在工作地点的活动频率，开发提高捐赠意识的途径。

4）发展适合的竞争性营销策略，以应对 United Way 的竞争者。

问题

1．你认为该实施总结为决策制定提供指导信息了吗？
2．本章所讨论的应该包含在管理概要中的因素在该实施总结中都涵盖到了吗？
3．你认为该实施总结的调查结果、结论和建议是否在逻辑上服从了研究目标？为什么？

反侵权盗版声明

电子工业出版社依法对本作品享有专有出版权。任何未经权利人书面许可，复制、销售或通过信息网络传播本作品的行为；歪曲、篡改、剽窃本作品的行为，均违反《中华人民共和国著作权法》，其行为人应承担相应的民事责任和行政责任，构成犯罪的，将被依法追究刑事责任。

为了维护市场秩序，保护权利人的合法权益，我社将依法查处和打击侵权盗版的单位和个人。欢迎社会各界人士积极举报侵权盗版行为，本社将奖励举报有功人员，并保证举报人的信息不被泄露。

举报电话：（010）88254396；（010）88258888
传　　真：（010）88254397
E-mail： dbqq@phei.com.cn
通信地址：北京市万寿路 173 信箱
　　　　　电子工业出版社总编办公室
邮　　编：100036